高等院校经济管理类专业应用型系列教材

U0662612

统计学

贲雪峰　马明星　主　编
黄丽　辛焕平　王朝辉　副主编

清华大学出版社

北　京

内 容 简 介

本书以统计实践过程、统计理论和方法组成一个较为完整的体系,吸收本学科较新、较成熟的研究成果,扩展统计学的内容,注重统计原理、统计方法的阐述和统计技能的训练,并针对经济学和管理学各专业的特点,强调了各种方法在经济管理领域中的应用。

本书的重点是统计方法的应用和统计案例分析,特别侧重于统计学在经济管理方面的应用,适用于本科院校经济学和管理学各专业。

本书封面贴有清华大学出版社防伪标签,无标签者不得销售。

版权所有,侵权必究。举报:010-62782989,beiqinquan@tup.tsinghua.edu.cn。

图书在版编目(CIP)数据

统计学/贲雪峰,马明星主编. —北京:清华大学出版社,2021.1(2024.7 重印)
高等院校经济管理类专业应用型系列教材
ISBN 978-7-302-56302-0

Ⅰ.①统… Ⅱ.①贲… ②马… Ⅲ.①统计学—高等学校—教材 Ⅳ.①C8

中国版本图书馆 CIP 数据核字(2020)第 165412 号

责任编辑:陈凌云
封面设计:刘艳芝
责任校对:赵琳爽
责任印制:曹婉颖

出版发行:清华大学出版社
　　　　　　网　　址:https://www.tup.com.cn,https://www.wqxuetang.com
　　　　　　地　　址:北京清华大学学研大厦 A 座　　　　　　**邮　　编**:100084
　　　　　　社 总 机:010-83470000　　　　　　**邮　　购**:010-62786544
　　　　　　投稿与读者服务:010-62776969,c-service@tup.tsinghua.edu.cn
　　　　　　质量反馈:010-62772015,zhiliang@tup.tsinghua.edu.cn
　　　　　　课件下载:https://www.tup.com.cn,010-83470410
印 装 者:小森印刷霸州有限公司
经　　销:全国新华书店
开　　本:185mm×260mm　　　　**印　　张**:22.75　　　　**字　　数**:522 千字
版　　次:2021 年 1 月第 1 版　　　　**印　　次**:2024 年 7 月第 3 次印刷
定　　价:66.00 元

产品编号:088222-01

随着社会、经济、科技的快速发展,统计理论和统计方法的应用越来越广泛,统计已经成为人们认识社会、掌握信息的有力工具。统计学可以分为理论统计学和应用统计学两类。前者侧重于统计方法的数学理论,隶属于数学学科;后者侧重于统计方法在各个领域的应用,隶属于经济学学科。本书的重点是统计方法的应用和统计案例分析,特别侧重于统计学在经济管理方面的应用,在性质上属于社会经济统计学原理,适用于本科院校经济学和管理学各专业。

本书以统计实践过程、统计理论和方法组成一个较为完整的体系,吸收本学科较新、较成熟的研究成果,扩展统计学的内容,注重统计原理、统计方法的阐述和统计技能的训练,并针对经济学和管理学各专业的特点,强调了各种方法在经济管理领域的应用。

本书是各位老师在长期教学经验总结的基础上编写的,在章节结构安排、概念关系表述、图形表格选取、案例分析等方面均围绕本科教学需要展开。本书在阐述统计原理与统计方法时,力求简明扼要、重点突出,结合具体案例说明其应用过程。本书内容全面,结构完整,通俗易懂,简明实用。各章均给出了学习目标、学习重点和学习难点,并配有相应的思考与练习。本书的结构和内容由贲雪峰、马明星、黄丽、辛焕平、王朝辉共同研究、拟定和编写,贲雪峰、马明星对全书进行了校对。本书共有 13 章,由贲雪峰总纂成书。

本书在编写过程中广泛吸收了国内外有关教材的内容。本书的出版得到了罗峰院长、刘军书记、陈晶瑛教授等的帮助,也得到了清华大学出版社和兄弟院校的大力支持,在此一并表示感谢。

由于编者水平有限,书中不足之处在所难免,恳请同行专家和读者不吝赐教,以便我们共同努力,促进统计学教材的建设和统计学教学水平的提高。

编　者

2020 年 8 月

目录 contents

第一章 导论

学习目标

理解统计的含义与特点;了解统计的产生与发展;了解统计的作用与过程;掌握统计学的研究对象;理解统计学的基本概念及其相互关系。

学习重点

统计的含义;统计研究对象和统计学中的基本概念。

学习难点

几个基本概念的理解,以及这些概念之间的联系和区别。

统计在社会经济的各个层面具有广泛的应用。从宏观上看,一个国家(或地区)需要统计全国(地区)的人口数、GDP、工业总产值、税收额、进出口贸易额等经济指标,为政府宏观调控提供政策依据。从微观上看,一个企业需要统计每天产品的生产数量、每月产值、每年利润等经济指标,以便企业管理层熟悉企业的生产经营情况,制订企业的经营发展计划。一个家庭(或个人)在日常生活中,也经常会接触到各种各样的统计数据,比如大学毕业后,大学生要去找工作,找工作要选择工作地点,要考虑经济发展水平,因此要关心各个候选地的经济和社会发展数据;在投资股票时,要了解股票市场的价格信号及上市公司的财务状况,要想正确地做出判断,就需要了解一些统计知识。此外,我们还能听到各种各样的结论,如经常吃素食能够长寿、身材矮小的人相对较为聪明、吃维生素 C 可以预防感冒等,这些结论正确吗?你相信这些结论吗?要正确理解这些结论,就需要一些统计学知识。

第一节　统计的含义及产生和发展

一、统计的含义与特点

统计一词来源已久,其含义屡有变化。英语中的"统计"最早出自拉丁语的 stutus,指的是各种现象的状态和状况,后"统计"一词在英语中演变为 statistics,即统计学和统计资料。根据《现代汉语词典》,统计是指:①对某一现象有关的数据的搜集、整理、计算和分析等;②总括地计算。统计学是关于数据的科学,它所提供的是一套有关数据搜集、处理、分析、解释并从数据中得出结论的方法,统计学研究的是来自各领域的数据。数据搜集就是取得统计数据;数据处理是将数据用图表等形式展示出来;数据分析则是选择适当的统计方法研究数据,并从数据中提取有用的信息,进而得出结论。

在现代经济社会中,人们对统计的含义已基本形成共识,它包括统计工作、统计资料和统计科学。统计工作,即统计实践活动,是对社会经济现象以及自然现象总体数量方面的资料进行搜集、整理分析和预测的活动过程,具体包括统计设计、统计搜集、统计整理、统计分析和预测。统计资料是指通过统计工作所获得的反映客观现象的各项数字资料以及与之相关的其他资料的总称,是统计工作的直接成果。统计资料具体表现为各种统计图、统计表、统计公报、统计年鉴、统计手册、统计分析报告等。统计资料能反映客观现象发展的规模、水平、速度、结构、比例以及有关情况。统计工作的好坏直接影响统计资料的数量和质量。统计工作的发展需要统计理论的指导。统计科学,即统计理论,是指研究如何搜集、整理、分析和预测社会经济现象以及自然现象统计资料的方法论科学。统计科学所包含的一系列搜集、整理、分析统计数据的方法,来源于对统计数据资料的研究,其目的是探索事物的内在数量规律,以达到对客观现象的科学认识。它来源于统计工作,是统计工作经验的理论概括,反过来又用理论和方法指导统计工作,推动统计工作不断提高。

"统计"的这三种含义的关系是:统计工作与统计资料是过程与成果的关系,即统计资料是统计工作的成果。统计科学与统计工作是理论和实践的关系,即统计科学是统计工作的经验总结与理论概括,统计科学对统计工作具有指导作用。

作为一种特殊的调查研究活动,与其他调查研究活动相比较,统计的对象主要有以下三个特点。

(一) 数量性

统计最基本的特点就是以数字为语言,用数字说话,用数字描述客观对象的特征。这些特征包括:

(1) 数量多少。如一个国家或地区人口、粮食产量的规模、水平等。

(2) 各种现象之间的数量关系。如人口数量中的男、女比例,各种年龄人口的比例;再如粮食产量与人口的比例等。

(3) 质与量互变的数量界限。例如,某个地区生活收入的贫困线是多少?达到温饱、小康的水平又是多少?

统计是通过研究上述数量的现状及其发展变化规律,对未来进行预测的过程。

(二)总体性

统计认识对象是指客观现象的总体数量。统计需要应用各种各样的研究方法,综合地反映客观事物的发展水平、速度、构成和比例关系,研究总体的综合数量特征。尽管它是以个体事物数量的认识为起点,但它不是研究个别事物(现象)的数量。例如你去找工作,要选取一个城市作为你的工作地点,你必定非常关心该城市的收入水平,你所关心的是这个城市的总体收入水平,而不是某一个人的收入水平。

(三)具体性

统计活动所调查研究的是客观现象的具体数量,具有实际的经济内容。它是在质的规定条件下,研究量的特征,有别于纯粹数量的数学研究。

从整体上讲,统计学是处理数据的一门科学。统计学是搜集、处理、分析、解释数据并从数据中得出结论的科学。统计是关于数据的科学,它所提供的是一套有关数据搜集、处理、分析、解释并从这种分析中得出所研究对象规律的科学。概括而言,统计就是用数据说话。但是,统计只是用数据说话,即寻找出规律,至于规律的原因并不是统计学研究的结果。例如在天文学中,通过对天体运动的统计分析,开普勒得出了行星运动的三个定律。这是统计工作的范畴,但行星为什么这样运动并不是统计所能解决的问题。

二、统计学的产生与发展

任何一门科学的产生都是与一定的社会经济背景和其他科学的相互影响分不开的。统计学随统计的产生而产生。统计起源很早,是随着社会生产的发展和为适应国家管理需要而产生、发展起来的。在原始社会,人类最初的一般计数活动蕴藏着统计萌芽。在奴隶社会,统治阶级为了对内统治和对外战争,需要征兵征税,开始了对人口、土地和财产的统计。当然,由于生产力水平有限,奴隶社会的统计只属于初级阶段。到了封建社会,统计有了一定发展,封建君主和精明的政治家日益意识到统计对于治国安邦的重要性,统计范围有所扩大。但由于封建经济的封闭割据和保守性,统计活动的范围受到限制,统计方法也很不完善。到了资本主义社会,随着社会生产力的迅速发展和社会分工的愈益精细,统计得到了很大的发展,除了政府的管理需要外,逐步扩展到工业、农业、贸易、银行、保险、交通、邮电和海关等经济领域,以及社会、科技和环境等领域,并且出现了专业的统计机构和研究组织。统计方法也得到了迅速完善和发展,大大提高了统计的认识能力,而电子计算技术的应用为统计活动的现代化进程提供了重要手段。正是在这样的历史背景下,统计学应运而生。从17世纪中后期开始,经过300余年的发展,形成了今天的统计学。

从统计学的产生和发展过程来看,可以把统计学划分为古典统计学、近代统计学和现代统计学三个时期。

（一）古典统计学时期

古典统计学时期是指17世纪末至18世纪末的统计学萌芽时期,分为记述学派和政治算术学派两大学派。

1. 记述学派

记述学派又称国势学派,产生于18世纪。所谓"国势学",就是以文字来记述国家的显著事项的学说。提出这一学说的学派称为记述学派,又称国势学派,其发源地是德国。由于当时的德国有许多大学讲授国势学这门课程,所以这一学派又称为德意志大学教授学派。其主要代表人物是康令(H.Conring,1606—1681)和阿亨瓦尔(G.Achenwall,1719—1772)。最早讲授国势学的是康令,他第一个在德国赫尔莫斯达德大学讲授"欧洲最近国势学",奠定了国势学的基础。阿亨瓦尔在哥廷根大学开设"国家学"课程,其主要著作为《欧洲各国国势学概论》,内容是研究"一国或多数国家的显著事项"。国势学派在研究各国的显著事项时,主要是用对比分析的方法研究关于国家组织、人口、军队、领土、财产等国情、国力,以比较各国实力的强弱,在研究时偏重对事物性质的解释,而不重视对数量的分析。这个学派是歌颂普鲁士君主政体的。随着资本主义的发展,对数量关系的计算变得越来越需要,该学派发生了分裂,分化出表式学派,并逐步发展为政府统计。国势学派所研究的内容是历史学的组成部分,属于实质性的社会科学。

这一学派对统计学的贡献有:①阿亨瓦尔在1749年首先提出"统计学"这一学科名词,并把"国势学"称为"statistics",即"统计学",这个名词一直沿用至今;②提出了统计学的一些术语,如"统计数字资料""数字对比"等。国势学派主要用对比方法研究各国实力的强弱,在对比方面是比较成功的。

2. 政治算术学派

政治算术学派产生于17世纪中期,其发源地是英国伦敦,代表人物是威廉·配第(W.Petty,1623—1687)和约翰·格朗特(J.Graunt,1620—1674)。威廉·配第写了著名的《政治算术》一书,书中用大量的数字对英国、法国、荷兰三国的经济实力进行比较,采用了与过去不同的统计方法,用数字、重量和尺度来表达想说的问题。马克思对威廉·配第的评价很高,认为他是"政治经济学之父,在某种程度上也可以说是统计学的创始人"。约翰·格朗特则是利用大量数据研究社会人口变动规律的创始人,其著作《关于死亡表的自然和政治观察》一书,首次通过大量观察,对新生儿性别比例和不同原因死亡人数比例等人口规律进行了分析,并且第一次编制了粗具规模的"生命表"。由于政治算术学派运用大量观察法、分类分析法和对比分析法等综合研究社会经济问题,因此虽无"统计学"之名而实为统计学之正统起源。

政治算术学派是用计量方法研究社会问题,运用大量观察法、分类法以及对比、综合、推算等方法解释与说明社会经济生活。他们在自己的著作中粗具规模地建立了社会经济统计的研究方法,但由于受历史、经济等条件的限制,在很大程度上还处于统计核算的初期阶段,还只能以简单、粗糙的算术方法对社会经济现象进行计量和比较。政治算术学派虽然以数字表示事实,但它还未从政治经济学中分化出来。这一学派所探讨的规律,都是用数字表示的社会经济规律,所以也属于实质性的社会科学。

政治算术学派与国势学派相比较,一个是无统计学之名,有统计学之实;另一个是有统计学之名,无统计学之实。

(二)近代统计学时期

近代统计学时期是指 18 世纪末到 19 世纪末的一百多年时间。这一时期的一个重大成就就是大数定律和概率论被引入统计学。之后,最小平方方法、误差理论和正态分布理论等相继成为统计学的重要内容。这一时期的统计学也分许多学派,其中主要有数理统计学派和社会统计学派。

1. 数理统计学派

数理统计学派产生于 19 世纪中期,以比利时的凯特勒(A.Quetelet,1796—1874)为奠基人。他著有《概率论书简》《社会物理学》等书,主张用研究自然科学的方法来研究社会现象,正式把概率论引入统计学,并最先运用大数定律论证社会生活现象并非偶然,而有其发展规律性。另外,他还运用概率论原理提出了"平均人"的概念,即人是具有平均身高、平均体重、平均智力和道德品质的典型人物。凯特勒指出,统计的任务是关于平均人的比较研究,如社会所有的人同平均人的差异愈小,社会矛盾就可以得到缓和。这一理论对于误差法则理论、正态分布理论等有一定的影响。凯特勒认为,统计学既研究社会经济现象又研究自然现象,是一门独立的方法论科学。凯特勒的努力初步完成了统计学与概率论的结合,使统计学开始进入了一个新的阶段。可以这样说,凯特勒既是古典统计学的完成者,同时也是数理统计学派的奠基人,被西方统计学界喻为"近代统计学之父"。

随着统计学的发展,对概率论方法的运用逐步增多,同时自然科学的迅速发展和技术的不断进步对数理统计的方法有进一步的要求,数理统计学派就从统计学中分离出来,自成一派。数理统计学派从 19 世纪末以来逐步形成,主要在英国、美国等国发展起来,故又称英美数理统计学派。

2. 社会统计学派

社会统计学派始于 19 世纪后期。正当英美数理统计学派刚开始发展的时候,在德国兴起了社会统计学派。社会统计学派以德国为中心,由德国大学教授克尼斯(K.G.A. Knies,1821—1898)首创。他认为统计学是一门社会科学,是研究社会现象变动原因和规律性的实质性科学,其显著特点是强调对总体进行大量观察和分析,通过研究其内在联系来揭示社会现象的规律。社会统计学的主要代表人物是恩格尔(C.L.E.Engel,1821—1896)和梅尔(G.V.Mayr,1841—1925)。社会统计学派认为统计学所研究的是社会总体而不是个别的社会现象,由于社会现象的复杂性和总体性,必须对总体进行大量的观察和分析,研究其内在联系,以反映社会现象的规律。社会统计学派一方面研究社会总体,另一方面在研究方法上采用大量观察法,这两方面构成了他们"实质性科学"的两大特点。

社会经济的发展要求统计学提供更多的统计方法,社会科学本身不断地向细分化与定量化发展,也要求统计学能提供更多、更有效的调查、整理、分析资料的方法。所以,社会统计学派逐步从实质性科学转向方法论。社会统计学派虽然向方法论过渡,但是仍然强调以现象的质为前提。德国法兰克福大学教授弗拉斯卡姆波(P.Flaskamper,1886—?)是第二次世界大战后社会统计学派的重要人物,他吸收了英美数理统计学派的通用方法论,把自然领域中的方法用于研究社会现象,但他认为社会现象的核心,即质的规定性,不可能全部转化为以量来表示。德国统计学家恩格尔提出的"恩格尔系数",美国经济学家库兹涅茨和英国经济学家斯通等人研究的国民收入和国内生产总值的核算方法等,都是这一学派的伟大贡献。

(三)现代统计学时期

现代统计学时期是指自 20 世纪初到现在的数理统计学时期。在这个时期,数理统计在随机抽样基础上建立起推断统计学。它是一种以随机抽样为基础推断有关总体特征的方法。在这一时期,英国数学家戈塞特(W.S.Gosset,1876—1937)以笔名 Student 发表了 t 分布,这是小样本抽样理论的基础;法国数学家 E.S.波莱尔(E.Borel,1871—1956)奠定了现代概率理论的基础;英国人费希尔(R.A.Fisher,1890—1962)提出了 Z 分布、显著性水平、假设检验、自由度、实验设计和方差分析等方法和概念;美国的威尔克斯(S.S.Wilks,1906—1964)、英国的威萨特(J.Wishart,1898—1956)等人对样本分布理论也有贡献;美国的科克伦(W.G.Cochran,1909—1980)将 Z 分布转换成 F 分布,提出了实验设计的理论和方法,拓宽了统计学的范围;美国统计学家瓦尔德(A.Wald,1902—1950)将统计学中的估计和假设理论予以归纳,提出了决策理论和序贯抽样法;经济学家奥斯卡·摩根斯特恩(O. Morgenstern,1902—1977)提出了博弈论,使决策理论更加系统化;威廉·纽曼(W.Newman)和戴明(W.E.Deming,1900—1993)提出了抽样调查法,对质量控制及生产管理贡献很大;诺伯特·维纳(N.Wiener,1894—1964)的控制论和香农(C.E.Shannon,1916—2001)的信息论,使推断统计学的理论更加健全。美国的大学于 1950 年将统计学设为独立的学系,1955 年开始颁授统计学的高级学位。从 20 世纪 50 年代起,统计学受计算机、信息论等现代科学技术的影响,新的研究领域层出不穷,如多元统计分析、随机过程、非参数统计、时间数列分析等。据美国学者估计,现代统计学是以指数式加速度发展的,新的研究分支不断增加,统计应用领域不断扩展。统计方法在各学科领域的应用又进一步促进了统计方法研究的深入和发展。

20 世纪 60 年代以后,数理统计学的发展有三个明显的趋势:①随着数学的发展,数理统计学越来越广泛地应用数学方法;②数理统计学的新分支或以数理统计学为基础的边缘学科不断形成,新分支如抽样理论、非参数统计、多变量分析和时间数列分析等,边缘学科如经济计量学、工程统计学、天文统计学等;③数理统计学的应用日益广泛而深入,特别是借助电子计算机后,数理统计学所能发挥的作用日益增强。

三、统计学的发展方向

统计学是一门通用方法论的科学,是一种定量认识问题的工具。但作为一种工具,它必须有其用武之地。否则,统计方法就成为无源之水、无用之器。统计方法只有与具体的实质性学科相结合,才能够发挥出强大的数量分析功效,并且从统计方法的形成历史看,现代统计方法基本上来自一些实质性学科的研究活动。例如,最小平方法与正态分布理论源于天文观察误差分析,相关与回归源于生物学研究,主成分分析与因子分析源于教育学与心理学的研究,抽样调查方法源于政府统计调查资料的搜集。历史上一些著名的统计学家同时也是生物学家或经济学家等。同时,有不少生物学家、天文学家、经济学家、社会学家、人口学家、教育学家等都在从事统计理论与方法的研究。他们在应用过程中对统计方法进行创新与改进。另外,从学科体系看,统计学与实质性学科之间的关系绝对不是并列的,而是相交的,如果将实质性学科看作纵向的学科。那么统计学就是一门横向的学科,统计方法与相应的实质性学科相结合,才产生了相应的统计学分支,如统计学与经济学相结合产生了经济统计,与教育学相结合产生了教育统计,与生物学相结合产生了生物统计等。而这些分支学科都具有"双重"属性:一方面是统计学的分支;另一方面也是相应实质性学科的分支。所以,经济统计学、经济计量学不仅属于统计学,同时属于经济学;生物统计学不仅是统计学的分支,也是生物学的分支等。这些分支学科的存在主要不是为了发展统计方法,而是为了解决实质性学科研究中的有关定量分析问题,统计方法是在这一应用过程中得以完善与发展的。因此,统计学与各门实质性学科的紧密结合,不仅是历史的传统,更是统计学发展的必然模式。实质性学科为统计学的应用提供了基地,为统计学的发展提供了契机。21世纪的统计学依然会采取这种发展模式,且更加注重应用研究。

第二节 统计的作用与过程

一、统计的作用

统计作为认识客观现象的一种工具,对社会经济生活的各个方面有重大作用。对于社会发展来说,统计能够及时得到各种信息,帮助了解市场变化、前期发展情况;统计提供的有效数据信息可用于决策,作为制定新的目标和发展方向的数据依据。

我国《统计法》规定,"统计的基本任务是对经济社会发展情况进行统计调查、统计分析,提供统计资料和统计咨询意见,实行统计监督"。统计的具体作用主要有:①从宏观上看,统计是国家宏观调控和管理的重要工具;②从微观上看,统计是企业、社会事业单位进行管理与决策的依据;③在日常生活中,统计可以宣传群众、教育群众,同时为广大人民了解情况、参与社会经济活动提供服务并进行监督;④统计是进行科学研究的重要方法;⑤统计为发展国际交流合作提供服务并进行监督。

对于企业,如果建立或完善了一套既科学合理又行之有效的统计工作制度,那么,这套制度对企业而言,将具有以下作用:①既可以反映企业在某一时点上的现状,也可以反映企业在一个特定时期内的动态;②既可以反映企业的规模,也可以反映企业的结构;③既可以反映企业的速度,也可以反映企业的效益与效率;④既可以反映企业的诸多数量特征,也可以反映企业的一些质量特性;⑤既可以反映本企业的情况,又可以反映与本企业生产经营活动有关的方方面面。例如,与本企业有联营、合资或者协作、配套关系的企业的情况,与本企业生产同类产品或提供同类服务的竞争对手的情况,本企业产品或服务的使用者、消费者的基本情况及信息反馈,本企业产品或服务已经占领或将要开拓的市场的各种信息,对本企业经营将产生直接或间接影响的有关社会经济发展的综合信息。

二、统计学的研究对象

统计学的研究对象是指统计所要认识的客体,是大量社会现象(主要是经济现象)总体的数量表现,即社会经济现象总体的数量特征、数量关系及其规律性表现。统计就是采用科学的方法,搜集、整理、分析实际数据,并通过统计指标和指标体系来表明现象的规模、水平、速度、比例和效益等。正是因为统计学的这一研究特点,使它成为一门万能的科学。无论是在自然领域还是在社会经济领域,客观现象的数量方面都是统计学所要分析和研究的。

从哲学的意义出发,任何事物都存在质和量两个方面,是质和量的统一,研究一种事物可以从量的方面进行,也可以从质的方面进行。对事物量的方面的研究是在对事物质的方面有所把握的基础上进行的。统计是从量的方面对社会经济现象进行观察研究的,即统计的认识对象是社会经济现象的数量方面。虽然统计研究的是社会经济现象的数量方面,但它对现象数量方面的研究并不是孤立进行的,而是在质与量的相互联系中研究量的,如果离开了事物质的方面,为研究量而研究量,那就不是统计学了。统计研究事物数量方面的目的,在于通过对事物量的方面的观察和量变规律的研究,逐步把握事物的质和对事物质的方面的认识。因此,统计对社会经济现象数量方面的认识包括量的规模、现象之间的数量联系、现象数量的变化规律、现象质与量互变的数量界限等,而对事物量的这些方面的研究,都不是仅对个别事物观察所能得到的,必须通过对现象的大规模研究才能有效。

如前所述,统计学是统计实践活动的理论概括和总结,并反过来指导统计实践活动,因此,统计学的研究对象可以表述为:社会经济总体现象的数量特征及其规律性、统计认识活动过程本身和认识方法。

三、统计研究的基本环节

统计研究是一种认识活动,是一个对客观事物的认识过程;统计活动的具体形式是进行调查研究,又必然体现为一个调查研究的工作过程。

统计的认识过程是:从定性认识到定量认识,再到定量与定性相结合。统计认识活动必须从对客观事物的定性认识开始。例如,调查居民家庭收入,必须首先把居民家庭收入的概念搞清楚,把计算范围、计算方法等确定下来,才能进行调查。

在定量认识时,是从对个体数量表现的认识过渡到对总体数量特征认识的过程,即从调查每一户居民的收入情况开始,经过计算整理得出对居民家庭收入水平总体情况的认识。然而,这种定量认识还不是统计认识的终结,还必须与新的定性认识相结合,即调查结果所形成的数据说明这一地区居民家庭收入究竟达到了一个什么水平,是贫困、温饱还是小康;有多少户还处于贫困线以下,有多少户达到温饱或小康水平等。

统计认识过程体现为调查研究工作的过程则是统计设计、统计调查、统计整理、统计分析四个阶段。统计设计是对整个统计工作做出全面计划安排的阶段,包括确定统计研究目的,设计统计指标与统计指标体系和统计分组,制订调查、整理、分析研究的方案等。这是统计工作顺利进行的前提。统计调查是具体地搜集原始资料的阶段,是整个统计工作的基础。统计整理是对搜集来的原始资料进行加工整理的过程,是从个体数量表现过渡到整体数量特征的汇总计算阶段,是进行统计分析的前提。统计分析是运用科学方法,对统计资料进行研究,对客观事物得出定量与定性相结合的深刻认识的阶段。它利用一系列描述分析方法和推断分析方法深刻认识事物的特征。因此,统计既是一种认识武器,又是一种有效的调查研究方法。

四、统计的方法

统计学的理论基础和方法论基础是指对统计研究对象的基本观点、原则立场和方法指导的总称。统计研究的是客观存在的各种现象的数量方面,但是绝不能脱离客观现象质的方面孤立地进行。尤其是对社会经济生活现象的研究,必须结合运用定性与定量相结合的方法进行,要以辩证唯物主义和历史唯物主义、社会主义市场经济学所阐明的社会本质及其发展规律的理论为依据,来分析其数量关系。因此,辩证唯物主义和历史唯物主义与社会主义市场经济学理论是统计学的理论基础。

辩证唯物主义和历史唯物主义提供了关于自然、人类社会、思维发展最一般规律的知识,指明了我们认识的方法和途径,内容极其丰富,包括分析事物的立场、观点、方法,对统计分析有重要的指导作用。统计在确定总体数量及其综合特征时,必须遵循辩证唯物主义和历史唯物主义的观点进行研究。例如,社会存在决定社会意识这一基本原理,指导统计研究必须尊重事实,从现象的质与量的密切联系中,去研究客观现象的数量方面,如实反映客观实际;遵循质与量的辩证统一原则,紧密联系现象的质的方面研究其数量方面。用发展的观点去分析研究事物的过去、现在和未来;根据偶然与必然的关系原理,在研究分析现象发展趋势和变动规律时,应剔除偶然因素的影响,认识现象的本质特征;根据个别与一般关系的原理,通过对大量个别事物的调查研究,剔除局部因素的影响,认识总体的数量特征。

社会主义市场经济学理论是研究生产关系发展规律的科学。统计学在研究客观现象的数量关系时,必须以经济理论为指导。例如,统计学在研究国民生产总值、国内生产总值、劳动生产率、产品成本、商品价格等经济指标时,必须先明确这些指标的内容范围及构成要素,才能正确地反映现象的数量特征。

数理统计学是研究现象的数量关系的方法论科学。统计数据的处理大多采用抽样推断方法。特别是对于社会经济总体,大多不宜采用全面调查方式获取数据来描述总体的特征。理想的非全面调查方式则为抽样调查,以总体中部分单位的数字特征来推断总体相应的数字特征。数理统计学严密地描述了这些推断方法及推断过程。所以说,以数学和概率论为基础的数理统计学是统计学的方法论基础。

五、统计学的研究方法

每门学科都有其特定的研究对象,不同的研究对象需要用不同的方法研究。当然,同一种研究方法可以用于不同的研究对象。统计学有自己的研究方法。这里所讨论的是统计学研究中使用的最基本的方法。

(一)大量观察法

大量观察法是统计学(包括数理统计学、经济统计学、社会统计学、其他统计学等)中的特有方法。它是指统计在研究社会经济现象等的数量方面时,必须对总体现象中的全部或足够多数的个体进行观察,以达到对现象总体数量特征及其规律性的认识。社会经济总体现象是复杂的,它是在各种错综复杂的因素影响下形成的,总体中的个体之间存在着数量上的差异,如果统计仅对少数个体进行观察,就会失之偏颇,得不出合乎实际的结论。概率论证明:随着观察次数(个体)的逐步增多,样本指标和总体指标之间的离差将缩小,样本平均数将逐步逼近总体平均数,样本的分布将逐步趋同于总体的分布。因此,只有当被观察的个体"足够多"的时候,才能消除偶然因素影响造成的误差,样本对总体才有足够的代表性,用样本指标推断总体指标时,才具有较高的可靠性。"足够多"意味着样本容量要比较大,理论上认为,样本容量30以上为大样本。但在实际中,人们为了确保统计结果的可靠性,往往会选取更多的个体进行观察,具体数目可由抽样原理计算确定。

(二)统计分组法

统计分组法既是统计资料整理的方法,也是统计分析的基本方法之一。根据统计研究问题的目的不同,可以选择不同的分组标准对总体进行不同的分组,以反映总体的构成和现象之间的依存关系。例如,要研究我国国有企业的有关情况,选择"企业规模"为标准进行分组,结果可以反映国有企业中的大、中、小型企业的数量和比例;选择"盈亏状况"进行分组,可以观察国有企业的亏损面及亏损额,发现问题的严重性等。

(三)综合指标法

所谓综合指标法,就是根据大量观察获得的资料,计算、运用各种综合指标,以反映总体一般数量特征的统计分析法。通常使用的综合指标主要有总量指标、相对指标、平均指标、变异指标等。这些指标各自从不同的角度对总体的特征进行刻画,将其结合运用,可以更加全面、深入地分析社会经济总体现象的数量方面。

(四)时间数列分析法

时间数列分析法是一种分析社会经济现象在较长时间上发生、发展情况及变化趋势的统计方法。一般来说,现象在较长历史时期内会发生较大的变化,这种变化是受多种因素影响形成的,这些因素有些是可以量化的、可以预期的,有些是难以或不能量化和预期的,前者可以用统计的方法进行分析,后者则不能。影响时间数列变化的因素主要有长期趋势、季节变化、循环波动、偶然性因素等。通过适当的方法对这些因素进行必要的测算和分析,是统计研究的重要方面。

(五) 指数分析法

现象的总体是复杂的,其发展变动受其构成要素变动的影响,但这些构成要素往往不可以直接相加,很难进行直接的观察比较,因此需要逐个分析,分析它们的变化对总体变动的影响程度和影响方向。例如,多种不同类型商品价格的总变动受各种商品价格变动的影响,多种产品总成本的变动受每种产品单位成本变动的影响,社会劳动生产率的变动受各部门、各行业劳动生产率变动的影响,等等。指数分析法就是用来解决此类问题的。

(六) 相关分析法

现象是复杂的,同时现象之间也是相互联系的。有些现象相互间存在着确定的联系,当某一现象变动一定量时,相关现象随之变动,且变动的量是确定的。例如,在价格既定的条件下,鲜蛋的销售量和销售额之间的关系就是确定的联系。但有些现象之间存在的是一种不确定的关系,如施肥量和作物产量之间的关系、工业品生产批量和单位成本之间的关系、人们身高和体重之间的关系等,这些现象之间的关系是密切的,但却是不固定的。它们相关的程度和方向视情况不同而不同,相关分析就是要研究这些现象之间相互关系的程度和方向,为进一步研究和分析现象之间的关系奠定基础。

(七) 抽样推断法

抽样推断法是指按照随机原则从总体中选择一小部分单位进行调查,并根据登记结果对总体的数量特征做出有一定正确性和一定把握性的估计的统计方法。这种方法主要用于难以进行全面调查的场合(如总体规模巨大或总体为无限总体等)和不宜或不能进行全面调查的场合(如对部分工业品质量性能的破坏性试验等)。当然在可以进行全面调查或进行其他非全面调查的场合,抽样调查仍然具有独到的特点。比如人口调查,可以用普查的方法取得全面资料,也可以用抽样的方法推断全面的情况。抽样推断所依据的虽然是少数单位的情况,但其目的却在于取得总体的数量特征。目前,抽样的方法在经济、社会、医疗卫生、体育、科研等许许多多的领域都得到了广泛应用,而且在各种非全面统计调查方法中居于主导地位。

第三节　统计学的基本概念

统计科学和其他科学一样,在论述本门科学的理论与方法时,要运用一些专门的概念,有些是基本的、常用的,有些是属于局部的。本节仅就几个基本的、常用的概念加以阐述。

一、总体与总体单位

统计总体简称总体,是指客观存在的、在同一性质基础上结合起来的许多个别单位的整体。构成总体的这些个别单位称为总体单位。例如,所有的工业企业就是一个总体,这是因为在性质上每个工业企业的经济职能是相同的,即都是从事工业生产活动的基本单位,这就是说,它们是同性质的。这些工业企业的集合就构成了统计总体。对于该总体来说,每一个工业企业就是一个总体单位。

总体可以分为有限总体和无限总体。总体所包含的单位数是有限的,称为有限总体,如人口数、企业数、商店数等。总体所包含的单位数是无限的,称为无限总体,如连续生产的某种产品数量、大海里的鱼资源数等。对有限总体可以进行全面调查,也可以进行非全面调查。对无限总体,则只能抽取一部分单位进行非全面调查,据以推断总体。

确定总体与总体单位,必须注意以下两个方面的问题。

(1)构成总体的单位必须是同质的,不能把不同质的单位混在总体之中。例如,研究工人的工资水平,就只能将靠工资收入的职工列入统计总体的范围。同时,也只能对职工的工资收入进行考察,对职工从其他方面取得的收入要加以排除,这样才能正确反映职工的工资水平。

(2)总体与总体单位具有相对性,随着研究任务的改变而改变。同一单位可以是总体也可以是总体单位。例如,要了解全国工业企业职工的工资收入情况,那么全部工厂是总体,各个工厂是总体单位。如果旨在了解某个企业职工的工资收入情况,则该企业就成了总体,每名职工的工资就是总体单位了。

二、标志、变异和变量

(一)标志、标志表现和标志值

统计标志简称标志,是反映总体单位特征的名称。从不同角度考察,每个总体单位可以有许多特征。如每名职工可以有性别、年龄、民族、工种等特征,这些都是职工的标志。

标志表现是标志特征在各单位的具体体现。职工的性别是"女",年龄为 32 岁,民族为汉族等,这里"女""32 岁""汉族"就是性别、年龄、民族的具体体现,即标志表现。数量标志的标志表现通常叫作标志值。

(二)标志的分类

1. 不变标志和变异标志

标志按变异情况可分为不变标志和变异标志。当一个标志在总体各个单位的具体表现都相同时,这个标志称为不变标志;当一个标志在总体各个单位的具体表现有可能不同时,这个标志称为可变标志或变异标志。例如,中国第五次人口普查规定:"人口普查的对象是具有中华人民共和国国籍并在中华人民共和国国境内常住的人。"按照这一规定,在作为调查对象的人口总体中,国籍和在国境内居住是不变标志,而性别、年龄、民族、职业等则是变异标志。不变标志是构成统计总体的基础,因为必须至少有一个不变标志将各总体单位联系在一起,才能使它具有"同质性",从而构成一个总体。变异标志是统计研究的主要内容,因为如果标志在各总体单位之间的表现都相同,那就没有进行统计分析研究的必要了。

2. 品质标志和数量标志

标志按其性质不同可分为品质标志和数量标志。品质标志表示事物的质的特性,是不能用数值表示的,如职工的性别、民族、工种等。数量标志表示事物的量的特性,是可以用数值表示的,如职工年龄、工资、工龄等。品质标志主要用于分组,将性质不相同的总体单位划分开来,便于计算各组的总体单位数,计算结构和比例指标。数量标志既可用于分组,也可用于计算标志总量以及其他各种质量指标。

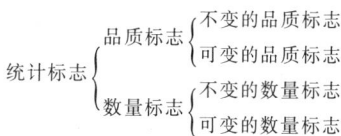

$$统计标志 \begin{cases} 品质标志 \begin{cases} 不变的品质标志 \\ 可变的品质标志 \end{cases} \\ 数量标志 \begin{cases} 不变的数量标志 \\ 可变的数量标志 \end{cases} \end{cases}$$

图 1-1　统计标志的分类

上述统计标志的分类见图 1-1。

由图 1-1 可见,统计标志的两种分类是交叉的。品质标志有不变标志和可变标志之分,如上述工业企业的生产性质、所有制性质等对所属总体来说,每一个单位都是一样的,因而是不变的品质标志;又如,企业职工的性别、民族、工种、文化程度等,对每一个总体单位来说,具体表现都不尽相同,因而是可变的品质标志。同样,数量标志也有不变标志和可变标志之分,如我国学龄儿童入学的法定年龄是 6 周岁,这对每一个学龄儿童(撇开每个学龄儿童入学的具体年龄)都是同样的要求,因而是不变的数量标志;又如,上述企业职工的年龄、工龄、技术等级、工资等,对每一个总体单位来说,具体表现都不尽相同,因而是可变的数量标志。可变的数量标志和指标又统称为变量。

数量型变量又可以分为离散型变量和连续型变量。如果变量的取值可以一一列举,在相邻的两个数值之间不再有其他的数值,这样的变量称为离散型变量,如在校学生人数、全国上市公司总数。如果变量的取值不能一一列举,在任意两个数值之间都可以再取无限多的数值,这样的变量称为连续型变量,如人的年龄、股票的价格。但实际工作中并非完全如此。例如,股票价格的最小单位是分,不能再在分之间进行取值,但它明显是连续型变量。一般在实际工作中,如果一个变量可以取小数点,就被认为是连续型变量。

三、统计指标与指标体系

(一)统计指标及其构成要素

关于统计指标的含义,一般有两种理解和两种使用方法。

(1)统计指标是指反映总体现象数量特征的概念,如人口数、商品销售额、劳动生产率等。它包括三个构成要素:指标名称、计量单位、计算方法。这是统计理论与统计设计上所使用的统计指标含义。

(2)统计指标是反映总体现象数量特征的概念和具体数值。例如,2019 年我国国内生产总值(GDP)为 99.1 万亿元。这个概念的含义中包括了指标数值。按照这种理解,统计指标除了包括上述三个构成要素外,还包括时间限制、空间限制、指标数值。这是统计实际工作中经常使用的统计指标的含义。因此,统计指标包括六个具体的构成因素。

一般认为,对统计指标的这两种理解都是成立的。在做一般性统计设计时,只能设计统计指标的名称、内容、口径、计量单位和方法,这是不包括数值的统计指标。然后经过搜集资料、汇总整理、加工计算可以得到统计指标的具体数值,用来说明总体现象的实际数量状况及其发展变化情况。从不包括数值的统计指标到包括数值的统计指标,在一定意义上反映了统计工作的过程。

(二)统计指标的特点

1. 数量性

数量性是指所有的统计指标都是可以用数值来表现的。这是统计指标最基本的特点。统计指标所反映的就是客观现象的数量特征,这种数量特征是统计指标存在的形式,没有数量特征的统计指标是不存在的。正因为统计指标具有数量性的特点,它才能对客观总体进行量的描述,才使统计研究运用数学方法和现代计算技术成为可能。

2. 综合性

综合性是指统计指标既是同质总体大量个别单位的总计,又是大量个别单位标志差异的综合,是许多个体现象数量综合的结果。例如,某人的年龄,某人的存款额不能叫作统计指标,一些人的平均年龄,一些人的储蓄总额,人均储蓄才叫作统计指标。统计指标的形成都必须经过从个体到总体的过程,它是通过个别单位数量差异的抽象化来体现总体综合数量的特点的。

3. 具体性

统计指标的具体性有两个方面的含义:一是统计指标不是抽象的概念和数字,而是一定的具体的社会经济现象的量的反映,是在质的基础上的量的集合。这一点使社会经济统计和数理统计、数学相区别。二是统计指标说明的是客观存在的、已经发生的事实,它反映了社会经济现象在具体地点、时间和条件下的数量变化。这一点又和计划指标相区别。统计指标反映的是过去的事实和根据这些事实综合计算出来的实际数量,而计划指标则说明未来所要达到的具体目标。

(三)标志与指标的区别和联系

1. 标志与指标的主要区别

(1)标志是说明总体单位特征的,指标是说明总体特征的。例如,一个工人的工资是数量标志,全体工人的工资总额是统计指标。

(2)标志有用文字表示的品质标志和用数值表示的数量标志,指标则都是用数值表示的,没有不能用数值表示的指标。

2. 标志与指标的主要联系

(1)统计指标的数值多是由总体单位的数量标志值综合汇总而来的。例如,工资总额是各个职工的工资之和,工业总产值是各个工业企业的工业总产值之和。由于指标与标志的这种综合汇总关系,所以有些统计指标的名称与标志是一样的,如工业总产值。

(2)标志与指标之间存在着变换关系。如果由于统计研究目的的变化,原来的统计总体变成总体单位了,则相对应的统计指标也就变成了数量标志。反过来,如果原来的总体单位变成总体了,则相对应的数量标志也就变成了统计指标。

(四)统计指标的种类

1. 按说明总体内容的不同分类

统计指标按其说明总体内容的不同分为数量指标和质量指标。

数量指标是说明总体外延规模的统计指标,如人口数、企业数、工资总额、商品销售额等。数量指标所反映的是总体的绝对数量,具有实物的或货币的计量单位,其数值的大小随着总体范围的变化而变化,是认识总体现象的基础指标。

质量指标是说明总体内部数量关系和总体单位水平的统计指标,如人口的年龄构成,性别比例,农业、轻工业、重工业比例,平均单产,平均工资等。它通常是用相对数和平均数的形式表现的,其数值的大小与范围的变化没有直接关系。

2. 按作用和表现形式的不同分类

统计指标按其作用和表现形式的不同,可分为总量指标、相对指标、平均指标和变异指标。这些统计指标的含义、内容、计算方法和作用各不相同,将在以后各章中叙述。

3. 按管理功能作用的不同分类

统计指标按管理功能作用的不同可分为描述指标、评价指标和预警指标。

描述指标主要是反映社会经济运行的状况、过程和结果,提供对社会经济总体现象的基本认识,是统计信息的主体。例如,反映社会经济条件的土地面积指标、自然资源拥有量指标、社会财富指标、劳动资源指标、科技力量指标,反映生产经营过程和结果的国民生产总值指标、工农业总产值指标、国民收入指标、固定资产指标、流动资金指标、利润指标,反映社会物质文化的娱乐设施指标、医疗床位数指标等。

评价指标是用于对社会经济运行的结果进行比较、评估和考核的指标,包括国民经济评价指标和企业经济活动评价指标。

预警指标一般用于对宏观经济运行进行监测,对国民经济运行中即将发生的失衡、失控等进行预报、警示。通常针对国民经济运行中的关键性、敏感性经济现象,建立相应的监测指标体系。例如,针对经济增长、经济周期波动、失业、通货膨胀等,可以建立国民生产总值与国民收入增长率、社会消费率、积累率、失业率、物价水平、汇率、利率等预警指标。

(五)统计指标体系

由于现象的复杂多样性,以及各种现象之间相互联系的性质,只用个别统计指标来反映是不够的,需要采用指标体系来进行描述。统计指标体系就是由各种相互联系的统计指标所构成的一个有机整体,用来说明所研究现象各个方面相互依存和相互制约的关系。统计指标体系因各种现象本身联系的多样性和统计研究的目的不同而分为不同的类别。

根据所研究问题的范围大小,可以建立宏观统计指标体系和微观统计指标体系。宏观统计指标体系是反映整个现象大范围的统计指标体系,如反映整个国民经济和社会发展情况的统计指标体系。微观统计指标体系是反映现象较小范围的统计指标体系,如反映企业或事业单位情况的统计指标体系。介于这两者之间的可以称为中观统计指标体系,如反映各地区或各部门情况的统计指标体系。

根据所反映现象的范围内容不同,统计指标体系可以分为综合性统计指标体系和专题性统计指标体系。综合性统计指标体系是较全面地反映总系统及其各个子系统的综合情况的统计指标体系,如国民经济和社会发展统计指标体系。专题性统计指标体系则是反映某一个方面或问题的统计指标体系,如经济效益指标体系就是专题性统计指标体系。

统计指标体系也可以指若干个统计指标之间的联系表现为一个方程关系。例如,工资总额=平均工资×职工人数;商品销售额=商品销售量×商品销售价格;等等。统计指标体系对于统计分析和研究具有重要的意义。通过设计一个科学的统计指标体系,可以描述现象的全貌和发展的全过程,分析和研究现象总体存在的矛盾,以及各种因素对现象总体变动结果的方向和程度,也可以对未来的指标进行计算和预测,对未来现象发展变化的趋势进行预测。

四、统计数据

统计是用来处理数据的。数据是由数字构成的,但它不仅是单纯的数字而已,数据是有内容的数字。比如说,单单3.3这个数字本身没有任何含义,但假如我们得知,一个婴儿的出生体重是3.3千克,我们就会恭喜他(她)是一个健康的宝宝。我们根据数字,配合有关的知识或常识,就可以做出判断。统计就是从数据中找出信息,进而得出结论。例如,"吸烟有害健康"这句简单的话,就是从大量的统计数据中得出的一个结论。因此,数据是统计工作的中心,统计工作是围绕着数据展开的。

数据类型的划分标准主要有两种:一是按照数据本身的属性划分;二是按照数据所反映的时间进行划分。

(一)按照数据本身的属性分类

按照数据本身度量的属性(即计算的级别),可以将数据分为分类数据、顺序数据和数值型数据。

分类数据是统计数据中的一种最原始、最低的、最有限制性的数据。数据分类没有严格的顺序,也就是说分类时,在顺序上是可以改变的,如统计男女性别,将哪一类放在前面都是一样的,但各类之间是相互排斥的,即一个单位只能归属于其中的一类。性别、民族、宗教信仰的数据就属于分类数据。在现代统计中,为了便于应用计算机进行整理汇总,经常把这些类别用数字代号表示,如用"1"代表汉族,"2"代表蒙古族,"3"代表回族等。但应注意,这些数字仅仅是一个符号,不能进行代数运算,如这里的1+2不等于3。

顺序数据比分类数据的级别要高一级,它的排列是有一定顺序的。例如,学生考试成绩分为优、良、中、及格、不及格,就是一种顺序数据,即优比良高一级,良又比中高一级,等等。顺序数据各级之间的差别也不能运算,如获奖分一等奖、二等奖和三等奖,虽然一等奖明显地高于二等奖,二等奖又明显地高于三等奖,然而一等奖、二等奖与三等奖之间的距离不能确切计量。因此,顺序数据和分类数据的区别只是各类之间有"大于"(或"优于")的概念,除此以外二者是一样的。

数值型数据是数据级别最高的数据,是可以用数字计量的数据,即这些数据之间不仅有顺序的关系,而且可以计算间隔。例如,张三的工龄是 20 年,李立的工龄是 15 年,王笛的工龄是 10 年,可以计算张三的工龄比李立的工龄长 5 年,而李立的工龄也比王笛的工龄长 5 年。这些数字不仅可以计算间隔,而且可以进行加、减、乘、除的数学运算。例如,我们可以说张三的工龄是王笛工龄的两倍(20÷10＝2),这是具有实际意义的。

一般来说,按照分类数据、顺序数据和数值型数据的顺序,可计算程度是逐渐增加的。后者的可以转化成前者的数据,如可以把具体的年龄变为老年、中年、青年、儿童,把具体的成绩变为优、良、中、及格、不及格等;而前者不能转变成后者。

(二) 按照数据所反映的时间分类

按照统计数据本身的时间属性,可以将数据分为截面数据、时间数列数据和面板数据。

截面数据是反映在某一确定时刻上不同个体的数据,例如沪市股票某天的收盘价就组成一个截面数据,再如 2019 年全国各地区的经济增长率。截面数据是反映不变时间的数据,因此也被称为静态数据,主要用于同一时间不同个体之间的比较分析。这种比较分析通常称为横向分析或横向比较。

时间数列数据是反映某一对象在不同时刻上的数据,例如某一股票在一段时间内的收盘价,再如某个地区在某个时间段内的经济增长率。时间数列数据是反映变动时间的数据,因此也被称为动态数据,主要用于分析某对象随时间变化的趋势,找出对象的变动规律。这种比较分析通常称为纵向分析或纵向比较,也称为动态分析或比较。

面板数据是时间数列数据和截面数据的综合,即不同对象在不同时间上的数据。例如,全国不同地区在某一时间段内的经济增长率的数据,股票市场上不同股票在某一时间段内的收盘价。面板数据主要用于分析不同对象随时间推移而发生的不同变动。

第四节　度量层次与计量尺度

统计作为方法论的科学,要对客观现象进行真实而清楚的度量,从而必须建立一些具有可操作性的定义。确定数据的计量尺度,实际上就是给出一种操作性定义。根据不同的客观现象和研究任务,需要确定不同的数据计量尺度。从数据计量的度量层次划分,可以将计量尺度分为以下四种类型:定类计量(定类尺度)、定序计量(定序尺度)、定距计量(定距尺度)、定比计量(定比尺度)。它们的度量层次依次提高。

一、定类计量

定类计量(定类尺度,nominal level of measurement)将研究对象按某种特征划分成若干类别,并给某一类定名,但不对类别之间的关系做任何假设。它的度量层次最低。定类表现为类别,但不区分顺序,是由定类尺度计量形成的。也就是说,定类计量是对事物的类别或者属性的一种测度,按照事物的某种属性进行事物的分类或者分组。最重要的一点:它的原则是各个属性之间没有等级上的划分。所有个案都是平等的,是在一个等级上的。要注意的是:对于"性别"变量,一般仍然将其划分为无等级差别的定类尺度变量。例如"血型"就是一个定类尺度变量。再如,将工业企业按经济类型划分,共分9个类别,分别是国有经济、集体经济、私营经济、个体经济、联营经济、股份制、外商投资、港澳台投资与其他经济类。在形式上,定类尺度具有对称性和传递性两种属性。对称性说明各类之间彼此相对称;传递性则表示各类量值在运算上只具有相等与不等的性质。这种度量经常计量的数据主要是各类(各组)的比重。

二、定序计量

定序计量(定序尺度,ordinal level of measurement)将统计数据按客观事物的某种无须确认的顺序进行排列,它是在分类基础之上的排序。定序数据表现为类别,但有顺序,是由定序尺度计量形成的。因为定序尺度不仅可以将研究现象分成不同的类别(像定类尺度一样),而且可以确定这些类别的顺序,类别之间还能比较等级和次序上的差别。例如,教育程度可以划分和排列成大学、中学、小学、文盲;产品等级可分为特等品、一等品、二等品;考试成绩可分为优、良、中、及格、不及格;等等。在运算上,各类量值除了具有相等与不等的特征外,还有大于或小于之分。定序尺度所能计量的数据除比重(频率)外,还可以大致确定诸如众数之类的位置指标。

三、定距计量

定距计量(定距尺度,interval level of measurement)是对事物类别和次序之间的差距的确认,这是在排序基础上进行的。定距数据表现为数值,具有标准的度量单位,利用加减运算可以准确地给出数据的差异大小。因此在这种尺度下取得的数据,无论是在种类还是在精度上,都远胜于定类尺度和定序尺度。也就是说,定距尺度变量不仅能够区分为不同的类型并进行排序,还可以准确指出类别之间的差距是多少。最典型的定距尺度变量是温度。例如,考试成绩以"分"计量,长度以"米"计量,收入以"元"计量,等等。以考试成绩为例,每分之间的间隔是相等的,80分与90分的差距等于90分与100分的差距。在运算上,除了等于、不等于、大于、小于之外,还可以进行加、减运算。在一定条件下,定距尺度可以换算为定序尺度,但定序尺度不可以换算为定距尺度。

四、定比计量

定比计量(定比尺度,ratio level of measurement)就是有固定起点的定距计量。也就是说,它在定距尺度上确定了一个绝对的、有意义的零点。换言之,定距尺度中的"0"只表示某一个数值,即 0 值,并不表示没有;而定比尺度中的"0"是绝对零点,表示没有。用定比尺度计算的数据很多,如产量、产值、体重、身高、价格水平等。在定比尺度中,一个人身高为 0 米表示此人不存在,因为没有谁的身高为 0 米。而定距尺度中 0 的含义则表示另一回事。例如,某人数学考试得 0 分,只能表示他这场考试的成绩是 0 分;但不等于他完全没有数学水平。换一个角度来理解这个问题,人们可以说同种商品报告期售价 800 元,基期售价 400 元,报告期售价是基期售价的两倍,但不能说数学成绩 80 分的考生,其数学水平就是 40 分考生的两倍。定距与定比尺度的差别,在于是否存在绝对零点。在运算上,定比数据表现为数值,可进行加、减、乘、除运算,是由定比尺度计量形成的,而且绝大多数的客观现象都是按照定比尺度来计量数据的,因此需要很好地掌握它。定比计量则比定距计量更进一步,例如零摄氏度以下还有温度,是定距变量。但是,重量为 0 就代表没有负数,是真正的定比变量。

前两类数据说明的是事物的品质特征,不能用数值表示,其结果均表现为类别,也叫品质数据;后两类数据说明的是现象的数量特征,能够用数值来表现,也叫数量数据。由此引申出了另外两个名词。定性数据(qualitative data)说明的是事物的品质特征,是不能用数值表示的,通常表现为类别。定量数据(quantitative data)说明的是现象的数量特征,是必须用数值来表现的。

第五节　主要统计软件介绍

统计学是一门实践性很强的课程,需要处理大量的数据,因此必须借助相应的统计分析软件。国内大多数教材侧重基本方法的介绍而忽视了统计实验的教学,这样既不利于提高学生的创新精神和实践能力,也使得这门课程的教学显得枯燥乏味。为此,我们介绍一些常用的统计软件,以使学生对统计软件有初步的认识,为以后应用统计方法解决实际问题奠定基础。

一、SAS

SAS(Statistical Analysis System)是由美国北卡罗来纳州州立大学 1966 年开发的统计分析软件。1976 年,SAS 软件研究所(SAS Institute Inc.)成立,开始进行 SAS 系统的维护、开发、销售和培训工作。期间经历了许多版本,并经过多年来的完善和发展,SAS 系统在国际上已被誉为统计分析的标准软件,在各个领域得到广泛应用。如今,SAS 已成为全球商业智能和分析软件与服务的领袖。

SAS 是目前国际上最为流行的一种大型统计分析系统。尽管价格不菲,但 SAS 已被广泛应用于政府行政管理、科研、教育、生产和金融等不同领域,并且发挥着越来越重要的作用。目前 SAS 已在全球 100 多个国家和地区拥有 29 000 多个客户群,直接用户超过 300 万人。在我国,国家信息中心、国家统计局、卫生部、中国科学院等都是 SAS 系统的大用户。尽管 SAS 现在已经尽量"傻瓜化",但是仍然需要一定的训练才可以使用。因此,该统计软件主要适合于统计工作者和科研工作者使用,如果不准备在统计学上深入研究,不建议学习该软件。

二、SPSS

SPSS 的全称为 Statistical Product and Service Solutions(统计产品与服务解决方案)软件。SPSS 是世界上最早的统计分析软件,由美国斯坦福大学的三位研究生于 20 世纪 60 年代末研制,同时成立了 SPSS 公司,并于 1975 年在芝加哥组建了 SPSS 总部。1984 年,SPSS 总部首先推出了世界上第一个统计分析软件微机版本 SPSS/PC＋,确定了 SPSS 微机系列产品的开发方向,极大地扩充了它的应用范围,并使其能很快地应用于自然科学、技术科学、社会科学的各个领域。世界上许多有影响的报纸杂志纷纷就 SPSS 的自动统计绘图、数据的深入分析、使用方便、功能齐全等方面给予了高度评价与称赞。截至目前,SPSS 软件已有 50 余年的发展历史,全球约有 25 万家产品用户,它们分布于通信、医疗、财会、银行、证券、保险、制造、商业、市场研究、科研教育等多个领域和行业,是世界上应用最广泛的专业统计软件。2009 年,IBM 以 12 亿美元现金收购了 SPSS 公司。

SPSS for Windows 的分析结果清晰、直观、易学易用,而且可以直接读取 Excel 及 DBF 数据文件,现已推广到各种操作系统的计算机上,它和 SAS、BMDP(已经被 S-plus 取代)并称为国际上最有影响力的三大统计软件。在国际学术界有条不成文的规定,即在国际学术交流中,凡是用 SPSS 软件完成的计算和统计分析,可以不必说明算法,由此可见其影响之大和信誉之高。SPSS for Windows 由于操作简单,已经在我国的社会科学、自然科学的各个领域发挥了巨大作用。该软件还可以应用于经济学、生物学、心理学、地理学、医疗卫生、体育、农业、林业、商业、金融等各个领域。因此,对于非统计工作者,SPSS 是个很好的选择,建议有志于进行统计分析的人士学习。

三、Excel

Microsoft Excel 是微软公司的办公软件 Microsoft Office 的组件之一,是由 Microsoft 为 Windows 和 Apple Macintosh 操作系统的计算机编写的一款试算表软件。Excel 是微软办公套装软件的一个重要组成部分,它可以进行各种数据的处理、统计分析和辅助决策操作,广泛地应用于管理、统计、财经、金融等众多领域。严格说来 Excel 并不是统计软件,但它有与 Word 良好的兼容性,受到许多统计工作者的喜爱,而且凡是有 Microsoft Office 的计算机,基本上都装有 Excel。当然,画图功能也具备。对于简单分析,Excel 还算方便,但随着问题的深入,Excel 就不那么"傻瓜"了,需要使用函数,甚至根本没有相应的方法。多数专门一些的统计推断问题还需要其他专门的统计软件来处理。因此建议如果只是进行初级统计的学习,采用此软件还是可以的,但是在安装时要选择全部安装,否则很多关于统计的功能就无法得到应用。

四、S-plus

S-plus 是由美国 MathSoft 公司（2001 年 MathSoft 总部迁至西雅图，并更名为 Insightful 公司，2008 年被 TIBCO 收购）开发的一种基于 S 语言的统计学软件，是世界上公认的三大统计软件之一，主要用于数据挖掘、统计分析和统计作图等。S-plus 的最大特点在于它可以交互地从各方面发现数据中的信息，并可以很容易地实现一个新的统计方法。另外，S-plus 的数据可以直接来源于 Excel、Lotus、Access、SAS、SPSS 等软件，兼容性极好。

一方面，S-plus 可以利用 S 语言轻松获得数据的控制权，对数据进行各种操作；另一方面，它对于常规的操作（如复制、删除、聚合等）提供菜单操作。S-plus 功能齐全，具有强大的编程功能，使得研究人员可以编制自己的程序，来实现自己的理论和方法。S-plus 也在进行"傻瓜化"，以争取顾客。

五、Eviews

Eviews 是 Econometrics Views 的缩写，直译为计量经济学观察，通常称为计量经济学软件包。它的本意是对社会经济关系与经济活动的数量规律，采用计量经济学方法与技术进行"观察"。Eviews 是美国 QMS 公司研制的在 Windows 下专门从事数据分析、回归分析和预测的工具。使用 Eviews 可以迅速地从数据中寻找出统计关系，并用得到的关系去预测数据的未来值。Eviews 的应用范围包括科学实验数据分析与评估、金融分析、宏观经济预测、仿真、销售预测和成本分析等。Eviews 是 Windows 操作系统中计量经济学软件里的世界性领导软件。其强而有力的灵活性加上友好的操作界面，配以最新的建模工具，使得它快速直接且容易使用。它具有革新的图表用户界面和精密的分析引擎工具，具有强大、灵活和便于使用的计量预测能力。Eviews 在科学数据分析与评价、金融分析、经济预测、销售预测和成本分析等领域应用非常广泛。但想掌握这个软件，需要比较高深的计量经济学的理论知识。

由于作为 Office 组件之一的 Excel 有着较为广泛的应用，且被普遍接受，而其他软件都需要进行一定程度的学习，因此本书只讲述 Excel 在统计学中的应用。对统计工作有一定兴趣的学生，可以选择学习 SPSS。

思考与练习

一、单项选择题

1. "统计"一词的基本含义是（　　）。

  A. 统计调查、统计整理、统计分析   B. 统计设计、统计分组、统计计算

  C. 统计方法、统计分析、统计预测   D. 统计科学、统计工作、统计资料

2. 调查某大学 2 000 名学生的学习情况时,统计的总体单位是(　　　)。

    A. 2 000 名学生　　　　　　　　　　B. 2 000 名学生的学习成绩

    C. 每一名学生　　　　　　　　　　　D. 每一名学生的学习成绩

3. 统计指标按其说明的总体现象的内容不同可分为(　　　)。

    A. 基本指标和派生指标

    B. 数量指标和质量指标

    C. 实物指标和价值指标

    D. 绝对数指标、相对数指标和平均数指标

4. 构成统计总体的前提条件是(　　　)。

    A. 大量性　　　　　B. 同质性　　　　　C. 综合性　　　　　D. 广泛性

5. 要想了解某市国有工业企业生产设备的运行情况,统计总体应确定为(　　　)。

    A. 该市国有的全部工业企业　　　　　B. 该市国有的每一个工业企业

    C. 该市国有的某一台设备　　　　　　D. 该市国有工业企业的全部生产设备

6. 变量是(　　　)。

    A. 可变的质量指标　　　　　　　　　B. 不变的数量指标

    C. 可变的品质标志　　　　　　　　　D. 可变的数量标志

7. 构成统计总体的个别事物称为(　　　)。

    A. 总体　　　　　　B. 总体单位　　　　C. 调查对象　　　　D. 填报单位

8. 统计总体的基本特征是(　　　)。

    A. 同质性、大量性、差异性　　　　　B. 数量性、大量性、差异性

    C. 数量性、综合性、具体性　　　　　D. 同质性、大量性、可比性

9. (　　　)属于品质标志。

    A. 工人年龄　　　　B. 工人性别　　　　C. 工人体重　　　　D. 工人工资

10. 标志是说明(　　　)。

    A. 总体单位的特征的名称　　　　　　B. 总体单位的量的特征的名称

    C. 总体的质的特征的名称　　　　　　D. 总体的量的特征的名称

11. 抽查 5 名学生的考试成绩,分别是 75 分、80 分、85 分、89 分、93 分。这 5 个数字是(　　　)。

    A. 标志值　　　　　B. 标志　　　　　　C. 变量　　　　　　D. 指标

12. 在工业生产设备普查中,总体单位是(　　　)。

    A. 每个工业企业　　　　　　　　　　B. 每台设备

    C. 每台工业生产设备　　　　　　　　D. 每台已安装设备

13. 在工业生产设备普查中,总体是(　　　)。

    A. 所有工业企业　　　　　　　　　　B. 每个工业企业

    C. 所有工业生产设备　　　　　　　　D. 工业企业的每台设备

14. 一个统计总体(　　　)。

    A. 只能有一个标志　　　　　　　　　B. 只能有一个指标

    C. 可以有多个指标　　　　　　　　　D. 可以有多个标志

15. 研究某市职工家庭收支情况时,统计总体应确定为( )。

    A. 该市全体职工   B. 该市全部职工家庭

    C. 该市每个职工家庭   D. 该市全部居民家庭

16. 某大学的一名研究人员希望估计该大学本科生平均每月的生活费支出。为此,他调查了 200 名学生,发现他们每月平均生活费支出是 650 元。该研究人员感兴趣的总体是( )。

    A. 该大学的所有学生   B. 所有大学生的总生活费支出

    C. 该大学所有的在校本科生   D. 所调查的 200 名学生

17. 一家研究机构从 IT 从业者中随机抽取 500 人作为样本进行调查,其中 60% 回答他们的月收入在 10 000 元以上,50% 的人回答他们的消费支付方式是信用卡。这里的总体是( )。

    A. IT 业的全部从业者   B. 500 个 IT 从业者

    C. IT 从业者的总收入   D. IT 从业者的消费支付方式

18. 某运动队要统计运动员身高和体重,上述两个变量( )。

    A. 均为离散变量

    B. 均为连续变量

    C. 前者为连续变量,后者为离散离量

    D. 前者为离散变量,后者为连续变量

19. 如今到商场购物停车变得越来越困难,管理人员希望掌握顾客找到停车位的平均时间。为此,某一管理人员跟踪了 50 名顾客并记录下他们找到车位的时间。这里,管理人员感兴趣的总体是( )。

    A. 管理人员跟踪过的 50 名顾客   B. 上午在商场停车的顾客

    C. 在商场停车的所有顾客   D. 到商场购物的所有顾客

二、多项选择题

1. 一个完整的统计工作过程包括的阶段有( )。

    A. 统计设计   B. 统计调查   C. 统计整理

    D. 统计分析   E. 统计预测

2. 变量按其是否连续可分为( )。

    A. 确定性变量   B. 随机性变量   C. 连续变量

    D. 离散变量   E. 常数

3. 品质标志表示事物的质的特征,数量标志表示事物的量的特征,所以( )。

    A. 数量标志可以用数值表示

    B. 品质标志可以用数值表示

    C. 数量标志不可以用数值表示

    D. 品质标志不可以用数值表示

    E. 两者都可以用数值表示

4. 对广东省工业企业的生产经营情况进行统计调查,其中,菱王电梯股份有限责任公司是一个总体单位,数量标志有(　　　)。

  A. 所有制   B. 职工人数   C. 月平均工资

  D. 年工资总额   E. 产品合格率

5. 以某大学的在校大学生为总体,则统计指标有(　　　)。

  A. 该学校学生的男女比例

  B. 该学校学生的平均年龄

  C. 该学校某学生的入学成绩

  D. 该学校在校人数

  E. 该学校学生就业率

6. 下列标志中属于数量标志的有(　　　)。

  A. 性别   B. 出勤人数   C. 产品等级

  D. 产品产量   E. 文化程度

7. 假设某地区5家全民所有制企业的工业总产值分别为 2 500 万元、2 200 万元、4 000 万元、3 300 万元和 6 500 万元,则(　　　)。

  A. "全民所有制"是企业的品质标志

  B. "工业总产值"是企业的数量标志

  C. "工业总产值"是个变量

  D. "工业总产值"是企业的统计指标

  E. 2 500、2 200、4 000、3 300 和 6 500 这几个数字是变量值

8. 在某商场800名职工的个人工资资料中,(　　　)。

  A. 职工工资总额是统计指标

  B. 800 名职工是总体单位

  C. 有 800 个标志值

  D. 职工工资是统计标志

  E. 该商场工资总额等于 800 人乘以其平均工资

9. 要了解某地区全部成年人口的就业情况,那么(　　　)。

  A. 全部成年人是研究的总体

  B. 成年人口总数是统计指标

  C. 成年人口就业率是统计标志

  D. "职业"是每个人的特征,"职业"是数量指标

  E. 某人职业是"教师",这里的"教师"是标志表现

10. 下列统计指标中属于质量指标的有(　　　)。

  A. 工资总额   B. 单位产品成本   C. 出勤人数

  D. 人口密度   E. 合格品率

11. 对某市工业生产进行调查,得到以下资料,其中属于统计指标的有(　　　)。

  A. 某企业为亏损企业

  B. 该市工业生产实际产值为1.1亿元

  C. 该市从事工业生产的职工人数为 10 万人

D. 某企业资金利税率为 30%

E. 该市进行工业生产的机器台数为 750 台

三、判断题

1. 一个统计总体可以有许多个标志。　　　　　　　　　　　　　（　　）

2. 统计研究的数字是抽象的数字。　　　　　　　　　　　　　　（　　）

3. 质量指标不能用数值表示。　　　　　　　　　　　　　　　　（　　）

4. 以全国钢铁企业为总体,则宝钢集团的总利润是数量标志。　　（　　）

5. 第六次全国人口普查中的全国人口是统计总体。　　　　　　　（　　）

6. 统计总体存在的前提是同质性。　　　　　　　　　　　　　　（　　）

7. 某小组有 8 名学生,他们高等数学的考试成绩不同,因此存在 8 个变量。（　　）

8. 对某高校大学生的状况进行调查,调查对象是该校的全部大学生。（　　）

9. 运用大量观察法进行统计,必须对所有的个体进行观察。　　　（　　）

10. 统计时,要说明现象的总体特征,必须先确定该总体的范围。　（　　）

四、简答题

1. 品质标志和数量标志有什么区别?

2. 什么是统计指标? 统计指标和标志有什么区别和联系?

3. 变量如何分类?

4. 简述统计和统计学的含义。

5. 统计的研究对象和特点如何?

6. 简述统计学的发展历程和发展趋势。

7. 简述统计学的研究方法。

五、综合题

要调查某商店销售的全部洗衣机的情况,试指出总体和总体单位是什么;试举出若干品质标志、数量标志、数量指标、质量指标。

第二章 统计调查

学习目标

理解统计调查的含义、原则;掌握统计调查的种类和方法;了解统计调查的作用;理解统计调查的组织形式;了解统计调查方案的基本内容。

学习重点

统计调查的几种组织形式;普查、重点调查、典型调查和抽样调查的含义。

学习难点

调查对象和调查单位的区别;调查单位与报告单位的区别;统计报表与普查的区别;重点调查与典型调查的区别。

第一节 统计调查概述

统计工作的全过程,按内容的不同,可分为统计调查(含统计设计)、统计整理、统计分析三个阶段。统计调查是统计工作的第一阶段,是整个统计工作的基础一环。只有做好统计调查,打下良好基础,才能顺利进行统计整理和统计分析。

一、统计调查的含义

统计调查就是统计数据的搜集,它是根据统计研究的目的和任务,运用科学的统计调查方法,有计划、有组织地搜集统计资料的过程。统计的基本任务是对经济社会发展情况进行统计调查、统计分析,提供统计资料和统计咨询意见,实行统计监督。

统计资料通常分为原始资料(也叫一手资料)和次级资料(也叫二手资料)。统计调查的目的是获得原始资料。原始资料是指从总体各单位搜集的、尚需要经过整理而过渡到总体的个体统计资料。它是社会经济统计活动所取得的初级统计资料,是原始的统计信息,是进行统计整理、分析的基础。

二、统计调查的要求

　　准确性、及时性、全面性是统计调查的基本要求。统计调查只有做到了准确性,才能为正确的统计分析和管理决策提供客观的依据;只有做到了及时性,才能保证统计资料的时效,提高统计资料的使用价值;而只有做到了全面性,才能很好地满足决策部门的需要。统计调查的基本要求是衡量统计工作质量的重要标志。统计调查为经济和社会发展提供统计资料,这就要求统计调查资料不得出现虚报、瞒报、伪造现象。否则,在统计调查阶段,所搜集的原始资料不全面、不准确、不及时,会导致统计整理和统计分析的失误,产生错误的结论。《中华人民共和国统计法》第七条规定:"统计调查对象应当依照统计法和国家有关规定,真实、准确、完整、及时地提供统计资料,拒绝、抵制弄虚作假等违法行为。"

三、统计调查的种类

　　根据调查对象的特点、调查目的和调查任务的不同,统计调查要选择适当的调查组织形式,这是统计调查的重要工作内容。统计调查可从不同角度分为以下几种常见的组织形式。

(一)全面调查与非全面调查

　　按调查对象所包括的调查单位范围是否全面,可分为全面调查与非全面调查。

　　全面调查是指对调查对象中的调查单位全部进行逐一调查。如我国的人口普查、经济普查,其目的是形成对调查对象全面准确的认识,这需要获得完整的总体资料。这种调查涉及的调查单位多,范围广,要耗费大量的人力、物力、财力和时间,通常只有在需要掌握全面准确的信息的情况下,才使用这种调查方法。

　　非全面调查是指对调查对象中的部分调查单位进行调查。如城镇居民家庭收支状况调查,企业产品质量调查,农产品亩产量调查,对带有破坏性的产品质量检查等。我们后面将讲到的重点调查、典型调查、抽样调查,都属于非全面调查。需要强调的是,非全面调查所获得的资料要有充分的代表性。非全面调查的优点是可以节省大量的人力、物力、财力和时间,达到事半功倍的效果。

(二)经常性调查与一次性调查

　　按获取资料的时间是否连续,可分为经常性调查与一次性调查。

　　经常性调查是连续性的调查,它是随着被研究对象在时间上的发展变化而连续不断地进行登记。经常性调查的目的在于获得事物全部发展变化过程和结果的统计资料,如企业产品的销售量、利润额,二氧化碳的排放量,某地区的粮食产量、年降雨量。经常性调查适用于研究对象的数量表现频繁变动,且在各时点上的数值按时间先后进行累加有意义。

一次性调查是指间隔一定的时间长度,对被研究对象在某一时点上的状况进行登记,获取调查资料的调查方式。例如企业的原材料库存量、职工人数、流动资金占用额等,又如我国在 2001 年已批准实施一次性调查的部分项目:全国农村住户存粮情况抽样调查,企业、行政事业单位职工收入情况调查,企业竞争与发展能力问卷调查,烟草消费情况调查,全国连锁零售业、餐饮业快速调查等。

第二节 统计调查的组织形式

一、普查

普查是指一个国家或者一个地区为详细调查某项重要的国情、国力,专门组织的一次性、大规模的全面调查,其主要用来调查不能够或不适宜用定期全面的调查报表来搜集的资料,从而搞清重要的国情、国力。普查是为了某种特定的目的而专门组织的一次性的全面调查。普查一般是调查属于一定时点上的社会经济现象的总量,但也可以调查某些时期现象的总量,乃至调查一些并非总量的指标。普查涉及面广、指标多、工作量大、时间性强。为了取得准确的统计资料,普查对集中领导和统一行动的要求最高。

普查是为了全面掌握某种社会现象的发展规模、结构和效益等情况,为研究制定有关方针政策提供依据,而组织对研究对象的每一总体单位均进行统计调查,搜集资料的调查方法。以经济普查为例,其对象是:在中华人民共和国境内从事第二产业、第三产业活动的全部法人单位、产业活动单位和个体经营户;调查单位是:县级经济普查机构以本地区现有基本单位名录库为基础,结合有关部门提供的单位资料,按照经济普查小区逐一核实清查,形成经济普查单位名录;时间间隔是:每 5 年进行一次;标准时点是:普查年份的 12 月 31 日。

(一)普查的特点

作为一种特殊的数据搜集方式,普查具有以下几个特点。

(1)普查通常是一次性的或周期性的。由于普查涉及面广、调查单位多,需要耗费大量的人力、物力和财力,通常需要间隔较长的时间,一般每隔 10 年进行一次。例如,我国的人口普查从 1953 年至今共进行了 6 次。今后,我国的普查将规范化、制度化,即每逢末尾数字为"0"的年份进行人口普查,每逢"3"的年份进行第三产业普查,每逢"5"的年份进行工业普查,每逢"7"的年份进行农业普查,每逢"1"或"6"的年份进行统计基本单位普查。

(2)规定统一的标准时点。标准时点是指对被调查对象登记时所依据的统一时点。调查资料必须反映调查对象在这一时点上的状况,以避免调查时因情况变动而产生重复登记或遗漏现象。例如,我国第六次人口普查的标准时点为 2010 年 11 月 1 日零时,就是要反映这一时点上我国人口的实际状况;又如,农业普查的标准时点定为普查年份的 1 月 1 日零时。

(3)规定统一的普查期限。在普查范围内,各调查单位或调查点应尽可能同时进行登记,并在最短的期限内完成,以便在方法和步调上保持一致,保证资料的准确性和时效性。

（4）规定普查的项目和指标。普查时,必须按照统一规定的项目和指标进行登记,不准任意改变或增减,以免影响汇总和综合,降低资料质量。同一种普查,每次调查的项目和指标应力求一致,以便于进行历次调查资料的对比分析,观察社会经济现象发展变化情况。

（5）普查的数据准确、规范。普查的数据一般比较准确,规范化程度也较高,因此它可以为抽样调查或其他调查提供基本依据。

（6）普查的使用范围比较窄,只能调查一些最基本及特定的现象。普查既是一项技术性很强的专业工作,又是一项广泛性的群众工作。我国历次人口普查都认真贯彻群众路线,做好宣传和教育工作,得到了群众的理解和配合,因而取得了令世人瞩目的成果。

（二）普查遵循的原则

（1）必须统一规定调查资料所属的标准时点。

（2）正确确定调查期限、选择登记时间。为了提高资料的准确性,一般应选择在调查对象变动较小和登记、填报较为方便的时间,并尽可能在各普查地区同时进行,力求在最短时间内完成。

（3）规定统一的调查项目和计量单位。同种普查,各次的基本项目应力求一致,以便将历次普查资料进行汇总和对比。

（4）普查应尽可能按一定周期进行,以便于研究现象的发展趋势及其规律性。

（三）普查的优缺点

1. 普查的优点

由于普查是调查某一人群的所有成员,所以在确定调查对象上比较简单;普查所获得的资料全面,可以知道全部调查对象的相关情况,准确性高;普查所获得的数据为抽样调查或其他调查提供基本依据。

2. 普查的缺点

普查的工作量大、花费大、组织工作复杂;调查内容有限;易产生重复和遗漏现象;由于工作量大而可能导致调查的精确度下降,调查质量不易控制。

（四）普查的方式

普查的组织方式一般有两种。

（1）建立专门的普查机构,配备大量的普查人员,对调查单位直接进行登记,如人口普查等。我国采取这种方式的普查有 1953 年第一次全国人口普查、1964 年第二次全国科技售货员普查、1977 年全民所有制单位实际用工人数普查、1978 年全国科技人员普查、1982 年第三次全国人口普查、1990 年全国第四次全国人口普查、2000 年第五次全国人口普查、2010 年第六次全国人口普查、2020 年第七次全国人口普查等。

（2）利用调查单位的原始记录和核算资料,颁发调查表,由登记单位填报,如物资库存普查等。这种方式比第一种简便,适用于内容比较单一、涉及范围较小的情况,特别是为了满足某种紧迫需要而进行的"快速普查",就可以采用这种方式。它由登记单位将填报的表格越过中间一些环节直接报送到最高一级机构集中汇总。采取这种方式的普查有1954年黑色金属、有色金属和木材库存普查,1954年以后所进行的多次物资库存普查,1985年第二次全国工业普查,1995年第三次全国工业普查等。

二、重点调查

重点调查是一次性的非全面调查。它是从调查对象中选出一部分重点单位进行调查,既可用于经常性调查,也可用于一次性调查。重点单位是指这些单位的标志值之和占总体标志总量非常大的比重,而重点单位的数量占总体总量较小的比重或有较大代表性,能反映总体的基本状况。由于重点单位自身的特点,使重点调查法能在节省大量的人力、物力、财力和时间的情况下,快速取得调查资料,它既可用于一次性调查,也可用于经常性调查。例如,通过对少数几个煤炭、钢铁大企业的调查,就可以掌握我国煤炭、钢铁的基本情况。需要强调的是,重点调查只适用于了解研究对象的基本情况,不能对研究对象的总体特征和研究对象的结构进行推断。

(一)重点调查的应用范围

和抽样调查不同的是,重点调查取得的数据只能反映总体的基本发展趋势,不能用以推断总体,因而它只是一种补充性的调查方法,目前主要是在一些企业集团的调查中运用。例如,为了掌握"三废"排放情况,就可选择冶金、电力、化工、石油、轻工和纺织等重点行业的工业企业进行调查。重点调查的优点是花费力量较小,能及时提供必要的资料,便于各级管理部门掌握基本情况,采取措施。例如,1979年大中型企业环境保护基本情况调查和2016年全国第二次工业污染源调查,就是重点调查。

(二)重点调查的词语分析

重点调查是一种非全面调查,它是在全部单位中选择一部分重点单位进行调查,以取得统计数据的一种非全面调查方法。其目的是了解总体的基本情况。这些重点单位在全部单位中虽然只是一部分,但它们在所研究现象的总量中却占有绝大部分比重,因而对它们进行调查就能够反映全部单位的基本情况。例如,要了解全国钢铁生产的增长情况,只要对全国为数不多的大型钢铁企业的生产情况进行调查,就可以掌握我国钢铁生产的基本情况了。一般来讲,在调查任务只要求掌握基本情况,而部分单位又能比较集中反映研究项目和指标时,就可以采用重点调查。

由于重点单位在全体调查对象中只占一小部分,调查的标志量在总体中却占较大的比重,因而对这部分重点单位进行调查所取得的统计数据能够反映社会经济现象发展变化的基本趋势。这里所说的重点单位,是指在总体中具有举足轻重地位的单位,这些单位虽然数量不多,但就调查的标志值来说,它们在总体中却占了绝大部分比重。通过对这些单位的调查,能够反映出整个研究对象的基本情况。

重点调查的关键在于确定重点单位。根据调查目的、任务的不同,重点单位可以是一些企业、行业、部门、城市或地区等。此外,重点调查既可以组织一次性的专门调查,也可以通过向重点单位颁发定期统计报表来进行。

(三)重点调查的主要特点

重点调查的主要特点是:投入少、调查速度快、所反映的主要情况或基本趋势比较准确。

(四)重点调查的作用

根据重点调查的特点,重点调查的主要作用在于反映调查总体的主要情况或基本趋势。因此,重点调查通常用于不定期的一次性调查,但有时也用于经常性的连续调查。

(五)重点调查的选取方式

选取重点单位应遵循两个原则:一是要根据调查任务的要求和调查对象的基本情况确定选取的重点单位及数量。一般来讲,要求重点单位尽可能少,而其标志值在总体中所占的比重尽可能大,以保证有足够的代表性。二是要注意选取那些管理比较健全、业务力量较强、统计工作基础较好的单位作为重点单位。

(六)重点调查的组织形式

重点调查根据研究问题的不同需要,可以采取一次性调查,也可以进行定期调查。一次性调查适用于临时调查任务。

三、典型调查

典型调查是指根据调查研究的目的,在对调查对象进行初步分析的基础上,有意识地从中选出一个或几个有代表性的单位进行系统、周密的调查研究,从而认识这一类对象的本质特征、发展规律,找出具有普遍意义和有价值的经验和值得借鉴的教训。典型调查是一种非全面调查。典型调查的关键是选择典型单位,典型单位应具有充分的代表性,即"解剖麻雀";典型单位的选择要依据研究对象的特点,正确划类选典;典型单位的数目确定要依据总体各单位的标志值或标志表现的差异程度。在一定条件下,典型调查资料还可用来估计推算全面数字。搞好典型调查的关键在于选择好典型。选择典型必须以调查目的和调查研究对象的情况为根据。如果调查目的是了解总体的一般情况,可选择中等的单位;如果调查目的是总结经验教训,可以选最先进的单位和最落后的单位;如果调查目的是研究新情况、新问题,可以选择出现这些苗头的单位;如果调查目的是要研究事物发展的过程和规律,就要选择发展形态完整的单位;如果调查目的是近似地估计、推算总体的数值,就要把总体划分为若干类型,然后在每一类中选择有代表性的单位进行调查。典型可以是单个的,也可以是整群的。典型调查的方法多种多样,如开调查会、个别访问、直接到现场观察、制发调查表填报等。

（一）典型调查的特点

典型调查的调查单位少,并且是调查者有意识选择出来的;调查内容具体、细致;调查所需时间短,反映情况快。

（二）典型调查的优点

典型调查的优点是了解的事物生动具体,资料详尽,对问题的研究深入细致,调查方法灵活多样,可以长期蹲点深入实际、直接观察,也可开调查会或个别访问。

（三）典型调查的应用范围

典型调查适用于调查总体同质性比较大的情形。同时,它要求研究者有较丰富的经验,在划分类别、选择典型上有较大的把握。实施典型调查的主要步骤是:根据研究目的,通过多种途径了解研究对象的总体情况;从总体中初选出备选单位,加以比较,慎重选出有较大代表性的典型;进行(典型)调查,具体搜集资料;分析研究资料,得出结论。

典型调查较为细致,适用于对新情况、新问题的调研。使用典型调查法时,需注意所选的对象要具有代表性,能够集中地、有力地体现问题和情况的主要方面。典型调查具有省时、省力的优点,但也有不够准确的缺点。典型调查一般用于调查样本太大,而调查者又对总体情况比较了解,同时又能比较准确地选择有代表性对象的情况。调查中一是要选好典型,要有代表性,不能以偏概全;二是要具体分析典型经验产生的环境和客观条件;三是要充分搜集和占有材料,反映典型的本来面目,揭示事物的本质和发展变化规律,不能浅尝辄止;四是要根据事物发展的需要、组织管理目标和实际工作的发展趋势,注意典型的推广和借鉴价值;五是为制定重大决策服务的典型调查,要充分、全面地占有资料,为制定重大决策提供翔实的资料。

（四）典型调查的作用

典型调查具有两个突出的作用。

（1）研究尚未充分发展、处于萌芽状况的新生事物或具有某种倾向性的社会问题。通过对典型单位深入细致的调查,可以及时发现新情况、新问题,探测事物发展变化的趋势,形成科学的预见。

（2）分析事物的不同类型,研究它们之间的差别和相互关系。例如,通过调查可以区别先进事物与落后事物,分别总结它们之间的经验教训,进一步进行对策研究,促进事物的转化与发展。

此外,在总体内部差别不大,或分类后各类型内部差别不大的情况下,典型单位的代表性很显著,也可用典型调查资料来补充和验证通过全面调查获得的数据。

（五）典型调查的注意事项

（1）正确地选择典型。根据调查的目的,在对事物和现象总体情况初步了解的基础上,综合分析,对比研究,从事物的总体上和相互联系中分析有关现象及其发展趋势,选出典型。典型可分为三种：先进典型、中间典型和后进典型。当我们的研究目的是探索事物发展的一般规律或了解一般情况时，应选择中间典型；当我们的研究目的是要总结推广先进经验时，就应选取先进典型；当研究目的是帮助后进单位总结经验时，就应选取后进典型。

（2）注意点与面的结合。典型虽然是同类事物中具有代表性的部分或单位，但毕竟是普遍中的特殊，一般中的个别。因此，对于典型的情况及调查结论，要注意哪些属于特殊情况，哪些可以代表一般情况。要慎重对待调查结论，对于其适用范围要做出说明，特别是对于要推广的典型经验，必须考察、分析是否具备条件，条件是否成熟，切忌"一刀切"。

（3）定性分析与定量分析结合。进行典型调查时，不仅要通过定性分析找出事物的本质和发展规律，而且要借助定量分析从量上对调查对象的各个方面进行分析，以提高分析的科学性和准确性。

（六）典型调查的特征

典型调查具有以下几个特征。

（1）典型调查主要是定性调查。典型调查主要依靠调查者深入基层进行调查，对调查对象直接剖析，取得第一手资料，能够透过事物的现象发现事物的本质和发展规律。它是一种定性研究，难以进行定量研究。

（2）典型调查是根据调查者的主观判断，选择少数具有代表性的单位进行调查。因此，调查者对调查单位的了解情况、思想水平和判断能力对选择典型的代表性起着决定作用。

（3）典型调查的方式是面对面地直接调查。它主要依靠调查者深入基层与调查对象直接接触与剖析，因此，对现象的内部机制和变化过程往往了解得比较清楚，资料比较全面、系统。

（4）典型调查方便、灵活，可以省时间、人力和经费。典型调查的对象少，调查时间短，反映情况快，调查内容系统周密，了解问题深，使用调查工具不多，运用起来灵活方便，可以节省很大的人力、财力。

（七）典型调查的运用举例

1. 在科学思维方法中的运用

典型调查选择的调查对象比抽样调查抽取的样本更具有代表性，但它也是通过从总体中选择个别对象进行调查研究从而推判总体的调查方法。相应的，人们的思维过程也是从个别典型的认识到一般总体的认识，这符合人们认识客观事物从个别到一般的认识规律。同时，典型调查偏向从性质上分析调查对象，从总体特性上认识调查对象，而几乎没有只对典型进行量的分析，却不进行质的判断的情况。因而，典型调查无疑是一种科学思维的方法。

例如，江苏省吴江市通过开展一次对县属镇中的"农民工"的典型调查，来认识"农民工"是否有利于城镇建设等问题。在对全县 7 个县属镇进行粗略分析的基础上，最后选定了震泽镇作为典型调查,因为震泽在 7 个镇中发展较快,而且该镇"农民工"占职工总数的 20.4%,超过全县 15%的比例。通过调查分析得出结论:推动该镇发展的一个重要因素是该镇吸收了大量"农民工"。因此,通过典型分析,最后可以推断出"农民工"是有利于城镇发展的结论。

2. 在预测职能中的运用

典型调查是从研究事物质的方面开始的。但伴随着人们的生活实践,当我们认为有必要也有可能通过典型调查来树立榜样,推动总体向前发展的时候,先进典型就成为典型调查的重点。反之,如果我们要从失败中吸取教训,总结经验,通过比、学、赶、帮一起推动事业向前发展,就必须以后进典型作为典型调查的重点。进而,当人们还需要通过典型推算全面数字的时候,典型调查的预测职能也能充分地发挥出来。例如,从一个村委会种植稻谷的全部田块中,抽出一个中等产量而又成熟较早的田块实割,得知亩产数乘以种稻总面积,就可预测该村全部稻谷产量。当然,使用这种方法时,只有当选典的田地的亩产恰好等于全部田块的平均产量时,才能准确无误。两者往往是有误差的,且这种误差不可避免。误差的绝对数和相对数只有在全部实割之后才知道。当人们对事物认识由浅入深,由偏到全,由不准到准,逐步由低级向高级发展的时候,只要善于总结和积累经验,就一定能够逐步得到改进。

在我国统计产量调查中,过去曾根据与产量有一定联系的自然条件,将耕地划分为平原、丘陵和山地三种类型分别选典进行推算。这样,每亩的亩产差异缩小,典型代表性提高,效果就好一些。如果在此基础再将每类分为上、中、下三组,典型的代表性和推算的准确度又能提高一步。从典型的数目来说,从原来的单一典型发展为多个典型。再后来,调查组索性直接按照各个田块的估算排队分组选典进行推算。由于各村委会农民积累了丰富经验,对各自生产经营的田块了如指掌,特别是收割之前,各田块长势一目了然,便能准确地按照估计亩产相当准确地进行等距分组。例如,每组组距都是 50 千克或 100 千克,再从每组中选代表性的田块进行实割或预估推算,获得了较好的推算效果。这种方法有一个特点,就是每组田块亩数互不相等。亩数少的每组一个代表,亩数多的也是每组一个代表。但只要各组选出的田块是真正的典型就不是问题了。

四、抽样调查

抽样调查是一种非全面调查,它是从全部调查研究对象中抽选一部分单位进行调查,并据以对全部调查研究对象做出估计和推断的一种调查方法。显然,抽样调查虽然是非全面调查,但它的目的却在于取得反映总体情况的信息资料,因而也可起到全面调查的作用。根据抽选样本的方法不同,抽样调查可以分为概率抽样和非概率抽样两类。概率抽样是按照概率论和数理统计的原理,从调查研究的总体中,根据随机原则来抽选样本,并从数量上对总体的某些特征做出估计推断,对推断中可能出现的误差可以从概率意义上加以控制。习惯上,人们将概率抽样称为抽样调查。

阅读材料

第二次全国残疾人抽样调查方案

1. 调查目的

通过调查,掌握全国和各省、自治区、直辖市各类残疾人的数量、结构、地区分布、致残原因、家庭状况及其康复、教育、劳动就业和参与社会生活等情况,为国家制定经济和社会发展规划,以及有关残疾人的法律法规、政策和规划提供可靠的依据,促进残疾人事业与国民经济和社会协调发展。

2. 调查对象

此次调查的对象是具有中华人民共和国国籍,并在被抽中调查小区内常住的人(指自然人,下同)。调查采用按常住人口登记的原则,以户为单位填报,只调查家庭户,不调查集体户,单身居住独自生活的也作为一个家庭户进行登记。此次不调查中国人民解放军现役军人和武装警察(包括军队管理的离退休干部)。常住户口虽然在本乡、镇、街道,但已离开本乡、镇、街道半年以上的人,不属于本调查小区的调查对象。此次调查的重点是残疾人。残疾人是指在心理、生理、人体结构上,某种组织、功能丧失或者不正常,全部或部分丧失以正常方式从事某种活动能力的人。残疾类别包括:视力残疾、听力残疾、言语残疾、肢体残疾、智力残疾、精神残疾。凡有两种及两种以上残疾的人,列为多重残疾。残疾评定标准和方法按照第二次全国残疾人抽样调查专家委员会重新修订的《残疾标准》及相关方法实施。

3. 调查内容

第二次全国残疾人抽样调查使用三种调查表:一是住户调查表;二是残疾人调查表;三是社区调查表。调查项目共有 52 个,调查样本人群的家庭及其个人的状况,重点调查残疾人的致残原因、生活状况及其主要需求。

4. 调查的范围、规模和标准时间

第二次全国残疾人抽样调查在 31 个省、自治区、直辖市同时进行,设计总样本量为 260 万人。调查的标准时间为 2006 年 4 月 1 日零时。主办单位为第二次全国残疾人抽样调查办公室。

(一) 抽样调查的特点

抽样调查从研究对象的总体中抽取一部分个体作为样本进行调查,据此推断有关总体的数字特征,经济性好,实效性强,适应面广,准确性高。

抽样调查是根据部分实际调查结果来推断总体标志总量的一种统计调查方法,属于非全面调查的范畴。它是按照科学的原理和计算,从若干单位组成的事物总体中,抽取部分样本单位来进行调查、观察,用所得到的调查标志的数据来代表总体,推断总体。

与其他调查一样,抽样调查也会遇到调查的误差和偏误问题。抽样调查的误差通常有两种:一种是工作误差(也称登记误差或调查误差);一种是代表性误差(也称抽样误差）。不过,抽样调查可以通过抽样设计和计算,并采用一系列科学的方法,把代表性误差控制在允许的范围内。另外,由于抽样调查的调查单位少,代表性强,因而所需调查人员少,工作误差比全面调查要小。特别是在总体包括的调查单位较多的情况下,抽样调查结果的准确性一般高于全面调查。因此,抽样调查的结果是非常可靠的。

抽样调查数据之所以能用来代表和推算总体,主要是因为抽样调查本身具有其他非全面调查所不具备的特点。

（1）调查样本是按随机的原则抽取的,在总体中每一个单位被抽取的机会是均等的,因此,能够保证被抽中的单位在总体中的均匀分布,不致出现倾向性误差,代表性强。

（2）抽样调查是以抽取的全部样本单位作为一个"代表团",用整个"代表团"来代表总体,而不是用随意挑选的个别单位代表总体。

（3）所抽选的调查样本数量是根据调查误差的要求,经过科学的计算确定的,在调查样本的数量上有可靠的保证。

（4）抽样调查的误差在调查前就可以根据调查样本数量和总体中各单位之间的差异程度进行计算,并控制在允许范围以内,调查结果的准确程度较高。

基于以上特点,抽样调查被公认为是非全面调查方法中用来推算和代表总体的最完善、最有科学根据的调查方法。

（二）抽样调查的步骤

抽样调查的一般步骤如下。
（1）界定总体。
（2）制定抽样框。
（3）实施抽样调查并推测总体。
（4）分割总体。
（5）决定样本规模。
（6）决定抽样方式。
（7）确定调查的信度和效度。

五、定期统计报表

定期统计报表是新中国成立几十年来行之有效的一种主要的调查组织形式。它是按照国家有关规定,自上而下统一布置调查任务,自下而上逐级按照统一要求提供统计资料的一种报告制度。定期统计报表要求以一定的原始记录为依据,按照统一的指标、分组、报送时间和报送程序填报。定期统计报表是我国获取统计资料的重要形式,也是国家和各级政府制定有关方针政策的依据。

（一）定期统计报表的分类

1. 定期统计报表的一般分类

定期统计报表一般分为综合统计报表和专业统计报表。

社会综合统计报表制度是国家统计报表制度的组成部分,是国家统计局对各省、自治区、直辖市统计局的综合要求,各地区应按全国统一的统计范围、计算方法、统计口径、资料来源按时报送。

社会综合统计报表制度是指日常登记和核实资料相结合,通过定期报表而进行的一种经常的、连续不断的调查。这种调查不必专门组织调查机构,而是利用原有的机构和力量,通过层层上报和汇总资料取得全面资料。社会综合统计报表制度的调查组织形式是经常性调查,优点在于便于积累资料,同时只需利用原有机构的人力、物力,节省了额外开支。但它也有局限性:一是统计报表只提供最基本的数字资料,反映社会经济生活的概貌,不能提供生动活泼的实际情况;二是有时由于对调查项目的理解和要求不一致,被调查单位错误理解,而产生登记性错误;三是表格形式相对固定,较难适应新情况;四是需要有一支经过训练的基层统计工作人员队伍,才能保证经常调查的顺利进行。经常性调查的基本要求是准确、及时、全面、系统。要做好经常性调查,首先应建立和健全各种法规和制度,基层单位应建立健全原始记录,资料的审核、表格的形式、报关的程序都应按规定实施。为保证经常性调查数据准确、资料及时,要求调查部门采用先进的技术搜集、汇总、计算、传输资料,这就要求大力培养统计干部,提高人员素质,并建立现代化的资料信息传输网。经常性调查在我国适用范围非常广,大至全国、各省市、地区,小至一个部门、一个行业、一个单位,凡有经常登记、记录的地方,都可以用经常性调查方式调查。经常性调查的内容也很丰富,如职工人数、工资总额、婚育状况,以及产品产量、原材料消耗、资金周转、能源消耗等,都可以通过经常性调查获取资料。

专业统计报表制度由各地区、各行业的统计部门根据实际需要制定,例如能源统计报表制度、批发和零售业统计报表制度、住宿和餐饮业统计报表制度、农村社会经济综合统计报表制度等。

2. 定期统计报表的其他分类

(1) 按照填报周期不同,定期统计报表可分为日报、周报、旬报、月报、半年报和年报。报表周期的长短与报表的指标内容详略有关。一般来说,周期短的报表指标较少,资料内容更精练;周期长的报表指标较多,资料的内容也较全面。年报是周期较长的,日报是周期较短的。对周期短的报表,在及时性上要求强些,在准确性上要求低些;对周期长的报表,在时间上要求宽松些,在准确性、全面性、系统性上要求严格些。

(2) 按照报送方式不同,定期统计报表可分为电讯报表和邮递报表。电讯报表可以采用电报、电话、电视、传真等方式。快速报表通常采用电讯报告。而月、季、年报由于指标内容较多,一般用邮递方式。

(3) 按内容和实施范围不同,定期统计报表可分为国民经济基本统计报表、专业统计报表和地方统计报表。

(4) 按填报单位不同,定期统计报表可分为基本统计报表和综合统计报表。

(二) 定期统计报表的优缺点

1. 定期统计报表的优点

与其他统计调查方式相比,定期统计报表有如下优点。

（1）在规定范围内的各单位必须按期填报，这就保证了统计资料的全面性和连续性。

（2）由于调查内容、表式、时间都是统一规定的，这就保证了统计资料的统一性和及时性。

（3）由于定期统计报表制度要求各填报单位必须依据原始记录进行填报，只要基层单位认真执行，建立起原始记录，那么统计资料的来源和准确性便有了可靠基础。

（4）定期统计报表从基层单位填报之后，经过所在地区、部门的统计机构汇总整理，可以满足各级党政领导机关和有关部门使用这些统计资料的需要。

2. 定期统计报表的缺点

（1）在经济利益多元化的条件下，有的单位为了本单位的利益可能会出现虚报、漏报或瞒报现象，影响统计资料的质量。

（2）如果上级机关向基层单位布置的统计报表过多，会增加基层负担，甚至会造成某些混乱。

第三节　统计调查方案的设计

为使统计调查工作有计划、有组织、有系统地进行，需要科学地制订统计调查计划、调查步骤，合理设计统计调查方案。统计调查方案是统计调查前所制订的实施计划，是指导统计调查过程的指导性文件。

一、制订和审查统计调查方案的原则

各级人民政府统计机构、各主管部门统计机构对送审的统计调查计划及其调查方案的必要性、可行性、科学性进行严格审查，对不符合《中华人民共和国统计法实施细则》规定的，应当退回修改或者不予批准。在制定和审查统计调查方案时，应当贯彻以下原则。

（1）在已经批准实施的各种统计调查中能搜集到资料的，不得重复调查。

（2）抽样调查、重点调查、典型调查或者行政登记可满足需要的，不得制发全面统计调查表；一次性统计即可满足需要的，不得进行经常性统计；按年统计即可满足需要的，不得按季统计；按季统计即可满足需要的，不得按月统计；月以下的进度统计必须从严控制。

（3）颁发新的统计调查方案，必须先行试点或者征求有关地方、部门和基层单位的意见，进行可行性论证，保证切实可行，注重调查效益。

（4）统计调查所需的人员和经费应当有保证。

二、统计调查方案的内容

统计调查方案应包括以下五个方面的内容。

（一）调查目的与任务

调查目的就是要搞清楚为什么进行调查，要了解什么情况，解决什么问题。明确了调查目的,便于确定向谁调查、调查什么、用什么样的方式进行调查等。例如,《城镇住户调查方案》的目的是:全面了解城镇居民生活现状及变化情况,满足各级政府制订政策计划和进行宏观管理的需要。再如,1997 年全国城市居民生活时间分配调查的目的是:了解我国城市居民各种群体的生活时间分配和利用状况,研究城市居民的生活方式。该项调查拟定了姓名、性别、年龄、民族、文化程度、职业、婚姻状况及工作时间、个人生活必需时间、家务劳动时间和闲暇时间等调查项目。

(二) 调查对象、调查单位和填报单位

根据调查目的,需要明确调查对象、调查单位和填报单位。

调查对象就是统计调查的总体范围,因此,确定调查对象即要明确总体的界限,或者说要明确调查的范围(统计总体)。

调查单位就是调查对象中每一被调查的单位,即总体单位。例如,《城镇住户调查方案》的调查对象是:户口在本地区的常住非农业户;户口在本地区的常住农业户;户口在外地,居住在本地区半年以上的非农业户;户口在外地,居住在本地区半年以上的农业户;包括单身户和一些具有固定住宅的流动人口。调查单位是上述户中的每一户。又如,对广东省民营企业的生产经营情况进行普查,那么,广东省所有的民营企业就是调查对象,广东省的每一个民营企业就是调查单位。

填报单位也称报告单位,是根据调查目的与要求,向调查组织机构填报调查资料的单位。调查单位和填报单位往往是一致的,但在有些统计调查中,两者是不一致的,如对某企业各车间的设备运转情况进行调查,其调查单位是该企业各车间的每一台设备,而填报单位是该企业的各车间。

(三) 调查项目与调查表

调查项目是所要调查的具体内容,即总体单位所承担的基本标志。换言之,就是向被调查者调查什么,需要被调查者回答什么问题。例如,《城镇住户调查方案》的主要调查内容包括:城镇居民家庭成员基本情况;城镇居民家庭基本情况;城镇居民家庭现金收支;城镇居民家庭消费支出;城镇居民家庭非现金收入等。

确定调查项目时应注意以下三个问题。

(1) 现实中只调查所急需了解的项目,可有可无和备而不用的项目一律不要列入。

(2) 调查项目应是能够取得实际资料的项目。

(3) 调查项目要注意彼此衔接,避免重复和相互矛盾。

调查项目汇总成表格形式,即问卷(详见本章第四节)。问卷既可采用一览表形式,也可采用单一表形式,这应依调查目的、任务而定。一览表是在一张表上登记若干个调查单位的资料,每个单位都同时填写解答调查项目所提出的问题,但只适合在调查项目不多时使用。单一表是在一张表上只登记一个调查单位,可以比较详细地列出各种标志,内容比较详尽,并且便于整理汇总,但费时较多。

（四）调查时间和调查地点

调查时间，一是指调查资料所属的时间范围（时点或时期）；二是指某次调查工作的起止期限。规定这两种时间是十分必要的，前者是为了保证调查资料的准确、可比、可汇总；后者是为了保证各地各单位能在同一期限内完成某项调查任务，以便按时整理、汇总和展开分析。

调查地点是指调查对象所在的地点，亦即统计资料所属的空间范围。明确统计资料的空间范围，是防止统计调查资料发生错漏的必要前提。

（五）调查的组织实施计划

统计调查的组织工作是使统计调查顺利进行的保证，主要包括以下内容。

（1）建立调查工作的组织机构，做好调查人员的分工。

（2）做好调查前的准备工作，包括必要宣传、人员培训、文件资料的准备、调查方案的传达部署、经费预算和开支办法等。

（3）制定调查工作的检查与监督方法。

（4）确定调查成果的公布时间及调查工作完成后的工作总结等。

随着系统工程的原理和运筹学方法的广泛运用，以及统计工作的现代化，调查方案的周密性、科学性也日益提高，有效地保证了调查工作顺利进行。

第四节　问卷设计与资料搜集

统计调查问卷是搜集原始资料的调查提纲或调查表。能否在统计调查中顺利地取得调查资料，与问卷设计的科学与否有较大关系。

一、调查问卷的设计

（一）调查问卷设计的原则

（1）主题明确，结构合理。根据调查目的，从实际出发拟题，重点要突出，避免可有可无的问题。问题的排列顺序要有逻辑性，符合人的思维程序，由易到难，由简到繁，由具体到抽象。

（2）词语简明，问题通俗易答，问卷利于整理。词语简明准确，不要出现模棱两可的提问，语气要亲切、礼貌，使应答者容易理解且愿意回答，避免使用专业术语，避免出现主观性和暗示性的问答。问卷设计应有利于资料的分类、排序与整理。

（3）专家设计，长度适中。问卷应聘请专家参与设计，问卷回答的时间控制在 20 分钟左右较好。

(二)调查问卷设计的程序

(1)确定调查对象和问卷主题。根据调查目的,将所需指标等资料——列出,分析哪些要通过问卷取得,然后依据调查内容确定调查对象和问卷主题。

(2)分析调查单位的特征。为了较好地取得所需的调查资料,必须了解调查单位的有关特征,如社会阶层、行为规范、观念习俗等社会特征,需求动机、潜在欲望等心理特征,文化程度、知识水平等学识特征,以便有针对性地拟题。

(3)拟定问题目录。根据调查对象的特点,首先尽量详尽地列出问题,然后检查有无重复、遗漏或不恰当提问,同时进行筛选、排序。

(4)进行模拟问答。调查者设身处地地提问、回答,检验问题是否明了,排序是否合理,时间是否适当,应答者是否能够答,并愿意回答全部问题。

(5)修改定稿。根据模拟问答情况,进行修改问卷,然后再模拟问答,直至完全合格方可定稿,形成正式的统计调查问卷。

(三)调查问卷设计的形式

(1)自由回答式。自由回答式是指问卷没有拟定备选答案,由被调查者自由回答。

(2)封闭回答式。封闭回答式是指问卷已事先拟定备选答案。如两项选择法,问卷中的设问项目只给出非此即彼的两个答案;多项选择法,问卷中的设问项目同时给出多个答案,由被调查者从中选择一项或多项;还有赋值打分法、填空法、排序法等。

二、统计资料的搜集方法

(一)原始资料的搜集方法

搜集调查对象的原始资料,常用的方法有直接观察法、报告法(通讯法)、采访法、登记法、实验调查法等。任何一种调查都必须采用一定的调查方法去搜集原始资料。即使调查的组织形式相同,其调查方法也是可以不同的,应根据调查目的与被调查对象的具体特点,选择合适的调查方法。

1. 直接观察法

直接观察法是指由调查人员到现场对调查对象进行观察、点数和计量,以取得原始统计资料的方法,如交通高峰期车流量调查、企业库存盘点。

2. 报告法(通信法)

报告法一般是由统计工作机构将调查表格分发或电传给被调查者,被调查者根据填报的要求将填好的调查表格寄回。我国现行的统计报表制度和某些一次性调查采用的都是这种方法。报告法的特点有:强制性,调查者与被调查者不直接接触,调查单位多是机关团体或企事业单位。

3. 采访法

采访法是根据被调查者的答复来搜集统计资料,这种方法又可分为口头询问法和被调查者自填法两种。口头询问法是由调查人员对被调查者逐一采访,当面填答。被调查者自填法,即调查人员把调查表交给被调查者,向被调查者说明填表的要求和方法,并对有关注意事项加以解释,由被调查者按实际情况一一填写,填好后交调查人员审核、收回。

4. 登记法

登记法是由有关的组织机构发出通告,规定当事人在某事发生后到该机构进行登记,填写所需登记的材料。如人口的出生和死亡的统计及流动人口的统计,就是采用规定当事人到公安机关登记的方法。

5. 实验调查法

实验调查法是用于搜集测试某一新产品、新工艺或新方法使用效果的资料的方法。一般地,对于可以通过科学实验取得资料的,应采用实验调查法;而对于无法通过科学实验取得资料的,如社会现象,则应采用大量观察法。

随着现代信息技术的发展,计算机、网络、光电技术、卫星遥感、地理信息系统等高新技术已经或正在被广泛地引入统计调查领域,从而产生一些新的调查方法。例如,上述各种方法都可以与网络相结合,形成网络调查。又如,可以利用卫星高度分辨辐射及所提供的地面农作物颜色的资料,来估计农产量等。

(二)已有统计资料的搜集方法

对于应用统计的分析人员来说,相当一部分统计数据不必亲自进行统计调查,可取自有关统计部门和机构发布的统计资料。这方面的资料可通过以下途径获得。

1. 从统计年鉴获得统计资料

(1)《中国统计年鉴》。该书由国家统计局编辑、中国统计出版社出版,是一部全面反映我国国民经济和社会发展情况的资料性书籍,每年9月前后出版。该书收录了上年全国各省、自治区和直辖市经济及社会各方面大量的统计数据,以及历史主要年份和近二十年全国统计数据。以2019年的《中国统计年鉴》为例,全书分为29个部分:①综合;②人口;③国民经济核算;④就业和工资;⑤价格;⑥人民生活;⑦财政;⑧资源和环境;⑨能源;⑩固定资产投资;⑪对外经济贸易;⑫农业;⑬工业;⑭建筑业;⑮批发和零售业;⑯运输、邮电和软件业;⑰住宿、餐饮业和旅游;⑱金融业;⑲房地产;⑳科学技术;㉑教育;㉒卫生和社会服务;㉓文化和休育;㉔公共管理、社会保障和社会组织;㉕城市、农村和区域发展;㉖香港特别行政区主要社会经济指标;㉗澳门特别行政区主要社会经济指标;㉘台湾省主要社会经济指标;㉙国际主要社会经济指标。该书还附有光盘,提供中文与英文两种文字的统计年鉴电子版。为方便用户浏览和使用年鉴,光盘还提供了超文本(HTML)表格和Excel表格两种浏览方式。

(2)《国际统计年鉴》。该书由中国统计出版社出版,是一部综合性的国际经济、社会统计资料,收录了全世界多达160个国家和地区的统计资料,对其中的40多个主要国家的经济和社会发展状况以及世界主要企业的基本情况又做了更为详细的介绍。以2018年的《国际统计年鉴》为例,全书分为17个部分:①中国在世界的地位;②自然资源和环境;③国民经济核算;④人口;⑤就业人员和劳动报酬;⑥投资环境;⑦能源;⑧财政和金融;⑨价格指数;⑩居民收支和贫困;⑪农业;⑫工业和建筑业;⑬运输和通讯;⑭对外贸易和旅游；⑮国际收支和外债；⑯教育、科技、文化和卫生；⑰经济社会综合评价指标。

（3）《地方统计年鉴》。该书由各省、自治区和直辖市以及经济特区的统计局编纂，中国统计出版社出版，比较详细地反映各省、自治区和直辖市以及经济特区的社会、经济和科技等发展变化的情况。

（4）《中国县(市)社会经济统计年鉴》。该书由国家统计局农村社会调查总队编纂，中国统计出版社出版，主要内容包括：区域分析统计图，各县(市)主要经济指标，分区域社会发展基本情况，按主要经济指标分组的社会经济基本情况。

（5）《中国金融年鉴》。该书由中国金融协会编纂，记述了金融发展的基本情况，提供有关金融统计的资料，包括货币供应量、银行概述、特定存款机构的资产负债表等。

（6）《中国人口统计年鉴》。该书由中国统计出版社出版，是有关人口状况的资料性年刊，搜集了全国各省、自治区和直辖市的大量人口数据以及世界各国的人口数据。

（7）《中国统计摘要》。该书由中国统计出版社出版，收录了反映我国经济社会发展的主要统计数据，一般比统计年鉴早若干个月出版。

2. 从有关期刊获得统计资料

上述各种年鉴所提供的资料较为详细、全面、系统，但时效性较差。反映我国经济社会动态的数据，可从以下一些期刊获得。

（1）《中国经济数据分析》。该期刊由国家信息中心经济预测部编写，提供了当季(或月)我国的 GDP 增长率、工业生产指数、企业效益指标、固定资产投资、外贸出口和市场销售的规模和速度指标、居民消费水平等数据。

（2）《经济预测分析》。该期刊由国家信息中心编写，提供了有关国民经济运行状况的资料。

3. 从有关网站获得统计资料

在计算机与网络技术飞速发展的今天，互联网成为获取统计数据的重要途径。目前可获取反映中国经济社会状况的统计数据的网站主要有以下一些。

（1）国家统计局官网(www.stats.gov.cn)。该网站由国家统计局主办，主要板块有走近统计、统计数据、统计工作、统计知识、统计服务、信息公开。在该网站上，还可搜寻有关统计年鉴的数据资料。

（2）国研网(www.drcnet.com.cn)。该网站由国务院发展研究中心主办，提供的信息主要有宏观经济、区域经济、金融市场、行业经济及企业经济相关数据资料。

（3）中国经济信息网(www.cei.gov.cn)。该网站由国家信息中心主办，是以提供经济信息为主要业务的专业性信息服务网站。

（4）中国经济新闻网(www.cet.com.cn)。该网站是依托中国经济时报社的人才和信息资源组建的一个综合性经济类新闻网站。

第五节　调查误差

调查误差是调查结果所得的统计数字与调查总体实际数量之间的离差。例如，对某市的工业增加值进行调查的结果为 340 亿元，而该市工业增加值实际为 330 亿元，那么调查误差就是 10 亿元。

一、调查误差的分类

（一）按产生统计误差的性质不同划分

按产生统计误差的性质不同,调查误差可分为空间误差、时间误差、方法误差和人为误差。

1. 空间误差

空间误差是指统计调查范围所产生的误差,包括重复、遗漏统计调查单位,跨范围统计等。

2. 时间误差

时间误差是指统计调查对象因时期或时点界定不准确所产生的误差,如企业核算时间不能满足统计部门的报表制度要求而估报所产生的误差,延长或缩短时期所产生的误差,时期错位产生的误差等。

3. 方法误差

方法误差是因使用特定的统计调查方法所产生的误差。如抽样调查中的代表性误差(抽样平均误差),是指采用抽样调查方法中的随机样本(非全面单位)来推算总体所产生的误差的平均值,不是绝对的统计误差。对于代表性误差,一般可以根据组织方法和抽取样本的容量计算其平均误差,还可以通过扩大样本量或优化调查的组织方法来缩小误差。又如统计部门因人力、物力和财力等资源不足,致使报送渠道不畅通,统计调查不到位,推算方法不科学、不规范所产生的误差。

4. 人为误差

人为误差是指在统计设计、统计调查、统计整理汇总和统计推算等过程中因人为过错产生的误差。人为误差是统计误差中产生因素最多的一类,它又分为度量性误差、知识性误差、态度性误差和干扰性误差。度量性误差是指统计指标因计量或者从生产量到价值量换算所产生的误差;知识性误差是指统计人员因统计知识不够,对统计指标的含义不理解或错误理解所产生的误差;态度性误差是指统计人员因对统计工作不负责、随意填报统计数据而产生的误差,包括乱报、漏填或不按规定的计量单位填报等;干扰性误差是指统计对象或统计部门受某种利益驱动而虚报、漏报或者捏造统计数据所形成的误差。

（二）按产生的原因不同划分

按产生的原因不同,调查误差可分为抽样误差和非抽样误差。

1. 抽样误差

抽样误差又称代表性误差,是指由于设计时有意识地只研究总体中的一部分单位,并用这部分单位算出的指标来估计总体的指标,而这部分单位不能完全反映总体的性质,它同总体的实际指标会有一定差别,从而在结果中出现误差。在抽样调查中,样本只是总体的一部分,它对总体的代表性存在的局限,无论抽样方法多么科学,调查研究工作的控制如何严密,样本也不可能与总体完全吻合,抽样误差必然存在,故抽样误差本不是错误的结果。只有在非全面调查中才有抽样误差,全面调查不存在抽样误差。

2. 非抽样误差

非抽样误差又称登记性误差,包括引起调查误差的其他所有因素。非抽样误差是除抽样误差以外的所有误差,通常认为是由于调查工作的失误、错误登记事实、调查程序执行中的错误与不足引起的误差。但即使错误没有发生,调查结果与现实仍然存在差异。如测量值与实际值之间的偏差。不管是全面调查或是非全面调查,都会产生登记性误差。

(三) 按工作环节的不同划分

按工作环节的不同,调查误差可分为源头误差、中间环节误差和最终误差。

1. 源头误差

源头误差是指上报单位或申报者产生的误差。

2. 中间环节误差

中间环节误差是指统计调查数据在逐级上报过程中产生的误差,包括加工整理、汇总和推算等环节产生的误差。

3. 最终误差

最终误差是指下级各基层数据汇总数或通过规范方法得到的推算数与最终使用数之间的差异值。

按工作环节划分调查误差是相对的,中间环节误差在不同场合有可能是源头误差,也可能是最终误差。

二、非抽样误差的种类

(一) 抽样框误差

抽样框误差可以定义为是由调研人员定义的总体与所使用的抽样框隐含的总体之间的变异。在统计调查中,符合我们要求和甄别条件的个体总和称为调查对象,而包括这些调查单位的总体可能集中在某个地区名单、电话号码簿、工商企业名录等。这些地区名单、电话号码簿、工商企业名录,就是我们的抽样框。由于抽样框的错误选取或者抽样框不够全面等因素所引起的误差,称为抽样框误差。例如,以电话簿作为抽样框并不能代表潜在消费者的总体,因为有些电话号码没有进入电话簿,又有些号码联系不上(不在家或其他原因),还有不少号码是已经不能使用的(已搬迁或销号等)。

(二) 无回答误差

无回答误差是指在调查中由于各种原因,调查人员没能够从入选样本的单元处获得所需要的信息,由于数据缺失造成估计量的偏误。当抽样调查的样本确定后,在调查访问的执行过程中,由于各种客观条件,如样本个体拒绝访问或无法接受访问等因素,导致访问不到需要的样本个体,使调查的实际样本与理论抽样所产生的样本存在一定的偏差。

（三）测量误差

测量误差是所搜寻的信息与由调研人员所采用的测量过程所生成的信息之间的变差。测量误差包括对概念理解有误而产生的误差、计量方法有误产生的误差、调查工作人员测量记录的出错、被访者的回答产生误差等。例如，在测量消费者的偏好时，调研人员没有使用测量偏好的量表，而是用了测量概念的量表。

（四）总体定义误差

总体定义误差是与手中要研究的问题相关的真正总体与调研人员所定义的总体之间的变差。例如，要了解某医院在患者心目中的形象，真正的总体应当是某地区的患者，但调研人员定义成了某地区的全体居民。

三、调查误差的来源

尽管调查是由人设计和执行的，而人为因素可能会导致误差，但这并不等于调查中所有的误差都是由人的弱点和过失造成的。在调查总误差中，既有客观因素造成的，也有主观因素造成的。能引起调查误差的主客观因素的总和称为调查误差的来源。调查误差的来源有以下几个方面。

（一）调查设计者

调查设计者可能误解了本次调查的目的和意图，制定了错误方针，误导研究方向，使其调查内容可能不符合主办者的意愿，产生统计调查设计的目标总体与实际的调查总体不一致。调查设计者事先没有设计调查中应采取的某些步骤，没有预料到会出现的问题，没有运用以前类似调查的经验，可能不是实现目标的最佳途径，同样会出现一些错误。出于预算的考虑，缩减了调查预算或寻求妥协，或者对调查各环节的人力、财力分配不合理，可能导致经费不足，降低调查质量。调查组织者没有制定或明确调查工作人员的工作规范，使工作人员产生迷惑，或调查成员之间缺乏交流，没能互通工作中的重要信息，最终导致调查误差。

（二）样本

抽样框不够完善会导致某些总体单位被抽中的可能性过高，而某些总体单位却没有机会进入样本，从而产生偏差。样本的抽选工作，尽管客观上是进行概率抽样，主观判断仍有可能影响样本的抽选。样本的设计不合理，从各阶段抽选出的样本单位数不能获得估计量的有效性、无偏性和一致性。

（三）问卷的设计

问卷设计不合理也会导致调查误差。例如，问卷如果太长可能会使被调查者失去兴趣，问卷中各项的位置可能设置不当，被调查者可能没有真正理解某问题的特别意图，或者某些问题的用词可能会诱导被调查者;自填式问卷的指导可能说明不清楚,使被调查者产生误解;开放问题所需答案既长又复杂,使用计算机处理会相当困难。

(四) 数据的搜集、录入与处理

统计数据搜集人员的培训不够充分,可能会导致他们对预定步骤的执行有误,或是在不理解自己应该做什么、怎样做时自我行事。从准备工作上分析,录入人员可能不称职,或设计的数据录入程序可能是无效的,不能为分析提供有用的数据;从操作上分析,数据录入设备可能会出现故障,或录入的数据质量控制的措施不适当或缺乏,致使录入出错率高;从数据查错上分析,计算机程序员可能错误应用了数据查错和编程的说明,给分析人员带来问题,数据查错过程中可能不能发现原始数据文件所有遗留的错误;从数据报告的编程上分析,程序文件可能没有包括满意地完成一组分析所需的所有变量,或计算机出现故障可能会再次造成数据的丢失或出现错误等。

(五) 统计报告

从报告的准备工作分析,可能没有计算或是没有给出调查估计值的统计精确度,或遗漏了调查中出现的一些重要的程序问题,让人很难了解用估计值对总体进行评价的质量。

四、正确认识调查误差

(一) 统计调查误差是客观存在的,不以人们的意志为转移

统计机构的任务就是尽可能缩小统计误差。如计量误差,比如人的高度都存在早晚不一致的现象,不同调查单位因量器质量不同、标准不同也必定产生误差。再如空间误差,是指在实际统计过程中由于社会经济现象的复杂性无法涵盖所有的调查单位所产生的误差。统计误差与投入的人力、财力密切相关。无序增加统计调查任务,不考虑统计基层工作者的承受能力,会导致数据质量严重下滑。

(二) 没有准确的统计数据,就不可能有高质量的统计分析

如果没有准确的统计数据,就不可能有高质量的统计分析。统计工作不是生长在"真空"中,统计数据也受到党风、社会风气、法律氛围和各种秩序的影响,因此统计部门无法完全控制统计误差。如计划和各类政绩考核对统计数据的干扰,统计源头数据或者原始凭证是财务核算或业务核算的数据,若在这些环节出现了误差,光靠统计部门是无法解决的。当然干扰数据不一定是各级领导,而是统计部门或者方法不规范所致。在统计工作中应有估计的合法地位,在推行抽样调查过程中,一般都采用点估计,实际是利用样本均值来推算,这本身就有代表性误差,应该在误差控制范围内允许做适当的调整,以保证历史数据的平滑。

五、调查误差的控制

为了取得准确的统计资料,必须采取各种措施,防止可能发生的登记性误差,把它缩小到最低限度。为此,要做好以下工作。

(一)正确制订统计调查方案,切实抓好方案的实施工作

首先,要正确制订统计调查方案,包括明确调查对象的范围,说明调查项目的具体含义和计算方法,选定合理的调查方法,以使调查人员或填报人员有一个统一的依据。其次,要切实抓好调查方案的实施工作,包括对统计人员的业务培训,提高统计人员的素质;搞好统计基础工作,建立健全计量工作,原始记录、统计台账和内部报表等制度,使统计资料的来源准确可靠;对调查资料加强审核工作,发现差错及时纠正,建立完善的指标体系及其计算方法。

(二)对登记误差有要补救措施,建立所谓的"测谎"系统

统计部门应把好源头数据质量关,在抽样调查方案设计中,应建立"测谎"系统,否则调查误差始终是统计数据质量的瓶颈。"测谎"系统要建立必要指标体系和评价方法,要广泛使用数理统计中的假设检验方法。如我们在实际普查过程中,事后质量抽查的目的就是"测谎",若对这一环节重视不够,工作敷衍了事,不敢揭露问题,不深入开展工作,就无法得到好的结果。

(三)采用科学的统计调查方法,控制代表性误差

关于代表性误差的防止,可用重点调查和典型调查结果估计总体,调查前应从多方面加以研究,并广泛征求有关方面意见,使选出的调查单位具有较高的代表性。抽样调查则应严格遵守随机原则,保证足够的样本容量。针对不同的总体应该采取不同的样本,对总体单位较少的总体不宜采用抽样调查,如抽样调查在国家一级和省一级大面积推广起着积极作用,但在地市一级、县级进行就不是"一抽就灵",如某县在餐饮抽样调查中,抽3~5家单位推算全县的餐饮业零售额,其误差和人为因素可想而知。因此,统计机构要在对总体分析的基础上,选择适当的调查方式、方法,以控制误差的范围。

(四)加大统计执法力度,保证源头数据的准确性

为防止弄虚作假所产生的登记误差,应从建立健全统计法制入手,教育统计人员严格执行统计法。基层统计部门应在加强统计信息工程建设的基础上,从数据采集的圈圈中跳出来,重点加大统计执法检查。为了坚持原则,同一切弄虚作假的行为做斗争,对弄虚作假的单位要坚决严肃查处,在立法上罚款数额应该大幅增加,以威慑统计违法者,逐步建立全社会的统计诚信体系,维护统计数字的真实性。

思考与练习

一、单项选择题

1. 统计调查的基本目的就是要取得真实可靠的(　　)。
   A. 第二手资料　　　B. 已分组资料　　　C. 原始资料　　　D. 数列资料

2. 安徽省东至纺织厂为了解棉纱产品质量情况而进行的调查属于(　　)。
   A. 普查　　　　　　B. 重点调查　　　　C. 抽样调查　　　D. 典型调查

3. 对珠三角地区工业企业职工状况进行调查时,每一个工业企业是(　　)。
   A. 调查单位　　　　　　　　　　B. 报告单位
   C. 调查对象　　　　　　　　　　D. 调查单位和报告单位

4. 第六次全国人口普查是(　　)。
   A. 重点调查　　　B. 典型调查　　　C. 一次性调查　　　D. 经常性调查

5. 在统计调查中,负责上报调查内容的单位是(　　)。
   A. 调查对象　　　B. 调查单位　　　C. 报告单位　　　D. 统计报表

6. 通过调查一些主要煤炭生产基地可以了解我国煤炭生产的基本情况,这种调查是(　　)。
   A. 重点调查　　　B. 普查　　　　　C. 典型调查　　　D. 抽样调查

7. 云南省冶金厅为了了解全省钢材库存的详细情况,对其所属的企业组织了一次专门调查,这种调查属于(　　)。
   A. 重点调查　　　B. 普查　　　　　C. 典型调查　　　D. 抽样调查

8. 重点调查中的重点单位是指(　　)。
   A. 全部单位中有典型代表意义的单位　　B. 全部单位中经济效益最好的单位
   C. 全部单位中举足轻重的单位　　　　　D. 全部单位中随机抽取的单位

9. 吉林省农业部门有意识地选取若干块水田,通过测算其粮食量来估算该地区的粮食产量,这种调查是(　　)。
   A. 重点调查　　　B. 普查　　　　　C. 典型调查　　　D. 抽样调查

10. 在统计调查中,调查内容的承担者是(　　)。
    A. 调查对象　　　B. 调查单位　　　C. 报告单位　　　D. 统计报表

二、多项选择题

1. 普查属于(　　)。
   A. 对时点资料的调查　　　　　　B. 经常性调查
   C. 一次性的调查　　　　　　　　D. 全面调查

2. 调查方案的内容包括(　　)。
   A. 统计调查的目的　　　　　　　B. 调查对象与调查单位
   C. 调查项目　　　　　　　　　　D. 统计分组表

3. 典型调查应包括(　　　)。

    A. 有意识地选择调查单位

    B. 事先对调查单位有所了解

    C. 调查少数具有代表性的单位

    D. 进行深入细致的调查

4. 重点调查的特点有(　　　)。

    A. 重点单位的数目占总体单位总数很少

    B. 主要目的是要了解调查对象的基本情况

    C. 重点单位的标志值总量占总体标志值总量的绝大比重

    D. 有时也可用来推算总体的指标值

5. 下列属于非全面调查的有(　　　)。

    A. 重点调查　　　　　　　　　B. 普查

    C. 典型调查　　　　　　　　　D. 抽样调查

6. 在全国工业普查中,(　　　)。

    A. 全国所有工业企业是调查对象

    B. 全国每一个工业企业是调查单位

    C. 工业企业的总产值是变量

    D. 全国每一个工业企业是报告单位

    E. 全国工业企业是标志总量

7. 统计调查方案的主要内容有(　　　)。

    A. 调查的目的和任务　　　B. 调查对象和调查单位　　　C. 调查人员

    D. 调查时间和地点　　　　E. 调查项目

8. 在全国经济普查中,每个工业企业是(　　　)。

    A. 调查对象　　　　　　　B. 调查单位　　　　　　　C. 总体单位

    D. 总体　　　　　　　　　E. 填报单位

9. 下列属于一次性调查的有(　　　)。

    A. 企业个数　　　　　　　B. 企业库存量　　　　　　C. 企业利润额

    D. 企业购进额　　　　　　E. 企业流动资金

10. 下列属于经常性调查的有(　　　)。

    A. 企业职工人数　　　　　B. 企业设备台数　　　　　C. 企业利润额

    D. 企业购进额　　　　　　E. 全国经济普查

三、判断题

1. 在全国人口普查中,全国人口数量是总体。　　　　　　　　　　　　(　　　)

2. 直接观察法是统计调查搜集资料诸多方法中最真实、最快捷的方法。　(　　　)

3. 在全国工业企业普查中,每个工业企业是总体和填报单位。　　　　　(　　　)

4. 对某高校大学生状况进行调查时,调查对象是该校全部大学生。　　　(　　　)

5. 在重点调查中,重点单位是指具有典型意义或代表性的单位。　　　　(　　　)

6. 全面调查都是经常性调查,非全面调查都是一次性调查。　　　　　(　　)

7. 在统计调查中,调查单位和填报单位是一致的。　　　　　　　　(　　)

8. 全面调查就是对调查对象的各方面都进行调查。　　　　　　　　(　　)

9. 普查是比较容易取得全面统计资料的一种统计调查方式,普查获取的调查资料及时、全面、准确。　　　　　　　　　　　　　　　　　　　　　　(　　)

10. 确定调查对象就是要明确总体的范围。　　　　　　　　　　　(　　)

四、名词解释

1. 普查

2. 抽样调查

3. 重点调查

4. 典型调查

5. 全面调查

6. 调查单位

五、简答题

1. 什么叫统计调查?它有哪些基本要求?

2. 设计一个完整的统计调查方案,应包括哪些内容?请你针对婴幼儿奶粉销售情况,设计一个调查方案。

3. 请你简要说明连续调查和非连续调查的区别。

4. 统计调查的组织形式有哪几种?各自在应用中应注意哪些问题?

5. 怎样区分调查时间和调查时限?

第三章 统计数据的整理

学习目标

明确统计整理的意义、概念和程序；认识统计分组的作用，了解统计分组的种类；掌握统计分组和变量数列的基本理论和方法；了解统计资料汇总的方法和技巧；了解统计表的结构、种类和制表规则。

学习重点

统计分组的概念与作用；分布数列的编制方法。

学习难点

掌握并运用统计分组的种类；编制变量数列时应注意的几个问题，如组距和组数的确定、组限的确定及各组分布次数的划分、划归问题。

第一节 统计整理的意义和步骤

一、统计整理的概念与意义

（一）统计整理的概念

统计整理是指根据统计研究的目的，将统计调查取得的各项说明总体单位特征的原始资料进行科学的分类、加工和汇总，将其转化为说明总体基本特征的资料，为统计分析准备系统、综合资料的工作过程。统计整理这一过程是依据统计研究的任务与要求，为反映事物总体的特征与规律而进行的。统计整理是人们对社会现象从感性到理性认识的阶梯，是正确进行统计资料分析的前提，在整个统计研究中占有很重要的地位，是整个统计技术的核心。统计整理既是统计调查的延伸，又是统计分析的前提。

统计整理的内容包括：①对调查资料的审核；②对调查资料进行科学的分组；③对调查资料进行汇总计算。

（二）统计整理的意义

（1）通过统计调查可以取得第一手资料，但这种资料只能反映总体各单位的具体情况，是分散、零碎、表面的。要说明总体情况，揭示出总体的内在特征，还需要对这些资料进行加工整理，使之系统化，以便通过综合指标对总体做出概括性的说明。

（2）统计整理是整个统计工作和研究过程的中间环节，起着承前启后的作用。统计整理是统计调查的继续，又是统计分析的基础。统计调查所搜集到的资料，只有通过科学的审核、分类、汇总等整理工作，才能使统计在认识社会的过程中，实现由个别到全体、由特殊到一般、由现象到本质、由感性到理性的转化，才能从整体上反映出事物的数量特征。否则统计调查所得的资料再丰富、再完备，其作用也发挥不出来，统计调查就将徒劳无益，统计分析也将无法进行。

（3）统计整理还是积累历史资料的必要手段。统计研究中经常要用动态分析，这就需要有长期积累的历史资料，而根据积累资料的要求，对已有的统计资料进行筛选，以及按历史的口径对现有的统计资料重新调整、分类和汇总等，都必须通过统计整理工作来完成。

二、统计整理的步骤

统计整理的目的在于将调查中取得的个别单位的标志值转化为说明总体数量特征的指标值，使统计资料系统化。统计整理的结果反映研究对象总体的数量特征，它决定着统计分析的结论，影响着统计分析的质量。统计整理的主要步骤如下。

（一）设计和编制统计资料的整理方案

统计资料的整理方案是统计整理的依据，在方案中应明确规定各种统计分析和进行汇总的各项统计分组和统计指标。制订统计整理方案，是保证统计整理有计划、有组织地进行的首要步骤，是统计设计在统计整理阶段的具体化。主要分两部分：一是把已经确定的指标体系、统计分组体系具体地设计到统计整理表和统计综合表中，并且要详细规定整理、综合的方法；二是根据原始资料的多少和统计整理表、统计综合表的要求，计算统计整理工作量，制订具体可行的工作计划。

（二）对原始资料进行审核

对搜集到的资料进行全面审核，可以确保统计资料符合统计研究目的的要求，确保统计整理的质量。在整理和汇总统计资料前，需要对调查资料就准确性、及时性和完整性三个方面进行严格审核，看它们是否达到准确、及时、完整的要求，若发现问题及时纠正。汇总后须对其结果进行逻辑检查和技术性检查。

1. 完整性审核

完整性审核主要是审核调查单位或填报单位是否有遗漏或重复、调查项目填写是否齐全、收到的调查表是否按规定已经填写、应报资料的份数是否符合规定等，确保每一环节的资料都符合要求。

2. 准确性审核

准确性审核包括两个方面：一是检查数据资料是否真实反映了调查单位的实际情况，是否准确可靠；二是检查资料是否有错误，如对关联项目的逻辑检查，对计算项目的验算检查。

准确性审核的常用方法有两种。

（1）逻辑检查。首先，从理论上或常识上检查资料是否有悖常理、有无不切实际或不符合逻辑的地方。例如，一张调查表中，年龄是 9 岁，职业是教师，其中必有一项是错误的。又如，若在某劳动密集型行业的报表中，企业规模为大型，而职工人数是 100 人，这其中也必有一项错误。其次，是检查各项目之间有无相互矛盾的地方。例如，企业的净产值大于同期总产值就是明显的逻辑错误。

（2）计算检查。即检查各项指标的计算口径、计量单位是否符合规定，并通过各种计算方法来检查各指标间的数字是否相互衔接。

3. 及时性审核

及时性审核主要是看报告单位是否按时报送了有关资料，如有不报、漏报或迟报的现象，就要及时查清。

在利用历史资料（或其他间接资料）时，应审核资料的可靠程度、指标含义、所属时间与空间范围、计算方法和分组条件与规定的要求是否一致。一般可以从调查资料的历史背景、调查者搜集资料的目的以及资料来源等，来判断资料的可靠程度，也可以从指标间的相互关系以及指标的变动趋势来检查它的正确性。对不能满足现有要求、缺漏或有疑问的资料，要进行有科学根据的推算、弥补和订正。

（三）数据资料的处理

根据汇总的要求和工作条件，选择适当的汇总组织形式和具体方法，对原始资料进行整理、加工，如分组、编码，以达到我们的目的。原始资料中的数据，应按照整理表和综合表的要求，进行记录和计算，求出总体单位数、各组单位数和与其对应的各个标志的标志值的合计数，计算出一系列综合指标。对整理好的统计资料再次进行审核，改正在汇总过程中产生的各种差错。编制统计表，简明扼要地表明社会经济现象在数量方面的有关联系。数据资料的处理方法如下。

（1）根据研究目和统计分析的需要，选择整理的标志，并进行划类分组。统计分组是统计整理的重要内容和统计分析的基础，只有分组正确才能整理出有科学价值的综合指标，并借助这些指标来揭示现象的本质与规律。

（2）在分组的基础上，将各项资料进行汇总，得出反映各组和总体数量特征的各种指标。

（3）统计资料的显示。即通过编制统计表和绘制统计图，将整理出的资料简捷明了、系统有序地显示出来。

（4）对统计数据分门别类地进行系统积累。

第二节　统 计 分 组

　　为了从数量方面深入地研究总体的特征,揭示统计总体中的矛盾,需要进行统计分组。统计分组是根据所研究事物的特点和统计研究的目的,按照某一标志(或某几个标志)将统计总体划分为若干个既有区别又有联系的组成部分的一种统计方法。这些组成部分称为这一统计总体的"组"。统计分组对统计总体而言是"分",即把统计总体划分为一定意义上的性质相异的若干个组;对总体单位而言是"合",即把一定意义上的性质相同的个体组合成一组。统计分组是在统计总体内部进行的一种定性分类。

一、统计分组的定义与作用

　　根据研究的目的与要求,结合研究对象的特点,把统计总体按照某一标志划分为若干性质不同而有联系的几个部分,这种分类就称为统计分组。

　　通过科学的分组,可以把总体中各个不同性质的单位区分开,使性质相同的单位归在一个组内。统计分组有利于人们将零星分散的统计资料进行归类,从数量方面剖析研究对象,发现其特点,了解研究对象的内部结构与比例关系,认识研究对象的本质及规律性;有利于了解事物之间的依存关系;有利于了解复杂的社会经济现象的不同类型;有利于抓住主要问题、关键问题,进行重点分析,深入了解,正确认识事物的发展过程和发展规律。

　　统计分组可以保持各组内统计资料的一致性和组间资料的差异性,便于运用各种统计方法研究现象的数量表现和数量关系,从而正确认识事物的本质及其规律。统计分组的作用有:①区分事物的性质,划分现象的类型;②反映总体的内部结构及整个结构类型;③表明现象之间的数量依存关系。

二、统计分组的要求

　　统计分组的关键在于分组标志的选择。分组标志是统计分组的依据。正确选择分组标志,充分发挥分组作用,是统计研究获得正确结论的前提。正确选择分组标志,须考虑以下四点。

(一) 根据研究的目的选择分组标志

　　任何统计个体都有许多标志,标志选择不当,分组结果必然不能正确反映总体的内部性质与特征。这就要求我们根据统计研究的目的,采取不同的标志进行分组。例如,对工业企业盈利能力进行研究,目的是了解工业企业实现盈利的情况,就应以工业企业实现利润额、成本利润率等指标作为分组标志;如果目的是要了解工业企业内部运作情况,就应以企业内部门作为分组标志。

（二）要选择反映研究对象本质或主要特征的标志

这就要依据马克思主义经济理论和对客观事物的分析，结合研究目的来选择分组标志。例如，在研究国民经济的现状、发展和平衡关系时，按所有制分组、按国民经济部门分类是最基本的分组或分类。又如，划分工业企业规模时，可参照国际通行惯例，以从业人员数、销售额和资产总额三项指标共同将企业归类。

（三）严格遵守分组的穷举性和互斥性原则

遵守分组的穷举性和互斥性原则，可以确保统计分组的科学性，避免遗漏或重复。穷举性又称完备性，是指各组单位数之和刚好等于总体单位数，总体中每个单位都可归入其中一组，且只可归入一组，即归一性。互斥性，是指按同一标志的分组，各组的性质必须不同，各组互不相容，互不交叉，同一组的各总体单位的标志表现应在同一层次上。为了便于统计资料的重复利用和积累，应保持统计分组的稳定性和标准化。

（四）要结合研究对象所处的具体历史条件或经济条件来选择分组标志

社会经济现象随着时间、地点、条件的变化而变化，历史条件不同，事物特征也会有变化。因此，随着历史条件的变化，分组标志也应作相应改变。例如，研究我国居民生活水平变化时，以居民人均可支配收入、人均消费性支出为分组标志，能够真实反映居民的生活水平，也能反映我国的经济发展历程。

三、统计分组的种类

（一）品质标志分组和数量标志分组

根据分组标志的性质，可分为品质标志分组和数量标志分组。

1. 品质标志分组

品质标志分组即选择反映事物属性差异的品质标志作为分组标志进行分组。品质标志表明事物的质量属性，说明事物的性质或属性特征。它反映的是总体单位在性质上的差异，不能用数值来表现。按品质标志分组时，其组数的确定主要取决于研究目的和研究对象的特点。分组标志一旦确定了，组名称和组数就确定了，不存在组与组之间的界限区分的困难。研究对象本身所具有的属性，通常是我们确定组数的依据。按品质标志进行分组有的比较简单，如人口、职工、居民、学生按性别分组只有两组，也可按文化程度分组。对于企业，则可按规模或所有制形式分组。例如，某企业的生产一车间职工按性别可分为两组（见表 3-1），按学历可分为 5 组（见表 3-2）。

2. 数量标志分组

数量标志分组是选择反映事物数量差异的数量标志作为分组标志进行分组，确定各组在数量上的差别，并通过数量上的变化来区分各组的不同类型和性质。按数量标志分组，其变量有两种类型：离散型变量和连续型变量。前者指所描述对象的数量特征可以

表 3-1　生产一车间职工按性别分组

按性别分组	职工人数/人
男	300
女	100
合　计	400

表 3-2　生产一车间职工按学历分组

按学历分组	职工人数/人
初中及以下	50
高中	100
中专	90
大专	90
本科	70
合　计	400

按一定次序一一列举它的数值;后者指所描述的数量特征在一个区间里,可以有无限个数值,无法一一列举。根据这两种变量的不同特征,在分组时,离散型变量如果变动幅度小,分组可以是单项式的;如果变动幅度很大,则应该用组距式分组。而连续型标志变量由于无法逐一列举其数值,其分组只能是组距式分组。数量标志分组见表 3-3。

表 3-3　2019 年某地百货行业 368 个零售商店的销售额与流通费用率

按商品销售额分组/万元	商店数/个	流通费用率/%
100 以下	25	11.2
100～500	70	10.6
500～1 000	130	9.9
1 000～3 000	75	8.7
3 000～5 000	40	7.8
5 000～10 000	18	7.0
10 000 以上	10	6.3
合　计	368	—

(二) 简单分组和复合分组

根据分组标志的多少,可分为简单分组和复合分组。

1. 简单分组

简单分组就是只按单一标志对总体进行的分组,如职工按性别分组(见表 3-1),六省城镇居民人均可支配收入按省分组(见表 3-4)。

表 3-4　六省城镇居民人均可支配收入情况

省　份	绝对额/元	绝对额排位	增幅/%	增幅排位
广东	14 769.94	2	8.4	6
江苏	12 318.57	4	17.5	1
浙江	16 293.77	1	12.0	4
福建	12 321.31	3	10.3	5
山东	10 744.79	5	13.8	2
辽宁	9 107.55	6	13.7	3

2. 复合分组

复合分组是按两个或两个以上标志对总体进行的分组。复合分组时,选择的标志越多,组数就成倍地增加,而各组的单位则递减。进行复合分组时,注意分组标志的先后顺序与统计研究目的保持一致。例如,企业职工按部门和性别进行分组(见表 3-5)。

表 3-5　某企业职工按部门和性别分组

按部门和性别分组		职工人数/人
生产部门	男	800
	女	200
管理部门	男	50
	女	35
销售部门	男	600
	女	32
供应部门	男	100
	女	46
其他部门	男	80
	女	21
合　　计		1 964

(三) 单项式分组和组距式分组

按各组标志值的多少,可分为单项式分组和组距式分组。

1. 单项式分组

单项式分组是指在统计分组时,一个变量值为一组,有多少个变量值就有多少组(见表 3-6)。

2. 组距式分组

组距式分组就是把全部变量值划分为若干个区间,每一区间的变量值作为一个组,即用变量值的一个变动范围作为一组。例如,某企业装配车间的工人按其日产量进行分组(见表 3-7)。

表 3-6　某社区居民家庭分组

按家庭人口数分组/人	居民户数/户
1	4
2	27
3	508
4	129
5	57
合　计	725

表 3-7　工人日产量分组

按工人日产量分组/件	职工人数/人
50～60	7
60～70	25
70～80	76
80～90	32
90～100	9
合　计	149

无论是单项式分组还是组距式分组,均是按数量标志进行分组。数量标志也称变量,变量按变量值是否连续可分为连续型变量与离散型变量两种。离散型变量是指其数值只能用自然数或整数单位计算的变量,例如学生人数、企业个数、机器台数、车辆台数等,只能按计量单位数计数,这种变量的数值一般用计数方法取得。反之,在一定区间内可以任意取值的变量叫连续型变量,其数值是连续不断的,相邻两个数值可作无限分割,即可取无限个数值,例如零部件的规格尺寸、人体的身高与体重等,都是连续型变量,其数值只能用测量或计量的方法取得。下面分别介绍连续型变量与离散型变量的分组方法。

对离散型变量,如果变量值的变动范围小,且变量值数量较少,就可以一个变量值对应一组,称单项式分组。例如,某社区居民家庭按家庭人口数进行分组,可采用单项式分组。单项式分组通常适合于变量较少的情况,并且只适合于离散型变量。

如果变量值的取值范围大,个数又很多,就不宜对离散型变量进行单项式分组,而应把整个变量值依次划分为几个区间,各个变量值则按其大小确定所归属的区间,区间的距离称为组距,这样的分组称为组距式分组。

也就是说,离散型变量根据情况既可用单项式分组,也可用组距式分组。

连续型变量由于不能一一列举其变量值,所以只能采用组距式分组。

(四)等距分组和不等距分组

按组距是否相等,可分为等距分组和不等距分组。

1. 等距分组

等距分组即变量值在各组保持相等的组距,也就是说各变量值都限于相同的范围。

在变量值分布比较均匀,没有突然的大起大落时,均可采用等距分组。等距分组便于计算和绘制统计图。

2. 不等组距分组

当变量值变动很不均匀时,如出现大幅度的上升或下降,或为了研究问题的需要,就可以采用不等组距分组(异距分组)。不等组距分组即变量值在各组分布的组距不相等。例如,对某证券交易所的投资者按投资额分组,各投资者的投资额相差很大,如采用等距分组,组数过多,就很难表现其分布规律,可以考虑用不等组距分组:0~5 万元、5 万~20 万元、20 万~50 万元、50 万~500 万元、500 万~5 000 万元、5 000 万元以上。

四、统计分组中涉及的几个基本概念

(一) 全距、组距与组数

确定分组标志后,将总体分为哪些组,以及各组组限的确定,对分组的准确性和以后的分析影响重大。

1. 全距

全距也称为极差,是总体各单位中最大标志值与最小标志值之差,是总体各单位变量值变动范围大小的度量。全距大,说明这组数据较分散;全距小,则说明较集中。

2. 组距

组距式分组是将全部变量值依次划分为几个区间,并将这一区间的变量值作为一组,该组的最大值与最小值之差为组距。组距式分组通常是在离散型变量中变量值数量较多,或是在连续型变量的情况下采用。组距式分组特别要注意保持组内同质性和组间差异性。

3. 组数

组数是指将总体各单位分成多少个组。

全距、组距和组数的关系为

全距＝最大标志值－最小标志值

组距＝各组最大标志值(上限)－各组最小标志值(下限)＝全距÷组数

由于分组的目的之一是观察数据分布的特征,因此组数的多少应适中。如果组数太少,数据的分布就会过于集中;组数太多,数据的分布就会过于分散,都不便于观察数据分布的特征和规律。组数的确定应以能够显示数据的分布特征和规律为目的。在实际分组时,可以按美国学者斯特吉斯(H.A.Sturges)提出的经验公式来确定组数 n 和组距 d。对结果用四舍五入的办法取整数即为组数。

$$n = 1 + 3.3 \lg N$$

$$d = \frac{R}{n} = \frac{X_{\max} - X_{\min}}{1 + 3.3 \lg N}$$

式中,n 为组数;N 为总体单位数;d 为组距;R 为全距;$X_{\max}$ 为最大变量值;$X_{\min}$ 为最小变量值。

　　当然,这只是一个经验公式,实际应用时可根据数据的多少和特点及分析要求,参考这一标准灵活确定组数。有时,为了便于计算,在不影响统计分析的基础上,我们也可以将组距取 5 或者 10 的倍数。

　　组距确定后,就应当确定最大组的上限和最小组的下限,且最小组的下限应低于或等于最小变量值,最大组的上限应高于最大变量值。在组距式分组中,如果全部数据中的最大值和最小值与其他数据相差悬殊,为避免出现空白组(即没有变量值的组)或个别极端值被漏掉,第一组和最后一组可以采取"××以下"和"××以上"这样的开口组(见表 3-8~表 3-10)。开口组通常以相邻组的组距作为其组距。

　　组距的大小与组数的多少是相互制约的,它们之间呈反比例关系。组距越大,则可分的组就越少。确定组距与组数,原则上应该是通过分组能把总体单位的分布特征显示出来,即组与组之间应该反映出现象的差异。

(二)组限与组中值

1. 组限

　　在连续型变量或离散型变量的变量值较多的情况下,我们可以采用组距式分组。组距式分组,就是把全部变量值划分为若干个区间,每一区间的变量值作为一个组,即用变量值的一个变动范围作为一组,每组的起始值和终点值(即各组两端的数值)就称为组限。在组距式分组中,上限(U)是各组的最大变量值,下限(L)是各组的最小变量值。两者的距离称为组距。组限是划分各组的界限,科学的组限能反映总体的分布规律,正确把握决定事物性质差异的数量界限,例如,学生成绩采用百分制,60 分是及格的界限,那么 60 分应在组限的位置上。各组组限的确定,通常要对研究对象进行分析,人为划分组数和各组界限,使总体的每一单位只能归属某一组,既不遗漏又不重叠。

　　由于变量分为离散型变量和连续型变量,因此组限的表示方法也不同。

　　对于离散型变量,由于其只能取整数,数值可以一一列举,并且相邻的两个数值之间没有中间数值,因此在确定组限时,相邻组既可以有确定的上、下限,相邻组的上、下限可以不重叠(称不重叠组限),也可将相邻组的组限重叠(称重叠组限)。例如,某企业的工人按其日产量进行分组(见表 3-8 和表 3-9)。

表 3-8　工人日产量分组(重叠组限分组)

按工人日产量分组/件	职工人数/人
150~160	13
160~170	25
170~180	76
180~190	32
190 及以上	18
合　计	164

表 3-9　工人日产量分组(不重叠组限分组)

按工人日产量分组/件	职工人数人
150~159	13
160~169	25
170~179	76
180~189	32
190 及以上	18
合　计	164

对于连续型变量,由于其变量值不能一一列举,相邻两个变量值间有中间数值,因此相邻的上、下限无法用不同的确定数值来表示,相邻两组的组限应该重叠,即上一组的上限同时也是下一组的下限,即用"含下限不含上限"的原则解决重复问题。例如,以总产值、商品销售额、劳动生产率、工资等为标志进行分组,就只能采用相邻组限重叠的组距式分组(见表 3-10)。

表 3-10　某企业工人按月工资水平分组

按月工资水平分组/元	职工人数/人
1 600 以下	125
1 600~1 700	250
1 700~1 800	600
1 800~1 900	320
1 900 及以上	180
合　计	1 475

开口组是指只有上限没有下限的组,或只有下限没有上限的组。使用开口组时,分组方式可分为双开口组距式分组和单开口组距式分组。

2. 组中值

采用重叠组限分组时,各组上、下限之间的中点数值就是组中值。其计算公式为

$$组中值 = \frac{上限 + 下限}{2}$$

采用不重叠组限分组时,用本组上限值与相邻较小组上限值的差值的一半加上本组的下限值,就是组中值。其计算公式为

$$组中值 = \frac{本组下限 + 本组上限值 - 相邻较小组上限值}{2}$$

实际工作中,对于开口组的组中值,一般是用相邻组的组距作为开口组的组距。因此,其组中值的计算公式近似为

$$组中值 = 下限 + 相邻组组距 \div 2(缺上限)$$

或

$$组中值 = 上限 - 相邻组组距 \div 2(缺下限)$$

组距式分组掩盖了各组内的标志值的分布情况,实际上各组内标志值的分布不一定均匀,因此组中值与实际的标志值有所不同,它只是一个假定的代表值。为了反映各组标志值的一般水平,用组中值来代表各组数据的一般水平(即用组中值作为各组的代表值),需要满足一个假设条件,即各组数据在本组内呈均匀分布。

第三节　统计资料的汇总

在统计分组的基础上将总体各单位归纳到各组中,然后计算出各组的或总的合计数的统计整理,称为统计资料的汇总。通过统计资料的汇总,可以得到各组单位数、各组标志总量、总体单位数、总体标志总量等反映总体特征的各种统计指标。所以,统计资料的汇总也是统计整理的重要内容。统计调查往往是大规模的调查,所以汇总也是一项繁重的工作。只有采用科学的统计汇总技术,才能节约时间、人力、物力,保证统计汇总准确、快速进行,并为统计分析打下良好的基础。在制订统计汇总方案时,需要按序列出需要计算的统计指标,同时要确定统计汇总的组织形式和汇总技术。

一、统计资料汇总的组织形式

(一)逐级汇总

逐级汇总又称分级汇总,是指遵循统一汇总要求,将统计调查资料按照一定的统计管理体系,自下而上地逐级汇总,逐级上报。例如,贵州省国土资源厅地籍处开展年度土地变更调查工作,为了全面查清实际新增建设用地情况和实际耕地变化情况,就采用了逐级汇总形式,其逐级汇总顺序为乡镇—区县—州地—省。我国现行的统计报表主要采用这种汇总形式。有的专门调查也可以采用这种形式。逐级汇总的优点是能满足各级对统计资料的需要,便于检查和订正错误;缺点是花费在汇总上的时间较长,误差可能会逐级积累。

(二)集中汇总

集中汇总是把全部调查资料集中到组织统计调查的最高机关或由它指定的机构进行汇总。一些重点调查及国家布置的快速普查常采用这种汇总形式。集中汇总的优点是越过中间环节,速度快,能及时满足需要;缺点是汇总结果不能满足各地区、部门对统计资料的需要,资料的审核、订正也较困难。

此外,还可把逐级汇总和集中汇总结合起来,结合的形式有以下两种。

1. 综合汇总

综合汇总一方面对各地区、部门都需要的最基本的统计资料实行逐级汇总,另一方面又将全部调查资料实行集中汇总。这种汇总形式兼有上述两种组织形式的优点,但会耗费大量的人力、物力、财力。

2. 会审汇编

会审汇编就是把下级统计工作人员集中到上级统计单位,由各级统计工作人员共同审核和汇总统计资料。这种汇总形式的优点是既能有效审核、订正统计资料,也能快速汇总,又能满足各级单位对统计资料的需要;缺点是会耗费更大的人力、物力、财力。

二、统计资料汇总技术

统计资料汇总是一项技术性很强的工作,具体体现为计数、加总等计算活动。在计算机不普及的情况下,一般采用手工汇总,汇总技术包括划记法、过录法、折叠法、卡片法等(有兴趣的读者可参阅其他教材)。手工汇总的工作量大,且容易出现误差,因此现在基本上都是采用计算机汇总。随着经济的发展和科学技术的进步,计算机在统计工作中的应用成为我国统计工作现代化的重要标志之一。

计算机数据处理包括对原始数据的存贮、逻辑检查、分类、汇总、其他运算以及打印出统计表或统计图形等。计算机数据处理的基本程序如下。

(一)编程、编码

根据统计汇总方案,编制出汇总表,再按汇总表的要求用计算机语言对数据进行处理,编译成计算机可执行的目标程序。编码是把表示信息(数字型、文字型、图像型)的某种符号体系转换成便于计算机或便于人识别和处理的另一种符号体系的过程。另外,国内外软件公司陆续开发出了许多统计资料汇总软件,有关单位或统计工作人员可根据需要购买。

(二)数据录入

数据录入就是把经过编码后的数据和实际数字录入计算机,记载到存贮介质上,以备调用。

(三)逻辑编辑

逻辑编辑就是按照事先规定的一套编辑规则,对输入计算机的原始数据进行分析、比较、筛选、整理等,将误差超过允许范围的数据退回审改,允许误差范围内的个别差错数据由计算机按编辑规则自行更改,使编辑后的全部数据符合编制规则的要求。

(四)制表打印

制表打印就是对经过逻辑编辑的数据执行目标程序,自动生成各种形式的统计资料显示,并把所需的统计表或统计图打印出来。

第四节　次数分布数列

一、次数分布数列的概念与种类

在统计分组的基础上,把总体的所有单位按组归并排列,形成总体各个单位在各组间的分布,称为次数分布。分布在各组的单位数叫次数,又称为频数。例如,对企业职工按工龄分组,各组的职工人数就是次数;对某地区企业按规模进行分组,各组的企业数就是次数。各组次数与总体单位数(即总次数)之比,叫频率,它是次数的相对数形式。例如,大型企业在该地区所占比重为12%,这里的12%就是频率。将分组标志表现和对应的各组次数按一定顺序排列,所形成的数列叫次数分布数列,也叫分配数列。分配数列包括两个要素:总体按某标志所分的组和各组所占有的单位数。根据分组标志的不同,分配数列可以分为品质分配数列和变量分配数列。变量分配数列又有单项式数列和组距式数列之分,这与变量分组分为单项式分组和组距式分组是一致的。根据分组标志的多少,可分为简单数列和复合数列。由此可见,分布数列的分类与统计分组较为相近。

在变量数列中,标志值构成的数列表示标志值的变动幅度,而频数构成的数列则表示相应标志值的作用程度。将各组单位数和总体单位数相比求得的频率,可以表明各组标志值对总体的相对作用程度的大小,也可以表明各组标志值出现的频率的大小。

影响次数分布数列的要素:品质分配数列主要决定于品质标志表现的多少,它决定着组数。变量分配数列又分为单项式数列和组距式数列。单项式数列的组数决定于数量标志所包含的变量值的个数;组距式数列的组数决定要素有组数、组距、组限等。

二、次数分配数列的编制方法

次数分配数列中的组数、组距、全距、组限、组中值的概念和计算方法与统计分组中所介绍的相同,这里不再赘述。

由于品质分配数列和单项式数列的编制方法非常简单,所以此处不做介绍。现以组距式分布数列为例,研究次数分配数列的编制方法。例如,对某校在校大学生月生活费情况进行抽样调查,得到70名大学生月生活费平均支出额(元/月)状况(见表3-11)。

表3-11　某校在校大学生月生活费支出额调查表　　　单位:元/月

760	1 030	1 180	1 300	1 380	1 580	1 800	800	1 050	1 220
1 300	1 390	1 590	1 850	850	1 080	1 220	1 320	1 420	1 650
1 900	890	1 100	1 250	1 320	1 450	1 650	1 950	900	1 100
1 260	1 330	1 460	1 680	1 980	930	1 120	1 260	1350	1 460
1 680	2 000	980	1 150	1 270	1 350	1 470	1 690	2 150	990
1 150	1 290	1 370	1 480	1 730	2 180	990	1 160	1 300	1 370
1 550	1 750	2 350	1 000	1 180	1 300	1 380	1 580	1 800	2 380

观察表3-11中的数字,没有规律可循,我们需要对原始资料进行整理,编制相等组距分布数列。其方法和步骤如下。

(一)将这些资料数值大小按由小到大的顺序进行排序

只有把得到的原始资料按其数值大小重新排列顺序(见表3-12),才能看出变量分布的趋势和特点,为计算全距、组距和组数做准备。

表 3-12　某校在校大学生月生活费支出额整理表　　　　单位：元/月

760	800	850	890	900	930	980	990	990	1 000
1 030	1 050	1 080	1 100	1 100	1 120	1 150	1 150	1 160	1 180
1 180	1 220	1 220	1 250	1 260	1 260	1 270	1 290	1 300	1 300
1 300	1 300	1 320	1 320	1 330	1 350	1 350	1 370	1 370	1 380
1 380	1 390	1 420	1 450	1 460	1 460	1 470	1 480	1 550	1 580
1 580	1 590	1 650	1 650	1 680	1 680	1 690	1 730	1 750	1 800
1 800	1 850	1 900	1 950	1 980	2 000	2 150	2 180	2 350	2 380

经过初步整理，可以看出在校大学生生活费支出的分布规律，月生活费支出最高额（最大值）为 2 380 元，最低额（最小值）为 760 元，月生活费支出分布较集中的区域为 1 000 元至 1 500 元，小于 1 000 元的比较少，大于 1 500 元的稍多一些，这些数字的分布特征与当今大学生的生活消费支出比较接近。

（二）确定全距

全距是变量值中最大值和最小值之差。全距是确定变量值的变动范围和变动幅度的尺度。根据表 3-12 可得

$$全距 = 2\ 380 - 760 = 1\ 620$$

由于全距变量幅度较大，所以编制组距式变量数列较合适。

（三）确定组距、组数和组限

前面已经介绍过组距式数列有等距和不等距之分，应视研究对象的特点和研究目的而定。组距的大小和组数的多少是互为条件和互相制约的。当全距一定时，组距大，组数就少；组距小，组数就多。根据表 3-12，我们确定组距分别为 100 和 200，并据此编制等组距分布数列。组距与组数的关系为

$$组数 = 全距 \div 组距$$

当组距＝100 时，组数＝$1\ 620 \div 10 = 16.2$，取整数 17；

当组距＝200 时，组数＝$1\ 620 \div 200 = 8.1$，取整数 9。

组限要根据变量的性质来确定。如果变量值相对集中，无特大或特小的极端数值时，则采用闭口式分组。在采用闭口式分组时，应做到最小组的下限小于或等于最小变量值，最大组的上限高于最大变量值，但不要过于悬殊。具体确定组限的方法：①用原始资料中的最小变量值作为最小组的下限；②用与原始资料中的最小变量值接近且小于或等于最小变量值的 5 或 10 的倍数作为最小组的下限。根据表 3-12，下限确定为 700 元/月。

（四）编制变量数列

经过初步统计整理，明确了全距、组距、组数和组限以后，就可以把变量值归类排列，最后把各组单位数填入相应的各组次数栏中，就形成了变量数列。我们首先编制组距为 100 的分布数列（见表 3-13）。

表 3-13 某校在校大学生月生活费支出(组距＝100)次数分布表

月生活费支出/元	人数/人
700～800	1
800～900	3
900～1 000	5
1 000～1 100	4
1 100～1 200	8
1 200～1 300	7
1 300～1 400	14
1 400～1 500	6
1 500～1 600	4
1 600～1 700	5
1 700～1 800	2
1 800～1 900	3
1 900～2 000	3
2 000～2 100	1
2 100～2 200	2
2 200～2 300	0
2 300～2 400	2
合　计	70

从表 3-13 可以看出,在校大学生月生活费支出规律呈现不明显。我们再以组距 200、最小组下限 600 元再一次对上述原始资料编制分布数列(见表 3-14)。

表 3-14 某校在校大学生月生活费支出(组距＝200)次数分布表

月生活费支出/元	人数/人	频率/%
600～800	1	1.43
800～1 000	8	11.43
1 000～1 200	12	17.14
1 200～1 400	21	30.00
1 400～1 600	10	14.29
1 600～1 800	7	10.00
1 800～2 000	6	8.57
2 000～2 200	3	4.29
2 200～2 400	2	2.85[*]
合　计	70	100.00

* 注:计算结果为 2.86,为保证频率总和为 100%,故修正为 2.85。

从表 3-14 可以看出,采用组距 200 编制分布数列,不同在校大学生月生活费支出分布规律明显。

三、累积频数和累积频率

累积频数分为向上累积和向下累积两种。向上累积又称较小制累积或以下累计,是从变量值小的一方向变量值大的一方累加频数。向上累积时,各累积数的意义是上限以下的累积频数和累积频率。向下累积又称较大制累积或以上累计,是从变量值大的一方向变量值小的一方累加频数。向下累积时,各累积数的意义是各组下限以上的累积频数或累积频率。根据表 3-14,可以计算出相应的累积频数和累积频率(见表 3-15)。

表 3-15　某校在校大学生月生活费支出(组距＝200)次数分布表

月生活费支出 /元	人数/人	频率/%	向上累积		向下累积	
			次数	频率/%	次数	频率/%
600～800	1	1.43	1	1.43	70	100.00
800～1 000	8	11.43	9	12.86	69	98.57
1 000～1 200	12	17.14	21	30.00	61	87.14
1 200～14 00	21	30.00	42	60.00	49	70.00
1 400～16 00	10	14.29	52	74.29	28	40.00
1 600～18 00	7	10.00	59	84.29	18	25.71
1 800～20 00	6	8.57	65	92.86	11	15.71
2 000～22 00	3	4.29	68	97.14	5	7.14
2 200～24 00	2	2.85	70	100.00	2	2.85
合　计	70	100.00				

四、次数分配的图示

通过频数分布表,可以初步看出数据分布的一些特征和规律。用图形来表示次数分布的结果,会更加形象和直观。常用的显示频数分布特征的图形有直方图、折线图和曲线图等。

(一)直方图

直方图即用直方形的宽度和高度来表示频数分布情况的图形。绘制直方图时,横轴表示各组组限,纵轴表示频数(一般标在左方)和频率(一般标在右方),然后按分布在各组的频数及频率确定各组在纵轴上的坐标,并依据各组组距的宽度与频数的高度绘制直方图。根据表 3-15,可以绘制直方图(见图 3-1)。

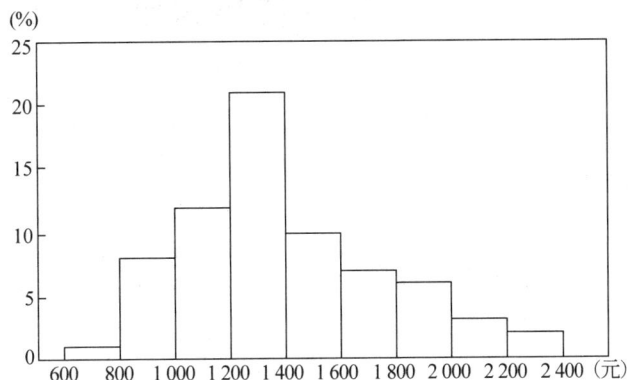

图 3-1 某校大学生月生活费支出直方图

对于不等距数列,先要计算出各组的频数密度,然后以组距为宽,以频数密度为高画直方图。其中,频数密度的计算公式为

$$频数密度 = 频数 \div 组距$$

(二) 折线图

在直方图的基础上,将直方图中的每个长方形的顶端中点用折线连接起来,即为折线图。如果不绘制直方图,可以用组中值与频数求坐标点连接而成。根据表 3-15,可以绘制折线图(见图 3-2)。

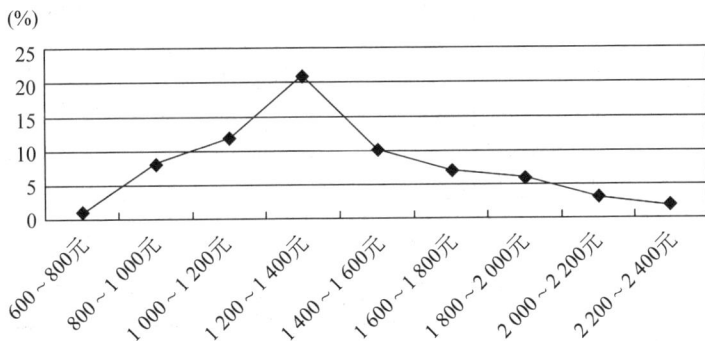

图 3-2 某校大学生月生活费支出折线图

(三) 曲线图

当变量值非常多、变量数列的组距无限增多时,折线便近似地表现为一条平滑的曲线。曲线图的绘制方法与折线图基本相同,只是连接各组频数坐标点的线段应当用平滑曲线而不用折线。

第五节　统计资料的显示

一、统计表

（一）统计表的概念、构成

统计表是用纵横交叉的线条绘制的，能集中而有序地表现统计资料的一种表格形式。广义统计表包括统计工作各阶段所使用的一切表格。统计表和统计图是显示统计数据的两种形式。在数据的搜集、整理、描述和分析过程中，都要使用统计表。

从形式上看，统计表一般由四个主要部分组成：总标题（表头），横行标题（行标题）、纵栏标题（列标题）和指标数值（数字资料）。

总标题（表头）应放在表的上方，它所要说明的是统计表的主要内容；横行标题（行标题）通常安排在统计表的第一列，它所表示的主要是所研究问题的类别名称；纵栏标题（列标题）通常安排在统计表的第一行，它所表示的主要是所研究问题的指标名称；表的其余部分是具体的数字资料，即各项具体指标值。

从内容上看，统计表由主词和宾词两部分构成。主词是统计表要说明的总体或总体分成的多个组，通常列在表的左端；宾词是说明主词的统计指标，通常列在表的上方（见表 3-16）。

表 3-16　六省城镇居民收入构成情况表

地域	人均家庭总收入/元	工薪收入		经营净收入		财产性收入		转移性收入	
		绝对额/元	比重/%	绝对额/元	比重/%	绝对额/元	比重/%	绝对额/元	比重/%
广东	16 249.89	12 265.04	75.5	1 043.51	6.4	417.25	2.6	2 524.09	15.5
江苏	13 329.95	8 397.15	63.0	1 028.69	7.7	240.43	1.8	3 665.68	27.5
浙江	17 877.36	11 941.09	66.8	1 921.75	10.8	552.94	3.1	3 461.58	19.4
福建	13 407.60	8 791.56	65.6	839.36	6.3	447.96	3.3	3 328.70	24.8
山东	11 607.82	9 026.55	77.8	492.12	4.2	151.86	1.3	1 937.29	16.7
辽宁	9 837.20	6 103.41	62.0	486.03	4.9	95.60	1.0	3 152.17	32.0

从家庭总收入的构成看，山东和广东的工薪收入比重相对较高，分别占 77.8% 和 75.5%；浙江和江苏的经营净收入比重相对较高，分别占 10.8% 和 7.7%；福建和浙江的财产性收入比重相对较高，分别占 3.3% 和 3.1%；辽宁和江苏的转移性收入比重相对较高，分别占 32.0% 和 27.5%。数据还显示，工薪收入占家庭总收入的比重在六省中均是最高的，工薪收入仍是居民收入的主要来源。

（二）统计表的设计要求

为了使统计表的设计科学、实用、简明、美观，应注意以下问题。

（1）标题醒目准确，内容简明扼要，项目排列有序，并能确切说明表中的内容。

（2）统计表的上下两端的端线应当用粗线绘制，表中其他线条一律用细线绘制，栏间画线，行间可空白，表的左右两端习惯上均不画线，采用开口式。若栏目较多，各栏应加编号。

（3）字迹清楚规范（数字按个位数上下对齐，无数填"—"号，缺报填"…"号），指标数字应有计量单位。如果全表的计量单位是相同的，若以"万元"为单位，应在表的右上角注明"单位：万元"字样；如果表中同样的指标数字计量单位相同而各栏之间不同时，应在各栏标题中注明计量单位。

（4）表中的横行"合计"一般列在最后一行（或最前一行），表中纵栏的"合计"一般列在最前一栏。

（5）对某些资料必须进行说明时，应在表的下面注明。

（三）统计表的种类

1. 调查表、整理表和分析表

按用途不同，统计表可分为调查表、整理表和分析表。

（1）调查表是统计调查使用的，用于搜集原始统计资料的表格。它没有固定的形式，可根据统计研究的任务、调查对象的特点自行灵活设计。

（2）整理表是统计整理使用的，用于统计资料的汇总、分类、指标或标志排序的表格。

（3）分析表是对统计整理的结果进行进一步分析所使用的表格。分析表是正式的、最终显示统计资料的统计表，统计表中有明确规定的统计指标、计量单位、表式等。

2. 简单表、简单分组表和复合分组表

按主词是否分组及分组情况不同，统计表可分为简单表、简单分组表和复合分组表。

（1）简单表是指统计表的主词栏未经任何分组，仅仅罗列各单位名称、地域名称或按时间顺序排列的表格（见表 3-17 和表 3-18）。

表 3-17 六省城镇居民人均消费性支出情况表

地域	绝对额/元	绝对额排位	增长/%	增长排位
广东	11 809.87	2	10.4	5
江苏	8 621.82	4	17.6	1
浙江	12 253.74	1	15.2	2
福建	8 794.41	3	7.8	6
山东	7 457.31	5	11.7	4
辽宁	7 369.27	6	12.6	3

表 3-18 我国历年外商投资企业工业总产值（可比价）统计表

年度	全国工业总产值/亿元	外商投资企业工业产值/亿元	所占比重/%
1990	19 701.04	448.95	2.28
1991	23 135.56	1 223.32	5.29

年度	全国工业总产值/亿元	外商投资企业工业产值/亿元	所占比重/%
1992	29 149.25	2 065.59	7.09
1993	40 513.68	3 704.35	9.15
1994	76 867.25	8 649.39	11.26
1995	91 963.28	13 154.16	14.31
1996	99 595.55	15 077.53	15.14
1997	56 149.70	10 427.00	18.57
1998	58 195.23	14 162.00	24.00
1999	63 775.24	17 696.00	27.75
2000	73 964.94	23 145.59	31.29
2001	94 751.78	26 515.66	28.05
2002	101 198.73	33 771.09	33.37

资料来源：摘编自《中国对外经济贸易白皮书 2003》，2002 年 12 月 31 日采集。

（2）简单分组表即表的主词栏是按某一个标志进行分组的统计表。它可以说明现象的类型、内部结构、现象间的依存关系（见表 3-19 和表 3-20）。

表 3-19　玉溪市红塔区 20××年 1—3 月社会消费品零售额统计表

所有制形式	零售额/亿元	同比增长/%
国有及国有控股经济	0.99	19.5
集体及股份合作经济	1.13	−11.4
个体私营经济	6.60	19.4
其他	0.52	0.7
全区社会消费品零售总额	9.24	13.4

资料来源：玉溪市红塔区统计局。

表 3-20　某地区近三年人均工资及增长情况

项　目	企业户数	按年份分						按工资是否增长分	
		2017 年		2018 年		2019 年		三年内职工人均工资平均增长率/%	三年内工资未增长职工人数统计/人
		平均人数	人均工资	平均人数	人均工资	平均人数	人均工资		
合　计									
1. 管理人员									
2. 技术人员									
3. 工人									

（3）复合分组表是按两个及两个以上标志进行分组的统计表。它可以表明现象间的多重关系或分析对象的复杂结构。复合分组既可以从横标题上进行（见表 3-21 和表 3-22），也可以从纵标题上进行（见表 3-23），或是从纵横两个标题上同时进行。

表 3-21　六省城镇居民八大类人均消费支出情况表

地域	指标种类	食品	衣着	家庭设备	医疗保健	交通通信	文教娱乐	居住	杂项
广东	支出/元	4 265.1	673.9	605.1	704.9	2 333.1	1 699.1	1 181.4	377.2
	增长/%	7.9	8.7	2.1	8.5	33.0	5.8	−2.0	10.3
	比重/%	36.1	5.7	5.1	6.0	19.8	14.1	10.0	3.2
江苏	支出/元	3 205.8	804.2	586.8	579.3	1 050.9	1 287.9	794.9	311.9
	增长/%	9.3	31.6	18.9	16.6	37.2	24.8	4.4	28.4
	比重/%	37.2	9.3	6.8	6.7	12.2	14.9	9.2	3.6
浙江	支出/元	4 140.3	1 264.1	609.2	831.8	2 097.4	1 849.7	1 059.4	401.9
	增长/%	7.5	34.2	2.1	0.4	47.8	10.0	9.1	16.1
	比重/%	33.8	10.3	5.0	6.8	17.1	15.1	8.6	3.3
福建	支出/元	3 595.2	708.7	455.4	478.4	1 048.7	1 101.0	1 071.9	329.1
	增长/%	5.9	18.5	4.6	0.3	−0.7	5.4	23.3	17.2
	比重/%	40.9	8.1	5.2	5.4	11.9	12.6	12.2	3.7
山东	支出/元	2 512.7	925.9	503.4	579.0	902.3	1 040.0	751.7	242.3
	增长/%	12.6	11.7	10.1	19.5	12.6	5.8	25.0	17.5
	比重/%	33.7	12.4	6.7	7.8	12.1	13.9	10.1	3.2
辽宁	支出/元	2 861.0	740.8	304.8	751.2	744.0	849.5	792.8	325.2
	增长/%	8.2	13.7	10.1	38.8	14.0	0.5	19.8	20.5
	比重/%	38.8	10.1	4.1	10.2	10.1	11.5	10.8	4.4

表 3-22　玉溪市红塔区 20××年 1—3 月社会消费品零售额统计表

项　目	零售额/亿元	同比增长%
全区社会消费品零售总额	9.24	13.4
从城乡市场看		
城市零售总额	7.91	14.1
农村零售总额	1.33	9.3
从经济成分看		
国有及国有控股经济	0.99	19.5
集体及股份合作经济	1.13	−11.4
个体私营经济	6.60	19.4
其他	0.52	0.7
分行业看		
批发业和零售业	7.86	13.6
住宿和餐饮业	1.20	13.9
其他	0.17	2.0

资料来源：玉溪市红塔区统计局。

表 3-23　改革开放以来重庆市三个阶段主要指标　　　　　单位：%

年　份	年均增长速度				增加值结构			就业结构		
	GDP	第一产业	第二产业	第三产业	第一产业	第二产业	第三产业	第一产业	第二产业	第三产业
1979—1983	8.6	6.8	8.5	12.1	39.7	42.3	18.0	—	—	—
1984—1991	8.4	5.6	8.8	11.8	32.9	40.5	26.6	70.7	16.8	12.5
1992—2007	11.6	3.1	14.5	13.2	16.8	41.3	41.9	55.8	18.1	26.1

资料来源：根据《重庆统计年鉴 2008》加工。

注：全市就业数据无 1984 年，故就业结构的统计时间为 1985—1991 年。

二、统计图

通过上面的介绍我们知道，统计表能够集中、有序地表现统计资料。统计图则能具体生动、直观、形象地显示统计资料。它是表现统计资料的一种形式，也是统计分析的一种重要工具。统计图是把统计数字资料形象化，借助于几何图形、事物的形象和地图等形式，显示社会经济现象的数量方面，表现其规模、水平、构成、相互关系、发展变化趋势和分布状况等。统计图有条形统计图、扇形统计图、折线统计图、象形图等形式。在统计学中，把利用统计图形表现统计资料的方法叫作统计图示法。统计图可以使复杂的统计数字简单化、通俗化、形象化，使人一目了然，便于理解和比较。因此，统计图在统计资料整理与分析中占有重要地位，并得到广泛应用。

统计图的特点是：形象、具体、简明、直观、生动、通俗易懂、一目了然。

统计图的主要用途有：表示现象间的对比关系；揭示总体结构；检查计划的执行情况；揭示现象间的依存关系，反映总体单位的分配情况；说明现象在空间上的分布情况。

统计图的绘制方法：一般采用直角坐标系，横坐标用来表示事物的组别或自变量 x，纵坐标常用来表示事物出现的次数或因变量 y；或采用角度坐标（如圆形图）、地理坐标（如地形图）等。

统计图的结构包括图号、图名、图目（图中的标题）、图尺（坐标单位）、各种图线（基线、轮廓线、指导线等）、图注（图例说明、资料来源等）等。统计图按图尺的数字性质分类，有实数图、累积数图、百分数图、对数图、指数图等。

下面介绍几种常见的统计图。

（一）条形统计图

根据统计数据的大小，画成相应成比例、长短不同的直条，并按一定的顺序排列起来，这样的统计图称为条形统计图。例如，根据表 3-17 可以绘制出如图 3-3 所示的条形统计图。从条形统计图中很容易看出各种指标数量的大小，绘制简单，直观易懂。条形统计图的特点有：①能够显示每组中的具体数据；②易于比较数据之间的差别。

条形统计图按照排列方式的不同，可分为纵式条形图和横式条形图。按照分析作用的不同，可分为条形比较图和条形结构图。按指标的多少不同，可分为单式条形统计图和

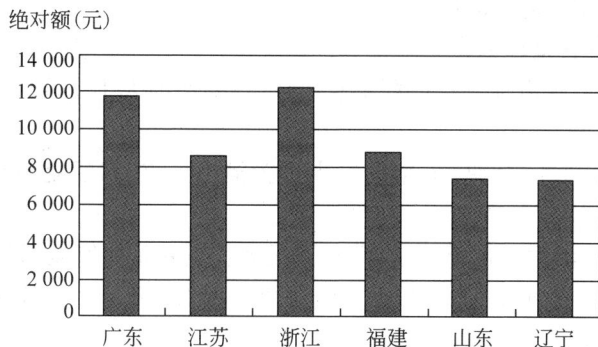

图 3-3 六省城镇居民人均消费性支出条形统计图

复式条形统计图,前者只表示 1 个项目的数据,后者可以同时表示多个项目的数据。

(二)扇形统计图

扇形统计图又叫饼形统计图,是用整个圆的面积表示总体,用圆内各个扇形面积的大小表示总体各部分占总体的百分数。通过扇形统计图,可以很清楚地表示出研究对象的各部分指标同总体指标之间的关系,即清晰地反映出研究对象的内部结构特征。

扇形统计图的特点:①用扇形的面积表示部分在总体中所占的百分比;②易于显示每组数据相对于总数的大小。扇形统计图的作用是:能清楚地反映出部分与部分、部分与整体之间的数量比例关系。扇形面积与其对应的圆心角的关系是:扇形面积越大;圆心角的度数越大;扇形面积越小,圆心角的度数越小。扇形所对圆心角的度数与百分比的关系是:圆心角的度数=百分比×360°。扇形统计图既可以画成平面圆形图,又可以画成立体圆柱形图。例如,根据表 3-19 可以绘制出如图 3-4 所示的扇形统计图。

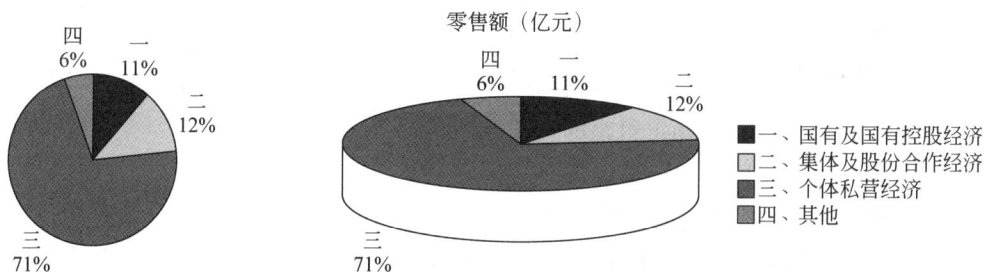

图 3-4 玉溪市红塔区 20××年 1—3 月社会消费品零售额构成扇形统计图

(三)折线统计图

折线统计图是用一个单位长度表示一定的数量,根据指标数量的大小在坐标系中描出各点,然后把各点用线段顺次连接起来,以折线的上升或下降来表示统计数量增减变化的统计图。折线统计图不但可以表示出指标数量的大小,而且能够清楚地表示出指标数量增减变化的情况。折线统计图分单式折线统计图和复式折线统计图。

制作折线统计图的步骤如下。

（1）根据统计资料整理数据。

（2）先画纵轴，后画横轴，纵、横都要有单位，按纸面的大小来确定用一定单位表示一定的数量。

（3）根据数量的大小，在纵、横轴的恰当位置描出各点，然后把各点用线段顺序连接起来。

折线统计图在生活中运用得非常普遍，其最大特点就是能够显示数据的变化趋势，反映事物的变化情况。例如，根据表 3-18 可绘制出如图 3-5 所示的折线统计图。

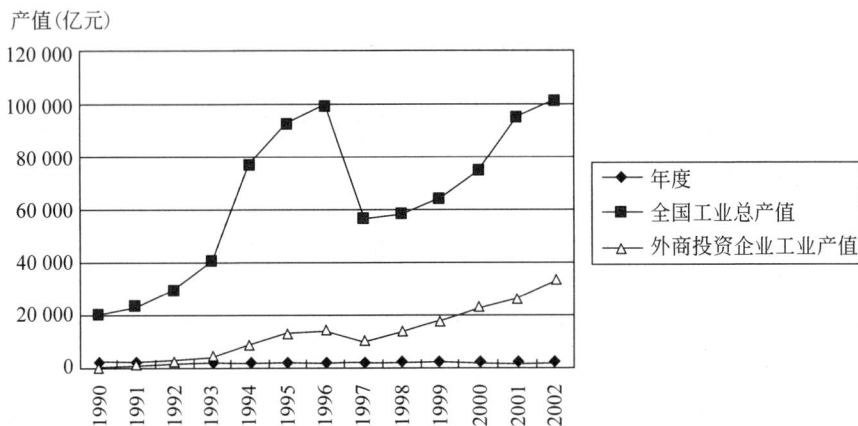

图 3-5　我国历年外商投资企业工业产值折线统计图

思考与练习

一、单项选择题

1. 按数量标志分组时，确定组距的基本原则是（　　）。

　　A. 各组的组距应当相近或相等

　　B. 各组的组距应当有明显的差别

　　C. 要尽可能保持各组内的同质性和组间的差异性

　　D. 要尽可能分出组与组之间数量上的差异

2. 在一个等距数列中，其末组为开口组，已知其下限为 400，相邻组组距为 50，则该组的组中值为（　　）。

　　A. 450　　　　　　　　B. 425　　　　　　　　C. 350　　　　　　　　D. 325

3. 适宜编制单项式数列的是（　　）。

　　A. 变动较小的连续型变量　　　　　　　　B. 变动幅度较大的连续型变量

　　C. 变动较小的离散型变量　　　　　　　　D. 离散型变量和连续型变量皆可

4. 连续型变量数列的末组为开口组，其下限为 300，其邻组组中值为 250，则末组的组中值为(　　　)。

  A. 250   B. 350   C. 400   D. 450

  5. 一个变量数列的构成要素有(　　　)。

  A. 分组标志和指标   B. 数量分组标志值和次数

  C. 品质标志和频数   D. 指标名称和指标数值

  6. 仅用一个标志对总体进行分组的统计表是(　　　)。

  A. 简单分组表   B. 复合分组表   C. 简单表   D. 平行分组表

  7. 在全距一定的情况下,组距的大小与组数的多少(　　　)。

  A. 成正比   B. 成反比   C. 不成比例   D. 无联系

  8. 划分连续型变量的组限时,相邻组的组限必须(　　　)。

  A. 交叉   B. 不等   C. 重叠   D. 间断

  9. 大学生按年龄分组的数列是(　　　)。

  A. 品质数列   B. 变量数列   C. 等距数列   D. 单项式数列

  10. 企业首先按经济类型分组,再按固定资产的价值量分组的统计表属于(　　　)。

  A. 简单分组表   B. 复合分组表   C. 简单表   D. 单一表

  11. 某连续型变量数列,其末组为开口组,上限为200,又知其邻组的组中值为270,则末组的组中值为(　　　)。

  A. 100   B. 130   C. 230   D. 170

  12. 统计分组的关键在于(　　　)。

  A. 确定组中值   B. 确定组距

  C. 确定组数   D. 选择分组标志和划分各组界限

  13. 变量数列是(　　　)。

  A. 按数量标志分组的数列

  B. 按品质标志分组的数列

  C. 按数量标志或品质标志分组的数列

  D. 按数量指标分组的数列

  14. 某学生统计学考试成绩为80分,应将其计入下列哪组分组中?(　　　)

  A. 成绩为80分以下人数中   B. 成绩为70~80分的人数中

  C. 成绩为80~90分的人数中   D. 根据具体情况具体确定

  15. 在编制组距数列时,当资料中存在少数特大和特小的变量值时,宜采用(　　　)形式处理。

  A. 开口组分组   B. 等距分组

  C. 闭口组分组   D. 不等距分组

  16. 组距、组限和组中值之间的关系是(　　　)。

  A. 组距=(上限-下限)÷2   B. 组中值=(上限+下限)÷2

  C. 组中值=(上限-下限)÷2   D. 组限=组中值÷2

  17. 某连续型变量数列,其末组为开口组,下限为500,又知其邻组的组中值为480,则末组的组中值为(　　　)。

　　　　A. 490　　　　　　　B. 500　　　　　　　C. 510　　　　　　　D. 520

18. 次数分布中的次数是指(　　　)。

　　A. 划分各组的数量标志　　　　　　　　B. 分组的组数

　　C. 分布在各组的单位数　　　　　　　　D. 标志变异个数

19. 等距列和异距数列是组距数列的两种形式,其中异距数列是指(　　　)。

　　A. 各组次数相等的数列　　　　　　　　B. 各组次数不相等的数列

　　C. 各组组距相等的数列　　　　　　　　D. 各组组距不相等的数列

20. 对总体进行分组时,采用等距数列还是异距数列取决于(　　　)。

　　A. 次数的多少　　　　　　　　　　　　B. 变量的大小

　　C. 组数的多少　　　　　　　　　　　　D. 现象的性质和研究的目的

21. 某村企业职工日工资最高为 426 元,最低为 270 元,据此分为六个组,形成闭口式等距数列,则组距应为(　　　)。

　　　　A. 71　　　　　　　　B. 26　　　　　　　　C. 156　　　　　　　D. 132

22. 简单分组与复合分组的区别是(　　　)。

　　A. 分组对象的复杂程度不同　　　　　　B. 分组数目的多少不同

　　C. 采用分组标志的多少不同　　　　　　D. 研究目的和对象不同

二、多项选择题

1. 统计分组的主要作用是(　　　)。

　　A. 划分社会现象的不同类型　　　　　　B. 揭示社会现象的内部结构

　　C. 说明总体单位的数量特征　　　　　　D. 说明社会现象的情况

2. 下列分组属于数量标志分组的有(　　　)。

　　A. 按性别分组　　　B. 按年龄分组　　　C. 按地区分组　　　D. 按工资分组

3. 选择分组标志主要考虑的因素有(　　　)。

　　A. 统计研究的目的和要求　　　　　　　B. 标志表现不多的标志

　　C. 现象所处的具体历史条件　　　　　　D. 对研究问题有密切联系的最主要标志

4. 对于连续型变量,一般情况下(　　　)。

　　A. 只能编制组距式数列　　　　　　　　B. 只能编制单项式数列

　　C. 不能编制组距式数列　　　　　　　　D. 不能编制单项式数列

　　E. 既能编制单项式数列,又能编制组距式数列

5. 常见的统计形象图有(　　　)。

　　A. 散点图　　　　　　B. 物形图　　　　　　C. 柱形图　　　　　　D. 饼形图

6. 统计分组的关键是(　　　)。

　　A. 划分社会经济类型　　　　　　　　　B. 分组标志的选择

　　C. 研究同质总体的结构　　　　　　　　D. 各组界限的划分

　　E. 研究现象之间的依存关系

7. 下列分组属于品质标志分组的有(　　　)。

　　A. 学生按性别分组　　　　　　　　　　B. 人口按民族分组

C. 企业按地区分组　　　　　　　　　D. 职工按工资分组

8. 下列组限的表示方法正确的有(　　　)。

A. 按居民人均收入分组,其组限必须重叠

B. 企业按上缴税收分组,其组限必须间断

C. 企业按职工人数分组,其组限既可间断又可重复

D. 原材料按库存量分组,其组限既可间断又可重复

9. 某大学的一位研究人员希望估计该大学住校本科生平均每月的生活费支出,为此,他调查了 200 名大学生,发现他们每月平均生活费支出是 500 元。该研究人员不感兴趣的总体是(　　　)。

A. 该大学的所有本科生　　　　　　　B. 所有本科生的生活费支出总额

C. 该大学的大学生姓名　　　　　　　D. 该大学所有的住校本科生

10. 某大学的一位研究人员希望估计该大学住校本科生平均每月的生活费支出,为此,他调查了 200 名大学生,发现他们每月平均生活费支出是 500 元。该研究人员感兴趣的是(　　　)。

A. 该大学的所有本科生人数

B. 所有本科生的生活费支出总额

C. 所调查的 200 名大学生月生活费支出总额

D. 所调查的每名大学生月生活费支出额

11. 下列分组属于按品质标志分组的有(　　　)。

A. 按性别分组　　　　　　　　　　　B. 按学历分组

C. 按地区分组　　　　　　　　　　　D. 按工资分组

E. 按百分制成绩分组

12. 统计整理的必要性在于(　　　)。

A. 原始资料分散、零碎、不系统

B. 原始资料可能存在质量问题

C. 原始资料难以描述总体的数量特征

D. 次级资料不能满足统计分析的需要

E. 具有承上启下的作用

13. 正确的统计分组应做到(　　　)。

A. 组间有差异　　　　　　　　　　　B. 各组应等距

C. 组内属同质　　　　　　　　　　　D. 组限不应重叠

E. 不应出现开口组

14. 下列属于按品质标志分组的有(　　　)。

A. 职工按工龄分组　　　　　　　　　B. 学生按健康状况分组

C. 企业按经济类型分组　　　　　　　D. 企业按职工人数分组

E. 人口按居住地分组

15. 表 3-24 表示的数列属于(　　　)。

表 3-24　职工人数按劳动生产率分组

按劳动生产率分组/(件/人)	职工人数/人
120～130	12
130～140	18
140～150	37
150～180	13
合　计	80

A. 品质数列　　B. 变量数列　　C. 组距式数列
D. 等距数列　　E. 异距数列

三、判断题

1. 在分布数列中,落在某一类别或组中的总体单位个数称为累计频数。　（　）
2. 最适合于描述事物结构性质问题的图形是饼形图。　（　）
3. 组中值就是大于下限、小于上限的变量值。　（　）
4. 直方图的各矩形通常是分开排列的,而条形图则是连续排列的。　（　）
5. 影响组距式分布数列的因素只有组数和组限。　（　）
6. 统计整理只是指对原始资料的整理。　（　）
7. 统计整理的核心问题是统计分组。　（　）
8. 简单分组是指只按一个分组标志进行的统计分组。　（　）
9. 在确定组限时,最小组的下限应低于最小变量值。　（　）
10. 统计表是表现统计资料的唯一形式。　（　）
11. 统计分组的关键在于分组标志的选择。　（　）
12. 分布数列由分组名称和各组的次数或频率组成。　（　）
13. 简单分组是指对研究现象按一个标志进行的分组。　（　）
14. 对于离散型变量数列,只能编制单项式数列,不能编制组距式数列。　（　）
15. 在全距一定的情况下,组距的大小与组数的多少成正比例关系。　（　）

四、名词解释

1. 统计分组
2. 分布数列
3. 距与组距
4. 组限与组中值
5. 直方图与条形图

五、简答题

1. 什么是统计整理? 统计整理的内容和步骤是什么?
2. 统计分组的要求是什么? 进行统计分组有何意义? 如何正确选择分组标志?

3. 如何进行统计资料汇总前与汇总后的审核？

4. 统计分组的方法有哪些？简述简单分组与复合分组、单项式分组与组距式分组、等距分组与异距分组的应用场合。

5. 分配数列是由哪些要素组成的？其基本的类别又有哪些？

6. 编制变量数列时应注意哪几个问题？

7. 什么是统计表？统计表的结构、种类有哪些？

8. 常用的统计图有哪几种？

六、计算题

1. 对佛山大学一年级全日制 20 名大学生进行调查，其年龄见表 3-25。

表 3-25　佛山大学一年级全日制 20 名大学生的年龄　　　　单位：岁

17	16	18	17	19	20	18	18	19	19
19	18	19	17	19	19	16	19	17	18

试根据上述资料编制单项式变量数列。

2. 华夏新兴科技公司 30 名职工 2019 年 9 月工资资料见表 3-26。

表 3-26　华夏新兴科技公司 30 名职工 2019 年 9 月工资资料　　　　单位：元

2 500	2 900	4 300	5 000	2 700	3 800	3 200	4 000	4 300	3 620
2 100	3 000	3 700	3 670	4 450	4 750	5 100	3 850	4 900	4 050
4 150	5 600	5 800	4 780	6 000	6 300	6 450	3 960	4 470	5 350

要求：

(1) 分别根据组距 500、1 000 编制分布数列，并比较哪种组距分组的分布数列更为合理。

(2) 选择其中一个分布数列，计算频率、较小制累计次数、较大制累计次数、组中值。

(3) 选择其中一个分布数列，绘制次数分布直方图、较小制累计次数折线图。

第四章 总量指标分析和相对指标分析

第一节　总量指标分析

　　从广义上说,所有的统计指标都可以称为综合指标。根据综合指标数字的表现形式,可将综合指标分为三大类,即总量指标、相对指标和平均指标。

一、总量指标的概念与作用

(一) 总量指标的概念

　　总量指标又称绝对指标,是反映社会经济现象在一定的时间(某一时期或时点)、地点、条件下的总规模、总水平或工作总量的统计指标。其表现形式为绝对数,故又称为统计绝对数或绝对数指标,简称绝对数。例如,2019 年 12 月全国共生产粗钢 8 427 万吨,全年累计生产粗钢 99 634 万吨;2019 年 12 月全国共生产生铁 6 706 万吨,全年累计生产生铁 80 937 万吨。总量指标用绝对数表示,也就是用一个绝对数来反映特定现象在一定时间内的总量状况，它是一种最基本的统计指标。表 4-1 为 2009—2018 年全社会固定资产投资总额。

表 4-1　2009—2018 年全社会固定资产投资总额

年份	全社会固定资产投资/亿元	年份	全社会固定资产投资/亿元
2009	224 599	2014	512 021
2010	251 684	2015	562 000
2011	311 485	2016	606 466
2012	374 695	2017	641 238
2013	446 294	2018	645 675

资料来源：2019 中国统计年鉴。

（二）总量指标的作用

了解总量之间的平衡关系和制约关系是对比分析、平均分析及其他分析的基础。总量指标在社会经济统计研究中发挥着以下重要作用。

（1）总量指标反映总体的基本情况，是认识社会经济现象的起点。要想了解一个国家、一个地区或企业的基本情况，往往要从其基本状况和基本实力入手。通过总量指标可以准确掌握客观现象在一定时间、地点、条件下的发展规模或水平。例如，为了科学地指导国民经济和社会的协调发展，就必须通过总量指标正确地反映社会主义再生产的基本条件和国民经济各部门的工作成果，即反映中国土地面积、人口和劳动资源、自然资源、国民财富、钢产量、工业总产值、粮食产量、农业总产值、国民收入额以及教育文化等方面的发展状况。再如，以企业为例，需要了解产量、产值、销售收入、利润总额、职工人数、固定资产投资额等指标。由此可见，总量指标是进行宏观调控、编制计划和实行社会经济管理的依据。

（2）总量指标能够反映社会经济发展规模、国情国力和生产建设成果，是进行宏观调控、制定经济发展政策的依据之一。一个国家或地区为更有效地指导经济建设，保持国民经济协调发展，就必须了解和分析各部门之间的经济关系。它虽然可以用相对数、平均数来反映，但归根结底还是需要掌握各部门在各个不同时间的总量指标。例如，2018 年全年国内生产总值增加值为 900 309 亿元，按可比价格计算，比上年增长 6.6%，实现了6.5% 左右的预期发展目标。分季度看，一季度同比增长 6.8%，二季度增长 6.7%，三季度增长 6.5%，四季度增长 6.4%。分产业看，第一产业增加值为 64 734 亿元，比上年增长3.5%，占比 7.2%；第二产业增加值为 366 001 亿元，增长 5.8%，占比 40.7%；第三产业增加值为 469 575 亿元，增长 7.6%，占比 52.2%。

（3）总量指标是计算相对指标和平均指标的基础。统计综合指标中的相对指标、平均指标的计算，都是以绝对数指标为基础计算的，一般是两个总量指标对比的结果。相对指标、平均指标都是总量指标的派生指标。例如，某企业职工的某月平均工资是由该企业该月工资总额总量指标除以该企业该月职工总人数指标得到的平均指标。由此可见，总量指标的质量将直接影响相对指标、平均指标的质量。

从拉动经济增长的"三驾马车"来看，消费依然是我国经济增长的亮点。2019 年5 月，全社会消费品零售总额达 32 956 亿元，同比增长 8.6%，增速环比提高 1.4 个百分点；

1—5 月,全社会消费品零售总额 161 332 亿元,同比增长 8.1%,增速比 1—4 月加快 0.1 个百分点。工业生产平稳增长,企业利润率继续保持较快增长。2018 年年末,规模以上工业企业资产总计 113.4 万亿元,比上年增长 6.1%;负债合计 64.1 万亿元,增长 5.2%;所有者权益合计 49.3 万亿元,增长 7.2%;资产负债率为 56.5%,比上年降低 0.5 个百分点。其中,国有控股企业资产负债率为 58.7%,比上年降低 1.6 个百分点。2018 年,全年全国规模以上工业增加值比上年实际增长 6.2%,增速缓中趋稳。分经济类型看,国有控股企业增加值增长 6.2%,集体企业下降 1.2%,股份制企业增长 6.6%,外商及港澳台商投资企业增长 4.8%。分三大门类看,采矿业增加值增长 2.3%,制造业增长 6.5%,电力、热力、燃气及水生产和供应业增长 9.9%。高技术制造业、战略性新兴产业和装备制造业增加值分别比上年增长 11.7%、8.9% 和 8.1%,增速分别比规模以上工业快 5.5、2.7 和 1.9 个百分点。新兴工业产品产量快速增长,铁路客车、微波终端机、新能源汽车、生物基化学纤维、智能电视、锂离子电池和集成电路分别增长 183.0%、104.5%、40.1%、23.5%、18.7%、12.9% 和 9.7%。

二、总量指标的计量单位

(一)实物量单位

实物量指标是以实物单位计量的总量指标。它根据现象的自然属性和特点采用实物单位计量。实物单位有以下几类。

(1) 自然单位。自然单位是按照被研究事物的自然状况来度量其数量的计量单位,如机械设备以台为单位,汽车以辆为单位。

(2) 度量衡单位。如房屋面积以平方米为单位,道路长度以千米为单位。

(3) 国际标准单位。如发热量以焦耳为单位,功率以马力为单位。

(4) 复合单位。如车速以千米/小时为单位,货运量以吨千米为单位。

实物单位计量的优点是直接反映产品的使用价值或现象的具体内容,能够具体表明事物的规模和水平;缺点是无法进行汇总,不能用来反映现象的总规模和总成果。

(二)价值量单位

价值量单位是用货币来度量事物的数量的计量单位,表明社会经济现象总体的价值总量。用货币反映社会经济活动所创造的社会财富和取得的劳动成果,具有较强的概括性。货币单位是由社会必要劳动时间所确定的商品的价值单位,如元、千元、万元等。企业实现利润额、成本总额、销售收入、纳税额等,都应当采用价值量单位。价值量单位可以综合反映具有不同使用价值的经济现象的总规模、总水平,具有较强的综合性和概括性。其缺点是比较抽象,不能正确反映实际情况,需要把价值量指标和实物量指标结合起来。

(三)劳动量单位

劳动量指标是以劳动单位计量的总量指标。劳动单位是用劳动时间表示的计量单位,是一种复合单位,通常用工时、工日表示。劳动量可以相加,加总的结果就是劳动消耗总量。它可用于分析劳动资源和劳动时间的利用情况,为核算企业工人工资和计算劳动生产率提供依据。同时,它也是基层企业编制和检查生产作业计划的重要依据。劳动量单位也称为工作量指标或劳动量指标,可以为成本核算和计算劳动生产率提供依据。

计算总量指标时究竟采用哪一种计量单位,要根据被研究对象的性质、特点以及统计研究的目的任务来决定的,但要采用国家统一规定的计量单位。总量指标的计量单位在统计分析研究中具有重要意义。

三、总量指标的种类

(一)总体单位总量指标和总体标志总量指标

总量指标按其反映的内容不同,可以分为总体单位总量指标和总体标志总量指标。

1. 总体单位总量指标

总体单位总量指标又称总体总量或单位总量,是用来反映总体中单位数的多少(即总体单位总数),说明总体本身规模大小的总量指标,如企业数、医院数、职工人数等。

2. 总体标志总量指标

总体标志总量指标又称标志总量,是用来反映总体中某一标志数值总规模大小的总量指标,即总体单位某一数量标志值的总和,如作为医院总体的医务人员数、患者数、病床数等。

例如,对某地区居民粮食消费情况进行研究,该地区的居民人口数 300 万人,便是总体单位总量指标;粮食消费总量 30 万吨,便是总体标志总量指标。又如,研究某地区的工业企业职工工资情况,职工人数为总体总量,工资总额为标志总量。总体单位是标志的承担者,标志总量依附于总体单位。在同一个总体中,只有一个总体单位总量指标,但有多个总体标志总量指标。

总体单位总量指标和总体标志总量指标的地位随统计研究的目的不同而变化。也就是说,一个总量指标究竟属于总体单位总量还是总体标志总量,要随研究目的的不同和研究对象的变化而定。例如,研究上海市工业企业职工的生活水平,统计总体是全市的工业企业职工,全市工业企业职工人数是总体单位总量;若研究上海市工业企业的生存发展状况,则全市工业企业职工人数是总体标志总量。又如,研究对象是某市的医院,则全部医院就是一个总体,所包括的医院个数就是总体单位总量,而医院的医务人员数、患者数、病床数等就是总体标志总量。如果统计的目的在于研究整个医务人员的状况,那么医务人员的总数就是总体单位总数,而医务人员在一定时期内的工作天数、参加门诊治疗次数、治疗患者人数和工资总额等都是总体标志总量。

总体单位总量的计量单位是由总体现象本身的特点决定的。整个总体单位总量只采用一种单位,例如医疗机构总体以"个"计,医务人员总体以"人"计。而总体标志总量的计量单位则是由总体单位标志的特点决定的,每一个总体标志总量都要采取与之相应的单位。如以高等学校为总体,则学校的职工人数、学生人数以"人"为单位,设备数量以相应的实物或货币为单位,等等。

（二）时期总量指标和时点总量指标

总量指标按其反映的时间状态不同，可以分为时期总量指标和时点总量指标。

1. 时期总量指标

时期总量指标又称时期指标，是反映总体现象在一定时期内的累计总量水平的指标。它是表明社会经济现象总体在一段时期内发展过程的总结果，如商品销售额、商品进出口额、企业产值等。

时期总量指标具有以下特点。

（1）相邻各时期指标相加，可以反映更长一段时间内社会经济现象发展变化的总量，即具有可加性。例如，某企业第一季度的产品产量 10 000 件，是由 1 月的产量 3 500 件，2 月的产量 3 300 件和 3 月的产量 3 200 件相加而得的。

（2）时期指标数值大小与包含的时期长短有直接关系。一般情况下，包含时期越长，指标数值越大；包含时期越短，指标数值越小。例如，某企业一年的产量大于一个季度的产量，一个季度的产量大于一个月的产量。

（3）时期指标一般是通过连续登记加总（累计）求得的。例如，某企业一个月的产量为该月每天产量的加总，年产量则是将 12 个月的产量累计得到的。

2. 时点总量指标

时点总量指标又称时点指标，是反映社会经济现象在一定时点上所处状况的总量指标。时点指标也可以称为存量指标。例如，我国首次基本单位普查显示，1996 年年底我国共有各类法人单位 440.2 万个，有产业活动单位 635.1 万个，这仅能说明我国 1996 年 12 月 31 日这一天的基本单位的数量情况。再如人口数、商品库存额、外汇储备额、某地区的人口数、房屋面积、企业个数等，也都是时点指标。

时点总量指标具有以下特点。

（1）不同时点的指标数值不具有可加性，即相加后不具有实际意义。例如，某企业 2019 年各月初的职工人数直接相加没有实际的经济意义。

（2）时点指标数值的大小与时间间隔长短没有直接联系，即时点之间间隔长，数值不一定大；间隔短，数值也不一定小。

（3）时点指标通常通过间断的登记方法取得，因为不可能对每个时点的数量都进行登记，通常是隔一段时间登记一次。例如，商品的库存量通常指月末库存量、月初库存量或某天的库存量。

一个指标是属于时期指标还是属于时点指标，是根据以上特点来判断的。时期指标和时点指标决定了统计处理与应用上的不同，正确区分时期指标和时点指标，有利于对社会经济现象正确地进行动态观察与分析。在运用时期指标和时点指标时，注意同一指标若从不同的角度考虑，则总量指标的性质也不同，如年末人口数和年初人口数是时点指标，但年末人口数减去年初人口数等于人口净增数，则为时期指标。

四、计算和运用总量指标应注意的问题

运用总量指标分析事物发展变化的总规模与总水平或增减总量,关键是使总量指标能如实反映客观情况,在计算和应用总量指标时,要注意遵循指标的科学性、可比性和统一性的原则。计算和运用总量指标应注意以下几个问题。

（一）正确确定指标含义、计算范围、指标界限

指标含义与计算范围界定了总量指标所反映的事物某方面的特征、总体范围与计算口径。总量指标界限一定要明晰所选总量指标的计算范围,也就是统计总体。例如,统计企业职工工资总额,要明确哪些人、哪些收入应列入工资总额,什么时间和空间范围等。

（二）同类实物总量指标相加才有经济意义

要注意核算实物量指标时所研究现象的同质性,只有同品种同类型的实物衡量值才能相加。

（三）使用统一计量单位

进行实物量指标计算时,应注意统一计量单位。进行价值总量指标计算时,要注意现行价格与不变价格的区别。不同时期的价值总量指标的计算与比较,要注意使用可比价格。

（四）把总量指标与相对指标和平均指标结合起来使用

这部分内容将在相对指标分析中介绍。

第二节　相对指标分析

一、相对指标的概念与作用

在统计分析中,统计数字的作用在于进行比较和分析。有人说"比较为统计之母",这是有道理的。只有孤立的数字,而不进行比较分析,是不能说明任何问题的。对社会经济现象的总体或构成的数量关系进行比较分析,就可以深入了解社会经济现象,发现现象之间的关系,甚至找出差距。对事物进行判断、鉴别和比较,需要借助于相对指标。

（一）相对指标的概念

相对指标也叫相对数,是社会经济现象中两个相互联系的指标数值之比,反映某些相关事物之间数量联系程度的综合指标。相对指标能反映现象总体的结构、比例、程度、发展速度等的对比关系。

相对指标的数值表现形式,除了强度相对指标采用复名数表示外,一般是用抽象化的数值如系数、倍数、成数、百分数（％）或千分数（‰）表示。相对指标数值采用这些无名数

的计量形式,主要是为了能够更明确地反映它所表示的内容。

(1) 系数和倍数是将对比的基数(即分母数值)抽象为 1 而计算的相对数。当分子与分母数值相差较小时,用系数表示。

(2) 当对比的分子与分母数值相差不大时,可以将对比的基数抽象为 10,用成数表示。如某地区今年粮食产量比上年增产 1/10,即增产一成。

(3) 在大多数情况下,将对比的基数抽象为 100,用百分数表示对比的结果。如产品成本下降 2%。

(4) 当对比的分子数值比分母数值小很多时,应用千分数表示对比的结果,也就是将对比的基数抽象为 1 000,然后计算相对数。

相对指标用哪种形式表示,要依据怎样能更明确地反映它所表示的内容而定。

这里要对经济分析中经常用到的"百分点"这一概念做一点说明。一个百分点是指 1%,百分点常用于两个百分数相减的场合。例如,在股票交易市场(或证券交易市场、外汇交易市场)上,确定某一时间的股票价格为基数,将两个不同时间股票价格与之相比,分别为 15% 和 12%,那么后一时间上的股票价格比前一时间下降了 3 个百分点(12%~15%)。

相对指标的特点是:①将对比的基础抽象化;②通过抽象化掩盖了绝对数的规模。

(二) 相对指标的作用

在统计分析中,广泛应用相对指标已成为分析社会经济现象的内部构成和外部联系的基本方法之一。

相对指标的主要作用可以概括为以下三个方面。

1. 有利于了解现象的相关程度和普遍程度

相对指标反映现象间数量对比关系。任何事物,有对比才有鉴别。通过对比反映现象发展变化的相对水平、相关程度、普遍程度、发展速度、相对强度、内部结构等,可以分析事物的特征,寻求事物的发展规律。例如,人均粮食产量、人均国民生产总值、手机普及率、人均可支配收入等指标可以反映当地的经济实力和居民生活的相对水平。

2. 弥补总量指标的不足

相对指标可以综合地表明有关现象之间的联系程度,反映现象和过程的比率、构成、速度、程度、密度等,有助于深入说明总量指标所不能充分说明的问题。运用相对指标能将现象从绝对数的具体差异中抽象出来,从一些不能直接对比的现象中找到共同对比的基础,有助于鉴别事物和分析事物,从而能更深刻地认识事物总体的特征。例如,同行业的不同规模的两个企业,它们的产量、成本、职工人数、销售额、利润等都不相同,要综合比较这两个企业,把它们的总量指标直接进行比较并不科学,但是将这两个企业的成本利润率、劳动生产率、产品合格率等相对指标进行比较,既科学,又能评价企业间管理水平的高低和经济效益的好坏。

3. 揭示总体内部的结构特征

相对指标中的结构相对指标说明总体内在的结构特征,为深入分析事物的性质提供依据。例如,计算一个地区不同经济类型的结构,可以说明该地区经济的性质。又如,计算一个地区的第一、二、三产业的比例,可以说明该地区社会经济发展程度等。

二、相对指标的种类与计算方法

根据研究目的不同、对比基数的不同,相对指标可分为计划完成程度相对指标、结构相对指标、比例相对指标、比较相对指标、强度相对指标和动态相对指标六类。前五类都属于静态相对指标。

(一)计划完成程度相对指标

1. 计划完成程度相对指标的概念

计划完成程度相对指标又称计划完成百分比,是某一时期某社会经济现象的实际完成数与计划任务数之比,借以表明计划的完成程度。它是计划管理的特有指标,一般用百分数表示。其基本计算公式为

$$计划完成程度相对指标 = \frac{实际完成数}{计划任务数} \times 100\%$$

计划完成程度相对指标的解释:①计划完成程度相对指标是就一定现象计算的,因此要求分子、分母在指标含义、计算口径、计算方法、计量单位、时间范围及空间范围等方面必须一致;②由于计划指标总是衡量计划完成程度的标准,所以分子、分母不能互换。

2. 计划完成程度相对指标的计算

由于计划指标值有绝对数、相对数和平均数三种形式,所以基本公式的具体应用也有三种形式。

【例 4-1】 表 4-2 为某企业 2019 年生产经营有关数据。

表 4-2 某企业 2019 年生产经营数据

指标名称	计划任务数	实际完成数	计划完成百分比
产值	100 万元	115 万元	115.00%
劳动生产率提高	3%	5%	101.04%
职工月平均工资	3 000 元	3 250 元	108.33%
单位成本降低	2%	3%	98.98%

要求:计算各项指标的计划完成程度相对指标。

解:产值计划完成百分比=115÷100×100%=115%

超额完成计划的绝对数=实际完成数-计划数=115-100=15(万元)

劳动生产率提高计划完成百分比=(1+5%)÷(1+3%)×100%=101.94%

职工月平均工资计划完成百分比=3 250÷3 000×100%=108.33%

单位成本降低计划完成百分比=(1-3%)÷(1-2%)×100%=98.98%

以上计算结果需进一步分析,以便总结经验,提高企业管理水平。

3. 检查计划执行进度

检查计划执行进度的方法是确定计划期中某一段时期的实际累计完成数占计划全期计划任务数的百分比,即进行进度分析。累计计划完成百分比的实际累计完成数与计划

全期计划任务数两个指标在同一个时间起点、时间终点不同,实际累计完成数的时间终点在计划全期任务数的时期之内。其计算公式为

$$计划执行进度 = \frac{累计完成数}{本期计划数} \times 100\%$$

【例 4-2】 表 4-3 为某企业 2019 年第一～第三季度生产情况。

表 4-3 某企业 2011 年第一～第三季度生产情况

产品名称及产值	单位	年计划	实际完成数				第三季度完成年计划的百分比/%	累计完成年计划的百分比/%
			第一季度	第二季度	第三季度	前三季度累计		
总产值	万元	1 000	260	280	347	887	34.70	88.70
甲产品	千克	10 000	2 400	2 550	2 380	7 330	23.80	73.30
乙产品	件	500	110	125	140	375	28.00	75.00
丙产品	台	200	52	53	52	157	26.00	78.50
丁产品	千克	800	245	250	257	752	32.13	94.00

要求:计算第三季度及前三季度累计的计划完成情况,并加以分析。

解:第三季度完成年计划的百分比 $= 347 \div 1\,000 \times 100\% = 34.70\%$

前三季度累计完成年计划的百分比 $= 887 \div 1\,000 \times 100\% = 88.70\%$

通过计算可知,丁产品任务完成情况最好,丙次之,甲不好,乙产品生产的均衡性、稳定性较好。

4. 检查长期计划执行情况

检查长期计划执行情况有两种方法,即水平法和累计法。

(1)水平法。水平法就是用计划末期实际完成数与同期计划任务数相比,以检查全期计划是否完成。以五年计划完成程度为例,其计算公式为

$$五年计划完成程度 = \frac{五年计划末年实际达到的水平}{五年计划规定的未来水平} \times 100\%$$

采用水平法的目的在于检查期末年度水平是否达到计划要求。如果计划任务(指标)按期末那一年应达到的水平规定,则应采用水平法进行计算。计算提前完成计划时间的方法是:在计划期内只要有连续 12 个月的实际完成数(可以跨年度)达到计划规定的末年水平,就完成了计划,剩余的时间就是提前完成计划的时间。

(2)累计法。累计法是将计划期内累计实际完成数与同期计划规定的累计数相比,所得到的比率就是计划完成程度相对指标。其计算公式为

$$五年计划完成程度 = \frac{五年计划期间实际累计完成数}{五年计划规定的累计完成数} \times 100\%$$

用累计法计算的计划完成程度,若超额完成计划,计算提前完成计划时间的方法是:从计划期开始至某一时间,累计的实际完成数达到了计划数就算完成了计划。将计划全部时间减去完成计划所需时间,就是提前完成计划的时间。具体计算公式为

$$提前完成计划时间 = 计划期月数 - 实际完成月数 + \frac{超额完成计划数}{平均每日计划数}$$

凡计划指标是按计划期内各期(如年)总和规定任务计算的,要求采用累计法。

计划完成相对指标的特点是:①对比数为同一总体;②分子、分母不能互换;③计算结果视指标性质而定。指标性质为正指标,计划完成指标表现为越高越好。如产值、劳动生产率值等计划完成相对指标,其值大于100%表明完成或超额完成计划。指标性质为逆指标,计划完成指标表现为越低越好。如费用、消耗、成本等计划完成相对指标,其值小于100%表明完成或超额完成计划。又如基建投资额、工资等计划完成相对指标,其值等于100%表明完成计划,达到理想结果。

(二)结构相对指标

1. 结构相对指标的意义与计算

结构相对指标又称结构相对数,是同一总体某部分的数值与总体数值之比。它反映总体的内部构成、性质、质量及其变化情况,所以又称为比重相对数。例如,反映工农业增加值的内部结构,农业内部各业构成,种植业内粮食作物、经济作物及其他作物的比例结构,消费结构中食品支出占全部生活费支出的比重(恩格尔系数),国内生产总值中第一、二、三产业间的构成等。其计算公式为

$$结构相对指标 = \frac{总体中某一部分数值}{总体全部数值} \times 100\%$$

结构相对指标一般用百分数或倍数表示,其分子、分母可以是总体单位总量,也可以是总体标志总量。各部分所占比重计算结果小于1,各部分所占比重之和等于100%或1。结构相对数的分子属于分母的一部分,即分子、分母是一种从属关系,所以分子与分母位置不能互换。

【例4-3】　表4-4和表4-5分别为20××年农村居民收入构成情况表和城镇居民收入构成情况表。

表4-4　20××年农村居民收入构成情况表

居民人均纯收入	人均工资性收入		人均家庭经营第一产业纯收入		人均家庭经营第二、三产业纯收入		人均财产性收入		人均转移性收入	
绝对额/元	绝对额/元	比重/%	绝对额/元	比重/%	绝对额/元	比重/%	绝对额/元	比重/%	绝对额/元	比重/%
6 977	2 963	42.47	2 520	36.12	702	10.06	229	3.28	563	8.07

表4-5　2011年城镇居民收入构成情况表

居民人均纯收入	人均工资性收入		人均经营净收入		人均财产性收入		人均转移性收入	
绝对额/元	绝对额/元	比重/%	绝对额/元	比重/%	绝对额/元	比重/%	绝对额/元	比重/%
23 979	15 412	64.27	2 210	9.22	649	2.71	5 709	23.80

根据表 4-4 可以计算出农村居民人均工资性收入占农村居民人均纯收入的比重为42.47%(2 963÷6 977),其他项目同理。从中可以看出,农村居民的主要收入来源是外出打工收入和种地收入,而城镇居民的主要收入来源是工资性收入。

2. 结构相对指标的作用

(1)应用结构相对指标,可以从静态上分析总体的构成,表明现象的性质和特征。

(2)通过总体内部结构变化的分析,可以动态研究现象发展变化的趋势及其规律性。

(3)结构相对指标可以反映总体的质量或工作质量及人力、物力、财力的利用程度。

(4)利用结构相对数有助于分清主次,确定工作重点。

(三)比例相对指标

比例相对指标是同一总体中某一部分指标数值与另一部分指标数值对比的结果,又称比例相对数。它可以表明总体内部的比例关系。其特点是分子、分母同属一个总体,而且分子与分母的位置可以互换。其计算公式为

$$比例相对指标 = \frac{同一总体中某一部分指标数值}{同一总体中另一部分指标数值} \times 100\%$$

比例相对指标可以用百分数表示,也可以用一比几或几比几的形式表示。例如,某地区工业产值与农业产值的比例可表示为 23 000 万元÷37 800 万元=60.85%,也可以表示为 1∶1.64。分析总体中若干部分的比例关系时,可采用连比形式。例如,某地区社会就业人数为 59 432 万人,其中第一产业为 34 769 万人,第二产业为 12 921 万人,第三产业为 11 742 万人,则三个产业劳动者人数的比例为 100∶37∶34。

利用比例相对指标可以分析国民经济中的各种比例关系,调整不合理的比例,促进社会主义市场经济稳步协调发展,还可以反映总体中各部分间的内在联系与比例关系。

【例 4-4】 20××年南方某省城镇居民人均可支配收入为 23 897.8 元,消费支出为18 489.87 元,其构成情况见表 4-6。

表 4-6 20××年南方某省城镇居民消费构成情况表 单位:元/人

消费支出	食品	衣着	家庭设备用品及服务	医疗保健	交通和通信	教育文化娱乐服务	居住	杂项商品和服务
18 489.87	6 745.62	1 230.72	1 208.03	929.50	3 419.74	2 375.96	1 925.21	653.76

根据表 4-6 可以计算出,该省城镇居民的食品支出占消费支出的比例为 36.48%(6 745.62÷18 489.87),表中其他比例相对指标计算方法相同。从八大类消费支出看,该省城镇居民的食品支出比重(即恩格尔系数)不大;交通和通信以及教育文化娱乐服务方面的支出比重较高;衣着支出比重较低。这与我国北方有些省份存在一定差距。

(四)比较相对指标

比较相对指标是同类现象在相同时期内,在不同空间(如不同国家、不同地区、不同单位)条件下的某项指标对比的结果。它说明某一现象在同一时间内不同空间的差异情况,

又称比较相对数。其计算公式为

$$比较相对指标 = \frac{某一现象的数值}{同一时期另一现象的数值} \times 100\%$$

【例 4-5】 甲、乙两公司 2019 年商品销售额分别为 54 万元和 36 万元,计算甲、乙两公司商品销售额的比较相对指标。

解: 比较相对指标＝54 万元÷36 万元＝1.5

【例 4-6】 根据国家统计局反馈的广东、江苏、浙江、福建、山东、辽宁六省城镇居民生活状况抽样调查资料,六省城镇居民人均消费性支出情况见表 4-7。

表 4-7　六省城镇居民人均消费性支出情况表

省　份	广东	江苏	浙江	福建	山东	辽宁
人均消费性支出/元	11 809.87	8 621.82	12 253.74	8 794.41	7 457.31	7 369.27

从表 4-7 可知,广东城镇居民人均消费性支出为 11 809.87 元,居六省第二位,比居第一位的浙江少 443.87 元,低 3.6%;比居第三至第六位的福建、江苏、山东、辽宁分别多 3 015.46 元、3 188.05 元、4 352.56 元和 4 440.60 元,分别高 34.3%、37.0%、58.4% 和 60.3%。

计算比较相对指标时,分子、分母指标的含义、口径、计算范围和计量单位必须一致,其数值通常用百分数或倍数表示。计算比较相对指标,可以采用总量指标、相对指标或平均指标。相对指标的特点是:①对比的分子、分母必须是同质现象;②分子、分母可互换。

运用比较相对指标对不同国家、不同地区、不同单位的同类指标在不同空间的数量对比差异进行分析,有助于揭示矛盾、找出差距、挖掘潜力、促进事物进一步发展。

(五)强度相对指标

强度相对指标是指两个性质不同但有一定联系的总量指标数值之比,用来表明现象的强度、密度和普遍程度,又称强度相对数。其计算公式为

$$强度相对指标 = \frac{某一总量指标数值}{另一有联系但性质不同的总量指标数值}$$

强度相对指标的特殊使用是按平均每个人或每单位摊到的份额表示。强度相对指标带有"平均"的性质,如人均粮食产量、人均国民收入等指标,但它实质上是相对数而不是平均数。

【例 4-7】 根据全国 31 个省、自治区、直辖市的抽样调查和全面统计,2010 年全国粮食总产量为 54 641 万吨,总人口达到 13 亿人。据此可以计算出人均粮食产量＝54 641 000 万千克÷130 000 万人＝420.32(千克/人)。

由于强度相对指标是反映两个性质不同指标间的对比关系,故其分子、分母有时可以互相转换,因而可以形成正指标和逆指标两种计算方法。一般来说,正指标的数值越大越好,逆指标的数值越小越好。例如,"医院每个床位平均服务的人口数"这一指标是正指标,而"每千人口的医院床位数"这一指标是逆指标。两个指标的计算公式分别为

$$医院每床位平均服务的人口数 = \frac{医院床位数（张）}{人口数（千人）}$$

$$每千人口的医院床位数 = \frac{人口数（千人）}{医院床位数（张）}$$

强度相对指标的应用十分广泛,它可以反映一个国家或一个地区的国民经济和社会发展的基本情况;反映生产条件及公共设施的配备情况;反映事物存在的密度、普遍程度、运动强度、负担强度;也可以反映经济效益的高低。应用强度相对指标时,必须从社会经济现象的本质方面去寻找相比较的两个指标之间的内在联系,才能使两个指标对比具有意义。例如,表 4-8 反映了这些国家的粮食生产能力和保障情况。

表 4-8 20××年世界部分国家人均粮食产量统计表

国　　家	美国	俄罗斯	中国	印度	朝鲜	日本
人均粮食产量/千克	1 600	576	379	194	128	77

（六）动态相对指标

动态相对指标又称动态相对数,也称作发展速度或指数,是同类现象某一指标数值在不同时期上的数量对比,用以反映现象在时间上的发展变化方向与程度。其计算公式为

$$动态相对指标 = \frac{报告期指标数值}{基期指标数值} \times 100\%$$

其中,报告期又称计算期,是研究或计算的时期。基期是作为比较基础的时期。动态相对指标一般用百分数、倍数、千分数表示;分子与分母的位置一般不能互换。

【例 4-8】 201×年某省城镇居民人均消费支出是 18 489.87 元,200×年是 11 809.87元,计算 201×年比 200×年该省城镇居民消费支出的发展速度。

$$发展速度 = 18\ 489.87 \div 11\ 809.87 = 156.56\%$$

动态相对指标对于分析研究社会经济现象的发展变化过程具有重要意义,具体将在第十一章中进行详细讲述。

三、几种相对指标的区别

（一）比例相对指标和结构相对指标

相同点是都可以用来反映现象间的比例关系。不同点是二者对比的方法不同,结构相对指标是一种包含关系,分子是分母的一部分;比例相对指标的分子和分母是一种并列关系,因而分子和分母可以互换。

（二）比例相对指标和比较相对指标

相同点是都可以用来反映现象间的比例关系,分子和分母都是一种并列关系,因而分子和分母可以互换。不同点是二者对比的方法不同,比例相对指标的分子和分母是同一总体中不同的两个部分;比较相对指标的分子和分母是不同总体的两个同期同类指标。

（三）比较相对指标和动态相对指标

相同点是指标的分子和分母都是用同类指标进行对比的比例关系。不同点是二者对比的方法不同，比较相对指标的分子和分母都是同期同类指标，但属于并列关系的两个总体；动态相对指标的分子和分母是同类不同期的指标，但属于同一个总体。

四、运用相对指标的原则

上述六种相对指标从不同的角度出发，运用不同的对比方法，对两个同类指标数值进行静态的或动态的比较，对总体各部分之间的关系进行数量分析，对两个不同总体之间的联系程度和比例作比较，是统计中常用的基本数量分析方法之一。要使相对指标在统计分析中起到应有的作用，在计算和应用相对指标时应该遵循以下原则。

（一）指标要具有可比性

相对指标是两个有关的指标数值之比，对比结果的正确性直接取决于两个指标数值的可比性。如果违反可比性这一基本原则计算相对指标，就会失去其实际意义，导致不正确的结论。

对比指标的可比性是指对比的指标在含义、内容、范围、时间、空间和计算方法等口径方面是否协调一致，相互适应。如果各个时期的统计数字因行政区划、组织机构、隶属关系的变更，或因统计制度方法的改变不能直接对比的，就应以报告期的口径为准，调整基期的数字。许多用金额表示的价值指标，由于价格的变动，各期的数字进行对比不能反映实际的发展变化程度，一般要按不变价格换算，以消除价格变动的影响。

（二）定性分析与定量分析相结合

计算对比指标数值的方法是简便易行的，但要正确地计算和运用相对数，还要注重定性分析与定量分析相结合的原则。因为事物之间的对比分析，必须是同类型的指标，只有通过统计分组，才能确定被研究现象的同质总体，便于同类现象之间的对比分析。这说明要在确定事物性质的基础上，再进行数量上的比较或分析，而统计分组在一定意义上也是一种统计的定性分类或分析。即使是同一种相对指标在不同地区或不同时间进行比较时，也必须先对现象的性质进行分析，判断是否具有可比性。同时，通过定性分析可以确定两个指标数值的对比是否合理。

例如，将不识字人口数与全部人口数对比来计算文盲率，显然是不合理的，因为其中包括未达学龄的人数和不到接受初中文化教育年龄的人数在内，不能如实反映文盲人数在相应的人口数中所占的比重。通常计算文盲率的公式为

$$文盲率 = \frac{15\ 岁以上不识字人口数}{15\ 岁以上全部人口数} \times 100\%$$

（三）相对指标和总量指标相结合

绝大多数的相对量指标都是两个有关的总量指标数值之比,用抽象化的比值来表明事物之间对比关系的程度,而不能反映事物在绝对量方面的差别。因此在一般情况下,相对指标离开了据以形成对比关系的总量指标,就不能深入地说明问题。

关于这一点,马克思曾明确指出:"如果一个工人每星期的工资是 2 先令,后来他的工资提高到 4 先令,那么工资水平就提高了 100％……所以不应当为工资水平提高的动听的百分比所迷惑。我们必须经常这样问:原来的工资数是多少?"

虽然相对指标能够鲜明地反映现象间的数量对比关系,但它可能掩盖了现象绝对量的巨大差异。

例如,表 4-9 为甲、乙两个企业的年利润额资料。

表 4-9　甲、乙两个企业的年利润额资料

企业名称	2018 年利润额/万元	2019 年利润额/万元	发展速度/％
甲企业	500	600	120.00
乙企业	5 000	6 000	120.00

从表 4-9 可以看出,两个企业的发展速度相同,都是120％。用这一指标分析甲、乙两个企业的赢利速度,似乎没有什么变化,但甲企业每增长 1％的利润只有 5 万元,而乙企业有 50 万元。产生这一巨大差异的原因,就是这两个企业的赢利规模相差较大。

（四）综合应用各种相对指标

各种相对指标的具体作用不同,都是从不同的侧面来说明所研究的问题。为了全面而深入地说明现象及其发展过程的规律性,应该根据统计研究的目的,综合应用各种相对指标。例如,为了研究工业生产情况,既要利用生产计划的完成情况指标,又要计算生产发展的动态相对数和强度相对数。又如,分析生产计划的执行情况,有必要全面分析总产值计划、品种计划、劳动生产率计划和成本计划等完成情况。

此外,把几种相对指标结合起来运用,可以比较、分析现象变动中的相互关系,更好地阐明现象之间的发展变化情况。由此可见,综合运用结构相对数、比较相对数、动态相对数等多种相对指标,有助于我们剖析事物变动中的相互关系及其后果。

（五）相对数应当在大数中计算和运用

使用相对数是为了简单清晰地说明现象之间的数量关系。所以,如果所对比的数字很大,它们之间的关系不明显时,通过计算相对数就比较容易看出它们之间的关系。如果所对比的数字很小,它们之间的关系很明显时,就不必计算相对数。同时,从小的数字中计算出来的相对数(尤其是百分数)可能很大,利用它反而容易把简单的问题复杂化。"相对数应当在大数中计算和运用"原则在抽样调查资料的使用中也同样适用。这一原则与抽样调查的重要理论依据——大数定律是相符的。

思考与练习

一、单项选择题

1. 下列属于结构相对数的是(　　)。

　　A. 人口出生率　　　　　　　　　　　B. 成本利润率

　　C. 恩格尔系数　　　　　　　　　　　D. 经济增长速度

2. 反映不同总体中同类指标对比的相对指标是(　　)。

　　A. 动态相对指标　　　　　　　　　　B. 比较相对指标

　　C. 强度相对指标　　　　　　　　　　D. 比例相对指标

3. 研究某地工业企业用工规模,该地工业企业职工总数是(　　)。

　　A. 标志总量　　　B. 总体总量　　　C. 质量指标　　　D. 派生指标

4. 某地区有 10 万人口,共有 20 个医院,平均每个医院要服务 5 000 人,这个指标
是(　　)。

　　A. 平均指标　　　　　　　　　　　　B. 强度相对指标

　　C. 比例相对指标　　　　　　　　　　D. 比较相对指标

5. 某地农业总产值在工农业总产值中的比重由 2010 年的 43% 下降到 2017 年的
31%,这两个指标(　　)。

　　A. 都是动态相对数

　　B. 都是比较相对数

　　C. 都是结构相对数

　　D. 一个是动态相对数,一个是结构相对数

6. 某地区人均粮食产量为 480 千克,是另一地区的 1.2 倍,这两个指标(　　)。

　　A. 都是平均指标

　　B. 一个是强度相对指标,一个是比较相对指标

　　C. 都是比较相对数

　　D. 一个是平均指标,一个是相对指标

7. 某商场计划 4 月销售利润比 3 月提高 2%,实际却下降了 3%,则销售利润计划完
成程度为(　　)。

　　A. 66.7%　　　　　　B. 95.1%　　　　　　C. 105.1%　　　　　　D. 99.0%

8. 某企业产值计划完成 103%,本年实际比上年实际增长 5%,则计划规定比上年实
际增长的算式为(　　)。

　　A. $\dfrac{5\%}{3\%}$　　　　　B. $\dfrac{3\%}{5\%}$　　　　　C. $\dfrac{105\%}{103\%}-1$　　　　　D. $\dfrac{103\%}{105\%}-1$

9. 逐渐减少的耕地面积和逐渐增加的粮食产量,这两个指标(　　)。

　　A. 均为时点指标　　　　　　　　　　B. 前者为时点指标,后者为时期指标

　　C. 均为时期指标　　　　　　　　　　D. 前者为时期指标,后者为时点指标

10. 下列属于时点指标的是(　　)。

    A. 商品销售利润　　　　　　　　　　B. 商品销售成本

    C. 商品销售量　　　　　　　　　　　D. 商品价格

二、多项选择题

1. 下列指标中属于强度相对指标的有(　　)。

    A. 人均国民收入　　　　　　　B. 人口密度　　　　　C. 人口自然增长率

    D. 人均粮食产量

2. 2001 年我国发行长期建设国债 1 500 亿元,2018 年我国城乡居民储蓄存款余额达到 318 171 亿元。这两个指标(　　)。

    A. 都是时期数　　　　　　　　B. 都是时点数　　　　C. 都是绝对数

    D. 前者是时点数,后者是时期数　　E. 前者是时期数,后者是时点数

3. 时期指标的数值(　　)。

    A. 可以连续计量

    B. 反映现象在某一时期内发展状况的总量

    C. 相邻两时期指标具有可加性

    D. 其数值的大小与时间长短相关

4. 下列相对数中,分子和分母可以互换位置的有(　　)。

    A. 结构相对数　　　　　　　　B. 比例相对数　　　　C. 比较相对数

    D. 动态相对数　　　　　　　　E. 强度相对数

5. 下列相对数中,属于同一时期数值对比的指标有(　　)。

    A. 结构相对数　　　　　　　　B. 比较相对数　　　　C. 比例相对数

    D. 强度相对数

三、判断题

1. 某企业生产某种产品的单位成本计划在上年的基础上降低 3%,实际降低了 5%,则该企业相差两个百分点,没有完成计划任务。 (　　)

2. 绝对指标随着时间长度的延长或总体范围的扩大而增加。 (　　)

3. 反映总体内部构成特征的指标只能是结构相对数,且结构相对数的数值一定小于 1。 (　　)

4. 水平法和累计法的选择依据是计划指标。 (　　)

5. 计划完成百分比的数值大于 100%,说明完成并超额完成了计划。 (　　)

四、名词解释

1. 总体总量指标

2. 总体标志总量

3.强度相对指标

4.比较相对指标

5.比例相对指标

6.计划完成程度相对指标

五、简答题

1.什么叫相对指标？应用相对指标应遵循哪些原则？

2.请举例说明比较相对指标、比例相对指标与结构相对指标有哪些区别。

3.计划完成程度相对指标有哪几种？如何评价计划完成程度相对指标？

4.在相对指标中,哪些属于同一总体内部的对比？哪些属于不同总体间的对比？

5.时期指标与时点指标有哪些区别？

六、计算题

1.华汇洋企业集团今年计划实现利润比去年增长 7%,实际完成计划 110%,问今年该企业集团实现利润比去年增长多少？

2.我国 2018 年和 2019 年进出口贸易总额资料见表 4-10。

表 4-10 进出口贸易总额资料

年 份	出口总额/万亿元	进出口总额/万亿元
2018 年	16.42	30.51
2019 年	17.23	31.54

要求：

(1)分别计算 2019 年的进出口贸易差额和进出口总额的发展速度。

(2)计算 2019 年进出口额比例相对数及出口额结构相对数。

(3)分析我国进出口贸易状况。

3.根据表 4-11 计算 2018 年和 2019 年强度相对数的正指标和逆指标,并根据正指标数值分析该地区商业网点密度的变动情况。

表 4-11 某市 2018 年和 2019 年商业网店与人口数据

指 标	2018 年	2019 年
商业网点/家	40	76
人口/万人	120.4	223.5

4.表 4-12 为某公司下属三个企业有关资料,试根据指标之间的关系计算并填写表中所缺数字。

表 4-12　某公司下属三个企业有关资料

企业	1月实际产值/万元	2月				2月与1月之比/%
		计划产值/万元	计划产值比重/%	实际产量/万元	计划完成比重/%	
甲	125	150			110	
乙	200	250			100	
丙	100					
合计		500			95	

5. 表 4-13 是某公司所属三个商场的销售情况,请将表中空格填上,并指出表中哪些属于相对指标? 属于何种类型?

表 4-13　某公司所属三个商场的销售情况

商场	2019 年销售额				2018 年实际销售额/万元	2019 年与2018 年之比/%
	计　　划		实际金额/万元	计划完成/%		
	金额/万元	比重/%				
	(1)	(2)	(3)	(4)	(5)	(6)
甲	100		110		90	
乙	150			100	130	
丙			237.5	95	230	
合计						

第五章 平均指标分析

学习目标

明确平均指标的含义、特点和作用;掌握算术平均数、调和平均数、众数和中位数的计算方法和应用条件;了解计算和应用平均数的原则;理解几种平均数的关系。

学习重点

算术平均数和调和平均数的计算方法和应用条件;算术平均数的性质。

学习难点

利用相对数或平均数求总体平均数时权数的选择。

统计数据经过整理与显示后,我们对数据分布的类型和特点就有了一个大致的了解。但这种了解只是表面上的,还需要通过代表性的数量特征值来准确地描述统计数据的分布。要进一步掌握数据分布的特征和规律,还需要找到反映数据分布特征的各个代表值。对统计数据分布的特征,可以从以下三个方面进行测度和描述:一是分布的集中趋势,反映各统计数据向其某一中心值靠拢或聚集的程度或倾向,测度集中趋势也就是寻找数据一般水平的代表值或中心值;二是分布的离散程度,反映各数据远离其中心值的趋势;三是统计数据分布的偏度和峰度,反映数据分布的形状。本章主要讲授统计学中的一个重要的、反映集中趋势的综合指标——平均指标。

第一节 平均指标概述

在事物的发展变化过程中,总体各单位由于受众多不同因素的影响,其变量值通常会表现出大小不一的差别,但变量值的总体分布会呈现出在一定范围内围绕某个中心波动的分布特征,即变量值的分布总是具有一定的集中趋势。测度变量值集中趋势,就是寻找数据一般水平的代表值或中心值,即平均指标。

一、平均指标的概念与作用

（一）平均指标的概念

平均指标又称平均数,是同质总体各单位某一数量标志值在具体时间、地点、条件下达到的一般水平,是度量统计分布集中趋势的指标。它是总体的代表值,描述了分布数列的集中趋势,是集中趋势的最主要测度值。例如,某单位职工某月的平均工资就是一个平均指标。根据所掌握数据的不同,平均指标有不同的计算形式和计算公式。

（二）平均指标的作用

1. 反映现象总体各单位变量值的集中趋势或一般水平

平均指标作为研究同质总体各单位的一般水平的代表值,反映现象总体的综合特征。例如,2018 年广东省全年城镇常住居民人均消费性支出 30 924.30 元,反映了广东所有城镇居民消费性支出的一般水平。将平均指标按时间先后顺序排列起来,能够反映现象总体的发展变化趋势。

2. 比较同类现象的平均水平

平均指标可以比较在同一时期、不同规模的同类现象的水平差距。例如,计算同类企业的单位成本、平均工资等。平均指标还可以比较同类现象在不同时期、不同单位或不同地域间的差距,消除总数量差异,使其具有可比性。根据各地统计局公布的数据,表 5-1 列出了排名前 20 的城市 20×× 年城镇单位在岗职工平均工资。

表 5-1　20×× 年全国各城市年平均工资排名表

城市	城市排名	年平均工资/元	城市名称	城市排名	年平均工资/元
广州市	1	57 473	太原市	11	43 398
北京市	2	56 061	天津市	12	42 240
南京市	3	54 317	福州市	13	41 725
杭州市	4	54 408	西安市	14	41 679
上海市	5	51 968	昆明市	15	41 644
银川市	6	49 098	长春市	16	41 473
沈阳市	7	45 756	呼和浩特市	17	40 476
武汉市	8	45 643	重庆市	18	40 042
合肥市	9	45 442	南昌市	19	39 816
长沙市	10	44 497	西宁市	20	37 419

3. 用于研究事物之间的依存关系

平均指标可以反映某一社会现象与另一社会现象之间存在的相关关系。如农作物的施肥量与产量、商品流转规模与商品流通费用、劳动者的文化程度与收入,均存在依存关系。以宁波市为例,可以通过具体数字来说明工作人口收入与文化程度之间的依存关系。20××年1‰人口抽样调查结果(见表5-2)显示,宁波市工作人口的文化程度越高,工作时间越短,平均每小时收入越高,单位工作时间的收入与文化程度高度相关。

表 5-2　20××年宁波市工作人口收入与文化程度对比表

学历层次	周平均工作时间/小时	平均每小时收入/元
未上过学	46.3	2.84
小学	50.4	4.20
初中	53.6	4.93
高中	49.9	7.14
大学专科	43.8	12.44
大学本科	42.0	15.54
研究生	40.0	21.96

阅读材料

上海市收入多寡与学历高低成正比

上海市统计局于 2012 年 8 月 10 日调查了全市 19 个区县、133 个街道和镇的城镇居民基本情况,调查样本超过 3 000 户。调查显示:

(1) 高收入者的年龄和职业特点明显。把月劳动收入在 5 000 元及以上作为高收入者,则本市高收入者具有如下特点:一是 30~39 岁人群中高收入的比重最大,占 11.8%;二是管理职位(单位部门负责人)中高薪最多,达 1/3;三是"三资"企业就业者中高薪比重最高,占 20%。

(2) 劳动收入与文化程度高度相关。随着社会、科技的发展和进步,劳动者的文化程度与收入的关系日益密切。调查显示,在小学及以下文化程度的就业人口中,月劳动收入在 1 000 元以下的比重占八成以上;初中文化程度占 57.5%。而具有本科文化程度的就业人口中,月劳动收入在 5 000 元以上的比重接近二成;具有硕士、博士文化程度则占四成。

(3) 文化程度越高,收入也越高,金融资产(现金、储蓄、借出款和各种有价证券)的积累也越多。调查显示,户主文化程度为硕士(博士)的家庭,拥有 50 万元以上金融资产的比重占 3.1%,拥有 10 万~50 万元金融资产的家庭占 28.1%;户主文化程度为初中及以下的家庭,拥有 10 万~50 万元金融资产的寥寥无几,没有人拥有 50 万元以上金融资产。

资料来源:张记争.居民家庭抽样调查显示:收入多寡与学历高低成正比[N].人才市场报,2005-01-15.

4. 进行数量上的推算和预测

平均指标是统计推断中应用最为广泛的指标之一。例如,在利用样本资料来推断总体指标时,常用样本平均数来推断总体平均数,进而推算总体的总量指标。此外,平均指标经常被作为评价事物和决策的数量标准或参考。

二、平均指标的特点与类型

(一)平均指标的特点

1. 同质性

平均指标只能就同质总体计算。如果总体单位是异质的,其计算的平均数是"虚构"的平均数,不能反映总体的一般水平,甚至会得出错误的结论。

2. 代表性

平均指标是个代表值,代表总体各单位标志值的一般水平。平均指标能测定次数分布数列中各变量值分布的集中趋势。平均指标也是质量指标的一种表现形式,其数值的大小不随总体范围的大小而增减。

3. 抽象性

平均指标是通过平均将总体各单位变量值之间的差异抽象化,能反映出总体的综合特征。

(二)平均指标的类型

平均指标按计算和确定的方法不同,可分为数值平均数和位置平均数。数值平均数又称计算平均数,是根据分布数列中所有单位标志值计算的平均数,包括算术平均数、调和平均数和几何平均数;位置平均数是根据总体单位标志值在分布数列中所处的位置确定的平均数,包括众数、中位数和四分位数等。各种平均数都是用于反映现象某一变量的一般水平,但各自的计算方法不同、含义不同,因此应用场合也不同。

第二节 众 数

众数属于位置平均数,是反映分布数列集中趋势的测度值,在一定条件下可以用于反映数列的一般水平。

一、众数的概念

众数是总体中出现次数最多或频率最高的变量值,也是总体中最普遍的标志值,用 M_0 表示。它主要用于作为定序数据、定距数据和定比数据集中趋势的测度值。它是平均数的一种,常用来说明社会现象的一般水平。一般来讲,只有根据分组数列才能确定众数。在单位数不多或一个无明显集中趋势的资料中,众数的测定没有意义。

二、众数的计算方法

(一)单项数列确定众数

在单项数列条件下,众数的确定比较简单,即出现次数最多(频率最大)的标志值就是众数。

(二)组距数列确定众数

在等距数列条件下,先确定众数所在组,然后再通过公式进行具体计算,找出众数点的标志值。在对数据进行分组整理后,可通过如下公式计算众数。

下限公式,用众数所在组的下限为起点值的计算公式

$$M_0 = L + \frac{\Delta_1}{\Delta_1 + \Delta_2} \times d$$

上限公式,用众数所在组的上限为起点值的计算公式

$$M_0 = U - \frac{\Delta_2}{\Delta_1 + \Delta_2} \times d$$

式中,M_0 为众数;L 为众数所在组的下限值;U 为众数所在组的上限值;d 为众数所在组的组距;$\Delta_1 = f - f_{-1}$ 表示众数所在组次数与前一组次数之差;$\Delta_2 = f - f_{+1}$ 表示众数所在组次数与后一组次数之差;f 为众数所在组的频数;f_{-1} 为众数组前一组的次数;f_{+1} 为众数组后一组的次数。

【例 5-1】 表 5-3 为兴旺铝制品有限公司 2019 年 11 月一车间 60 名工人的月产量。

表 5-3 兴旺铝制品有限公司工人月产量

月产量/千克	职工人数/人
100 以下	2
100~200	13←f_{-1} 为众数组前一组的频数
200~300	28←f 为众数所在组的频数
300~400	14←f_{+1} 为众数组后一组的频数
400 以上	3
合　计	60

要求:利用众数说明该厂一车间的平均月产量。

解:首先利用下限公式进行计算。

$$M_0 = L + \frac{\Delta_1}{\Delta_1 + \Delta_2} \times d$$

$$= 200 + \frac{28 - 13}{(28 - 13) + (28 - 14)} \times (300 - 200)$$

$$= 251.72$$

接着再用上限公式进行计算。

$$M_0 = U - \frac{\Delta_2}{\Delta_1 + \Delta_2} \times d$$

$$= 300 - \frac{28-14}{(28-13)+(28-14)} \times (300-200)$$

$$= 251.72$$

由此可见,采用下限公式和上限公式计算的众数是一样的。

三、众数的特点

（1）众数是一种位置平均数,它不受各单位标志值的影响,增强了众数对分布数列的代表性。

（2）当分布数列没有明显的集中趋势而是趋向均匀分布时,众数就失去了意义。

（3）有的分布数列有多个分散的集中趋势,此时应重新分组,以求得一个有明显的集中趋势的分布数列,然后再确定众数。

四、众数的适用条件

只有集中趋势明显时,才能用众数作为总体的代表值。众数虽然简明易懂,但是它并不具备一个良好的集中量的基本条件。众数主要在以下情况下使用。

（1）当需要快速而粗略地找出一组数据的代表值时使用,如企业中工人的普遍技术等级,消费者需要的衣服、鞋子的最普遍尺码。

（2）当需要利用算术平均数、中位数和众数三者关系来粗略判断次数分布的形态时使用。利用众数还可以分析、解释某一次数分布是否确实。

第三节　中　位　数

一、中位数的概念

中位数是将统计总体各单位某一标志值按大小顺序排列后,处于中间位置的那个变量值,用 M_e 表示。中位数将数列分为相等的两部分,一部分的标志值小于中位数,另一部分的标志值大于中位数,两部分包含的变量值个数相等。中位数是一个位置代表值,它主要用于测度定序数据的集中趋势。在许多情况下,不易计算平均值时,可用中位数代表总体的一般水平。例如,人口年龄中位数可表示人口总体年龄的一般水平。根据未分组资料和分组资料,都可确定中位数。

二、中位数的计算方法

(一)根据未分组资料计算中位数

根据未分组资料确定中位数时,首先将标志值按大小顺序排列,然后确定中位数的位置。其公式为

$$中位数位置 = \frac{n+1}{2}$$

式中,n 为总体单位标志值的项数,即数据的个数。

最后,根据中位数的位置确定对应的标志值。当 n 为奇数时,数列中居中位置的标志值即为中位数;当 n 为偶数时,中位数是数列中居中位置相邻的两个标志值的简单算术平均数。

(二)根据分组资料计算中位数

研究对象总体各单位的数据资料的分组形式有单项式分组和组距式分组。

1. 单项式分组资料确定中位数

由单项式分组资料确定中位数,首先是计算各组累计次数和总累计次数 $\left(n \text{ 或} \sum f\right)$,然后确定中位数位置 $\left(\frac{n}{2} \text{ 或} \frac{\sum f}{2}\right)$。将总累计次数刚好超过中位数位次的组确定为中位数所在组,这组的标志值就是中位数。可见,由单项数列测定中位数的方法与未分组资料基本相同。

2. 组距式分组资料确定中位数

与单项式资料不同的是,组距式分组资料确定中位数需要采用公式计算。先根据公式 $\left(\frac{n}{2} \text{ 或} \frac{\sum f}{2}\right)$ 和向上或向下累计次数的方法确定中位数组,然后用公式近似确定中位数。

下限公式

$$M_e = L + \frac{\frac{\sum f}{2} - S_{m-1}}{f_m} \times d$$

上限公式

$$M_e = U - \frac{\frac{\sum f}{2} - S_{m+1}}{f_m} \times d$$

式中,L 表示中位数所在组的下限;U 表示中位数所在组的上限;f_m 表示中位数所在组的次数,S_{m-1} 表示中位数所在组以前各组的累计次数;S_{m+1} 表示中位数所在组以后各组的累计次数;$\sum f$ 表示总次数;d 表示中位数所在组的组距。

【例 5-2】 沿用例 5-2 的资料,确定该公司工人月产量的中位数。

解：分析过程见表 5-4。

表 5-4 该公司工人月产量分析表

月产量/千克	职工人数/人	向下累计次数	向上累计次数
100 以下	2	2	60
100~200	13	$15 \leftarrow S_{m-1}$	58
200~300	$28 \leftarrow f_m$	43	45
300~400	14	57	$17 \leftarrow S_{m+1}$
400 以上	3	60	3
合　计	$60 \leftarrow \sum f$	—	—

根据下限公式计算中位数

$$M_e = L + \frac{\dfrac{\sum f}{2} - S_{m-1}}{f_m} \times d$$

$$= 200 + \frac{\dfrac{60}{2} - 15}{28} \times (300 - 200) = 253.57(千克／人)$$

根据上限公式计算中位数

$$M_e = U - \frac{\dfrac{\sum f}{2} - S_{m+1}}{f_m} \times d$$

$$= 300 \frac{\dfrac{60}{2} - 17}{28} \times (300 - 200) = 253.57(千克／人)$$

可见,采用下限公式和上限公式计算的中位数是一样的。

三、中位数的特点

计算中位数时,必须假定中位数所在组的次数在该组内是均匀分布的,这样才可以利用上述公式进行近似计算。中位数是一个位置平均数,其数值大小不受极大值和极小值的影响。

四、中位数的应用及其优缺点

中位数虽然也具备一个良好的集中量所应具备的某些条件,例如比较严格确定、简明易懂、计算简便、受抽样变动影响较小,但它不适合进行代数运算。中位数主要在以下情况下使用。

（1）在一组数据中有特大或特小两极端数值时使用。

（2）在一组数据中有个别数据不确切时使用。

（3）在资料属于等级性质时使用。

第四节　算术平均数

算术平均数是全部数据的算术平均,是计算平均指标的最常用方法。算术平均数就是对总体各单位的某一数量标志进行的平均,即总体各单位某一标志值的算术和除以总体单位数。在实际工作中,由于资料的不同,算术平均数有两种计算形式——简单算术平均数和加权算术平均数。算术平均数的基本计算公式为

$$算术平均 = \frac{总体标志总量}{总体单位数}$$

例如,某生产小组 10 名工人的月工资总额是 18 000 元,则

$$平均工资 = \frac{总体标志总量}{总体单位数} = \frac{18\ 000}{10} = 1\ 800(元/月)$$

算术平均数的特点是:①计量单位应当和标志总量的计量单位一致;②分子、分母为同一总体,分母是分子的承担者;③数量标志可以平均,品质标志不能平均。

一、简单算术平均数

简单算术平均数适用于未分组的统计资料或已经有了标志总量和总体总量的资料,其计算公式为

$$\bar{x} = \frac{x_1 + x_2 + \cdots + x_n}{n} = \frac{1}{n}\sum_{i=1}^{n} x_i = \frac{\sum x}{n}$$

式中,$\bar{x}$ 代表算术平均数;x_i 代表各单位标志值(变量值);n 代表总体单位数(项数)。

当统计资料未分组时,可用简单算术平均法计算。简单算术平均数的大小只受各变量值本身大小的影响,其平均数的大小不会超过变量值的变动范围。

二、加权算术平均数

在整理资料的过程中,通常会将资料编制成变量数列。如果变量数列是单项式分组,则可直接采用加权算术平均数公式进行计算。如果已知资料是组距式分布数列,则要计算每组的平均数,然后再利用计算公式计算。加权算术平均数的计算公式为

$$\bar{x} = \frac{x_1 f_1 + x_2 f_2 + \cdots + x_n f_n}{f_1 + f_2 + \cdots + f_n} = \frac{\sum_{i=1}^{n} x_i f_i}{\sum_{i=1}^{n} f_i} = \frac{\sum xf}{\sum f}$$

式中,$\bar{x}$ 代表算术平均数;x_i 代表各单位标志值(变量值);f_i 代表各组单位数(项数)、次

数、频数。

【例 5-3】　益民商店有 180 名职工,表 5-5 为经过整理的月工资资料。计算该商店
180 名职工的月平均工资。

表 5-5　某商店职工工资分布情况表

工资总额/元	职工人数
1 200～1 300	18
1 300～1 400	90
1 400～1 500	63
1 500～1 600	9
合　计	180

解:计算过程见表 5-6。

表 5-6　计算过程列表

工资总额/元	组中值 x	职工人数 f	xf	$\dfrac{f}{\sum f}$/%	$x\cdot\dfrac{f}{\sum f}$
1 200～1 300	1 250	18	22 500	10.00	125
1 300～1 400	1 350	90	121 500	50.00	675
1 400～1 500	1 450	63	91 350	35.00	507.5
1 500～1 600	1 550	9	13 950	5.00	77.5
合　计	—	180	249 300		1 385

该商店 180 名职工的月平均工资为

$$\bar{x}=\frac{\sum xf}{\sum f}=\frac{249300}{180}=1\,385(元/人)$$

或

$$\bar{x}=\sum\left(x\cdot\frac{f}{\sum f}\right)=1\,385(元/人)$$

加权算术平均数的大小受两个因素的影响:一是变量值的大小;二是标志值出现的
次数或各组次数占总次数的比重。在计算平均数时,各组次数具有权衡各组变量值轻重
的作用,某一组的次数越大,则该组的变量值对平均数的影响就越大;反之越小。因此,次
数又叫权数,把每个变量值乘以权数的过程叫作加权的过程,所得结果就是标志总量。

在分组数列的条件下,当各组标志值出现的次数或各组次数所占比重均相等时,权数
就失去了权衡轻重的作用,这时用加权算术平均数计算的结果与用简单算术平均数计算
的结果相同。具体证明过程如下。

已知:$f_1=f_2=\cdots=f_n=f$。

证明:$\bar{x}=\dfrac{\sum xf}{\sum f}=\dfrac{x_1f_1+x_2f_2+\cdots+x_nf_n}{f_1+f_2+\cdots+f_n}=\dfrac{x_1f+x_2f+\cdots+x_nf}{f+f+\cdots+f}$

$$= \frac{f \sum x}{nf} = \frac{\sum x}{n}$$

三、算术平均数的应用及优缺点

算术平均数具备一个良好的集中量所应具备的一些条件：①反应灵敏,严密确定；②简明易懂,计算方便；③适合代数运算；④受抽样变动的影响较小。

除此之外,算数平均数还有几个特殊的优点：①只知一组观察值的总和及总频数就可以求出算术平均数；②用加权法可以求出几个平均数的总平均数；③用样本数据推断总体集中量时,算术平均数最接近于总体集中量的真值,它是总体平均数的最好估计值；④在计算方差、标准差、相关系数以及进行统计推断时,都要用到它。

算术平均数的缺点是：①易受两极端数值(极大或极小)的影响；②一组数据中某个数值的大小不够确切时,就无法计算其算术平均数。

四、算术平均数的若干数学性质

(一)算数平均数与总体单位数的积等于总体标志总量

简单算数平均数形式为

$$\because \quad \bar{x} = \frac{\sum\limits_{i=1}^{n} x_i}{n}$$

$$\therefore \quad \bar{x} n = \sum\limits_{i=1}^{n} x_i$$

加权算数平均数形式为

$$\because \quad \bar{x} = \frac{\sum\limits_{i=1}^{n} x_i f_i}{\sum\limits_{i=1}^{n} f_i}$$

$$\therefore \quad \bar{x} \sum\limits_{i=1}^{n} f_i = \sum\limits_{i=1}^{n} x_i f_i$$

(二)若每个变量值 x 加上或减去一任意常数 α,则算数平均数也要相应地加上或减去一个 α

若 $x' = x \pm \alpha$,则简单算数平均数形式为

$$\bar{x}' = \frac{\sum\limits_{i=1}^{n} (x_i \pm \alpha)}{n} = \bar{x} \pm \alpha$$

加权算数平均数形式为

$$\bar{x}' = \frac{\sum_{i=1}^{n}(x_i \pm \alpha)f_i}{\sum_{i=1}^{n}f_i} = \bar{x} \pm \alpha$$

下面对简单算数平均数形式进行证明。

证明：$\bar{x}' = \dfrac{\sum_{i=1}^{n}x'_i}{n} = \dfrac{\sum_{i=1}^{n}(x_i \pm \alpha)}{n} = \dfrac{(x_1 \pm \alpha) + (x_2 \pm \alpha) + \cdots + (x_n \pm \alpha)}{n}$

$$= \frac{\sum_{i=1}^{n}x_i \pm n\alpha}{n} = \bar{x} \pm \alpha$$

（三）若每个变量值 x 乘以或除以一任意常数 β，则平均数也相应地乘以或除以一个 β

若 $x' = \beta x$，则简单算数平均数形式为

$$\bar{x}' = \frac{\sum_{i=1}^{n}\beta x_i}{n} = \beta \bar{x}$$

加权算数平均数形式为

$$\bar{x}' = \frac{\sum_{i=1}^{n}\beta x_i f_i}{\sum_{i=1}^{n}f_i} = \beta \bar{x}$$

下面对加权算数平均数形式进行证明。

证明：$\bar{x}' = \dfrac{\sum_{i=1}^{n}x'_i f_i}{\sum_{i=1}^{n}f_i} = \dfrac{\sum_{i=1}^{n}\beta x_i f_i}{\sum_{i=1}^{n}f_i} = \dfrac{\beta \sum_{i=1}^{n}x_i f_i}{\sum_{i=1}^{n}f_i} = \beta \bar{x}$

若 $x' = \dfrac{1}{\beta}x$，同理可得 $\bar{x}' = \dfrac{1}{\beta}\bar{x}$。

（四）各个变量值 x 与算术平均数的离差之和为零

简单算数平均数形式为

$$\sum_{i=1}^{n}(x_i - \bar{x}) = 0$$

加权算数平均数形式为

$$\sum_{i=1}^{n}(x_i - \bar{x})f_i = 0$$

下面对加权算数平均数形式进行证明。

证明：$\sum_{i=1}^{n}(x_i-\bar{x})f_i=\sum_{i=1}^{n}(x_if_i-\bar{x}f_i)=\sum_{i=1}^{n}x_if_i-\bar{x}\sum_{i=1}^{n}f_i$

$\because\quad \bar{x}\sum_{i=1}^{n}f_i=\sum_{i=1}^{n}x_if_i$

$\therefore\quad \sum_{i=1}^{n}(x_i-\bar{x})f_i=0$

（五）各个变量值 x 与算术平均数的离差平方和为最小值

简单算数平均数形式为

$$\sum_{i=1}^{n}(x_i-\bar{x})^2=\min(最小值)$$

加权算数平均数形式为

$$\sum_{i=1}^{n}(x_i-\bar{x})^2f_i=\min(最小值)$$

下面对简单算数平均数形式进行证明。

证明：设 x' 为不等于 $\bar{x}$ 的任意数，即 $\bar{x}\neq x'$。

以 x' 为中心的离差平方和为

$$\sum_{i=1}^{n}(x_i-x')^2=\sum_{i=1}^{n}[(x_i-\bar{x})+(\bar{x}-x')]^2$$
$$=\sum_{i=1}^{n}(x_i-\bar{x})^2+2(\bar{x}-x')\sum_{i=1}^{n}(x_i-\bar{x})+n(\bar{x}-x')^2$$

$\because\quad \sum_{i=1}^{n}(x_i-\bar{x})=0$

$\therefore\quad 原式=\sum_{i=1}^{n}(x_i-\bar{x})^2+n(\bar{x}-x')^2$

$\because\quad n(\bar{x}-x')^2>0$

$\therefore\quad \sum_{i=1}^{n}(x_i-\bar{x})^2=\min(最小值)$

五、是非标志平均数

（一）是非标志的概念

在社会经济现象中，有时把某种社会经济现象的全部单位分为具有某一标志的单位和不具有某一标志的单位，即只有两种答案的标志。例如，在全部产品中，只有合格品与不合格品两种，全部人口性别只有男与女两组等。我们把划分出的这两部分分别用"是"或"否"、"有"或"无"来表示，这种用"是"与"非"或"有"与"无"表示的标志称为是非标志或交替标志。如果用 1 表示具备所研究标志的标志值，用 0 表示不具备所研究标志的标志值，总体单位数用 N 表示。具备所研究标志属性的单位个数用 N_1 表示，不具备所研究标志属性的单位个数用 N_0 表示，则 N_1/N 为具有所研究标志属性的单位数在全部单位中所占的比重(即成数),用 p 表示,N_0/N 为不具有所研究标志属性的单位数在全部单位中所占的比重(也为成数),用 q 表示。两个成数之和等于 1,即 $p+q=1$。

(二)表示形式

1:具有某种属性的单位标志值;

0:不具有某种属性的单位标志值;

N:全部总体单位数;

N_1:具有某种属性的总体单位数;

N_0:不具有某种属性的总体单位数;

$p=N_1/N$:具有某种属性的单位数所占的比重;

$q=N_0/N$:不具有某种属性的单位数所占的比重。

其中,$p+q=1$。

(三)是非标志平均数计算

是非标志平均数的计算公式为

$$\bar{x}=\frac{\sum xf}{\sum f}=\frac{1\times N_1+0\times N_2}{N_1+N_2}=\frac{N_1}{N}=p$$

第五节　调和平均数

调和平均数又称倒数平均数,也称调和均值。它是各个标志值倒数的算术平均数的倒数,是均值的另一种表现形式。在实际工作中,由于所获得的数据不同,缺乏总体的单位数资料,不能以直接计算形式来计算平均数,这就需要使用调和平均数的形式进行计算。调和平均数实际上是算术平均数的一种变形。两者在本质上是一致的,唯一的区别是计算时使用了不同的数据。调和平均数也有简单调和平均数和加权调和平均数两种形式。

一、简单调和平均数

简单调和平均数是先计算总体单位标志值倒数的简单算术平均数,然后求其倒数。简单调和平均数适合于未分组的资料,其计算公式为

$$\bar{x}_H=\frac{1}{\dfrac{\frac{1}{x_1}+\frac{1}{x_2}+...+\frac{1}{x_n}}{n}}=\frac{1}{\dfrac{\sum\frac{1}{x}}{n}}=\frac{n}{\sum\frac{1}{x}}$$

式中,$\bar{x}_H$ 表示调和平均数;n 表示标志值项数;x 表示各标志值。

【例5-4】　设市场上某种蔬菜价格为:早上每千克 0.25 元,中午每千克 0.2 元,晚上

每千克 0.1 元。现早、中、晚各卖出 1 元,问该蔬菜当天平均每 500 克价格为多少?

解:根据题意,应按简单调和平均数计算,则:

$$\bar{x}_H = \frac{n}{\sum \frac{1}{x}} = \frac{3}{\frac{1}{0.25} + \frac{1}{0.2} + \frac{1}{0.1}} = 0.16(元／千克)$$

该种蔬菜当天平均价格为每千克 0.16 元,每 500 克价格为 0.08 元。

二、加权调和平均数

加权调和平均数是先计算总体单位标志值倒数的加权算术平均数,然后求其倒数。加权调和平均数适用于分组的资料,其计算公式为

$$\bar{x}_H = \frac{1}{\dfrac{\dfrac{m_1}{x_1} + \dfrac{m_2}{x_2} + \cdots + \dfrac{m_n}{x_n}}{m_1 + m_2 + \cdots + m_n}} = \frac{\sum m}{\sum \dfrac{m}{x}}$$

式中,m_i 表示各组的权数,即各组的标志总量。

【例 5-5】　2019 年 10 月兴旺铝材厂电镀车间由于工作表现突出,每位职工都得到了奖金,奖金标准和奖金总额见表 5-7。求 10 月电镀车间每位职工的平均奖金。

表 5-7　兴旺铝材厂电镀车间奖金标准和奖金总额

等　　级	奖金标准/(元/人)	奖金总额/元
特等	150	1 200
一等	120	1 800
二等	100	4 200
三等	90	2 700
合　计	—	9 900

解:假设奖金标准为 x,奖金总额为 m,则计算过程为

$$\bar{x}_H = \frac{\sum m}{\sum \dfrac{m}{x}} = \frac{9\,900}{\dfrac{1\,200}{150} + \dfrac{1\,800}{120} + \dfrac{4\,200}{100} + \dfrac{2\,700}{90}} = 104.21(元／人)$$

从上面的分析可以看出,调和平均数的特点:①调和平均数易受极端数值的影响;②当数列中有一标志值为 0 时,调和平均数将无法计算。

三、调和平均数与算术平均数的比较

加权算术平均数与加权调和平均数是计算平均指标时常常用到的两个指标,两者既有区别又有联系。

(一) 两者的区别

1. 权数不同

加权算术平均数中的权数,是在资料已经分组、得出分配数列的情况下得出的标志值的次数。而加权调和平均数的权数是直接给定的各组标志总量。在统计分析中,经常因为无法直接得到被平均标志值的相应次数的资料,而采用调和平均数形式来计算。调和平均数的计算结果与算术平均数的计算结果相同。

2. 变量不同

算术平均数的变量是 x,调和平均数的变量是 $1/x$。算术平均数的权数是 f,代表次数(单位数);调和平均数的权数是 xf 或 m,代表标志总量。

(二) 两者的联系

调和平均数是算术平均数的变形形式,现证明如下。

证明:

$$\bar{x} = \frac{\sum xf}{\sum f} = \frac{\sum xf}{\sum \frac{1}{x} \cdot xf} = \frac{\sum m}{\sum \frac{m}{x}} = \bar{x}_H$$

【例 5-6】 表 5-8 为某企业的各车间产值计划完成程度和实际产值资料,试计算该企业各车间产值平均计划完成程度。

表 5-8　某企业的各车间产值计划完成程度和实际产值资料

车间名称	产值计划完成程度/%	实际产值/万元
甲车间	90~100	95
乙车间	100~110	840
丙车间	110~120	115
合　　计		1 050

解:该企业各车间计划产值的计算过程见表 5-9。

表 5-9　计算过程列表

产值计划完成程度/%	组中值 x/%	实际产值 $m = xf$/万元	计划产值 $f = \frac{m}{x}$/万元
90~100	95	95	100
100~110	105	840	800
110~120	115	115	100
合　　计	—	1 050	1 000

$$该企业各车间平均产值计划完成程度 = \frac{\sum m}{\sum \frac{m}{x}} = \frac{1\ 050}{1\ 000} = 105\%$$

第六节　几何平均数

几何平均数也称几何均值,它是 n 个变量值连乘积的 n 次方根,是计算平均比率或平均发展速度最为适合的一种方法。凡是各变量值的连乘积等于总速度或总比率的现象,都可以运用几何平均法计算平均数。几何平均数分为简单几何平均数和加权几何平均数。

一、简单几何平均数

简单几何平均数适用于未分组数列资料,其计算公式为

$$\bar{x}_G = \sqrt[n]{x_1 \cdot x_2 \cdot \ldots \cdot x_n} = \sqrt[n]{\prod x}$$

【例 5-7】　假定某地区货币储蓄年利率第一年为 6%,第二年为 5%,第三年为 3%。求 3 年内该地区的平均储蓄年利率。

解：$\bar{x}_G = \sqrt[3]{1.06 \times 1.05 \times 1.03} \times 100\% = 104.66\%$

该地区的平均储蓄年利率为 4.66%。

二、加权几何平均数

加权几何平均数适用于分组数据资料,其计算公式为

$$\bar{x}_G = \sqrt[(f_1+f_2+\cdots+f_n)]{x_1^{f_1} \cdot x_2^{f_2} \cdots \cdots x_n^{f_n}} = \sqrt[\sum_{i=1}^{n} f_i]{\prod_{i=1}^{n} x_i^{f_i}}$$

【例 5-8】　假定某地区货币储蓄年利率(按复利计算)为：6% 持续 1.5 年,接着 5% 持续 4.0 年,然后 3% 持续 2.5 年。求 8 间该地区的平均储蓄年利率。

解：$\bar{x}_G = \sqrt[(1.5+4.0+2.5)]{1.06^{1.5} \times 1.05^{4.0} \times 10.3^{2.5}} \times 100\% = \sqrt[8]{1.428\ 266} \times 100\%$
$= 104.56\%$

该地区的平均储蓄年利率为 4.56%。计算几何平均数,一般需要开高次方。第一种方法是利用对数求解;第二种方法是利用计算器直接开高次方求解。

几何平均数是适用于特殊数据的一种平均数,其应用条件有：①所掌握的变量值本身是比率的形式；②各比率的乘积等于总比率。

几何平均法一般适用于各变量值之间存在环比关系的事物,如银行平均利率、各年平均发展速度、产品平均合格率等的计算,均可采用几何平均法。

应用几何平均数应注意的问题：①数列中任何一个变量值都不能为 0,若有一个变量值为 0 或负值,就无法计算几何平均数；②几何平均数易受最初水平和最末水平的影响。几何平均数主要用于计算比率或速度的平均值,因此,几何平均数也可以看作均值的一种变形。关于几何平均数的具体计算及应用,将在第九章中详细讲述。

此处需要说明一下平均指标与强度相对指标的区别。强度相对指标与平均指标的区

别主要表现在以下两点。

（1）指标的含义不同。强度相对指标是两个有联系而性质不同的总体对比而形成相对数指标，说明的是某一现象在另一现象中发展的强度、密度或普遍程度；而平均指标是反映同质总体单位标志值一般水平的指标，说明的是现象发展的一般水平。

（2）计算公式及内容不同。利用算术平均数计算平均数时，分子总体标志总量和分母总体单位总量必须属于同一总体，分子、分母的元素具有一一对应的关系，即分母每一个总体单位都可在分子中找到与之对应的标志值；反之，分子每一个标志值都可在分母中找到与之对应的总体单位，并且分子、分母所包含的内容在口径上完全一致，否则，计算的平均指标就失去了意义。强度相对指标也是两个总量指标之比，并且常用"平均"两字，很近似平均指标，但强度相对指标对比的两个总量指标是分别属于两个性质不同的总体，是两个不同标志总量的对比，分子、分母没有一一对应的关系，分子的总量指标并不随分母的总量指标变动而变动。

第七节　几种平均指标的关系

本章已经介绍了各种平均指标的含义、计算方法、适用条件以及各平均指标的特点。现在简单介绍一下各种平均指标的关系。

一、算术平均数、众数和中位数的关系

（1）当统计分布呈现正态分布时，对称轴处于中间位置，两侧变量值呈现对称分布，所以对称轴所对应的变量值就是算术平均数、众数和中位数，即

$$\bar{x} = M_o = M_e$$

（2）当统计分布呈现偏态分布，分为右偏分布和左偏分布两种情况。

① 右偏分布是指统计数据分布呈现向右延伸的趋势，有极大值，向右拉动算术平均数，众数将停留在左侧，即

$$M_o < M_e < \bar{x}$$

② 左偏分布是指统计数据分布呈现向左延伸的趋势，有极小值，向左拉动算术平均数，众数将停留在右侧，即

$$\bar{x} < M_e < M_o$$

（3）三者间的推算公式。根据英国著名的应用数学家卡尔·皮尔逊（Karl Pearson，1857—1936）的经验，在微偏的情况下，中位数到算术平均数的距离大致为众数到算术平均数的距离的 1/3，即

$$\bar{x} - M_o = 3(\bar{x} - M_e)$$

据此，在已知两者的情况下，可用公式求第三者的理论近似值。

$$M_o = 3M_e - 2\bar{x}$$

$$M_e = \frac{M_o + 2\bar{x}}{3}$$

$$\bar{x} = \frac{3M_e - M_o}{2}$$

二、算术平均数和几何平均数、调和平均数的关系

（1）在一般情况下，在以同一资料为前提，总体各单位的变量值不均等时，算术平均数、几何平均数和调和平均数的关系为

$$\bar{x}_H < \bar{x}_G < \bar{x}$$

（2）当统计资料中的所有变量值都相同时，算术平均数、几何平均数和调和平均数的关系为

$$\bar{x}_H = \bar{x}_G = \bar{x}$$

第八节　计算和应用平均指标的原则

一、总体各单位必须是同质的

如前所述，在统计研究中之所以需要计算平均数，是因为总体的各个单位在数量标志上存在着差异。通过平均，它们的个别的、偶然的差异可以相互抵消，从而反映出整个总体的特征。所以，平均指标只有应用于同质总体才有现实意义。

二、用组平均数来补充说明总平均数

通过上述平均指标的计算方法可以看出：计算平均指标是在分组的基础上进行的，这就要求统计分组必须科学，能够反映出事物的本质特征。同时，通过统计分组，还可以用分配数列补充说明平均数，用组平均数补充说明总平均数。例如，表 5-10 为旺财高科技电子有限公司 2019 年 10 月与上年同期职工工资的情况。

表 5-10　旺财高科技电子有限公司新老职工平均工资比较分析表

职工类别	2018 年 10 月			2019 年 10 月		
	工资总额/元	职工人数/人	平均工资/(元/人)	工资总额/元	职工人数/人	平均工资/(元/人)
新职工	216 000	60	3 600	1 158 000	300	3 860
老职工	638 400	140	4 560	583 200	120	4 860
合　计	854 400	200	4 272	1 741 200	420	4 145.71

从表 5-10 可以看出，该公司 2019 年 10 月的总平均工资低于上年同期，但从组平均指标来看，无论新职工还是老职工，2019 年的平均工资均高于 2018 年。可见，使用总平均指标与组平均指标得出了相反的结论，这是由于总平均指标（即总平均工资）掩盖了新、

老职工工资水平的差异。这时,用组平均数(即新、老职工平均工资)来补充说明总平均工资,能更加准确地反映研究对象的本质特征,以免得出错误结论。

三、平均指标与变异指标分析相结合

将平均指标与变异指标分析相结合,既可以通过平均数反映现象的一般水平,又可以通过标志变动度的各项指标来表明平均数代表程度的高低,反映研究对象发展的均衡性和稳定性,从而说明各项工作的质量。此外还需要说明的是:①计算和运用平均指标时,要注意极端数值的影响,因为算术平均数受极端数值的影响很明显;②平均指标应与绝对指标和具体事例结合应用。

思考与练习

一、单项选择题

1. 平均指标反映了总体分布的(　　　)。

    A. 集中趋势　　　　B. 离中趋势　　　　C. 长期趋势　　　　D. 基本趋势

2. 算术平均数的基本公式是(　　　)。

    A. 总体部分总量与总体单位总量之比

    B. 总体标志总量与另一总体总量之比

    C. 总体标志总量与总体单位总量之比

    D. 总体标志总量与权数系数总量之比

3. 若单项式数列的所有标志值都减少一半,而权数都增加一倍,则其算术平均数(　　　)。

    A. 增加一半　　　　B. 不变　　　　C. 减少一半　　　　D. 无法判断

4. 对于一个右偏的次数分布,一般情况下(　　　)的值最大。

    A. 中位数　　　　B. 众数　　　　C. 算术平均数　　　　D. 几何平均数

5. 在变量数列中,当标志值较大组的权数相对较小时,加权算术平均数(　　　)。

    A. 偏向标志值较小的一方　　　　B. 偏向标志值较大的一方

    C. 不受权数影响　　　　D. 上述说法都不正确

6. 农副产品收购站将茶叶按质量高低分为 6 个等级,现已知该收购站本年收购茶叶的各等级收购金额和收购单价资料,根据这些资料计算该收购站茶叶的平均价格应采用(　　　)。

    A. 简单算术平均法　　　　B. 加权算术平均法

    C. 加权调和平均法　　　　D. 几何平均法

7. 某市场某三种蔬菜每千克价格分别为 1.1 元、1 元和 0.9 元,现已知该三种蔬菜的销售额分别为 500 元、300 元和 100 元,则该三种蔬菜平均每千克的销售价格为(　　　)元。

A. 1   B. 1.04   C. 1.05   D. 1.06

8. 假定各标志值对应的权数都缩小十分之一,则算术平均数(　　)。

     A. 不变   B. 无法判断

     C. 缩小百分之一   D. 扩大 10 倍

9. 不受极端变量值影响的平均数是(　　)。

     A. 算术平均数   B. 调和平均数

     C. 几何平均数   D. 众数

10. 加权算术平均数等于简单算术平均数的条件是(　　)。

     A. 各变量值不相同   B. 各变量值相同

     C. 各组次数不相同   D. 各组次数相同

二、多项选择题

1. 下列属于平均指标的有(　　)。

     A. 黑龙江省人均粮食消费量

     B. 全国人均粮食产量

     C. 某企业生产工人的平均劳动生产率

     D. 某企业职工的人均工资收入

2. 平均指标包括(　　)。

     A. 算术平均数   B. 调和平均数   C. 几何平均数

     D. 众数   E. 中位数

3. 次数对平均数的影响作用表现为(　　)。

     A. 当标志值较大而次数较多时,平均数接近于标志值较大的一方

     B. 当标志值较小而次数较少时,平均数接近于标志值较小的一方

     C. 当标志值较小而次数较多时,平均数接近于标志值较小的一方

     D. 当标志值较大而次数较少时,平均数接近于标志值较大的一方

4. 应采用调和平均数的情况有(　　)。

     A. 已知商品单价和商品销售额,求平均价格

     B. 已知分组的粮食产量及各组粮食总产量,求总的粮食平均亩产

     C. 已知同类三种产品的单位成本及三种产品总的生产成本,求平均单位产品成本

     D. 已知农村合作社某月购进三批同种农产品的单价和收购额,求平均价格

5. 受极端变量值影响的平均数有(　　)。

     A. 算术平均数   B. 调和平均数   C. 几何平均数

     D. 众数   E. 中位数

6. 不属于平均指标的有(　　)。

     A. 某省人均国民收入   B. 某省人均粮食产量

     C. 某省人均粮食消费量   D. 某企业职工的人均工资收入

     E. 某企业生产工人的平均劳动生产率

7. 平均指标可以( )。

    A. 反映总体内部结构

    B. 分析现象之间的依存关系

    C. 比较同类现象在不同单位、不同地区间的平均水平,表明现象之间的生产水平、经济效益等方面的差距

    D. 反映不同现象之间的比例关系

    E. 比较同类现象在不同时期的平均水平,说明现象的发展趋势或变动规律性

    F. 利用平均数进行推算和预测

8. 权数对平均数的影响作用表现为( )。

    A. 当标志值较大而次数较多时,平均数接近于标志值较大的一方

    B. 当标志值较小而次数较少时,平均数接近于标志值较小的一方

    C. 当标志值较小而次数较多时,平均数接近于标志值较小的一方

    D. 当标志值较大而次数较少时,平均数接近于标志值较大的一方

    E. 当各组次数相同,对平均数没有影响

9. 几何平均数主要适用于( )。

    A. 变量值的代数和等于标志总量的情况

    B. 变量值的代数积等于总比率的情况

    C. 变量值的代数积等于总速度的情况

    D. 具有等比关系的变量数列

10. 运用平均指标应遵循的原则有( )。

    A. 结合经济内容的原则

    B. 同质性原则

    C. 要与组的平均数结合使用

    D. 要与绝对值数结合应用原则

    E. 要与具体事例结合应用原则

三、判断题

1. 中位数是一组数据排序后,处于中间位置的变量值,可见,一定有一个变量值是中位数。 ( )

2. 一组数据可能存在一个或多个众数。 ( )

3. 平均指标是反映总体分布集中趋势的综合指标。 ( )

4. 平均指标掩盖了总体各单位的具体差别及其分布状况,因此它不能反映总体的数量特征。 ( )

5. 位置平均数有众数、中位数和次数。 ( )

四、名词解释

1. 算术平均数

2. 调和平均数

3. 众数

4. 中位数

五、简答题

1. 平均指标有哪几种？分别在什么情况下使用？为什么算术平均数是平均指标中最基本、最常用的指标？

2. 对于一组统计数据，应从哪几个方面分析其分布特征？

3. 算术平均数与强度相对指标有何不同？

六、计算题

1. 表 5-11 为某企业集团下属 100 家企业按 2019 年实现利润额进行分组的情况，计算这 100 家企业的平均利润额、中位数、众数。

表 5-11　某企业集团下属 100 家企业 2019 年利润额分组

按利润额分组/万元	企业数/个
200～300	7
300～400	28
400～500	42
500～600	18
600 以上	5
合　计	100

2. 表 5-12 为新兴旺科技企业 2019 年 7 月各级别的职工工资额及相对应的工资总额资料，计算 2019 年 7 月该企业工人月平均工资。

表 5-12　新兴旺科技企业 2019 年 7 月工资资料

工资级别	工资额/(元/月)	工资总额/(元/月)
1	1 460	21 900
2	1 520	77 520
3	1 600	107 200
4	1 700	69 700
5	1 850	18 500
合　计		296 000

3. 表 5-13 为某企业 2019 年四个季度产值计划完成程度和计划产值资料,计算该企业 2019 年的平均产值计划完成程度。

表 5-13　某企业 2019 年四个季度产值计划完成程度和计划产值资料

季　度	产值计划完成程度/%	计划产值/万元
第一季度	85	4 000
第二季度	95	3 000
第三季度	105	8 000
第四季度	115	5 000
合　计		20 000

第六章 变异度指标分析

学习目标

明确变异度指标的含义、特点和作用;掌握方差与标准差、变异系数的计算方法;了解偏度与峰度的含义。

学习重点

标准差、离散系数的计算。

学习难点

运用标准差和离散系数判别社会经济现象的代表性。

集中趋势是指一组数据向某一中心值靠拢的趋势,测度统计数据的集中趋势就是寻找数据一般水平的代表值或中心值。集中趋势是统计数据分布的一个特征,它反映了总体各单位的变量值向其中心值集聚的程度。离散趋势是指各变量值远离其中心值的趋势,也称离散程度。离散程度也是统计数据分布的一个特征,它反映了各变量值远离中心值的程度。因此,离散程度从另一个方面反映了集中趋势指标的代表性问题。在统计学上,用于反映离散趋势的指标就是变异度指标。

第一节 变异度指标的概念与作用

一、变异度指标的概念

变异度指标又称标志变动度指标,是综合反映总体各单位标志值之间的差异程度的综合指标,它从另一个角度反映总体的特征。统计数据的离散趋势越大,说明集中趋势代表值的代表性越差;反之,离散趋势越小,集中趋势代表值的代表性就越高。常用的测量数据分布离散程度的指标有极差、平均差、方差和标准差等。其中,方差和标准差最为重要和常用。例如,某班组 7 名职工的工资分别为 3 320、3 380、3 400、3 460、3 500、3 700、4 800 元,则平均工资为 3 651.42 元(平均指标,反映集中趋势),最高和最低之差为 1 480 元(变异度指标,反映离中趋势)。

二、变异度指标的作用

把反映总体单位标志值集中趋势的平均指标与反映离中趋势的标志变异指标相结合,可以让人们对所研究的现象总体有更全面的认识。由于变异度指标是说明总体各单位变量值差异程度的指标,因此可采用变异度指标来反映以下问题。

(一)反映总体各单位标志值分布的离中趋势

平均指标是说明总体各单位某一数量标志一般水平的统计指标,它反映了总体变量(各单位标志值)分布的集中趋势。但与此同时,平均指标将总体各单位标志值的差异抽象化了,掩盖了总体各单位标志值的数量差异。为了测定这种差异的程度,就需要计算变异度指标,借以揭示总体各单位标志值的离散程度和离中趋势。离中趋势是指各变量值远离其中心值的趋势。离散程度反映了集中趋势指标的代表性问题。

(二)说明平均指标的代表性大小

在统计研究中用变异度指标来衡量平均数代表性的大小,一方面要计算平均数,用以反映总体各单位标志值的一般水平;另一方面也要测定标志变动度,用以反映总体各单位标志值的差异程度。同时,平均数的代表性还必须用标志变动度指标来测量:标志变动度越大,平均数的代表性就越小;反之,标志变动度越小,平均数的代表性就越大。如果标志变动度等于零,则说明平均数具有完全的代表性。所以,为了全面、准确地反映出总体特征,在计算了平均数之后,还要进一步计算变异度指标,以便对平均数做出补充说明。

【例 6-1】 某企业在长江三角洲与珠江三角洲两区域设置销售分支机构,表 6-1 为每一销售分支机构在 2019 年上半年销售的本企业设备台数,问哪一区域的平均销售量更有代表性?

表 6-1 某企业所设两销售分支机构销售量统计表   单位:台

月　份	1月	2月	3月	4月	5月	6月
长江三角洲销售量	13	11	11	12	12	13
珠江三角洲销售量	9	12	11	18	8	14

解:这两个销售分支机构月平均销售量均为:72÷6=12(台)。但是,长江三角洲的变动范围是 11~13 台,而珠江三角洲的变动范围是 8~18 台。显然,珠江三角洲销售量变动差异大,平均数 12 台对长江三角洲销售分支机构来说具有较好的代表性。

(三)说明现象变动的均匀性或稳定性程度

变异度指标可以用来衡量经济活动过程的均匀性、稳定性。一般来说,变异度指标越小,现象活动过程变动的稳定性和均衡程度越高,进行得越平稳;变异度指标越大,现象活动过程变动的稳定性和均衡程度越低,甚至可能出现了大起大落,需要加以控制。

(四)作为计算抽样误差和确定样本容量的依据

在抽样调查分析中,计算抽样误差和确定样本容量时,都会用变异度指标作为计算的依据。这一点将在第八章中进行介绍。

(五)衡量风险大小

这部分内容一般会在财务管理类书籍中介绍,本书从略。

第二节　变异度指标的种类与计算方法

一、极差

极差也称全距,是总体各单位变量值中最大值与最小值之差。它用来说明被研究对象中各单位标志值的变动范围,通常用 R 表示。其计算公式为

$$R = \max(x_i) - \min(x_i)$$

对于组距分布数据,极差可表示为最高组上限值与最低组下限值之差。按照这种方法计算的结果,通常都大于实际极差,它只是一个近似值。

极差的优点:说明总体中两个极端标志值的变异范围,其计算方法简单,意义明确,易于理解,容易被人掌握,对于测定对称分布的数列具有特殊优势。

极差的缺点:它的大小直接受到异常极值的影响,只能较粗略地反映各单位标志值的差异程度,所以在实际应用上有一定的局限性。

二、四分位差

中位数是将全部变量值分为两个相等部分,也称二分位数。同样,可以通过三个数值,将全部变量值分割成四个相等部分。这三个分割的数值就是四分位数,分别以 Q_1、Q_2、Q_3 代表第一个、第二个、第三个四分位数。第二个四分位数即中位数。四分位差即为 Q_3 与 Q_1 之差。由未分组或单项数列求四分位数,首先要求出它们所在的位置点,然后根据位置点确定四分位数。

$$Q_1 \text{ 所在位置点} = \frac{n+1}{4}$$

$$Q_2 \text{ 所在位置点} = \frac{2(n+1)}{4} = \frac{n+1}{2}$$

$$Q_3 \text{ 所在位置点} = \frac{3(n+1)}{4}$$

若由组距数列求四分位数,则 Q_2 的计算方法即为中位数的计算方法,即

$$M_e = L + \frac{\dfrac{\sum f}{2} - S_{m-1}}{f_m} \times d$$

至于第一和第三个四分位数,则可分别采用以下公式进行计算

$$Q_1 = L_1 + \frac{\dfrac{\sum f}{4} - S_{-1}}{f_1} \times d_1$$

$$Q_3 = L_3 + \frac{\dfrac{3\sum f}{4} - S_{-1}}{f_3} \times d_3$$

式中,L_1、L_3 分别表示第一个四分位数和第三个四分位数所在组的下限;f_1、f_3 分别表示第一个四分位数和第三个四分位数所在组的次数;S_{-1} 表示该四分位数所在组以前各组的累计次数;$\sum f$ 表示总次数;d 表示中位数所在组的组距;d_1、d_3 分别为对应的四分位数所在组的组距。

四分位差的计算公式为

$$Q = Q_3 - Q_1$$

四分位差的优点:计算简单,意义清楚,消除了异常极值的影响。四分位差和极差类似,其数值越大,说明指标值之间变异程度越大;反之,说明指标值之间变异程度越小。四分位数间距比极差稳定,它剔除了极值的影响,但仍未考虑到每个观察值的变异度。它适用于偏态分布资料,特别是分布末端无确定数据不能计算全距、方差和标准差的资料。

四分位差的缺点:反映现象的差异程度仍较粗略和不全面,实用价值小。为了克服全距和四分位差的不足,须引入其他变异度指标,以全面反映每一个变量值的变动程度。

三、平均差

平均差就是总体各单位的标志值与其算术平均数之间离差的绝对值的平均数,它能综合反映总体中各单位标志值一般的、平均的差异程度。平均差越大,意味着各个变量值之间离散程度越大,平均指标的代表性越小;反之,平均差越小,意味着各个变量值之间离散程度越小,平均指标的代表性越大。当比较两个及以上平均指标的代表性大小时,必须以平均指标值相等为前提,然后再比较平均差的大小。平均差通常用 $A.D.$ 表示。由于掌握的资料不同,平均差的计算可分为简单平均差和加权平均差两种形式。

对于未分组资料,应采用简单平均差计算公式

$$A.D. = \frac{\sum |x - \bar{x}|}{n}$$

对于分组资料,应采用加权平均差计算公式

$$A.D. = \frac{\sum |x - \bar{x}| f}{\sum f}$$

【例 6-2】　以第五章中例 5-1 中的资料为例,计算兴旺铝制品有限公司 2019 年 11 月一车间 60 名工人月产量的平均差。

解:计算过程见表 6-2。

表 6-2　计算过程列表

月产量 / 千克	组中值 x	人数 f	xf	$x-\bar{x}$	$\lvert x-\bar{x} \rvert$	$\lvert x-\bar{x} \rvert f$
100 以下	50	2	100	-205	205	410
100～200	150	13	1 950	-105	105	1 365
200～300	250	28	7 000	-5	5	140
300～400	350	14	4 900	95	95	1 330
400 以上	450	3	1 350	195	195	585
合　计	—	60	15 300	—	—	3 830

$$\bar{x}=\frac{\sum xf}{\sum f}=\frac{15\ 300}{60}=255(千克 / 人)$$

$$A.D.=\frac{\sum \lvert x-\bar{x} \rvert f}{\sum f}=\frac{3\ 830}{60}=63.83(千克)$$

平均差的优点:计算简便,意义明确,能充分、客观地反映总体各单位标志值之间的差异程度,弥补了全距的不足。

平均差的缺点:在计算时,为保证正、负离差和不至于在计算中相互抵销为零,即 $\sum x=0$,则需取它们的绝对值。但是,取绝对值后在数学处理上有困难,不符合代数方法演算规则,具有局限性,所以在统计研究中较少使用。

四、方差与标准差

方差(variance)是各变量值与其均值离差平方的平均数,通常用 σ^2 表示,是测定统计数据离散程度的最主要方法。方差的平方根即为标准差,标准差也叫均方差或均方根差。标准差是指总体各单位的标志值与其算术平均数离差的平方的算术平均数的均方根,通常用 σ 表示。标准差是测定标志变动度最重要的指标。与方差不同,标准差是有计量单位的。标准差的计量单位与标志值计量单位相同,其实际意义要比方差清楚。在对社会经济现象进行分析时,更多地使用标准差。

标准差的实质与平均差基本相同,只是在数学处理方法上与平均差不同。平均差是用取绝对值的方法消除离差的正负号的影响,然后用算术平均的方法求出平均离差;而标准差是用平方的方法消除离差的正负号,然后对离差的平方计算算术平均数,并开方求出标准差。所以,标准差在数学性质上比平均差优越。由于各标志值对算术平均数的离差的平方和为最小,所以在反映标志变异度大小时,一般都采用标准差。

（一）采用简单平均式计算单项式数列的方差、标准差

方差计算公式为

$$\sigma = \frac{\sum (x - \bar{x})^2}{n}$$

标准差计算公式为

$$\sigma = \sqrt{\frac{\sum (x - \bar{x})^2}{n}}$$

【例 6-3】 沿用例 6-1 的资料,试通过计算标准差确定哪一区域的平均销售量更有代表性。

解:计算过程见表 6-3。

表 6-3 计算过程列表

长江三角洲			珠江三角洲		
销售量 x	离差 $x_i - \bar{x}$	离差平方 $(x_i - \bar{x})^2$	销售量 x	离差 $x_i - \bar{x}$	离差平方 $(x_i - \bar{x})^2$
13	1	1	9	−3	9
11	−1	1	12	0	0
11	−1	1	11	−1	1
12	0	0	18	6	36
12	0	0	8	−4	16
13	1	1	14	2	4
合　计	—	4	合　计	—	66

长江三角洲月平均销售量的标准差为

$$\sigma = \sqrt{\frac{\sum (x - \bar{x})^2}{n}} = \sqrt{\frac{4}{6}} = 0.816\ 5 (台)$$

珠江三角洲月平均销售量的标准差为

$$\sigma = \sqrt{\frac{\sum (x - \bar{x})^2}{n}} = \sqrt{\frac{66}{6}} = 3.317 (台)$$

长江三角洲平均每月销售 12 台更具有代表性,原因是长江三角洲与珠江三角洲的每月平均销售量虽然相同,但长江三角洲销售量的标准差比珠江三角洲的小。

（二）采用加权平均式计算单项式数列的方差、标准差

方差计算公式为

$$\sigma^2 = \frac{\sum (x - \bar{x})^2 f}{\sum f}$$

标准差计算公式为

$$\sigma = \sqrt{\frac{\sum (x - \bar{x})^2 f}{\sum f}}$$

样本方差与总体方差在计算上的区别是：总体方差是用数据个数或总频数去除离差平方，而样本方差则是用样本数据个数或总频数减1去除离差平方和。其中 $n-1$ 称为自由度。当 n 很大时，样本方差 S^2 与总体方差 σ^2 的计算结果相差很小，这时样本方差也可以用总体方差的公式来计算。

方差与标准差适用于对称分布，特别是正态或近似正态分布的资料。在两组（或几组）资料平均数相等或相近、度量单位相同的条件下，标准差数值越大，表示观察值的变异程度就越大，即各观察值离平均数较远，平均数的代表性就越小；反之，表示各观察值多集中在平均数周围，平均数的代表性越大。

（三）采用加权平均式计算组距式数列的方差、标准差

方差计算公式为

$$\sigma^2 = \frac{\sum (x - \bar{x})^2 f}{\sum f}$$

标准差计算公式为

$$\sigma = \sqrt{\frac{\sum (x - \bar{x})^2 f}{\sum f}}$$

【例 6-4】　红星商店某年的职工月平均工资为 1 385 元/月，标准差为 20 元/人。与其规模相当的益民商店有 180 名职工，其职工工资分布情况见表 6-4。

表 6-4　益民商店职工工资分布情况表

工资总额/元	职工人数/人
1 200~1 300	18
1 300~1 400	90
1 400~1 500	63
1 500~1 600	9
合　计	180

计算益民商店职工的月平均工资的标准差，并判断这两个商店平均工资的代表性。

解：计算过程见表 6-5。

表 6-5　计算过程列表

工资总额 / 元	组中值 x	职工人数 f	xf	$x - \bar{x}$	$(x - \bar{x})^2 f$
1 200~1 300	1 250	18	22 500	−135	328 050
1 300~1 400	1 350	90	121 500	−35	110 250
1 400~1 500	1 450	63	91 350	65	266 175
1 500~1 600	1 550	9	13 950	165	245 025
合　计	—	180	249 300	—	949 500

益民商店 180 名职工的月平均工资为

$$\bar{x} = \frac{\sum xf}{\sum f} = \frac{249\,300}{180} = 1\,385(元 / 人)$$

方差为

$$\sigma^2 = \frac{\sum(x - \bar{x})^2 f}{\sum f} = \frac{949\,500}{180} = 5\,275$$

标准差为

$$\sigma = \sqrt{\frac{\sum(x - \bar{x})^2 f}{\sum f}} = \sqrt{\frac{949\,500}{180}} = 72.63(元 / 人)$$

计算结果表明,红星商店职工月平均工资与益民商店相同,它们的标准差具有可比性,红星商店职工工资的标准差为 20 元/人,小于益民商店职工工资的标准差 72.63 元/人,所以红星商店职工工资的差异性小,其月平均工资的代表性相对较大。

(四) 方差的数学性质

标准差的平方 σ^2 称为方差,方差具有以下几个数学性质。

1. 变量的方差等于变量平方的平均数减去变量平均数的平方

$$\sigma^2 = \overline{x^2} - (\bar{x})^2$$

证明:$\sigma^2 = \dfrac{\sum(x - \bar{x})^2}{n} = \dfrac{\sum[x^2 - 2x\bar{x} + (\bar{x})^2]}{n} = \dfrac{\sum x^2}{n} - 2\bar{x}\dfrac{\sum x}{n} + \dfrac{\sum(\bar{x})^2}{n}$

$$= \overline{x^2} = (\bar{x})^2$$

2. 变量对算术平均数的方差,小于对任意常数的方差

设 a 为任意常数,则有

$$\sigma^2 = \frac{\sum(x - \bar{x})^2}{n} \leqslant \frac{\sum(x - a)^2}{n}$$

或

$$\sigma^2 = \frac{\sum(x - \bar{x})^2 f}{\sum f} \leqslant \frac{\sum(x - a)^2 f}{\sum f}$$

证明从略,详见平均指标的数学性质。

3. n 个性质相同的独立变量和的方差等于各个变量方差之和

设:n 个独立变量 $x_1, x_2, \cdots, x_n$,其方差分别为 $\sigma_1^2, \sigma_2^2, \cdots, \sigma_n^2$。

令 $x = x_1 + x_2 + \cdots + x_n$,其方差为 σ^2,则有

$$\sigma^2 = \sigma_1^2 + \sigma_2^2 + \cdots + \sigma_n^2$$

证明:由于 $x = x_1 + x_2 + \cdots + x_n$

$$\bar{x} = \overline{x_1} + \overline{x_2} + \cdots + \overline{x_n}$$

$$\sigma^2 = \frac{\sum(x-\bar{x})^2}{n} = \frac{1}{n}\sum\left[(x_1+x_2+\cdots+x_n)-(\overline{x_1}+\overline{x_2}+\cdots+\overline{x_n})\right]^2$$

$$= \frac{1}{n}\sum\left[(x_1-\overline{x_1})+(x_2-\overline{x_2})+\cdots+(x_n-\overline{x_n})\right]^2$$

$$= \frac{1}{n}\left[\sum(x_1-\overline{x_1})^2+\sum(x_2-\overline{x_2})^2+\cdots+\sum(x_n-\overline{x_n})^2\right.$$

$$\left.+\sum_{i\neq j}(x_i-\overline{x_i})(x_j-\overline{x_j})\right]$$

由于 x_i 和 x_j 相互独立,则

$$\sum(x_i-\overline{x_i})(x_j-\overline{x_j})=\sum(x_i-\overline{x_i})\cdot\sum(x_j-\overline{x_j})=0$$

所以

$$\sigma^2=\frac{1}{n}\left[\sum(x_1-\overline{x_1})^2+\sum(x_2-\overline{x_2})^2+\cdots+\sum(x_n-\overline{x_n})^2\right]$$

$$=\sigma_1^2+\sigma_2^2+\cdots+\sigma_n^2$$

4. n 个性质相同的独立变量平均数的方差等于各变量方差平均数的 $\frac{1}{n}$

设:n 个独立变量 $x_1,x_2,\cdots,x_n$,其方差分别为 $\sigma_1^2,\sigma_2^2,\cdots,\sigma_n^2$,各变量的平均数为

$$\bar{x}=\frac{x_1+x_2+\cdots+x_n}{n}$$

则 $\bar{x}$ 的方差 $\sigma_{\bar{x}}^2$ 为

$$\sigma_{\bar{x}}^2=\frac{\sigma_1^2+\sigma_2^2+\cdots+\sigma_n^2}{n^2}$$

证明: 由于 $\bar{\bar{x}}=\frac{\bar{x}_1+\bar{x}_2+\cdots+\bar{x}_n}{n}$

$$\sigma_{\bar{x}}^2=\frac{\sum(\bar{x}-\bar{\bar{x}})^2}{n}=\frac{1}{n}\sum\left(\frac{x_1+x_2+\cdots+x_n}{n}-\frac{\overline{x_1}+\overline{x_2}+\cdots+\overline{x_n}}{n}\right)^2$$

$$=\frac{1}{n^3}\sum\left[(x_1-\overline{x_1})+(x_2-\overline{x_2})+\cdots+(x_n-\overline{x_n})\right]^2$$

$$=\frac{1}{n^3}\left[\sum(x_1-\overline{x_1})+\sum(x_2-\overline{x_2})+\cdots+\sum(x_n-\overline{x_n})\right]^2$$

$$=\frac{1}{n^2}\left[\sigma_1^2+\sigma_2^2+\cdots+\sigma_n^2\right]=\frac{1}{n^2}\overline{\sigma_i^2}$$

作为特例,如果各个变量的方差相等,即

$$\sigma_1^2=\sigma_2^2=\cdots=\sigma_n^2=\sigma^2$$

则有

$$\sigma_{\bar{x}}^2=\frac{\sigma^2}{n}\quad\text{或}\quad\sigma_{\bar{x}}=\frac{\sigma}{\sqrt{n}}$$

(五)是非标志的标准差

在社会经济现象中,有时把某种社会经济现象的全部单位分为具有某一标志的单位

和不具有某一标志的单位,即只有两种答案的标志,这种标志称为是非标志。第五章中介绍了是非标志的平均数,现在介绍是非标志总体的方差及标准差的推导(见表 6-6)。

表 6-6 是非标志方差、标准差计算表

是非标志值 $\sum i$	$\dfrac{f_i}{\sum f_i}$	$x_i - \bar{x}$	$(x_i - \bar{x})^2$	$(x_i - \bar{x})^2 \cdot \dfrac{f_i}{\sum f_i}$
1(是)	p	$1-p$	$(1-p)^2$	$(1-p)^2 p$
0(非)	q	$0-p$	$(0-p)^2$	$(0-p)^2 q$
合 计	1	—	—	$(1-p)^2 p + (0-p)^2 q$

是非标志的方差计算公式为

$$\sigma^2 = \frac{\sum (x-\bar{x})^2 f}{\sum f} = \sum (x-\bar{x})^2 \frac{f}{\sum f}$$
$$= (1-p)^2 p + (0-p)^2 q$$
$$= q^2 p + p^2 q = pq(q+p) = pq$$

是非标志的标准差计算公式为

$$\sigma = \sqrt{\frac{\sum (x_i - \bar{x})^2 f_i}{\sum f_i}} = \sqrt{pq}$$

当 $p=0.5$ 时,是非标志的方差、标准差取得最大值。方差最大值为 25%,标准差最大值为 50%。也就是说,此时是非标志的变异程度最大。

五、变异系数

标准差或平均差的数值大小不但取决于数列各单位标志值的差异程度,而且要受其数列平均水平高低的影响,并且在反映标志值的差异程度时还带有计量单位。因此,如果两个数列平均水平不同,或两个数列标志值的计量单位不同时,要比较各数列平均数的代表性大小时,就要消除平均水平不同或计量单位不同的影响,需计算标志变异系数。

变异系数又称离散系数,它是在统计总体中,用各种变异度指标与其算术平均数之比所得到的相对数,如全距系数、平均差系数、标准差系数。

现象的变异程度,不仅受总体各单位标志值离散程度的影响,还受数列水平高低的影响。变异系数消除了因水平不同或计量单位不同而无法进行比较平均数代表性大小的问题。一般来说,系数越大,说明变量值之间的离散程度越大,平均指标的代表性越小;系数越小,说明变量值之间的离散程度越小,平均指标的代表性越大。

(一)平均差系数

平均差系数是变异指标中的平均差 $A.D.$ 与算术平均数 $\bar{x}$ 相比的结果,这是一个无名数,可以用来比较不同数列的变异程度。其计算公式为

$$V_{A.D.} = \frac{A.D.}{\bar{x}} \times 100\%$$

（二）标准差系数

标准差系数是用标准差 σ 与其算术平均数 $\bar{x}$ 相比的结果，也是一个无名数，可以用来比较不同数列的变异程度，是测度数据离散程度的相对指标，其计算公式为

$$V_{\sigma} = \frac{\sigma}{\bar{x}} \times 100\%$$

【例 6-5】　顺风达摩托车有限公司某年 10 月生产装配车间 300 名职工平均产量为 200 台，标准差为 8 台／人。该年 10 月，四达汽车制造股份公司对某车间生产情况进行调查，获得统计资料，经整理如表 6-7 所示。

表 6-7　四达汽车制造股份公司某车间产量统计资料

产量 x／件	工人数 f／人
50	5
60	10
70	15
80	12
90	8
合　计	50

试用标准差系数分析这两个企业的生产均衡性。

解：首先，计算四达汽车制造股份公司某车间生产产量的标准差，计算过程见表 6-8。

表 6-8　计算过程列表

产量 x／件	工人数 f／人	xf	$x-\bar{x}$	$|x-\bar{x}|f$	$(x-\bar{x})^2 f$
50	5	250	−21.6	108.0	2 332.80
60	10	600	−11.6	116.0	1 345.60
70	15	1 050	−1.6	24.0	38.40
80	12	960	8.4	100.8	846.72
90	8	720	18.4	147.2	2 708.48
合　计	50	3 580	—	496.0	7 272.00

平均数为

$$\bar{x} = \frac{\sum xf}{\sum f} = \frac{3\ 580}{50} = 71.6（件／人）$$

方差为

$$\sigma^2 = \frac{\sum (x-\bar{x})^2 f}{\sum f} = \frac{7\ 272.00}{50} = 145.44$$

标准差为

$$\sigma = \sqrt{\frac{\sum (x-\bar{x})^2 f}{\sum f}} = \sqrt{145.44} = 12.06(件／人)$$

其次,计算两企业的标准差系数。

顺风达摩托车有限公司的标准差系数为

$$V_\sigma = \frac{\sigma}{\bar{x}} \times 100\% = \frac{8}{200} \times 100\% = 4\%$$

四达汽车制造股份公司的标准差系数为

$$V_\sigma = \frac{\sigma}{\bar{x}} \times 100\% = \frac{12.06}{71.6} \times 100\% = 16.84\%$$

通过计算、比较标准差系数,可知顺风达摩托车有限公司的产量变异程度小于四达汽车制造股份公司。因此,前者的生产均衡性较好。

第三节　偏度与峰度

集中趋势和离散程度是统计数据分布中的两个重要特征,但要全面了解数据分布的特点,还需要了解数据分布的曲线形状是否对称、偏斜的程度以及分布的扁平程度如何等。偏度和峰度是描述统计数据分布的形态、偏斜的程度以及分布的扁平程度等的重要指标。

一、偏度及其测度

偏度又称偏态,是统计学家 K.Pearson 于 1895 年首次提出的,它是反映总体次数分布的偏斜方向及程度的测定指标。在偏态的分布中,又有两种不同的形态,即左偏和右偏。我们可以利用众数、中位数和算术平均数之间的关系判断分布是左偏还是右偏,但要度量分布的偏斜程度,就要计算偏态系数。偏态系数是偏态的绝对数与其标准差之比,用 SK 表示。

偏度的测定方法有以下两种。

(一)算术平均数与众数比较法

$$偏度 = 算术平均数 - 众数 = \bar{x} - M_0$$

偏态系数等于偏度与总体标准差之比,即

$$SK = \frac{\bar{x} - M_0}{\sigma}$$

它排除了不同变量数列各单位标志值水平和差异程度各异的影响,便于偏态的对比。偏态系数取值范围是$[-3,+3]$,通常在$[-1,+1]$之间居多。偏态系数等于 0,表明分布数列是对称分布的;偏态系数大于 0 表示正偏(或称右偏),即在曲线右端留有较长的尾巴;偏态系数小于 0 表示左偏(或称负偏),即在曲线左端留有较长的尾巴。

(二) 动差法

在力学和物理学中,矩用来描述质量的分布;在统计学中,矩用来描述统计数据的分布。

对于未分组数据,k 阶中心动差(中心矩)用 m_k 或 μ_k 表示,其计算公式为

$$\mu_k = \frac{1}{n} \sum_{i=1}^{n} (x_i - \bar{x})^k$$

对于分组数据,k 阶中心动差的计算公式为

$$\mu_k = \frac{1}{\sum\limits_{i=1}^{m} f_i} \sum_{i=1}^{m} (x_i - \bar{x})^k \cdot f_i$$

动差法偏态系数计算公式为

$$\alpha_3 = \frac{\mu_3}{\sigma^3} = \frac{\mu_3}{\sqrt{\mu_2^3}}$$

式中,α_3 为偏态系数;σ^3 为标准差的三次方;μ_2 和 μ_3 分别为二阶和三阶中心动差。

对偏态系数的分析如下。

(1) 当分布对称时,离差三次方后正负离差可以相互抵销,因而偏态系数 α_3 的分子等于零,则 $\alpha_3 = 0$。

(2) 当分布不对称时,则偏态系数 α_3 为正值或负值。

当偏态系数 α_3 为正值时,表示正偏离差值较大,可以判断分布数列为正向偏态或右偏,α_3 的数值越大,表明偏斜的程度就越大。

当偏态系数 α_3 为负值时,表示负偏离差值较大,可以判断分布数列为负向偏态或左偏,α_3 的数值越大,表明向左偏斜的程度越大。

二、峰度及其测度

峰度也称峰态,是反映总体次数分布集中趋势的形态。它是与正态分布相比较而言的,是统计学中对统计数据分布曲线陡峭程度的度量。标准正态分布曲线的峰顶叫正态峰;若分布的形状比正态更瘦更高,则称为尖峰分布;若比正态分布更矮更平,则称为平峰分布。峰度系数(用 β 表示)是四阶中心动差(μ_4)除以标准差的四次方,其计算公式为

$$\beta = \frac{\mu_4}{\sigma^4} = \frac{\mu_4}{\sqrt{\mu_2^4}} = \frac{\mu_4}{\mu_2^2}$$

$$\mu_4 = \frac{\sum (x - \bar{x})^4 f}{\sum f}$$

我们知道,正态分布的峰度系数 β 为 3,当 $\beta > 3$ 时为尖峰分布,当 $\beta < 3$ 时为平峰分布。

思考与练习

一、单项选择题

1. 偏态系数测度了数据分布的非对称性程度。如果一组数据的分布是对称的,则偏态系数(　　)。

　　A. 等于 0 　　　　　B. 大于 1 　　　　C. 大于 0 　　　　D. 大于 1

2. 标准差与平均差的主要区别是(　　)。

　　A. 计算条件不同 　　　　　　　　B. 计算结果不同

　　C. 数学处理方法不同 　　　　　　D. 意义不同

3. 计算离散系数是为了比较(　　)。

　　A. 不同分布数列的相对集中程度

　　B. 不同水平的数列的标志变动度的大小

　　C. 相同水平的数列的标志变动度的大小

　　D. 两个数列平均数的绝对离差

4. 已知甲、乙两厂工人工资的标准差分别为 100 元、150 元,则甲、乙两厂的平均工资(　　)。

　　A. 甲厂大于乙厂 　　　　　　　　B. 甲厂小于乙厂

　　C. 两厂相等 　　　　　　　　　　D. 无法判断

5. 用是非标志计算方差,其计算结果为(　　)。

　　A. $q(1+p)$ 　　　B. $p(p-q)$ 　　　C. $q(1-p)$ 　　　D. pq

6. 计算平均差时对每个离差取绝对值是因为(　　)。

　　A. 离差取值有正有负

　　B. 计算方便

　　C. 各变量值与其算术平均数离差之和为零

　　D. 便于数学推导

7. 比较两个单位的数据资料,甲的标准差小于乙的标准差,则(　　)。

　　A. 两个单位的平均数代表性相同

　　B. 甲单位的平均数代表性大于乙单位

　　C. 乙单位的平均数代表性大于甲单位

　　D. 不能确定哪个单位的平均数代表性大

8. 已知甲数列的平均数为 $\bar{x}_甲$,标准差为 $\sigma_甲$;乙数列的平均数为 $\bar{x}_乙$,标准差为 $\sigma_乙$,则(　　)。

　　A. 若 $\sigma_甲 > \sigma_乙$,则 $\bar{x}_甲$ 的代表性高

　　B. 若 $\sigma_甲 < \sigma_乙$,则 $\bar{x}_甲$ 的代表性高

　　C. 若 $V_{\sigma_甲} > V_{\sigma_乙}$,则 $\bar{x}_甲$ 的代表性高

D. 若 $V_{\sigma_甲} < V_{\sigma_乙}$,则 $\bar{x}_甲$ 的代表性高

9. 比较两组数据的离散程度最适合的统计量是（　　）。

A. 极差　　　　　　B. 平均差　　　　　　C. 标准差　　　　　　D. 离散系数

10. 两组工人加工同样的零件,甲组工人每人加工的零件分别为 25、26、28、29、32,乙组工人每人加工的零件分别为 20、25、30、36、39。哪组工人加工零件数的变异较大?（　　）

A. 甲组　　　　　　B. 乙组　　　　　　C. 一样　　　　　　D. 无法比较

二、多项选择题

1. 标志变异指标可以反映（　　）。

A. 平均数代表性的大小

B. 总体单位标志值分布的集中趋势

C. 总体单位标志值分布的离中趋势

D. 生产过程的均衡性与产品质量的稳定性

2. 是非标志的标准差是（　　）。

A. $\sqrt{p+q}$　　　　　　　　B. $\sqrt{pq}$　　　　　　　　C. $\sqrt{p-q}$

D. $\sqrt{(1-p)(1-q)}$　　　　E. $\sqrt{p(1-p)}$

3. 同一总体中,平均数与标准差、标准差系数的关系是（　　）。

A. 标准差系数与平均数的代表性成正比

B. 标准差的大小与平均数代表性成反比

C. 标准差系数越大,平均数代表性越小

D. 标准差系数越小,平均数的代表性越大

4. 在比较两个总体的平均数代表大小时,（　　）。

A. 如果两个总体的平均数相等,可用标准差来比较

B. 如果两个总体的平均数相等,可用离散系数来比较

C. 如果两个总体的平均数不相等,可用标准差来比较

D. 如果两个总体的平均数不相等,可用离散系数来比较

5. 标准差与平均差的相同之处有（　　）。

A. 不受极端变量值的影响

B. 计算方法在数学处理上都是合理的

C. 都不能直接用来对比两个总体的两个不等的平均数代表性的大小

D. 均受极端变量值的影响

三、判断题

1. 标志变异指标与平均数存在着反比例关系。　　　　　　　　　　　　　　（　　）

2. 同质总体标志变异指标是反映离中趋势的。　　　　　　　　　　　　　　（　　）

3. 标志变异指标中受极端值影响的只有全距。　　　　　　　　　　　　　　（　　）

4. 标志变异系数既消除了变量数列差异的影响,也消除了变量数列水平的影响,是

反映标志差异程度方面目前最科学的统计指标之一。 （　　）

5. 平均差的主要缺点是不符合代数方法的演算规则。 （　　）

四、名词解释

1. 标志变动度

2. 全距

3. 四分位差

4. 平均差

5. 标准差

6. 标准差系数

五、简答题

1. 什么叫离散系数？为什么要计算离散系数？

2. 用全距、四分位差、平均差测定标志变异度有哪些优缺点？

3. 为什么说标准差是各种标志变异指标中最常用的指标？

4. 在比较两个数列的两个平均数代表性大小时，能否直接用标准差进行对比？为什么？

5. 简要说明平均指标与变异指标在说明同质总体特征方面的联系与区别。

六、计算题

1. 某车间有两个小组，每组都是 10 名工人，每人日产零件数如下。

A 组：20　40　60　70　80　90　100　110　120　150

B 组：80　81　82　83　84　84　85　86　87　88

试计算两个小组每人平均日产量、全距、平均差，并比较哪一组的平均数代表性大。

2. 新希望照明公司生产一批照明产品共 10 万件，为了解这批产品的质量，采取不重复抽样的方法抽取 1 000 件进行检验，其结果见表 6-9。

表 6-9　新希望照明公司检验结果

使用寿命/小时	零件数/件
700 以下	2
700～800	6
800～900	22
900～1 000	45
1 000～1 200	20
1 200 以上	5
合　计	100

根据质量标准,使用寿命 800 小时及以上者为合格品。试计算这批产品的平均合格率、标准差及标准差系数。

3. 甲、乙两个单位人数及月工资资料见表 6-10。

表 6-10　甲、乙两个单位人数及月工资资料

月工资/元	甲单位人数/人	乙单位人数比重/%
1 400 以下	4	2
1 400～1 600	25	8
1 600～1 800	85	30
1 800～2 000	26	42
2 000 以上	10	18
合　计	150	100

要求:

(1) 比较甲、乙两个单位哪个单位工资水平高。

(2) 说明哪个单位平均工资更具有代表性。

第七章 统 计 指 数

学习目标

理解指数的基本概念;能够进行综合指数的计算;掌握平均指数的计算;能够进行因素分析;了解几种常用的综合指数。

学习重点

综合指数、平均指数的计算原理;指数体系和因素分析。

学习难点

复杂总体的因素分析。

第一节 指数的概念与分类

一、指数的概念与性质

(一)指数的概念

在日常生活中,经常会听到或看到各种价格指数。例如,2019 年 12 月 31 日,上证指数收盘时为 3 050.12 点。国家统计局会定期公布一些常用的价格指数,如居民消费物价指数、零售价格指数等。那么,指数到底有什么用? 通过指数我们能够得到什么信息呢?

指数作为一种对比性的统计指标,具有相对数的形式,通常表现为百分数。它表明,若把作为对比基准的水平(基数)视为 100(也可采用 1 000,例如深圳成份股指数的基数就是 1 000),则所要考察的现象水平相当于基数的多少。例如,已知某年全国的零售物价指数为 105%,这表示:若将基期年份(简称"基年",通常为上年)的一般价格水平看成 100%,则当年全国的价格水平就相当于基年的 105%,或者说当年的价格上涨了 5%。指数和增长(上升)率之间的关系为

$$指数 = 增长(上升)率 + 1$$

从对比性质来看,指数通常是不同时间的现象水平的对比,它表明现象在时间上的变动情况(动态)。此外,指数还可以是不同空间(如不同国家、地区、部门、企业等)的现象水平的对比,或者是现象的实际水平与计划(规划或目标)水平的对比。这些都可以看成是动态对比指数方法的拓展。由此可见,指数在经济分析上具有十分广阔的应用领域。

统计界认为,统计指数的概念有广义和狭义两种理解。广义指数是泛指社会经济现象数量变动的比较指标,即用来表明同类现象在不同空间、不同时间、实际与计划对比变动情况的相对数。狭义指数仅指反映不能直接相加的复杂社会经济现象在数量上综合变动情况的相对数。例如,要说明一个国家或一个地区商品价格综合变动情况,由于各种商品的经济用途、规格、型号、计量单位等不同,不能直接将各种商品的价格简单对比,而要解决这种复杂经济总体各要素相加的问题,就要编制统计指数,以综合反映它们的变动情况。

(二) 指数的性质

正确应用指数的统计方法,必须对指数性质有深刻的了解。概括地讲,指数具有以下性质。

1. 相对性

指数是总体各变量在不同场合下对比形成的相对数,它可以度量一个变量在不同时间或不同空间的相对变化,如一种股票的价格指数,这种指数称为个体指数;它也可用于反映一组变量的综合变动,如股票价格指数是反映一组股票的价格变动水平,这种指数称为综合指数。总体变量在不同时间上对比形成的指数称为时间性指数,在不同空间上对比形成的指数称为区域性指数。

2. 综合性

反映一组变量在不同场合下的综合变动水平的指数,是狭义的指数。实际中所计算的主要是这种指数。没有综合性,指数就不可能发展成为一种独立的理论和方法论体系。综合性说明指数是一种特殊的相对数,它是由一组变量或项目综合对比形成的。例如,由若干种商品和服务构成的一组消费项目,通过综合后计算价格指数,以反映消费价格的综合变动水平。

3. 平均性

指数是总体水平的一个代表性数值。平均性的含义有二:一是指数进行比较的综合数量是作为个别量的一个代表,这本身就具有平均的性质;二是两个综合量对比形成的指数反映了个别量的平均变动水平,例如物价指数反映了多种商品和服务项目价格的平均变动水平。

二、指数的分类

统计指数按照不同的研究目的和要求,可进行不同的分类。

（一）个体指数和总指数

按照指数反映对象范围的不同,可分为个体指数和总指数。

1. 个体指数

说明个别事物(如某种商品或产品等)数量变动的相对指数叫作个体指数。个体指数通常记作 K,例如

$$个体产品产量指数\ K_q = \frac{Q_1}{Q_0}$$

$$个体产品成本指数\ K_z = \frac{Z_1}{Z_0}$$

$$个体物价指数\ K_p = \frac{P_1}{P_0}$$

式中,Q 代表产量;Z 代表单位产品成本;P 代表商品单价;下标 1 代表报告期,下标 0 代表基期。

例如,股票"工商银行"2020 年 1 月 16 日的收盘价为 5.80 元,前一天的收盘价为 5.88 元,那么"工商银行"个体价格指数就是 98.64(以前一天的收盘价为 100)。由此可见,个体指数就是同一种现象的报告期的指标数值与基期指标数值对比而得的增减幅度指标。

2. 总指数

说明度量单位不相同的多种事物数量综合变动的相对指数叫作总指数,如工业总产量指数、零售物价总指数等。我们经常听到的上证指数和居民消费价格指数等,也都是总指数。

（二）数量指标指数和质量指标指数

按照指数所反映的社会经济现象特征的不同,可分为数量指标指数和质量指标指数。

1. 数量指标指数

数量指标指数简称数量指数,主要是指反映现象的规模、水平变化的指数,例如商品销售量指数、工业产品产量指数等。

2. 质量指标指数

质量指标指数简称质量指数,是指综合反映现象的质的变动情况的指数,例如物价指数、产品成本指数、股价指数等。

（三）定基指数和环比指数

按照指数采用基期的不同,可分为定基指数和环比指数。

1. 定基指数

将不同时期的某种指数按时间先后顺序排列,就形成了指数数列。在同一个指数数列中,如果各个指数都以某一个固定时期作为基期,就称为定基指数。股票指数就是定基指数。例如,道·琼斯股票价格平均指数是以 1928 年 10 月 1 日为基期,上证指数是以 1990 年 12 月 19 日为基期,深圳综合股票指数是以 1991 年 4 月 3 日为基期。

2. 环比指数

在同一个指数数列中,如果各个指数都是以报告期的前一期作为基期,就称为环比指数。这是国家统计局公布数据所采用的计算方法,一般是以年度为单位,用去年的数据作为基期。我们经常会听到同比、环比的概念,这里的同比就是同期比较的意思。据国家统计局发布的信息,2019 年 12 月全国居民消费价格同比上涨 4.5%。其中,城市上涨 4.2%,农村上涨 5.3%;食品价格上涨 17.4%,非食品价格上涨 1.3%;消费品价格上涨 6.4%,服务价格上涨 1.2%。12 月,全国居民消费价格环比持平。其中,城市持平,农村下降 0.1%;食品价格下降 0.4%,非食品价格上涨 0.1%;消费品和服务价格均持平。

(四)动态指数和静态指数

按照指数对比内容的不同,可分为动态指数和静态指数。

1. 动态指数

动态指数是由两个不同时期的同类经济变量值对比形成的指数,说明现象在不同时间上发展变化的过程和程度。

2. 静态指数

静态指数包括空间指数和计划完成情况指数两种。空间指数(地域指数)是将不同空间(如不同国家、地区、部门、企业等)的同类现象进行比较的结果,反映现象在不同空间的差异程度。计划完成情况指数是由同一地区、单位的实际指标值与计划指标值对比而形成的指数,反映计划的执行情况或完成与未完成的程度。

指数方法论主要论述动态指数,动态指数是出现最早、应用最多的指数,也是理论上最为重要的统计指数。静态指数则是动态指数在实际应用中的扩展。

(五)综合指数和平均指数

按照常用的计算总指数的方法或形式,可分为综合指数和平均指数。

1. 综合指数

编制综合指数的目的在于测定由不同度量单位的许多商品或产品所组成的复杂现象总体数量方面的总动态。综合指数包括数量指标指数和质量指标指数,如商品销售量指数、商品销售价格指数等。

2. 平均指数

平均指数是以个体指数为基础,采取平均形式编制的总指数。它隐含的前提是,不同个体不管其数量和价格有何差异,其对总指数的影响都是相同的。道·琼斯指数就是采用这种方法计算的,它假定每种股票价格变动对道·琼斯指数的影响是相同的。当然,平均指数并不是把所有的股票价格都计算在内。

三、指数的作用

(一)综合反映社会经济现象总变动方向及变动幅度

在统计实践中,经常要研究多种商品或产品的价格综合变动、多种商品的销售量、多种产品的成本总变动、多种股票价格综合变动等情况。这是由于各种商品或产品的使用价值不同、各种股票价格涨跌幅度和成交量不同,所研究总体中的各个个体不能直接相加。指数法的首要任务就是把不能直接加总的现象过渡到可以加总对比,从而反映复杂经济现象的总变动方向及变动幅度。例如,通过观看股票价格指数,可以很清楚地看出现在股票市场总体的变动情况及所处位置。

(二)分析现象总变动中各因素变动的影响方向及影响程度

利用指数体系理论可以测定复杂社会经济现象总变动中,各构成因素的变动对现象总变动的影响程度,并对经济现象变化进行综合评价。

任何一个复杂现象都是由多个因子构成的。例如,销售额等于价格乘以销量;又如,影响利润总额变化的各种因素有产品产量、产品销售量、产品成本、产品销售价格等。运用指数法编制商品零售价格指数和零售量指数,可以分析它们的变动对商品零售总额变动的影响。编制产品产量指数、产品销售量指数、产品成本指数和产品销售价格指数等,并分别对它们进行测定,然后根据各因素变动影响,可以综合评价利润总额变动的情况。

(三)反映同类现象变动趋势

编制一系列反映同类现象变动情况的指数形成指数数列,可以反映被研究现象的变动趋势。例如,根据 1980—2018 年共 38 年的零售商品价格资料,编制 38 个环比价格指数,从而构成价格指数数列,这样就可以揭示价格的变动趋势,研究物价变动对经济建设和人民生活水平的影响程度。

此外,利用统计指数还可以进行地区经济综合评价、对比,研究计划执行情况。

第二节 综 合 指 数

一、编制综合指数的方法

综合指数是总指数的一种形式。编制总指数的形式有两种:综合形式和平均形式。运用综合形式编制的总指数又称为综合指数。编制综合指数的步骤如下。

(1)通过指标体系,确定各指标间的经济关系等式。

(2)通过引入同度量因素,将不能直接加总的复杂现象总体的指标过渡到可以加总的价值量指标。在编制综合指数时,把不能直接相加或对比的量引入一要素,使其起桥梁或媒介作用,使这些量过渡到能够相加和对比,这一要素就是同度量因素。例如,研究销售价格指数,应以商品销售量作为同度量因素;研究商品销售量指数,应以销售价格作为同度量因素。

(3)确定同度量因素所属时期。我国统计界确定同度量因素所属时期一般遵循如下原则:编制质量指标指数时,要使用数量指标作为同度量因素并将其固定在报告期;编制数量指标指数时,要使用质量指标作为同度量因素并将其固定在基期。

(4)编制综合指数。

二、综合指数的计算与分析

（一）数量指标指数

早在 1864 年,德国经济学家爱迪恩·拉斯贝尔斯(Etienne Laspeyres,1834—1913)就曾提出用基期加权来计算综合指数,这一指数被称为拉氏指数或 L 式指数。拉氏指数是指不管计算质量指标指数还是数量指标指数,同度量因素都固定在基期。基期变量值加权的拉氏质量指标指数和数量指标指数的一般计算公式为

$$p_{1/0} = \frac{\sum p_1 q_0}{\sum p_0 q_0} \times 100\%$$

$$q_{1/0} = \frac{\sum p_0 q_1}{\sum p_0 q_0} \times 100\%$$

式中,$p_{1/0}$ 为质量指标指数;$q_{1/0}$ 为数量指标指数;p_0 和 p_1 分别为一组项目基期和报告期的质量数值;q_0 和 q_1 分别为一组项目基期和报告期的数量数值。

从实际生活角度看,人们更关心在报告期销售量条件下价格变动对实际生活的影响,因此拉氏价格指数在实际中已经很少应用。

【例 7-1】 表 7-1 为某家庭本年和上年三种商品的消费数量和价格资料。

表 7-1 某家庭三种商品的价格和消费量

商品名称	消费量/千克		单价/元	
	上年	本年	上年	本年
大米	300	270	1.5	1.7
猪肉	120	140	7.0	8.0
青菜	700	800	1.0	1.5

试计算三种商品的消费量综合指数(为分析方便,假定所有商品的价格是不变的)。

解:设消费量为 q,单价为 p,计算过程见表 7-2。

表 7-2 计算过程列表

商品名称	消费量/千克		单价/元		消费额/元		
	上年	本年	上年	本年	上年(基期)	本年(报告期)	(假定期)
	q_0	q_1	p_0	p_1	$p_0 q_0$	$p_1 q_1$	$p_0 q_1$
大米	300	270	1.5	1.7	450	459	405
猪肉	120	140	7.0	8.0	840	1 120	980
青菜	700	800	1.0	1.5	700	1 200	800
合计	—	—	—	—	1 990	2 779	2 185

根据公式,消费量综合指数为

$$q_{1/0} = \frac{\sum p_0 q_1}{\sum p_0 q_0} = \frac{2\ 185}{1\ 990} = 109.80\%$$

计算结果表明,与上年相比,该家庭消费三种商品的数量增长了9.80%。

拉氏指数由于以基期变量值为权数,可以消除权数变动对指数的影响,从而使不同时期的指数具有可比性。

(二)质量指标指数

1874年,德国经济统计学家帕煦(Hermann Paasche,1851—1925)曾提出用报告期物量加总来计算综合指数,这一指数被称为帕氏指数。帕氏指数是指不管计算质量指标指数还是数量指标指数,同度量因素都固定在报告期。报告期变量值加权的帕氏质量指数和数量指数的一般计算公式为

$$P_{1/0} = \frac{\sum p_1 q_1}{\sum p_0 q_1} \times 100\%$$

$$q_{1/0} = \frac{\sum p_1 q_1}{\sum p_1 q_0} \times 100\%$$

帕氏数量指数由于包含了价格的变动,意味着按调整后的价格来测定数量的综合变动,这本身不符合计算数量指标指数的目的,因此帕氏数量指标指数在实际中很少应用。

【例7-2】 根据表7-1中的数据资料,以报告期消费量为权数,计算三种商品的价格综合指数。

解: 根据公式,三种商品的价格综合指数为

$$p_{1/0} = \frac{\sum p_1 q_1}{\sum p_0 q_1} = \frac{2\,779}{2\,185} = 127.19\%$$

计算结果表明,与上年相比,该家庭消费三种商品的价格增长了27.19%。

帕氏指数因以报告期变量值为权数,不能消除权数变动对指数的影响,因而不同时期的指数缺乏可比性。但帕氏指数可以同时反映出价格和消费结构的变化,具有比较明确的经济意义。

此外,在实际应用中,有时权数既不是固定在基期,也不是固定在报告期,而是固定在某个具有代表性的特定时期。这一加权方法的特点是,权数不受基期和报告期的限制,使指数的编制具有较大的灵活性。特别是在编制若干个时期的多个指数时,可以消除因权数不同而对指数产生的影响,从而使指数具有可比性。

【例7-3】 设某公司生产三种产品的有关资料如表7-3所示,试以2013年不变价格为权数,计算各年的产品产量指数。

表7-3 某企业生产三种产品的有关资料

商品名称	计量单位	产量			2013年不变价格/千元
		2017年	2018年	2019年	
甲	千件	1 000	900	1 100	50
乙	千台	120	125	140	3 500
丙	千箱	200	220	240	300

解：设 2013 年不变价格为 p_{13}，各年产量分别为 q_{17}, q_{18}, q_{19}，则各年产量指数为

$$q_{18/17} = \frac{\sum p_{13}q_{18}}{\sum p_{13}q_{17}} = \frac{50 \times 900 + 3\,500 \times 125 + 300 \times 220}{50 \times 1\,000 + 3\,500 \times 120 + 300 \times 200}$$

$$= \frac{548\,500}{530\,000} = 103.49\%$$

$$q_{19/18} = \frac{\sum p_{13}q_{19}}{\sum p_{13}q_{18}} = \frac{50 \times 1\,100 + 3\,500 \times 140 + 300 \times 240}{50 \times 900 + 3\,500 \times 125 + 300 \times 220}$$

$$= \frac{617\,000}{548\,500} = 112.49\%$$

$$q_{19/17} = \frac{\sum p_{13}q_{19}}{\sum p_{13}q_{17}} = \frac{617\,000}{530\,000} = 116.42\%$$

上述产量指数消除了价格变动对产量的影响，单纯反映出各年产量的综合变动状况。这一结果实际上就是按 2013 年不变价格计算的工业总产值发展速度。

（三）综合指数法的特点

从以上关于用综合指数法编制总指数的方法和原理可知，它具有以下三个特点。

1. 借助于同度量因素进行综合对比

在分析复杂社会经济现象综合变动时，不同度量单位的事物不能直接相加，但有时又需要把它们作为一个总体来研究，必须把它们加总起来，这是运用综合指数法首先要解决的问题。因此，价格指数是对价格进行比较，我们可以以不变数量为权数进行加总；数量指数是对数量进行比较，我们可以以不变价格为权数进行加总。

2. 同度量因素所属的时期要固定

运用综合指数法编制总指数时，人们只关心一个因素的变动程度。例如，工业产品产量总指数只反映各种工业产品产量的总变动，零售价格总指数只反映多种商品零售价格的总变动。这就要求编制指数时，把新加入的媒介因素作为同度量因素加以固定，来测定人们所关心的因素的变动。这样在分析一种因素变动时，另外一种因素就固定，而不影响比较的因素。

3. 用综合指数法编制总指数使用的是全面资料，没有代表性误差

例如，用综合指数法编制产品产量指数，要求使用报告期和基期的全部产品产量资料，即利用全面统计资料。全面统计资料只存在登记误差，而不存在代表性误差。

第三节 平均数指数

平均数指数（weighted average index number）是以某一时期的总量为权数对个体指数加权平均计算出来的指数，也叫作加权平均指数。其中作为权数的总量通常是两个变量的乘积，它可以是价值总量，如商品销售额（销售价格与销售量的乘积）、工业总产值（出

厂价格与生产量的乘积),也可以是其他总量,如农产品总产量(单位面积产量与收获面积的乘积)等。而其中的个体指数可以是个体质量指标指数,也可以是个体数量指标指数。加权平均指数因权数所属时期的不同,有以下计算公式。

一、加权算术平均指数

基期总量加权指数是以基期总量为权数,对个体指数加权平均计算出来的。由于这一指数在计算形式上采用了算术平均形式,故也被称为加权算术平均指数。

设基期总量权数为 $p_0 q_0$,个体质量指数为 $\dfrac{p_1}{p_0}$,个体数量指数为 $\dfrac{q_1}{q_0}$,则基期总量加权的质量指标指数和数量指标指数的一般公式为

$$p_{1/0} = \frac{\sum \dfrac{p_1}{p_0} p_0 q_0}{\sum p_0 q_0} \times 100\%$$

$$q_{1/0} = \frac{\sum \dfrac{q_1}{q_0} p_0 q_0}{\sum p_0 q_0} \times 100\%$$

【例 7-4】 某居民消费食品、化妆品、书籍品三种商品的有关数据见表 7-4,基期为上年,报告期为本年。

表 7-4 某家庭消费三种商品的有关数据

商品名称	计量单位	支出额/元		个体价格指数 $\dfrac{p_1}{p_0}$	个体消费量指数 $\dfrac{q_1}{q_0}$
		基期($p_0 q_0$)	报告期($p_1 q_1$)		
食品	千克	3 000	5 000	1.60	1.04
化妆品	瓶	500	750	1.15	1.30
书籍	本	1 000	1 500	1.25	1.20

解:根据公式,三种商品的单位价格总指数为

$$p_{1/0} = \frac{\sum \dfrac{p_1}{p_0} p_0 q_0}{\sum p_0 q_0} = \frac{1.6 \times 3\ 000 + 1.15 \times 500 + 1.25 \times 1\ 000}{3\ 000 + 500 + 1\ 000}$$

$$= \frac{6\ 625}{4\ 500} = 147.22\%$$

三种商品的消费量总指数为

$$q_{1/0} = \frac{\sum \dfrac{q_1}{q_0} p_0 q_0}{\sum p_0 q_0} = \frac{1.04 \times 3\ 000 + 1.30 \times 500 + 1.20 \times 1\ 000}{3\ 000 + 500 + 1\ 000}$$

$$= \frac{4\ 970}{4\ 500} = 110.44\%$$

计算结果表明,报告期与基期相比,该家庭消费的三种商品价格提高了47.22%,消费量提高了10.44%。

二、加权调和平均指数

报告期总量加权指数是以报告期总量为权数,对个体指数加权平均计算出来的。由于这一指数在计算形式上采取了调和平均形式,故也被称为加权调和平均指数。

设报告期总量权数为 p_1q_1,个体质量指数为 $\frac{p_1}{p_0}$,个体数量指数为 $\frac{q_1}{q_0}$,则报告期总量加权的质量指标指数和数量指标指数的一般公式为

$$p_{1/0} = \frac{\sum p_1q_1}{\sum \frac{1}{p_1/p_0}p_1q_1}$$

$$q_{1/0} = \frac{\sum p_1q_1}{\sum \frac{1}{q_1/q_0}p_1q_1}$$

【例 7-5】 根据表 7-4 中的相关资料,以报告期消费支出总额为权数,计算三种产品的单位价格总指数和消费量总指数。

解:根据公式,三种产品的单位价格总指数为

$$p_{1/0} = \frac{\sum p_1q_1}{\sum \frac{1}{p_1/p_0}p_1q_1} = \frac{5\,000 + 750 + 1\,500}{\frac{5\,000}{1.6} + \frac{750}{1.15} + \frac{1\,500}{1.25}}$$

$$= \frac{7\,250}{4\,977} = 145.67\%$$

三种产品的消费量总指数为

$$q_{1/0} = \frac{\sum p_1q_1}{\sum \frac{1}{q_1/q_0}p_1q_1} = \frac{5\,000 + 750 + 1\,500}{\frac{5\,000}{1.04} + \frac{750}{1.30} + \frac{1\,500}{1.20}}$$

$$= \frac{7\,250}{6\,635} = 109.27\%$$

计算结果表明,报告期与基期相比,该家庭消费的三种商品价格提高了45.67%,消费量提高了9.27%。

总量加权指数中的权数,比较常用的是基期总量和报告期总量加权,而且从指数的实际意义和效果来看,基期总量加权多用于计算数量指数,而报告期总量加权则多用于计算质量指数。由于采用上述总量加权的指数公式可以演化成综合指数,所以,当采用 p_0q_0 和 p_1q_1 加权时,加权平均指数实际上是加权综合指数的一种变形。但二者所依据的计算资料是不同的:加权综合指数的计算通常需要掌握全面的资料,实际编制中往往具有一定的困难;而加权平均指数则既可以依据全面的资料来编制,也可以依据非全面的资料

来编制,也更符合实际数据的要求。因此,加权平均指数在实际中应用更为广泛。此外,加权平均指数中的权数也可以采取比重形式,其权数(W)可以在一定时期内相对固定下来,连续使用几年,这就是所谓的固定权数加权的平均指数。例如,我国的商品零售价格指数就是采用固定权数加权的算术平均形式计算的,其权数每年会根据住户调查资料进行相应调整。

第四节　指数体系和因素分析法

一、指数体系

(一) 指数体系的概念

社会经济现象之间的相互联系、相互影响的关系是客观存在的。有些社会经济现象之间的联系可以用经济方程式表现出来,如

$$商品销售额 = 商品销售量 \times 商品销售价格$$
$$生产总成本 = 产品产量 \times 单位产品成本$$

上述两种关系按指数形式表现时,同样也存在对等关系。即

$$商品销售额指数 = 商品销售量指数 \times 商品销售价格指数$$
$$生产总成本指数 = 产品产量指数 \times 单位产品成本指数$$

在统计分析中,将一系列相互联系、彼此间在数量上存在推算关系的统计指数所构成的整体称为指数体系。

上述指数体系,按编制综合指数的一般原理,以符号用公式可写成

$$\frac{\sum q_1 p_1}{\sum q_0 p_0} = \frac{\sum q_1 p_0}{\sum q_0 p_0} \times \frac{\sum q_1 p_1}{\sum q_1 p_0}$$

从上面所举的例子中可发现,统计指数体系一般具有三个特征。

(1) 具备三个或三个以上的指数。

(2) 体系中的单个指数在数量上能相互推算。如已知销售额指数、销售量指数,则可推算出价格指数;已知价格指数、销售量指数,则可推出销售额指数。

(3) 现象总变动差额等于各个因素变动差额的和。

(二) 指数体系的作用

指数体系主要有以下三方面的作用。

(1) 指数体系是进行因素分析的根据,即利用指数体系可以分析复杂经济现象总变动中各因素变动的影响方向和程度。

(2) 利用各指数之间的联系进行指数间的相互推算。例如,我国商品销售量总指数往往就是根据商品销售额总指数和价格总指数进行推算的。即

$$商品销售量指数 = 销售额指数 \div 价格指数$$

(3) 用综合指数法编制总指数时,指数体系也是确定同度量因素所属时期的根据之

一。因为指数体系是进行因素分析的根据,要求各个指数之间在数量上要保持一定的联系。例如,编制产品产量指数时,以基期价格作为同度量因素,那么编制产品价格指数时就必须用报告期的产品产量作为同度量因素。

二、复杂总体的因素分析

对于社会经济现象复杂总体的变动,当确定其是两个或两个以上因素乘积的函数时,可以开展因素分析。对两个因素进行分析称两因素分析,对两个以上因素进行分析称多因素分析。

（一）复杂总体的两因素分析

对于复杂总体,由于存在不可同度量问题,因而在进行复杂总体的因素分析时,必须严格遵循综合指数计算的一般原则和方法。

复杂总体总量指标的变动（即总指数）可用如下公式表示。

$$总指数 = \frac{\sum q_1 p_1}{\sum q_0 p_0} \times 100\%$$

总指数可分解为数量指标综合指数和质量指标综合指数两因素的乘积。

指数体系如下：

$$\frac{\sum q_1 p_1}{\sum q_0 p_0} = \frac{\sum q_1 p_0}{\sum q_0 p_0} \times \frac{\sum q_1 p_1}{\sum q_1 p_0}$$

绝对额关系如下：

$$\sum q_1 p_1 - \sum q_0 p_0 = \left(\sum q_1 p_0 - \sum q_0 p_0\right) + \left(\sum q_1 p_1 - \sum q_1 p_0\right)$$

【例 7-6】　根据表 7-1 中的相关资料进行复杂总体的两因素分析。

解：从表 7-1 可以看出,该家庭食品消费支出额总指数为

$$\frac{\sum q_1 p_1}{\sum q_0 p_0} \times 100\% = \frac{2\,779}{1\,990} = 139.65\%$$

报告期食品消费支出总额比基期食品消费支出额增加为

$$\sum q_1 p_1 - \sum q_0 p_0 = 2\,779 - 1\,990 = 789(元)$$

这个结果是由消费量和价格两个因素变动共同引起的。其中,食品消费量变动的影响为

$$\frac{\sum q_1 p_0}{\sum q_0 p_0} \times 100\% = \frac{2\,185}{1\,990} = 109.80\%$$

食品消费量增加使总支出增加的绝对额为

$$\sum q_1 p_0 - \sum q_0 p_0 = 2\,185 - 1\,990 = 195(元)$$

食品价格变动的影响为

$$\frac{\sum q_1 p_1}{\sum q_1 p_0} \times 100\% = \frac{2\,779}{2\,185} = 127.19\%$$

食品价格提高使总支出增加的绝对额为

$$\sum q_1 p_1 - \sum q_1 p_0 = 2\,779 - 2\,185 = 594(元)$$

用相对数表示为

$$\frac{\sum q_1 p_1}{\sum q_0 p_0} = \frac{\sum q_1 p_0}{\sum q_0 p_0} \times \frac{\sum q_1 p_1}{\sum q_1 p_0}$$

$$139.65\% = 109.80\% \times 1.271\,9\%$$

用绝对额表示为

$$\sum q_1 p_1 - \sum q_0 p_0 = \left(\sum q_1 p_0 - \sum q_0 p_0\right) + \left(\sum q_1 p_1 - \sum q_1 p_0\right)$$

$$2\,779 - 1\,990 = (2\,185 - 1\,990) + (2\,779 - 2\,185)$$

$$789\,元 = 195\,元 + 594\,元$$

综上所述,该家庭报告期的食品总支出额比基期增长了 39.65%,增加额为 789 元,是由于食品价格和消费量两因素发生变动共同引起的,其中消费量增长 9.80%,使总支出增加 195 元;食品价格增长 27.19%,使总支出额增加 594 元。

(二)复杂总体的多因素分析

开展复杂总体多因素分析时,要按以下两个原则进行。

(1) 把影响复杂总体变动的各个因素,按照数量指标在前、质量指标在后的顺序进行排列。

(2) 当分析某一因素对复杂总体变动的影响时,未被分析的后面诸因素要固定在基期水平,而已被分析过的前面诸因素则要固定在报告期水平。

【例 7-7】 根据表 7-5 中的相关资料进行复杂总体的多因素分析。

表 7-5 某单位基期、报告期产量及价格情况表

产品名称	计量单位	产品产量				出厂价格/(元/台)	
		职工平均人数/人		全员劳动生产率/(台/人)			
		基期	报告期	基期	报告期	基期	报告期
		T_0	T_1	L_0	L_1	P_0	P_1
A	吨	1 200	1 000	5	5	110	100
B	台	1 000	1 000	10	12	50	60
C	件	800	1 000	50	41	20	20

解:从表 7-5 可以看出,该企业总产值受到职工平均人数(T)、全员劳动生产率(L)和出厂价格(P)三个因素共同影响。

指数体系为

$$\frac{\sum T_1 L_1 P_1}{\sum T_0 L_0 P_0} = \frac{\sum T_1 L_0 P_0}{\sum T_0 L_0 P_0} \times \frac{\sum T_1 L_1 P_0}{\sum T_1 L_0 P_0} \times \frac{\sum T_1 L_1 P_1}{\sum T_1 L_1 P_0}$$

绝对额关系为

$$\sum T_1 L_1 P_1 - \sum T_0 L_0 P_0 = \left(\sum T_1 L_0 P_0 - \sum T_0 L_0 P_0\right)$$
$$+ \left(\sum T_1 L_1 P_0 - \sum T_1 L_0 P_0\right)$$
$$+ \left(\sum T_1 L_1 P_1 - \sum T_1 L_1 P_0\right)$$

根据表 7-5 整理计算的总产值资料见表 7-6。

表 7-6 某企业基期、报告期产值计算表

产品名称	工业总产值/万元			
	基期	报告期	按报告期平均人数计算的基期总产值	按基期价格计算的报告期总产值
	$T_0 L_0 P_0$	$T_1 L_1 P_1$	$T_1 L_0 P_0$	$T_1 L_1 P_0$
A	66	50	55	55
B	50	72	50	60
C	80	82	100	82
合计	196	204	205	197

该企业工业总产值的动态指数为

$$\frac{\sum T_1 L_1 P_1}{\sum T_0 L_0 P_0} = \frac{204}{196} = 104.08\%$$

报告期工业总产值比基期增加额为

$$\sum T_1 L_1 P_1 - \sum T_0 L_0 P_0 = 204 - 196 = 8(万元)$$

其中,职工平均人数变动的影响为

$$\frac{\sum T_1 L_0 P_0}{\sum T_0 L_0 P_0} = \frac{205}{196} = 104.59\%$$

影响的绝对额为

$$\sum T_1 L_0 P_0 - \sum T_0 L_0 P_0 = 205 - 196 = 9(万元)$$

全员劳动生产率变动的影响为

$$\frac{\sum T_1 L_1 P_0}{\sum T_1 L_0 P_0} = \frac{197}{205} = 96.10\%$$

影响的绝对额为

$$\sum T_1 L_1 P_0 - \sum T_1 L_0 P_0 = 197 - 205 = -8(万元)$$

出厂价格变动的影响为

$$\frac{\sum T_1 L_1 P_1}{\sum T_1 L_1 P_0} = \frac{204}{197} = 103.55\%$$

影响的绝对额为

$$\sum T_1 L_1 P_1 - \sum T_1 L_1 P_0 = 204 - 197 = 7（万元）$$

用相对数表示为

$$\frac{\sum T_1 L_1 P_1}{\sum T_0 L_0 P_0} = \frac{\sum T_1 L_0 P_0}{\sum T_0 L_0 P_0} \times \frac{\sum T_1 L_1 P_0}{\sum T_1 L_0 P_0} \times \frac{\sum T_1 L_1 P_1}{\sum T_1 L_1 P_0}$$

$$104.08\% = 104.59\% \times 96.10\% \times 103.55\%$$

用绝对额表示为

$$\sum T_1 L_1 P_1 - \sum T_0 L_0 P_0 = \left(\sum T_1 L_0 P_0 - \sum T_0 L_0 P_0\right)$$
$$+ \left(\sum T_1 L_1 P_0 - \sum T_1 L_0 P_0\right)$$
$$+ \left(\sum T_1 L_1 P_1 - \sum T_1 L_1 P_0\right)$$

$$8\,万元 = 9\,万元 - 8\,万元 + 7\,万元$$

综上所述,该企业工业总产值由基期 196 万元增加到报告期的 204 万元,增加了 8 万元,增长率为 4.08%,这一结果是由于职工平均人数、全员劳动生产率和产品出厂价格三个因素共同引起的。其中,人数增长了 4.59%,使总产值增加 9 万元;全员劳动生产率下降了 3.9%,使总产值减少 8 万元;出厂价格增长了 3.55%,使总产值增加 7 万元。

三、平均指标指数的因素分析

(一)平均指标指数的含义

从综合指数的定义上可以看出,当一个总量指标可以分解成两个因素的乘积时,就可以计算每一个因素的变动对总量的影响,这就是综合指数的含义。同样,对于平均指标来讲,也可以用上述方法进行分析,因为平均指标也能够分解成两个影响因素。例如,当研究某企业职工工资水平的变动时,可以通过如下公式计算平均工资。

$$\bar{x} = \frac{\sum x f}{\sum f}$$

式中,x 表示每组的工资额;f 表示各组的职工人数。

上式还可以写成如下形式

$$\bar{x} = \sum x \frac{f}{\sum f}$$

式中,$\dfrac{f}{\sum f}$ 表示各组职工的比重,即频率。

上式说明,平均工资实际上受两个因素的影响:一是各组职工的工资水平;二是每组职工所占的比重。因此,类似于综合指数的定义,我们按照如下方式定义有关的平均指标指数。

1. 可变构成指数

平均指标指数的计算公式为

$$平均指标指数 = \frac{\dfrac{\sum x_1 f_1}{\sum f_1}}{\dfrac{\sum x_0 f_0}{\sum f_0}}$$

式中,1 为报告期;0 为基期。

这个指数通常被称为可变构成指数(简称可变指数),它反映了平均指标的实际变动情况。

2. 固定结构指数

固定结构指数的计算公式为

$$固定结构指数 = \frac{\dfrac{\sum x_1 f_1}{\sum f_1}}{\dfrac{\sum x_0 f_1}{\sum f_1}}$$

这个指数也被称为固定构成指数,它反映了由于各组标志值的变动对总平均数的影响。

3. 结构变动指数

结构变动指数的计算公式为

$$结构变动指数 = \frac{\dfrac{\sum x_0 f_1}{\sum f_1}}{\dfrac{\sum x_0 f_0}{\sum f_0}}$$

这个指数也被称为结构影响指数,它反映了总体内各组结构的变动对总平均数的影响。

(二)因素分析方法

由上述方法定义的有关平均指标指数,构成了如下的指数体系。

从相对量角度看

$$\frac{\dfrac{\sum x_1 f_1}{\sum f_1}}{\dfrac{\sum x_0 f_0}{\sum f_0}} = \frac{\dfrac{\sum x_1 f_1}{\sum f_1}}{\dfrac{\sum x_0 f_1}{\sum f_1}} \times \frac{\dfrac{\sum x_0 f_1}{\sum f_1}}{\dfrac{\sum x_0 f_0}{\sum f_0}}$$

即

$$可变构成指数 = 固定结构指数 \times 结构变动指数$$

从绝对量角度看

$$\frac{\sum x_1 f_1}{\sum f_1} - \frac{\sum x_0 f_0}{\sum f_0} = \left(\frac{\sum x_1 f_1}{\sum f_1} - \frac{\sum x_0 f_1}{\sum f_1} \right) + \left(\frac{\sum x_0 f_1}{\sum f_1} - \frac{\sum x_0 f_0}{\sum f_0} \right)$$

即

平均指标的增加额 = 由于变量水平的变动引起的平均指标的增加额
+ 由于结构的变动引起的平均指标的增加额

上述公式是对平均指标的变动进行因素分析的基础。

下面通过一个例子来说明平均指标的因素分析方法。

【例 7-8】 已知某企业基期和报告期职工的月工资情况如表 7-7 所示。

表 7-7 某企业职工月工资情况

工人类别	月工资额/元		职工人数/人		工资总额/元		
	基期 x_0	报告期 x_1	基期 f_0	报告期 f_1	$x_0 f_0$	$x_1 f_1$	$x_0 f_1$
工种 A	700	780	48	40	33 600	31 200	28 000
工种 B	750	810	50	60	37 500	48 600	45 000
工种 C	800	830	80	80	64 000	66 400	64 000
合　计	—	—	178	180	135 100	146 200	137 000

解：首先，计算平均工资指数，说明平均工资的变动情况。

$$报告期的平均工资 \bar{x}_1 = \frac{\sum x_1 f_1}{\sum f_1} = 146\ 200 \div 180 = 812.2(元)$$

$$基期的平均工资 \bar{x}_0 = \frac{\sum x_0 f_0}{\sum f_0} = 135\ 100 \div 178 = 759(元)$$

$$可变构成指数 = \frac{\bar{x}_1}{\bar{x}_0} = \frac{\dfrac{\sum x_1 f_1}{\sum f_1}}{\dfrac{\sum x_0 f_0}{\sum f_0}} = \frac{812.2}{759.0} = 107\%$$

$$\bar{x}_1 - \bar{x}_0 = 812.2 - 759 = 53.2(元)$$

其次，计算固定结构指数，说明工资水平的变动情况。

$$固定结构指数 = \frac{\dfrac{\sum x_1 f_1}{\sum f_1}}{\dfrac{\sum x_0 f_1}{\sum f_1}} = \frac{146\ 200/180}{137\ 000/180} = \frac{812.2}{761.1} = 106.7\%$$

$$\frac{\sum x_1 f_1}{\sum f_1} - \frac{\sum x_0 f_1}{\sum f_1} = 812.2 - 761.1 = 51.1(元)$$

再次,计算结构变动指数。

$$结构变动指数 = \frac{\dfrac{\sum x_0 f_1}{\sum f_1}}{\dfrac{\sum x_0 f_0}{\sum f_0}} = \frac{137\,000/180}{135\,100/178} = 100.3\%$$

$$\frac{\sum x_0 f_1}{\sum f_1} - \frac{\sum x_0 f_0}{\sum f_0} = 761.1 - 759.0 = 2.1(元)$$

上述指数之间的关系如下。

从相对量角度看

$$\frac{\dfrac{\sum x_1 f_1}{\sum f_1}}{\dfrac{\sum x_0 f_0}{\sum f_0}} = \frac{\dfrac{\sum x_1 f_1}{\sum f_1}}{\dfrac{\sum x_0 f_1}{\sum f_1}} \times \frac{\dfrac{\sum x_0 f_1}{\sum f_1}}{\dfrac{\sum x_0 f_0}{\sum f_0}}$$

$$107\% = 106.7\% \times 100.3\%$$

从绝对量角度看

$$\frac{\sum x_1 f_1}{\sum f_1} - \frac{\sum x_0 f_0}{\sum f_0} = \left(\frac{\sum x_1 f_1}{\sum f_1} - \frac{\sum x_0 f_1}{\sum f_1}\right) + \left(\frac{\sum x_0 f_1}{\sum f_1} - \frac{\sum x_0 f_0}{\sum f_0}\right)$$

$$53.2\,元 = 51.1\,元 + 2.1\,元$$

上述计算结果表明:从相对量角度看,报告期职工平均工资比基期上升了 7%,是职工工资水平提高 6.7% 和职工结构变动使平均工资上升 0.3% 两个因素共同作用的结果;从绝对量角度看,每组平均工资提高使总的平均工资上升了 51.1 元,每组结构变动使总的平均工资上升了 2.1 元,在两个因素的共同作用下,总的平均工资共增加了 53.2 元。

第五节 几种常用指数简介

指数作为一种重要的经济分析指标和方法,在实践中获得了广泛应用。但在不同场合,往往需要运用不同的指数形式。一般而言,选择指数形式的主要标准应该是指数的经济分析意义。除此以外,有时还要考虑实际编制工作的可行性,以及对指数分析性质的某些特殊要求。现以国内外常见的主要经济指数为例,对指数方法的具体应用加以介绍。

一、消费者价格指数和零售物价指数

消费者价格指数(又称生活费用指数)是综合反映各种消费品和生活服务价格的变动

程度的重要经济指数,通常简记为 CPI。该指数可以用于分析市场物价的基本动态,调整货币工资以得到实际工资水平等。它是政府制定物价政策和工资政策的重要依据,世界各国都在编制这种指数。

我国的消费者价格指数(居民消费价格指数)是采用固定加权算术平均指数方法来编制的。其主要编制过程和特点是:首先,将各种居民消费划分为八大类,包括食品、衣着、家庭设备及用品、医疗保健、交通和通信工具、文教娱乐用品、居住项目以及服务项目等,下面再划分为若干个中类和小类;其次,从以上各类中选定若干种有代表性的商品项目(含服务项目)入编指数,利用有关对比时期的价格资料分别计算个体价格指数;再次,依据有关时期内各种商品的销售额构成确定代表品的比重权数,它不仅包括代表品本身的权数(直接权数),而且要包括该代表品所属的那一类商品中其他项目所具有的权数(附加权数),以此提高入编项目对于所有消费品的一般代表性程度;最后,按从低到高的顺序,采用如下的固定加权算术平均指数公式,依次编制各小类、中类的消费价格指数和消费价格总指数。

$$I_q = \frac{\sum i_q \cdot w}{\sum w} = \frac{\sum i_q \cdot w}{100}$$

我国的零售物价指数编制程序与消费者价格指数基本相同,也是采用固定加权算术平均指数公式。目前,零售物价指数的入编商品共计 353 项,其中不包括服务项目(但以往包含一部分对农村居民销售的农业生产资料,现已取消),对商品的分类方式也与消费者价格指数有所不同。这些都决定了两种价格指数在分析意义上的差别:消费者价格指数综合反映城乡居民所购买的各种消费品和生活服务的价格变动程度;零售物价指数则反映城乡市场各种零售商品(不含服务)的价格变动程度。图 7-1 为我国 2019 年的居民消费价格变动情况。

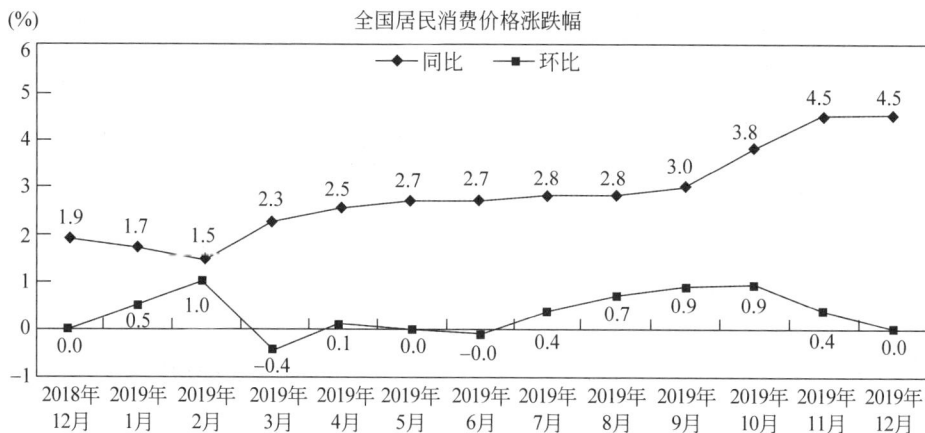

图 7-1 我国 2019 年居民消费价格变动情况

![阅读材料]

2019 年全年全国居民消费价格比上年上涨 2.9%

2019 年 12 月,全国居民消费价格同比上涨 4.5%。其中,城市上涨 4.2%,农村上涨 5.3%;食品价格上涨 17.4%,非食品价格上涨 1.3%;消费品价格上涨 6.4%,服务价格上涨 1.2%。

12 月,全国居民消费价格环比持平。其中,城市持平,农村下降 0.1%;食品价格下降 0.4%,非食品价格上涨 0.1%;消费品和服务价格均持平。

2019 年全年,全国居民消费价格比上年上涨 2.9%。

1. 各类商品及服务价格同比变动情况

2019 年 12 月,食品烟酒类价格同比上涨 12.9%,影响 CPI(居民消费价格指数)上涨约 3.82 个百分点。食品中,畜肉类价格上涨 66.4%,影响 CPI 上涨约 2.94 个百分点,其中猪肉价格上涨 97.0%,影响 CPI 上涨约 2.34 个百分点;鲜菜价格上涨 10.8%,影响 CPI 上涨约 0.26 个百分点;蛋类价格上涨 6.2%,影响 CPI 上涨约 0.04 个百分点;水产品价格上涨 1.3%,影响 CPI 上涨约 0.02 个百分点;粮食价格上涨 0.6%,影响 CPI 上涨约 0.01 个百分点;鲜果价格下降 8.0%,影响 CPI 下降约 0.15 个百分点。其他七大类价格同比六涨一降。其中,其他用品和服务、医疗保健、教育文化和娱乐价格分别上涨 4.4%、2.1% 和 1.8%,衣着、居住、生活用品及服务价格分别上涨 0.8%、0.5% 和 0.4%;交通和通信价格下降 0.7%。

2. 各类商品及服务价格环比变动情况

2019 年 12 月,食品烟酒类价格环比下降 0.2%,影响 CPI 下降约 0.05 个百分点。食品中,蛋类价格下降 4.7%,影响 CPI 下降约 0.03 个百分点;畜肉类价格下降 3.8%,影响 CPI 下降约 0.28 个百分点,其中猪肉价格下降 5.6%,影响 CPI 下降约 0.27 个百分点;鲜菜价格上涨 10.6%,影响 CPI 上涨约 0.25 个百分点;鲜果价格上涨 0.6%,影响 CPI 上涨约 0.01 个百分点。其他七大类价格环比四涨一平两降。其中,交通和通信、医疗保健价格均上涨 0.2%,居住、生活用品及服务价格均上涨 0.1%;教育文化和娱乐价格持平;衣着、其他用品和服务价格均下降 0.1%。

二、工业生产指数

工业生产指数概括反映一个国家或地区各种工业产品产量的综合变动程度,它是衡量经济增长水平的重要指标之一。世界各国都非常重视工业生产指数的编制,但采用的编制方法却不完全相同。

在我国,工业生产指数是通过计算各种工业产品的不变价格产值来加以编制的。其基本编制过程是:首先,对各种工业产品分别制定相应的不变价格标准(记为 p_c);其次,逐项计算各种产品的不变价格产值,加总起来就得到全部工业产品的不变价格总产值;最后,将不同时期的不变价格总产值加以对比,就得到相应时期的工业生产指数。

记 t 时期的不变价格总产值为 $\sum q_t p_c (t=0,1,2,3,\cdots)$,则该时期的工业生产指数就是固定加权综合指数的形式。计算公式为

$$I_q = \frac{\sum q_t p_c}{\sum q_0 p_c} \quad 或 \quad I_q = \frac{\sum q_t p_c}{\sum q_{t-1} p_c}$$

采用不变价格法编制工业生产指数的特点是:只要具备了完整的不变价格产值资料,就能够很容易地计算出有关的生产指数;而且可以在不同层次上(如各地区、各部门、各企业等)进行编制,满足各方面的分析需要。然而,不变价格的制定和不变价格产值的计算本身却是一项非常浩繁的工作,这项工作又必须连续不断地、全面地展开,其难度可想而知。尤其是在市场经济条件下,要在整个工业生产领域内运用不变价格计算完整的产值资料,面临着很多实际的问题。因此,我国工业生产指数编制方法的改革势在必行。

与我国的情况不同,国外较为普遍地采用平均指数形式来编制工业生产指数。计算公式为

$$I_q = \frac{\sum i_q \cdot p_0 q_0}{\sum p_0 q_0}$$

式中,i_q 为各种工业品的个体产量指数;$p_0 q_0$ 为相应产品的基期增加值。

编制这种工业生产指数的目的是说明工业增加值中物量因素的综合变动程度,其分析意义与一般的工业总产量指数是有所不同的。

在实践中,为了简化指数的编制工作,常常以各种工业品的增加值比重作为权数,并且将这种比重权数相对固定起来,连续地编制各个时期的工业生产指数。具体公式为

$$I_q = \frac{\sum i_q \cdot w}{\sum w}$$

这里运用了"固定加权算术平均指数"。

中国的工业生产指数增长在 2019 年 12 月 1 日达 6.9%,相较于 2019 年 11 月 1 日的 6.2% 有所增长。中国工业生产指数增长数据按月更新,1995 年 1 月 1 日至 2019 年 12 月 1 日的平均值为 11.4%,共 280 份观测结果。该数据的历史最高值出现于 2004 年 2 月 1 日,达 23.2%,而历史最低值则出现于 1999 年 2 月 1 日,为 2.1%。

三、股票价格指数

股票作为一种特殊的金融商品,也有价格。广义的股票价格包括票面价格、发行价格、账面价格、清算价格、内在价格、市场价格等。狭义的股票价格,即通常所说的市场价格,也称股票行市。它完全随股市供求行情变化而涨落。股票价格指数是根据精心选择的那些具有代表性和敏感性强的样本股票某时点平均市场价格计算的动态相对数,用以反映某一股市股票价格总的变动趋势。股价指数的单位习惯上用"点"表示,即以基期为 100(或 1 000),每上升或下降 1 个单位称为 1 点。股价指数计算的方法很多,但一般以发

行量为权数进行加权综合。其公式为

$$I = \frac{\sum p_{1i}q_i}{\sum p_{0i}q_i}$$

式中，p_{1i} 和 p_{0i} 分别为报告期和基期样本股的平均价格；q_i 第 i 种股票的报告期发行量（也有采用基期的）。

股价指数是反映证券市场行情变化的重要指标，不仅是广大证券投资者进行投资决策分析的依据，也被视为一个地区或国家宏观经济态势的"晴雨表"。世界各地的股票市场都有自己的股票价格指数。在一个国家里，同一股市往往有不同的股票价格。下面介绍几种常见的股票价格指数。

（一）道·琼斯股票价格平均指数

道·琼斯股票价格平均指数是世界上历史最为悠久的股票指数，它的全称为股票价格平均数。它是在 1884 年由道·琼斯公司的创始人查理斯·道开始编制的。最初的道·琼斯股票价格平均指数是根据 11 种具有代表性的铁路公司的股票，采用算术平均法进行计算编制而成的，发表在查理斯·道自己编辑出版的《每日通讯》上。自 1897 年起，道·琼斯股票价格平均指数开始分成工业与运输业两大类，其中工业股票价格平均指数包括 12 种股票，运输业平均指数则包括 20 种股票，并且开始在道·琼斯公司出版的《华尔街日报》上公布。1929 年，道·琼斯股票价格平均指数又增加了公用事业类股票，使其所包含的股票达到 65 种，并一直延续至今。

现在的道·琼斯股票价格平均指数以 1928 年 10 月 1 日为基期，因为这一天收盘时的道·琼斯股票价格平均指数恰好约为 100 美元，所以就将其定为基准日。而以后股票价格同基期相比计算出的百分数，就成为各期的股票价格指数，所以现在的股票指数普遍用点来做单位，而股票指数每一点的涨跌就是相对于基准日的涨跌百分数。

道·琼斯股票价格平均指数最初的计算方法是用简单算术平均法求得，当遇到股票的除权除息时，股票指数将发生不连续的现象。1928 年后，道·琼斯股票价格平均指数改用新的计算方法，即在计点的股票除权或除息时采用连接技术，以保证股票指数的连续，从而使股票指数得到了完善，并逐渐推广到全世界。

目前，道·琼斯股票价格平均指数共分四组，第一组是工业股票价格平均指数。它由 30 种有代表性的大工商业公司的股票组成，且随经济发展而变大，大致可以反映美国整个工商业股票的价格水平，这也就是人们通常所引用的道·琼斯工业股票价格平均指数。第二组是运输业股票价格平均指数。它包括 20 种有代表性的运输业公司的股票，即 8 家铁路运输公司、8 家航空公司和 4 家公路货运公司。第三组是公用事业股票价格平均指数，由代表着美国公用事业的 15 家煤气公司和电力公司的股票所组成。第四组是平均价格综合指数。它是综合前三组股票价格平均指数 65 种股票而得出的综合指数，这组综合指数虽然为优等股票提供了直接的股票市场状况，但现在通常引用的是第一组——工业股票价格平均指数。

道·琼斯股票价格平均指数是目前世界上影响最大、最有权威性的一种股票价格指数,原因之一是道·琼斯股票价格平均指数所选用的股票都是有代表性的,而且这些股票的发行公司都是本行业具有重要影响的著名公司,其股票行情为世界股票市场所瞩目,各国投资者都极为重视。为了保持这一特点,道·琼斯公司对其编制的股票价格平均指数所选用的股票经常予以调整,用具有活力的、更有代表性的公司股票代替那些失去代表性的公司股票。自 1928 年以来,仅用于计算道·琼斯工业股票价格平均指数的 30 种工商业公司股票,已有 30 次更换,几乎每两年就要有一个新公司的股票代替老公司的股票。原因之二是,公布道·琼斯股票价格平均指数的新闻载体——《华尔街日报》是世界金融界最有影响力的报纸。该报每天详尽报道其每个小时计算的采样股票平均指数、百分比变动率、每种采样股票的成交数额等,并注意对股票分股后的股票价格平均指数进行校正。在纽约证券交易营业时间里,每隔半小时公布一次道·琼斯股票价格平均指数。原因之三是,这一股票价格平均指数自编制以来从未间断,可以用来比较不同时期的股票行情和经济发展情况,成为反映美国股市行情变化最敏感的股票价格平均指数之一,是观察市场动态和从事股票投资的主要参考。当然,由于道·琼斯股票价格指数是一种成份股指数,它包括的公司仅占目前几千家上市公司的极少部分,而且多是热门股票,且未将近年来发展迅速的服务性行业和金融业的公司包括在内,所以它的代表性也一直受到人们的质疑和批评。

（二）香港恒生指数

1969 年 11 月 24 日,香港恒生银行编制并首次公开发表香港恒生指数(HengSeng lndex,HSI)。它是香港证券市场上最有代表性的股票价格指数。

香港恒生指数共选择了 33 种具有代表性的股票(成份股)为指数计算对象。其中,金融业 4 种,公用事业 6 种,地产业 9 种,其他行业 14 种。

香港恒生指数是以 1964 年 7 月 31 日为基期,基日指数定为 100。计算公式为

$$即时指数 = \frac{现时成份股的总市值}{上日收市时成份股的总市值} \times 上日收市指数$$

成份股的市值是按股价乘以发行股数计算的。因此,香港恒生指数也是以股票发行量为权数的加权综合指数。

（三）上海证券交易所股价指数

上海证券综合指数简称"上证指数"或"上证综指",其样本股是在上海证券交易所全部上市股票,包括 A 股和 B 股,反映了上海证券交易所上市股票价格的变动情况,自 1991 年 7 月 15 日起正式发布。上证综合指数是以 1990 年 12 月 19 日为基日(该日为上证所正式营业之日),基日定为 100,以所有在上海证券交易所上市的股票为编制范围,采用以股票发行量为权数的综合股价指数。计算公式

$$上证综合指数 = \frac{报告期市价总值}{基日市价总值} \times 100\%$$

式中,市价总值是股票市价乘以发行股数;基日市价总值也称为除数。

当市价总值出现非交易因素(增股、配股、汇率等)变动时,原除数需修正,以维持指数

的连续可比。修正公式为

$$修正后的除数 = \frac{修正后的市价总值}{修正前的市价总值} \times 原除数$$

适应上海证券市场的发展格局,以上证综指、上证 50、上证 180、上证 380 指数,以及上证国债、企业债和上证基金指数为核心的上证指数体系,科学表征上海证券市场层次丰富、行业广泛、品种拓展的市场结构和变化特征,便于市场参与者的多维度分析,增强样本企业知名度,引导市场资金的合理配置。上证指数体系衍生出的大量行业、主题、风格、策略指数,为市场提供更多、更专业的交易品种和投资方式,提高市场流动性和有效性。

(四)深圳证券交易所股价指数

深圳证券交易所股价指数有深证综合指数和深证成份股指数。

1. 深证综合指数

深证综合指数指的是深圳证券交易所编制的,以深圳证券交易所挂牌上市的全部股票为计算范围,以发行量为权数的加权综合股价指数。深证综合指数由深圳证券交易所从 1991 年 4 月 3 日开始编制并公开发表,该指数规定 1991 年 4 月 3 日为基期,基期指数为 100 点。指数计算基本公式为

$$指数 = \frac{现时指数股总市值}{基日指数股总市值} \times 100\%$$

若遇股市结构有所变动,其修正是用"连锁"方法计算得到的指数溯源于原有基期,以维持指数的连续性。每日连锁方法的计算公式为

$$今日即时指数 = \frac{今日即时指数股总市值}{经调整的上日指数股收市总市值}$$

2. 深证成份股指数

深证成份股指数是以 1994 年 7 月 20 日为基日,基日指数定为 1 000,于 1995 年 1 月 23 日开始发布。深证成份股指数采用流通量为权数,计算公式同深证综合指数。深证成份股指数是从上市公司中挑选出 40 家具有代表性的成份股计算。成份股选择的一般原则是:①有一定上市交易日期;②有一定上市规模;③交易活跃。此外,结合考虑公司股份的市盈率,公司的行业代表性,地区、板块代表性,公司的财务状况、管理素质等。

四、产品成本指数

产品成本指数概括反映生产各种产品的单位成本水平的综合变动程度,它是企业或部门内部进行成本管理的一个有用工具。记各种产品的产量为 q,单位成本为 p,则全部可比产品(即基期实际生产过且计算期仍在生产的产品)的综合成本指数通常采用帕氏公式来编制

$$P_p = \frac{\sum p_1 q_1}{\sum p_0 q_1}$$

该指数的分子与分母之差可以表示由于单位成本水平的降低(或提高),使得计算期

所生产的那些产品的成本总额节约(或超支)了多少。

类似地,在对成本水平实施计划管理的场合,还可以编制相应的成本计划完成情况指数,用以检查有关成本计划的执行情况。其编制方法可以采用帕氏公式:

$$P_p = \frac{\sum p_1 q_1}{\sum p_n q_1}$$

式中,p_n 为计划规定的单位成本水平。

该指数的分子与分母之差,可以说明计划执行过程中所节约或超支的成本总额。不过,在同时制订了产量计划的条件下,则应该采用拉氏公式编制成本计划完成情况指数。

$$L_p = \frac{\sum p_1 q_n}{\sum p_n q_n}$$

式中,q_n 为计划规定的产量水平。

该指数可以在兼顾产量计划的前提下用来检查成本计划执行情况,即避免由于片面追求完成成本计划而破坏了产量计划。但在企业按照市场需求组织生产,没有制订产量计划,或不要求恪守产量计划指标的情况下,上面的拉氏指数就失效了。

五、空间价格指数

空间价格指数又称地域性价格指数,用于比较不同地区或国家各种商品价格的综合差异程度。它是进行地区对比和国际对比的一种重要分析工具。与动态指数不同,空间指数的编制和分析有一些特殊的要求。

假定对 A、B 两个地区进行价格比较,如果以 B 地区为对比基准,采用拉氏公式编制价格指数,得到:

$$L_p^{A/B} = \frac{\sum p_A q_B}{\sum p_B q_B}$$

反过来,如果以 A 地区为对比基准,同样采用拉氏公式编制价格指数,又得到:

$$L_p^{B/A} = \frac{\sum p_B q_A}{\sum p_A q_A}$$

那么,这两个互换对比基准的地区价格指数彼此之间是否能够保持一致呢?答案一般是否定的。举例说,假如 A 地区的价格水平比 B 地区高出 25%,即 $L_p^{A/B}=125\%$,那么反过来,B 地区的价格水平就应该比 A 地区低 20%,即 $L_p^{B/A}=\dfrac{1}{125\%}=80\%$。但在实践中,互换对比基准之后的两个拉氏指数之间并不存在上面的联系,即

$$L_p^{B/A} = \frac{\sum p_B q_A}{\sum p_A q_A} \neq \frac{\sum p_B q_B}{\sum p_A q_B} = \frac{1}{L_p^{A/B}}$$

帕氏价格指数也存在类似的问题。这在空间对比中是非常不利的,因为空间对比的

基准往往是人为确定的,如果一种指数公式给出的结果会随着基准地区的改变而改变,那就不适合用于空间对比了。因此,人们在编制空间价格指数时常常采用埃奇沃斯公式。

$$E_p^{A/B} = \frac{\sum p_A(q_A + q_B)}{\sum p_B(q_A + q_B)}$$

这样得到的对比结论不会受到对比基准变化的影响,而且,其同度量因素反映了两个对比地区的平均商品结构,具有实际经济意义。在国际经济对比中,该指数获得了广泛应用。

思考与练习

一、单项选择题

1. 按照指数反映社会经济现象特征的不同,指数可分为(　　　)。
　　A. 个体指数和总指数　　　　　　　　B. 平均指数和加权指数
　　C. 数量指标指数和质量指标指数　　　D. 动态指数和静态指数

2. 在指数的概念中,(　　　)。
　　A. 平均指数是指个体指数,加权指数是指总指数
　　B. 平均指数是指总指数,加权指数是指个体指数
　　C. 平均指数和加权指数都是指个体指数
　　D. 平均指数和加权指数都是指总指数

3. 根据指数研究的范围不同,可以把它分为(　　　)。
　　A. 个体指数和总指数　　　　　　　　B. 平均指数和加权指数
　　C. 综合指数和平均指数　　　　　　　D. 动态指数和静态指数

4. 设 p 为商品的价格,q 为商品的销售量,则 $\dfrac{\sum p_1 q_1}{\sum p_0 q_1}$ 说明了(　　　)。
　　A. 在基期销售量条件下,价格综合变动的程度
　　B. 在报告期销售量条件下,价格综合变动的程度
　　C. 在基期价格水平下,销售量综合变动的程度
　　D. 在报告期价格水平下,销售量综合变动的程度

5. 按照个体价格指数和报告期销售额计算的价格指数是(　　　)。
　　A. 综合指数　　　　　　　　　　　　B. 平均指标指数
　　C. 加权算术平均指数　　　　　　　　D. 加权调和平均指数

6. 作为综合指数变形使用的平均指数,(　　　)可以作为加权算术平均指数的权数。
　　A. $p_0 q_0$　　　　　　B. $p_1 q_1$　　　　　　C. $p_0 q_1$　　　　　　D. $p_1 q_0$

7. 用加权平均法求总指数时,所需资料(　　　)。
　　A. 必须是全面资料
　　B. 必须是非全面资料

C. 既可以是全面资料,也可以是非全面资料

D. 个体指数可以用全面调查资料,权数一定要用非全面资料

8. 根据指数所采用的基期不同,指数可分为(　　)。

　　A. 数量指标指数和质量指标指数

　　B. 拉氏指数和帕氏指数

　　C. 环比指数和定基指数

　　D. 时间指数、空间指数和计划完成指数

9. 综合指数一般是(　　)。

　　A. 简单指数　　　　B. 加权指数　　　　C. 静态指数　　　　D. 平均指数

10. 因素分析法的依据是(　　)。

　　A. 指标体系　　　B. 拉氏指数　　　C. 帕氏指数　　　D. 指数体系

11. 在由三个指数所组成的指数体系中,两个因素指数的同度量因素通常(　　)。

　　A. 都固定在基期

　　B. 都固定在报告期

　　C. 一个固定在基期,一个固定在报告期

　　D. 采用基期和报告期的平均

12. 某商店在价格不变的条件下,报告期销售量比基期增加10%,那么报告期商品销售额比基期增加(　　)。

　　A. 1%　　　　　B. 5%　　　　　C. 10%　　　　　D. 3%

13. 在物价上涨后,同样多的人民币少购买3%的商品,则物价指数为(　　)。

　　A. 97%　　　　B. 103.09%　　　　C. 3%　　　　D. 109.13%

14. 某种产品报告期与基期比较产量增长26%,单位成本下降32%,则生产费用支出总额为基期的(　　)。

　　A. 166.32%　　　B. 85.68%　　　C. 185%　　　D. 54%

15. 若销售量增加,销售额持平,则物价指数(　　)。

　　A. 降低　　　　B. 增长　　　　C. 不变　　　　D. 趋势无法确定

16. 某商店本年同上年比较,商品销售额没有变化,而各种商品价格上涨了7%,则商品销售量增(或减)的百分比为(　　)。

　　A. −6.54%　　　B. −3%　　　C. +6.00%　　　D. +14.29%

二、多项选择题

1. 下列属于指数范畴的指标有(　　)。

　　A. 动态相对数　　　　B. 离散系数　　　　C. 计划完成相对数

　　D. 季节比率　　　　E. 比较相对指标

2. 报告期数值和基期数值之比可称为(　　)。

　　A. 动态相对指标　　　　B. 发展速度　　　　C. 增长速度

　　D. 统计指数　　　　E. 比例相对数

3. 下列属于质量指标指数的有(　　)。

    A. 价格总指数   B. 个体价格指数   C. 销售量总指数

    D. 销售总额指数   E. 平均成本指数

4. 指数按选择基期的不同,可分为( )。

    A. 静态指数   B. 动态指数   C. 定基指数

    D. 综合指数   E. 环比指数

5. 统计指数按其反映的时态状况不同,可分为( )。

    A. 综合指数   B. 平均指数   C. 简单指数

    D. 动态指数   E. 静态指数

6. 综合指数的特点是( )。

    A. 由两个总量指标对比形成

    B. 固定一个或一个以上因素,仅观察其中一个因素的变动

    C. 分子或分母中有一项假定指标

    D. 编制时可按范围逐步扩大

    E. 编制时需要全面资料

7. 用综合指数的形式编制工业产品产量总指数时,可作为同度量因素的有( )。

    A. 报告期价格   B. 基期价格   C. 报告期单位成本

    D. 基期单位成本   E. 工人劳动生产率

8. 帕氏综合指数的公式有( )。

$$A. \frac{\sum q_1 p_1}{\sum q_0 p_1} \qquad B. \frac{\sum q_1 p_0}{\sum q_0 p_0} \qquad C. \frac{\sum p_1 q_1}{\sum p_0 q_1}$$

$$D. \frac{\sum p_1 q_0}{\sum p_0 q_0} \qquad E. \frac{\sum q_1 p_1}{\sum q_0 p_0}$$

9. 设 p 为价格,q 为销售量,则总指数 $\dfrac{\sum p_0 q_1}{\sum p_0 q_0}$ 的意义是( )。

    A. 综合反映多种商品的销售量的变动程度

    B. 综合反映商品价格和销售量的变动程度

    C. 综合反映商品销售额的变动程度

    D. 反映商品销售量变动对销售额变动的影响程度

    E. 综合反映多种商品价格的变动程度

10. 如果用 p 表示商品价格,q 表示商品销售量,则公式 $\sum p_1 q_1 - \sum p_0 q_1$ 的意义
是( )。

    A. 综合反映价格变动和销售量变动的绝对额

    B. 综合反映销售额变动的绝对额

    C. 综合反映多种商品的价格变动而增减的销售额

    D. 综合反映由于价格变动而使消费者增减的货币支出额

    E. 综合反映多种商品销售量变动的绝对额

11. 加权算术平均指数是一种(　　　)。

  A. 平均指数   B. 综合指数   C. 总指数

  D. 个体指数的平均数   E. 平均指标指数

12. 职工劳动生产率指数是(　　　)。

  A. 拉氏指数   B. 帕氏指数   C. 总指数

  D. 数量指标指数   E. 质量指标指数

13. 指数体系中,指数之间的数量关系(　　　)。

  A. 表现在总量指数等于它的因素指数之积

  B. 表现为总量指数与因素指数之积的对等关系

  C. 表现在总量指数等于它的因素指数之和

  D. 表现在总量指数等于它的因素指数的代数和

  E. 表现在总量指数等于它的因素指数之差

14. 某产品的生产总成本 2019 年为 20 万元,比 2018 年多支出 0.4 万元,单位成本 2019 年比 2018 年降低 2%,则(　　　)。

  A. 生产总成本指数为 102%

  B. 单位成本指数为 2%

  C. 产品产量指数为 104%

  D. 单位成本指数为 98%

  E. 由于单位成本降低而节约的生产总成本为 0.408 万元

15. 某工业局所属企业报告期生产费用总额为 50 万元,比基期多 8 万元,单位成本报告期比基期上升 7%,于是(　　　)。

  A. 生产费用总额指数为 119.05%

  B. 成本总指数为 107%

  C. 产品产量总指数为 111.26%

  D. 由于产量变动而增加的生产费用额为 4.73 万元

  E. 由于单位成本变动而增加的生产费用额为 3.27 万元

三、判断题

1. 按个体价格指数和报告期销售额计算的价格指数是加权算术平均数指数。

                         (　　)

2. 指数的作用之一是进行因素分析。   (　　)

3. 综合指数是总指数的最基本形式。   (　　)

4. 若产量增加,而生产费用不变,则单位成本指数增长。   (　　)

5. 若价格增长 20%,销售量增长 25%,则销售额增长 45%。   (　　)

6. 若居民在某月以相同的开支额购买到的销售品比上月减少 10%,则消费价格指数为 90%。   (　　)

7. 股票价格指数一般为环比指数。   (　　)

四、简答题

1. 什么是指数？指数有什么作用？
2. 什么是数量指标指数？什么是质量指标指数？
3. 什么是综合指数？什么是平均数指数？作为综合指数之变形的平均数有哪几种？
4. 什么是指数体系？指数体系有什么作用？
5. 什么是因素分析？因素分析有什么作用？

五、计算题

1. 根据已给三种商品的资料（见表 7-8），对销售额的变动进行计算和分析。

表 7-8　三种商品的资料

商品	计量单位	销售量		价格/元	
		基期 q_0	报告期 q_1	基期 p_0	报告期 p_1
A	千克	8 000	10 000	10	12
B	件	2 000	2 500	8	9
C	盒	10 000	15 000	6	8

2. 表 7-9 为某市出口的四种商品的资料。

表 7-9　某市出口的四种商品的资料

类别及品名	计量单位	出口价格升（＋）跌（－）/%	出口额/万美元	
			上年同期	本年同期
甲	吨	－2	3 885	4 200
乙	百张	＋6	3 897	4 100
丙	百米	－3	3 276	3 280
丁	吨	＋5	2 445	2 560

要求：

(1) 计算出口额、出口价格和出口量指数。

(2) 从绝对量与相对量两方面对出口额变化进行因素分析。

3. 表 7-10 为某人 2018 年年底和 2019 年年底持有股票的市值和数量资料。

表 7-10　持有股票的市值和数量资料

股票名称	股票代码	市值/元		持股数量增长率/%
		2018 年	2019 年	
吉林敖东	000623	67 350	37 284	20
南方航空	600029	83 820	19 224	－10
南京银行	601009	15 000	114 200	0
平安银行	000001	194 300	193 300	100

要求：

（1）试计算该居民持有股票的价格指数和由于价格变动而增减的市值。

（2）试计算该居民持有股票的总市值指数和股票数量指数。

（3）试从相对数和绝对数两方面简要分析总市值变动的影响因素。

4. 表 7-11 为某总厂所属两个分厂的某产品成本资料，试分析总厂该产品平均单位成本变动受分厂成本水平及总厂产量结构变动的影响。

表 7-11　某产品成本资料

厂　名	单位产品成本		生产量/件	
	上期 x_0	本期 x_1	上期 f_0	本期 f_1
甲分厂	100	90	3 000	12 000
乙分厂	120	140	7 000	8 000
总厂	—	—	10 000	20 000

第八章 抽样调查

学习目标

理解抽样调查的概念和作用;理解抽样调查的几个基本概念;理解抽样原理及简单随机抽样、类型抽样;了解抽样调查的其他组织形式;理解样本平均数和样本成数抽样平均误差的计算方法;理解样本平均数和样本成数极限误差的计算方法;理解抽样误差的概念和影响抽样误差的因素;理解抽样极限误差、概率度、抽样平均误差三者的关系;熟悉参数估计的概念;熟悉点估计、估计量与估计值的含义;了解估计量的评选标准;理解简单随机抽样、类型抽样的区间估计;理解必要抽样单位数目的计算方法及影响因素。

学习重点

抽样原理;抽样误差的概念及其计算;简单随机抽样、类型抽样的区间估计。

学习难点

对抽样误差的理解;抽样极限误差和把握程度的概念及其关系。

第一节　抽样调查概述

一、抽样调查的概念、特点与作用

(一) 抽样调查的概念

抽样调查是指从研究的总体中按随机原则抽取部分单位作为样本,进行观察研究,并根据这部分单位的调查结果去推断总体,以达到认识总体的统计调查方法。例如,从某地区全部职工当中随机抽取部分职工,以职工为单位按月调查,取得有关收入、支出等方面的资料,并依据这些资料推断出全区职工的收支情况,这就是一种抽样调查。

从调查方法上来看,抽样调查是一种非全面调查。但与一般调查不同,它不只停留于搜集资料和整理资料,而且要对资料进行分析,并据以推断总体的数量特征,从而提高统计的认识能力。因此,抽样调查的理论和方法在统计中占有很重要的地位。

(二) 抽样调查的特点

1. 抽样调查是按随机原则抽取调查单位

所谓随机原则,就是在抽取调查单位时完全排除人为的主观因素影响,并保证每一个总体单位都有相等的中选可能性。随机原则就概率意义而言,又称为等可能性原则。需要注意的是,随机不等于"随便",随机有着严格的科学含义,可以用概率加以描述;而"随便"带有人为的主观因素。例如,要在学校抽取 30 名学生作为抽样样本,若采用随机原则抽取样本,就需要先将学生按某种顺序编号,通过一定的随机化程序(如随机数表法)抽取样本,这样可以保证该校的每一名学生都有相等的机会选中。可如果调查员在晚上从该校教学楼找 30 名学生作为入选样本,这就是"随便"而不是"随机"。因为这种方法不能保证每一名学生都有一定的机会被选中,那些不在教学楼的学生就不可能被选中。"随机"和"随便"的本质区别在于,是否通过一定的随机化程序抽取样本单位。抽样调查为什么要遵守随机原则呢?因为抽样调查的目的在于用样本指标来推断总体的数量特征,这就要求抽样的部分单位能够充分地代表总体。只有严格遵守随机原则,才能使所选的样本结构与总体结构相同,或者两者的分布相一致。另外,只有遵守随机原则,才能按概率论的原则计算抽样误差,并进行抽样推断。

2. 抽样调查是用总体中部分单位的指标数值去推断总体指标数值

抽样调查是一种非全面调查,其目的就是用总体中部分单位的数量特征去获得总体的数量特征。

3. 抽样调查中产生的误差可以事先计算并加以控制

抽样调查是用样本来推断总体,必然会产生抽样误差,但其数值大小可以事先计算,并能控制在一定范围内,以保证抽样调查结果的准确性。

(三) 抽样调查的作用

抽样调查与全面调查相比,具有节约费用、快速及时、能够提高资料的准确性和可靠性等优点,使得这种调查方法在统计工作中的作用日益显著。归纳起来,抽样调查主要有以下作用。

1. 用于推断无限总体的数量特征

当被调查总体中的单位无限多时,事实上不可能进行全面调查,只能进行抽样调查。例如,对江河、湖泊、海洋中的鱼尾数,大气或海洋的污染程度等进行的调查。

2. 用于推断实际工作中不可能进行全面调查,而又需要了解其全面情况的现象的总体的数量特征

例如灯泡的寿命、轮胎使用的里程、人体的血液检验以及糖果、烟酒等食品和调味品的质量检验,都是带有破坏性或毁灭性的,都不可能将所有产品一一进行检查和实验,只能采取抽样调查的方法。

3. 用于推断某些不必要进行全面调查的总体的数量特征

某些现象虽然可以进行全面调查,但是由于总体范围大、单位数目多,又缺乏原始记

录可作依据,实际进行全面调查有许多困难,同时对总体的指标要求并不非常精确,允许存在一定程度的误差,这时采用抽样调查可起到事半功倍的效果。例如,对城乡居民的家庭收支进行调查,虽然可以对城乡中每一户居民逐一进行调查,但工作量太大,耗费人力、物力和财力太多,而且常常缺乏原始记录。因此,只需抽样调查部分家庭的收支状况,就可以推算全体家庭的收支状况,而不必进行全面调查。

4. 对普查和全面调查资料的质量进行检查和修正

由于全面调查的工作量大,在调查登记和整理汇总资料的过程中会受到主观因素和客观因素的影响,存在发生统计误差的可能性。对普查和全面调查资料的质量的检查和修正,可通过抽样调查进行。例如,各国为了检查人口普查资料的正确性,在普查完毕后要抽取 5%~10% 的居民户,对一些重要的指标进行详细复查,用复查结果修正普查资料。

在我国,抽样调查已被广泛应用于生产技术及社会生活的各个领域。例如,在城乡住户调查、农产品调查、价格调查、市场调查等领域,应用抽样调查已取得很好的成果;在人口统计、社会统计、交通统计、商业统计等领域,抽样调查也正在发挥越来越重要的作用。随着我国社会主义市场经济的发展,抽样调查的应用范围将逐渐扩大,作用也将越来越大。

当然,抽样调查也有其自身的局限性。首先,由于总体构成的复杂性,通常无法提供总体中各个组成部分的资料。其次,组织抽样调查要遵守某些条件,被调查对象也有一定限制。一些重要的反映国情、国力的统计资料,仍然必须组织全面调查。因此,既要大力推广和应用抽样调查,又不能用抽样调查取代其他调查,应根据资料的性质和调查对象的不同,采用不同的统计调查形式。

二、抽样调查的几个基本概念

(一) 总体和样本

1. 总体

总体是指由调查研究对象的全部单位所构成的整体,也称为全及总体。例如,要调查某城市市民的年龄结构、受教育程度,该市的全体市民就构成一个总体。又如,要调查某区所有职工家庭的收入情况,则该区全部职工家庭便构成一个总体。

总体根据其总体单位是否能全面计数,分为有限总体和无限总体。所谓有限总体,是指总体中所包含的单位数目是有限的,如一个地区的人口、一个企业的年产量等。所谓无限总体,是指总体中所包含的单位数目是无限的,如湖泊、海洋中的鱼尾数,森林中树的棵数等。

2. 样本

样本是指从总体中随机选取出部分单位作为一个抽样总体进行调查,这个抽样总体通常称为样本。例如,从一批 100 000 只灯泡中抽出 20 只进行寿命测试,那么这 20 只灯泡就构成一个样本;从全市职工家庭中抽出 200 户进行家庭收入调查,那么这 200 户职工家庭就构成一个样本。

总体的单位数目也称作总体容量，用 N 表示。样本中所含单位的数目称为样本容量，记为 n。一般地，当 $n \geqslant 30$ 时，称为大样本；当 $n < 30$ 时，称为小样本。

（二）总体指标和样本指标

1. 总体指标

根据总体中各单位的标志值计算出来的、用于反映总体的数量特征的指标，称为总体指标，又称全及指标或总体参数，简称参数。例如，一批灯泡的平均使用寿命、一个城市职工家庭的年平均收入等，都是总体指标。当总体确定后，总体指标是一个确定的量，其指标数值是确定的、唯一的。但由于总体指标的数据通常是不知道的，所以总体指标的数值是一个未知的常数。但我们可以通过抽样调查，根据样本的指标对总体的指标进行推断。常用的总体指标有平均数、成数、标准差、方差和总体总值指标。

设总体中各个单位的标志值为 $X_1, X_2, \cdots, X_N$，其中 N 为总体容量，总体中具有某种特性单位的数目为 N_1，则

$$\text{总体平均数} \ \overline{X} = \frac{\sum_{i=1}^{N} X_i}{N}$$

$$\text{总体标准差} \ \sigma = \sqrt{\frac{\sum_{i=1}^{N} (X_i - \overline{X})^2}{N}}$$

$$\text{总体方差} \ \sigma^2 = \frac{\sum_{i=1}^{N} (X_i - \overline{X})^2}{N}$$

$$\text{总体成数} \ P = \frac{N_1}{N}$$

$$\text{总体总值指标} \ \widetilde{X} = N\overline{X}$$

2. 样本指标

根据样本中各单位的标志值计算出来的、用于反映样本数量特征的指标，称为样本指标，也称统计量。样本是在总体中随机抽取的，样本不同，样本指标也不同。样本指标是不确定的，它的取值随样本的变化而变化，是一个随机变量。常用的样本指标有样本平均数、样本成数、样本标准差、样本方差和样本总值指标。

设样本中各个单位的标志值为 $x_1, x_2, \cdots, x_n$，其中 n 为样本容量，样本中具有某种特性单位的数目为 n_1，则

$$\text{样本平均数} \ \overline{x} = \frac{\sum_{i=1}^{n} x_i}{n}$$

$$\text{样本标准差} \ s = \sqrt{\frac{\sum_{i=1}^{n} (x_i - \overline{x})^2}{n-1}}$$

$$样本方差\ s^2 = \frac{\sum\limits_{i=1}^{n}(x_i - \bar{x})^2}{n-1}$$

$$样本成数\ p = \frac{n_1}{n}$$

$$样本总值指标\ \tilde{x} = n\bar{x}$$

这里需要注意的是,总体和样本在计算方差和标准差时的分母是不同的,总体为总体容量 N,而样本为样本容量减 1,即 $n-1$。在本书中,总体指标用大写字母表示,相应的样本指标用小写字母表示,以示区别。

第二节　抽样调查的组织形式和方法

一、抽样调查的组织形式

随着抽样技术的发展,抽样调查的组织形式也越来越多样化。在实际应用中,为提高抽样效果,需要根据调查的任务和调查对象的具体情况,采用不同的抽样方式和调查方法,以便使抽出的样本能充分地反映总体,并便于组织实施、节省人力物力和时间。在抽样估计中,抽样调查按抽取单位的组织不同,可分简单随机抽样、类型抽样、整群抽样、等距抽样和多阶段抽样等形式。

（一）简单随机抽样

进行抽样调查需要抽样框。抽样框是指所有总体单位名称,如企业名录(抽选企业)、学生名册(抽选学生)。抽样框的作用不仅在于提供备选单位的名单以供抽选,还在于它是计算各个单位抽选为样本概率的依据。

简单随机抽样又称纯随机抽样,它是指对总体不作任何技术处理(如分类、排队)而完全按随机原则直接从总体中抽取样本单位的一种抽样组织形式。简单随机抽样在抽取样本单位时主要有以下几种抽选方法。

1. 抽签法

先给总体的每个单位编上序号,将号码写在纸片上,掺和均匀后从中随机抽选,直到抽够预先规定的样本单位数为止。

2. 随机数字表法

先将总体的全部单位加以编号,根据编号的位数确定使用随机数字表的栏数,然后从任意一栏、任意一行的数字开始,可以向任何方向摘录属于编号范围内的数字,即为样本单位。如果是不重复抽样,碰到重复的数字时就删掉,直到抽够预定的样本单位数为止。这种方法由于比较复杂,现在已经很少采用了。

3. 计算机程序产生法

计算机程序产生方法是用能产生符合要求的随机数序列的计算机程序产生。随着计算机的普及,这种方法已经普遍采用,成为简单随机抽样常用的方法。

简单随机抽样是一种最基本的抽样组织形式,是其他抽样组织形式的基础。简单随机抽样的特点是简单、直观,在抽样框完整时,可直接从中抽取样本。同时,用样本统计量对目标量进行估计比较方便。简单随机抽样的局限性主要表现为:①它要求包含所有总体单位的名称作为抽样框,当 N 很大时,不易构造抽样框;②当抽出的单位很分散,会给实施调查增加困难;③没有利用其他辅助信息,难以提高估计的效率。

简单随机抽样主要适用于总体单位数较少、范围较狭窄的情况。在规模较大的调查中,很少直接采用简单随机抽样,一般是结合其他组织形式一起使用。简单随机抽样剔除了主观因素的影响,最具有代表性,是所有抽样方法中抽样误差最小的一种。

(二) 类型抽样

类型抽样又称分层抽样或分类随机抽样。它是按照某一标志先将总体分成若干组(类),其中每一组称为一层,然后在每一层内按照简单随机抽样形式进行抽样的抽样组织形式。例如,在对某地区工业企业进行经济效益调查时,将工业企业划分为冶金、电力、石油化工、煤炭、机械、电子等部门,在每个部门中进行简单随机抽样调查。

类型抽样有等比例和不等比例两种抽样方法。所谓等比例类型抽样,是指样本单位数在各组之间的分配比例与全及总体单位数在各组之间的分配比例相同。所谓不等比例类型抽样,是指样本单位数在各组之间的分配比例与全及总体单位数在各组之间的分配比例不相同。

类型抽样是将分组法与随机原则有机地结合在一起,通过对总体各单位分类后,可以使总体单位标志值比较接近的单位归为一类,避免标志值比较接近的单位同时被抽,保证样本中包含各种特征的抽样单位、样本结构与总体结构比较相近,从而提高估计的精度。同时,当类的划分是按行业或行政区划进行时,类型抽样在一定条件下可以为组织实施调查提供方便。类型抽样既可以对总体参数进行估计,也可以对各层的目标量进行估计。

(三) 整群抽样

整群抽样是先将总体按某一标志分成若干组,每一组称为一个群,以群为单位进行简单随机抽样,然后对抽到的群进行全面调查的抽样组织形式。例如,在调查某地区职工家庭生活状况时,可按居委会分群,然后对抽到的群(居委会)所辖每户职工家庭进行调查登记。

与简单随机抽样相比,整群抽样的特点在于:①抽取样本时,只需确定群的抽样框,而不需要具有所有单位的抽样框,这就大大简化了编制抽样框的工作量;②由于群通常是由那些地理位置邻近或隶属同一系统的单位构成的,因而调查的地点相对集中,能节省调查费用,方便实施调查。在某些情况下,往往由于不适合一一抽取总体单位,所以不得不采用整群抽样。例如,某些工业产品的质量检查,事实上不能一个一个地抽取样本单位来进行,只能在某一时间内一批批地抽取产品来检验。

但是,整群抽样与简单随机抽样相比,在相同的调查单位条件下,由于前者的调查单位相对集中,在总体中分布不均匀。因此,前者的抽样误差较大,抽样估计精度也较低。

在实际工作中,由于整群抽样具有组织方便、节省人力物力和时间等优点,因此,被广泛运用于人口调查、家计调查、林牧业调查以及工业产品质量检验。

(四) 等距抽样

等距抽样又称系统抽样或机械随机抽样。它是先将总体中各单位按一定的标志排队,在规定的间隔距离范围内随机抽取一个单位为初始单位,然后按每隔一定的距离抽取一个总体单位(个体)的抽样组织方式。等距抽样中,总体单位的排队顺序可以是无关标志,也可以是有关标志。按无关标志排列,即总体各单位排列顺序时所依据的标志与调查的标志无关,例如按姓氏笔画、地理位置、学生学号、工商企业名录等排列。按有关标志排列,即总体各单位排列顺序时所依据的标志与调查的标志有关,例如调查职工收入水平情况时,按职工收入由低到高或由高到低的顺序排列。

等距抽样时,抽取样本单位的具体方法有以下几种。

1. 随机等距

设总体的容量为 N,所需抽取样本的容量为 n。首先将所有的总体单位按一定的标志排队,计算抽样距离,计算公式为

$$K = \frac{N}{n}$$

式中,K 代表抽样距离或抽样间隔。

然后在依次排列的前 K 个单位中随机抽取一个样本作为第一个样本,假定第一个样本单位的编号为 $i(1 \leqslant i \leqslant K)$,以后每隔 K 个单位抽一个,第 $j(j=2,3,\cdots,n)$ 次抽到的样本单位编号为 $i+(j-1)K(j=2,3,\cdots,n)$。

2. 中点等距

中点等距是指在 N 个抽样单位排列中,在依次排列的前 K 个单位中选取位于中间项的单位,作为抽样起点的单位。若 $K=2m+1$ 为奇数时,则第一个抽到的样本单位的编号为 $i=m+1$;若 $K=2m$ 为偶数时,则第一个抽到的样本单位的编号为 $i=m$ 或 $i=m+1$,第 j 次抽到的样本单位编号为 $i+(j-1)K(j=2,3,\cdots,n)$。

3. 对称等距

首先在依次排列的前 K 个单位中随机抽取一个样本作为第一个样本,假定第一个样本单位的编号为 $i(1 \leqslant i \leqslant K)$,则依次抽选编号为 $2K-i,2K+i,4K-i,4K+i,6K-i,6K+i,\cdots$ 的单位作为被抽到的样本单位。

等距抽样是不重复抽样,通常可以保证被抽取的单位在总体中分布均匀,缩小各单位之间的差异程度,提高样本的代表性,从而提高估计的精度,而且操作简便、组织方便。等距抽样的缺点是对估计量方差的估计比较困难。等距抽样在实际工作中应用较多,特别是采用有关标识排队的等距抽样,可以大大缩小总体各单位之间的差异程度,收到良好的效果。

(五) 多阶段抽样

多阶段抽样是将一次抽样后得到的样本当作总体再次进行随机抽样,得到第二次抽

样的样本,然后再如此进行下去的抽样方式。例如,我国农产量调查就采用五阶段抽样方式,省抽县、县抽乡、乡抽村、村抽地块、地块抽样本点,对样本点进行实割实测的调查方法。

与整群抽样和类型抽样相同,多阶段抽样也需要对总体进行分组,然后再抽取单位。整群抽样和类型抽样都是一个阶段完成的。类型抽样是对所有的类(组)的单位各按随机原则抽取总体单位进行调查,整群抽样是对所有的群(组)按随机原则抽取群,对群内所有单位进行调查;而多阶段抽样是对所有的组按随机原则抽取组,再对抽到的样本组各按随机原则抽取总体单位进行调查。多阶段抽样在组织技术上可以看成整群抽样和类型抽样的综合。

多阶段抽样具有整群抽样的优点,保证样本相对集中,节约调查费用,需要包含所有低阶段抽样单位的抽样框;同时由于实行了再抽样,使调查单位在更广泛的范围内展开。在大规模的抽样调查中,多阶段抽样是经常采用的抽样组织形式。

二、抽样调查的方法

在组织抽样调查时,根据样本单位是否重复抽取,分别有重复抽样和不重复抽样两种方法。

(一)重复抽样

重复抽样是指每次从总体中抽取一个单位进行观察后,再把这个单位重新放回总体,使之继续参加下次抽选。这种抽选法也称为回置抽样或重置抽样。

重复抽样由于前一次抽中的单位又被放回总体中,不会影响后面的抽选,所以总体中每个单位被抽中的机会均等,连续抽选各单位都是独立进行的。

(二)不重复抽样

不重复抽样是指每次从总体中抽取一个单位进行观察后,不再把这个单位重新放回总体,这个总体单位不再继续参加下次抽选。这种抽选法也称为不回置抽样或不重置抽样。

不重复抽样由于每次抽中的单位不再放回总体中,每抽选一次,总体中的单位就减少一个,使连续抽选的各个单位不相互独立。但是总体中各单位被抽中的机会仍是均等的。

第三节　抽样误差

一、抽样误差的概念

统计误差是指统计数据与客观实际数据之间的差异,即统计数据大于或小于客观实际数据之差。统计误差根据造成误差的来源不同,可分为登记性误差和代表性误差。登记性误差是指在调查、整理过程中,由于各种主观原因所造成的误差。不论是全面调查还是非全面调查,都会产生统计的登记性误差,登记性误差一般不能用统计方法消除。代表性误差是指用样本代替总体,用样本指标推算总体指标所产生的误差。

代表性误差有系统误差和随机误差两种。系统误差也称偏差,是因为破坏了抽样的随机原则而产生的误差。随机误差是指遵守了随机原则,但可能抽到不同的样本而产生的误差。抽样估计中的抽样误差就是指抽样平均误差。抽样误差是抽样调查所固有的、不可避免的误差,但其中不包含登记性误差和系统误差。

随机误差又分为绝对误差和平均误差两种。

绝对误差也称实际误差,是指一次抽样中由随机因素引起的样本指标与全及指标之间的离差。例如,样本平均数与总体平均数之间的离差 $\bar{x} - \bar{X}$、样本成数与总体成数之间的离差 $p - P$。在抽样估计中,由于全及指标数值是未知的,因此,抽样实际误差是无法计算的。同时,抽样实际误差仅是一系列抽样可能出现的误差数值之一,因此,抽样实际误差不能用来概括可能产生的所有抽样误差。

平均误差是指所有可能出现的样本指标值与总体指标值的平均离差,也可以说是所有可能出现的绝对误差的标准差。

抽样平均误差是指样本平均数(样本成数)的标准差,它反映了所有抽样结果所得的样本指标值与全及指标值的平均离差。平均数的抽样平均误差用 $\mu_{\bar{x}}$ 表示,成数指标的平均误差用 μ_p 表示,其公式为

$$\mu_{\bar{x}} = \sqrt{E\left[\bar{x} - E(\bar{x})\right]^2}$$

$$\mu_p = \sqrt{E\left[p - E(p)\right]^2}$$

二、抽样平均误差的计算

(一)简单随机抽样的抽样平均误差

1. 抽样平均数的抽样平均误差

(1)在简单随机重复抽样条件下,平均数的抽样平均误差的计算公式为

$$\mu_{\bar{x}} = \sqrt{\frac{\sigma^2}{n}}$$

式中,$\mu_{\bar{x}}$ 代表平均数指标的抽样平均误差,σ^2 代表总体的方差,n 代表样本单位数。

现对上述公式进行推导。

设总体的变量为 X:$X_1, X_2, \cdots, X_N$,其平均数为 $\bar{X}$,标准差为 $\sigma(X)$,样本容量为 n 的变量为 x:$x_1, x_2, \cdots, x_n$,则

$$样本平均数\,\bar{x} = \frac{x_1 + x_2 + \cdots + x_n}{n}$$

按照平均数的定义和它的数学性质有:

$$E(\bar{x}) = E\left[\frac{x_1 + x_2 + \cdots + x_n}{n}\right]$$

$$= \frac{1}{n}\left[E(x_1) + E(x_2) + \cdots + E(x_n)\right]$$

在简单随机重复抽样条件下,由于 $x_1, x_2, \cdots, x_n$ 是相互独立的,而且都是从 X_1, $X_2, \cdots, X_N$ 中抽取,因此每个中选的机会相等,概率都是 $1/N$,因而有:

$$E(x_1) = E(x_2) = \cdots = E(x_n)$$

$$= \sum_{i=1}^{N} X_i P_i = \frac{1}{N} [X_1 + X_2 + \cdots + X_N] = \overline{X}$$

$$E(\overline{x}) = \frac{1}{n} [E(x_1) + E(x_2) + \cdots + E(x_n)]$$

$$= \frac{1}{n} [\overline{X} + \overline{X} + \cdots + \overline{X}] = \frac{1}{n}(n\overline{X}) = \overline{X}$$

按照方差的定义和它的数学性质有:

$$\sigma^2(\overline{x}) = \sigma^2 \left[\frac{x_1 + x_2 + \cdots + x_n}{n} \right] = \frac{1}{n^2} \sigma^2 [x_1 + x_2 + \cdots + x_n]$$

$$= \frac{1}{n^2} [\sigma^2(x_1) + \sigma^2(x_2) + \cdots + \sigma^2(x_n)]$$

在简单随机重复抽样条件下,由于 $x_1, x_2, \cdots, x_n$ 是相互独立的,而且都是从 X_1, $X_2, \cdots, X_N$ 中抽取,所以变量 x_i 与总体 X 是同分布的,因而有:

$$\sigma^2(x_1) = \sigma^2(x_2) = \cdots = \sigma^2(x_n) = \sigma^2(X)$$

所以

$$\sigma^2(\overline{x}) = \sigma^2 \left\{ \frac{1}{n^2} [\sigma^2(x_1) + \sigma^2(x_2) + \cdots + \sigma^2(x_n)] \right\}$$

$$= \frac{1}{n^2} [\sigma^2(X) + \sigma^2(X) + \cdots + \sigma^2(X)]$$

$$= \frac{\sigma^2(X)}{n}$$

并且

$$\mu_{\overline{x}} = \sqrt{E[\overline{x} - E(\overline{x})]^2} = \sigma(\overline{x}) = \sqrt{\frac{\sigma^2(X)}{n}} = \sqrt{\frac{\sigma^2}{n}}$$

(2) 在简单随机不重复抽样条件下,平均数的抽样平均误差的计算公式为

$$\mu_{\overline{x}} = \sqrt{\frac{\sigma^2}{n} \left(\frac{N-n}{N-1} \right)}$$

式中,$\mu_{\overline{x}}$ 代表平均数指标的抽样平均误差,σ^2 代表总体的方差,N 代表总体单位数,n 代表样本单位数。

当 N 很大时,公式可改为

$$\mu_{\overline{x}} = \sqrt{\frac{\sigma^2}{n} \left(\frac{N-n}{N-1} \right)} \approx \sqrt{\frac{\sigma^2}{n} \left(1 - \frac{n}{N} \right)}$$

2. 抽样成数的抽样平均误差

(1) 在简单随机重复抽样条件下,其计算公式为

$$\mu_p = \sqrt{\frac{P(1-P)}{n}}$$

（2）在简单随机不重复抽样条件下，其计算公式为

$$\mu_p = \sqrt{\frac{P(1-P)}{n}\left(1-\frac{n}{N}\right)}$$

式中，μ_p 代表成数指标的抽样平均误差，P 代表总体的成数，N 代表总体单位数，n 代表样本单位数。

计算抽样平均误差时，要使用总体方差 σ^2 和 $P(1-P)$，但总体方差 σ^2 和 $P(1-P)$ 往往是未知的。通常有以下几种解决方法：①用样本方差 s^2 和 $P(1-P)$ 代替；②用过去的调查资料代替，若有几个可供选择，应取最大的一个；③用估计资料代替；④用小规模试验的资料代替。

【例 8-1】　某高等学校有 20 000 名学生，按随机不重复方法抽取 200 名学生的计算机统考考试成绩，计算得到：平均成绩为 80 分，标准差 10 分，及格率为 90%，试计算：

（1）平均成绩和及格率的抽样平均误差；

（2）若采用重复抽样，结果将如何？

解：（1）依题意有 $N = 20\,000$，$n = 200$，用样本的方差和成数代替总体的方差和成数 $\sigma = 10$，$P = 0.9$，则平均成绩的抽样平均误差为

$$\mu_{\bar{x}} = \sqrt{\frac{\sigma^2}{n}\left(1-\frac{n}{N}\right)} = \sqrt{\frac{100}{200}\left(1-\frac{200}{20\,000}\right)} = 0.70（分）$$

及格率的抽样平均误差为

$$\mu_p = \sqrt{\frac{P(1-P)}{n}\left(1-\frac{n}{N}\right)} = \sqrt{\frac{0.9 \times 0.1}{200}\left(1-\frac{200}{20\,000}\right)} = 2.11\%$$

（2）若采用重复抽样，平均成绩的抽样平均误差为

$$\mu_{\bar{x}} = \sqrt{\frac{\sigma^2}{n}} = \sqrt{\frac{100}{200}} = 0.71（分）$$

及格率的抽样平均误差为

$$\mu_p = \sqrt{\frac{P(1-P)}{n}} = \sqrt{\frac{0.9 \times 0.1}{200}} = 2.12\%$$

由以上计算可得，当总体容量相当大，且 $\frac{n}{N}$ 很小，用重复抽样与用不重复抽样公式计算的抽样平均误差相差不大。所以，此时通常可用重复抽样公式计算抽样平均误差。

【例 8-2】　在一批茶叶中，随机抽取 20 包，测其重量为（单位：克）

146	147	151	149	148	150	151	152	148	153
148.5	151.4	149.1	151.1	151.3	149.6	148.8	151.2	148.3	152.1

假设茶叶的重量服从正态分布，试求抽样平均误差。

解：由样本数据可得样本平均数为

$$\bar{x} = \frac{\sum\limits_{i=1}^{n} x_i}{n} = \frac{2\,996.4}{20} = 149.82（克）$$

样本方差为

$$s^2 = \frac{\sum\limits_{i=1}^{n}(x_i-\bar{x})^2}{n-1} = \frac{66.61}{20-1} = 3.506(克^2)$$

用样本方差 s^2 代替总体方差 σ^2，则平均重量的抽样平均误差为

$$\mu_{\bar{x}} = \sqrt{\frac{\sigma^2}{n}} = \sqrt{\frac{3.506}{20}} = 0.419(克)$$

(二) 类型抽样的抽样平均误差

在类型抽样中，总体平均数(或成数)的抽样平均误差计算公式与简单随机抽样的抽样平均误差计算公式大致相同，由于类型抽样是先分类，再从各类中抽选样本单位数，故其方差应是各类方差的加权算术平均数。

1. 抽样平均数的抽样平均误差

(1) 在重复抽样条件下，其计算公式为

$$\mu_{\bar{x}} = \sqrt{\frac{\overline{\sigma^2}}{n}}$$

(2) 在不重复抽样条件下，其计算公式为

$$\mu_{\bar{x}} = \sqrt{\frac{\overline{\sigma^2}}{n}\left(1-\frac{n}{N}\right)}$$

式中，$\mu_{\bar{x}}$ 代表平均数指标的抽样平均误差；N 代表总体单位数；n 代表样本单位数；$\overline{\sigma^2}$ 代表总体平均组内的方差，它是各个组的方差的平均数，计算公式为

$$\overline{\sigma^2} = \frac{\sum\limits_{i=1}^{k}\sigma_i^2 N_i}{N}$$

式中，N_i 和 σ_i^2 代表第 $i(i=1,2,\cdots,k)$ 组(类)的总体单位数和方差。

在等比抽样的条件下，N_i 和 N 可用各组的样本单位数 n_i 和样本单位总数 n 代替，即

$$\overline{\sigma^2} = \frac{\sum\limits_{i=1}^{k}\sigma_i^2 N_i}{N} = \frac{\sum\limits_{i=1}^{k}\sigma_i^2 n_i}{n}$$

【例 8-3】 某地区有小麦播种面积 10 000 亩，现按平原、丘陵、山区面积等比例不重复抽样抽取其中 3%，计算各类平均亩产和各类亩产标准差(见表 8-1)。求平均亩产的抽样平均误差。

解：样本平均数为

$$\bar{x} = \frac{\sum\limits_{i=1}^{k}\bar{x}_i n_i}{n} = \frac{600\times180 + 450\times90 + 350\times30}{300} = 530(千克)$$

表 8-1　小麦样本资料

按地势分组	全部面积/亩	样本面积/亩	样本平均亩产/千克	亩产标准差/千克
符号	N_i	n	$\overline{x_i}$	σ_i
平原	6 000	180	600	80
丘陵	3 000	90	450	110
山区	1 000	30	350	150
合计	10 000	300	—	—

平均组内的方差为

$$\overline{\sigma^2} = \frac{\sum_{i=1}^{k}\sigma_i^2 n_i}{n} = \frac{80^2 \times 180 + 110^2 \times 90 + 150^2 \times 30}{300} = 9\ 720(\text{千克}^2)$$

平均亩产的抽样平均误差为

$$\mu_{\overline{x}} = \sqrt{\frac{\overline{\sigma^2}}{n}\left(1 - \frac{n}{N}\right)} = \sqrt{\frac{9\ 720}{300} \times (1 - 3\%)} = 5.61(\text{千克})$$

从以上计算过程可以看出,类型抽样的抽样平均误差与组间的方差无关,只取决于组内方差的平均水平。因此,在类型抽样分组时应该尽可能扩大组间的方差,缩小组内方差,即各组间的差异可以大些,而各组内的差异一定要小,这样就可以减少抽样平均误差,提高抽样效果。特别地,若各组内的标志值没有差异,那么抽样平均误差就等于零。

2. 抽样成数的抽样平均误差

(1) 在重复抽样条件下,其计算公式为

$$\mu_p = \sqrt{\frac{\overline{P(1-P)}}{n}}$$

(2) 在不重复抽样条件下,其计算公式为

$$\mu_p = \sqrt{\frac{\overline{P(1-P)}}{n}\left(1 - \frac{n}{N}\right)}$$

式中,μ_p 代表成数指标的抽样平均误差;N 代表总体单位数;n 代表样本单位数;$\overline{P(1-P)}$ 代表总体平均组内的成数的方差,它是各个组的成数的方差的平均数,计算公式为

$$\overline{P(1-P)} = \frac{\sum_{i=1}^{k}P_i(1-P_i)N_i}{N}$$

式中,N_i 和 P_i 代表第 $i(i=1,2,\cdots,k)$ 组(类)的总体单位数和成数。

在等比抽样的条件下,N_i 和 N 可用各组的样本单位数 n_i 和样本单位总数 n 代替,即

$$\overline{P(1-P)} = \frac{\sum_{i=1}^{k}P_i(1-P_i)N_i}{N} = \frac{\sum_{i=1}^{k}P_i(1-P_i)n_i}{n}$$

【例 8-4】 某地区有小麦播种面积 10 000 亩,现按平原、丘陵、山区面积等比例按不重复抽样抽取其中 3%,计算各类高产田的比重(见表 8-2)。求高产田比重的抽样平均误差。

表 8-2 小麦样本资料

按地势分组	全部面积/亩	样本面积/亩	样本高产田比重
符号	N_i	n	p_i
平原	6 000	180	0.8
丘陵	3 000	90	0.6
山区	1 000	30	0.3
合计	10 000	300	—

解:用各类样本的高产田比重代替总体各类的高产田比重,则

$$\overline{P(1-P)} = \frac{\sum_{i=1}^{k} P_i(1-P_i)n_i}{n}$$

$$= \frac{0.8 \times 0.2 \times 180 + 0.6 \times 0.4 \times 90 + 0.7 \times 0.3 \times 30}{300}$$

$$= 0.189 = 18.9\%$$

高产田比重的抽样平均误差为

$$\mu_p = \sqrt{\frac{\overline{P(1-P)}}{n}\left(1-\frac{n}{N}\right)} = \sqrt{\frac{0.189}{300}(1-3\%)} = 0.0247 = 2.47\%$$

(三)整群抽样的抽样平均误差

1. 抽样平均数的抽样平均误差

其计算公式为

$$\mu_{\bar{x}} = \sqrt{\frac{\delta_{\bar{X}}^2}{r}\left(\frac{R-r}{R-1}\right)}$$

式中,R 为总体群数;r 为样本群数;$\delta_{\bar{X}}^2$ 为平均数的群间方差。

若是等群抽样,$\delta_{\bar{X}}^2$ 的计算公式为

$$\delta_{\bar{X}}^2 = \frac{\sum_{i=1}^{R}(\overline{X}_i - \overline{X})^2}{R}$$

式中,$\overline{X}_i$ 为全及总体各群平均数;$\overline{X}$ 为总体平均数。

若是不等群抽样,可用加权公式计算 $\delta_{\bar{X}}^2$。如果缺乏全及总体资料,可用样本资料计算 $\delta_{\bar{X}}^2$。

2. 抽样成数的抽样平均误差

其计算公式为

$$\mu_p = \sqrt{\frac{\delta_P^2}{r}\left(\frac{R-r}{R-1}\right)}$$

式中,R 为总体群数;r 为样本群数;δ_P^2 为成数的群间方差。

若是等群抽样,δ_P^2 的计算公式为

$$\delta_P^2 = \frac{\sum_{i=1}^{R}(P_i - P)^2}{R}$$

式中,P_i 为全及总体各群成数,P 为总体成数。

若是不等群抽样,可用加权公式计算 δ_P^2。如果缺乏全及总体资料,可用样本资料计算 δ_P^2。

从上面的计算公式可以看出,因整群抽样是对抽中的群所有单位进行全面调查,所以整群抽样只存在群间抽样误差,不存在群内抽样误差。因此,在整群抽样分组时应该尽可能扩大组内的方差,缩小组间方差,即各组内的差异可以大些,而各组间的差异一定要小,这样就可以减少抽样平均误差,提高抽样效果。

【例 8-5】 某县有 500 个村,据历史资料估算,各村平均亩产的方差为 100 千克^2,现抽取 20 个村进行农产量调查,试计算平均亩产的抽样平均误差。

解:依题意有 $R=500, r=20, \delta_{\bar{X}}^2=100$,则平均亩产的抽样平均误差为

$$\mu_{\bar{x}} = \sqrt{\frac{\delta_{\bar{X}}^2}{r}\left(\frac{R-r}{R-1}\right)} = \sqrt{\frac{100}{20}\times\left(\frac{500-20}{500-1}\right)} = 2.19(千克)$$

(四)等距抽样的抽样平均误差

等距抽样的抽样平均误差计算按总体单位的排列顺序分成两种情况。

(1)当总体按无关标志排列时,等距抽样与简单随机不重复抽样没有什么差别,因此,可按简单随机不重复抽样公式计算抽样平均误差。

(2)当总体按有关标志排列时,等距抽样可视为类型抽样的特殊形式,不同的是分组更细,组数更多,而且每一组内只抽取一个样本单位的类型抽样,因此,可按类型抽样的公式计算抽样平均误差。

【例 8-6】 有 32 块小麦地,从中选 4 块进行调查,抽样距离 $K=\frac{32}{4}=8$,即每隔 8 块抽 1 块。根据过去资料将 32 块地分为 4 组,每组的组内方差为:$\sigma_1^2=200(千克^2)$,$\sigma_2^2=250(千克^2)$,$\sigma_3^2=350(千克^2)$,$\sigma_4^2=400(千克^2)$。试计算抽样平均误差。

解:平均组内方差为

$$\overline{\sigma^2} = \frac{\sum_{i=1}^{K}\sigma_i^2 N_i}{N} = \frac{(200+250+350+400)\times 8}{32} = 300(千克^2)$$

抽样平均误差为

$$\mu_{\bar{x}} = \sqrt{\frac{\overline{\sigma^2}}{n}\left(1-\frac{n}{N}\right)} = \sqrt{\frac{300}{4}\times\left(1-\frac{4}{32}\right)} = 8.1(千克)$$

三、影响抽样误差的因素

从上述抽样平均误差的计算公式可以看出,抽样平均误差的大小主要受以下几个因素影响。

(1) 受总体单位之间变异程度的影响,即受总体标准差大小的影响。总体标准差数值越大,抽样平均误差也就越大;反之,则抽样平均误差就越小。抽样平均误差与总体标准差的大小成正比例关系。

(2) 受抽样单位数多少的影响。抽样单位数越多,抽样平均误差就越小;反之,则抽样平均误差就越大。抽样平均误差与样本容量的平方根成反比例关系。

(3) 受抽样方法不同的影响。不重复抽样的抽样平均误差小于重复抽样。

(4) 受抽样组织形式不同的影响。不同抽样组织所抽取的样本,其计算抽样平均误差的方法不同,故抽样平均误差的计算结果也不相同。一般来说,在抽样数目相同的情况下,对同一调查事物总体,采用类型抽样和等距抽样比简单随机抽样的抽样平均误差要小,采用单个抽样比整群抽样的抽样平均误差要小。

第四节　抽　样　估　计

一、抽样估计概述

(一) 估计量与估计值

抽样估计就是利用抽样调查取得的样本指标去估计和推断总体指标的一种统计方法。总体指标又称为总体参数,简称参数,因而又称参数估计。样本指标又称为统计量,因而参数估计就是用样本的统计量去估计总体的参数。例如,用样本平均数 $\bar{x}$ 估计总体平均数 $\bar{X}$,用样本的成数 p 估计总体成数 P,用样本的方差 s^2 估计总体方差 σ^2 等。设 θ 表示总体参数,用 $\hat{\theta}$ 表示用于估计总体参数的统计量,则参数估计就是如何用 $\hat{\theta}$ 估计 θ。

在抽样估计中,用于估计总体参数的统计量的名称称为估计量,用 $\hat{\theta}$ 表示。样本平均数 $\bar{x}$、样本的成数 p、样本的方差 s^2 等都可以是一个统计量。而根据一个具体的样本计算出来的估计量数值,则称为估计值。例如,要估计某高校学生的平均月支出,从中随机抽取一个样本,该高校学生的平均月支出是未知的,是要估计的,称为参数,用 θ 表示。根据样本计算的平均月支出 $\bar{x}$ 是一个估计量,用 $\hat{\theta}$ 表示,假定计算出来的样本平均月支出为 530 元,这个 530 元就是估计量的具体数值,称为点估计值。

(二) 评价估计量的标准

参数估计就是用样本统计量 $\hat{\theta}$ 作为总体参数 θ 的估计。对于同一未知总体的参数,可以采用不同的样本统计量 $\hat{\theta}$ 来估计总体参数。例如,对于未知总体的平均数,可以选择样本平均数 $\bar{x}$ 作为总体的平均数估计量,也可选择样本中位数 M_e 作为总体的平均数估计量。如何选择最优估计量呢？这就涉及优良估计量的评价标准问题。通常来说,评价估计量的标准有无偏性、有效性和一致性。

1. 无偏性

无偏性是指估计量抽样分布的数学期望等于被估计的总体参数,也就是说样本指标所有可能取值的平均数等于估计总体指标。设总体参数为 θ,所选择的估计量为 $\hat\theta$,如果 $E(\hat\theta)=\theta$,则称 $\hat\theta$ 为 θ 的一个无偏估计量。

(1) 样本平均数 $\bar x$ 是总体平均数 $\overline X$ 的一个无偏估计量。

证明:设总体的变量为 X：$X_1,X_2,\cdots,X_N$,其平均数为 $\overline X$,标准差为 $\sigma(X)$,样本容量为 n 的变量为 x：$x_1,x_2,\cdots,x_n$。样本平均数 $\bar x=\dfrac{x_1+x_2+\cdots+x_n}{n}$。

$$E(\bar x)=E\left[\frac{x_1+x_2+\cdots+x_n}{n}\right]$$
$$=\frac{1}{n}\left[E(x_1)+E(x_2)+\cdots+E(x_n)\right]$$
$$=\frac{1}{n}\left[\overline X+\overline X+\cdots+\overline X\right]=\frac{1}{n}(n\overline X)=\overline X$$

(2) 样本方差 s^2 是总体方差 σ^2 的一个无偏估计量。

证明:$E(s^2)=E\left[\dfrac{\displaystyle\sum_{i=1}^{n}(x_i-\bar x)^2}{n-1}\right]$

$$=\frac{1}{n-1}E\left\{\sum_{i=1}^{n}\left[(x_i-E(X))-(\bar x-E(X))\right]^2\right\}$$
$$=\frac{1}{n-1}\left\{\sum_{i=1}^{n}E\left[x_i-E(X)\right]^2-\sum_{i=1}^{n}E\left[\bar x-E(X)\right]^2\right\}$$
$$=\frac{1}{n-1}\left\{\sum_{i=1}^{n}E\left[x_i-E(x_i)\right]^2-\sum_{i=1}^{n}E\left[\bar x-E(\bar x)\right]^2\right\}$$
$$=\frac{1}{n-1}\left(\sum_{i=1}^{n}\sigma^2-\sum_{i=1}^{n}\frac{\sigma^2}{n}\right)$$
$$=\frac{1}{n-1}(n\sigma^2-\sigma^2)=\sigma^2$$

简言之,无偏性反映的是用某个统计量来估计总体参数会存在着偏差,但是存在的正偏差和负偏差之间可以相互抵消。

2. 有效性

无偏性是评价估计量的一个重要标准。但是无偏性也有弱点:它只考虑所有可能估计值的平均值等于总体参数值,而不考虑这些估计值与总体参数值的差异程度。因此,我们在选择估计量时,不仅希望估计量具有无偏性,而且希望估计值的差异程度应尽可能地小,这就涉及估计量的有效性问题。

有效性是指对同一参数的两个无偏估计量,有更小方差的估计量更有效。

设 $\hat\theta_1$、$\hat\theta_2$ 为总体参数 θ 的两个无偏估计量,若 $D(\hat\theta_1)<D(\hat\theta_2)$,则称 $\hat\theta_1$ 是比 $\hat\theta_2$ 更有效的估计量。

例如,在正态总体中,样本平均数 $\bar x$ 和样本中位数 M_e 均是总体平均数 $\overline X$ 的无偏估计量。但因为 $D(\bar x)=\dfrac{\sigma^2}{n}$,$D(M_e)=\dfrac{\pi\sigma^2}{2n}=1.57\times\dfrac{\sigma^2}{n}=1.57D(\bar x)$,所以,用样本平均数 $\bar x$ 作为总体参数 $\overline X$ 的估计量比用样本中位数 M_e 更有效。

应当注意的是,一方面无偏估计量不一定是有效估计量;另一方面,并不是每个估计量都是无偏估计量。一个估计量比另一个估计量更有效,说明前者的方差比后者要小,前者的估计值更紧密地围绕在被估计总体参数周围。如果某一总体参数的一个无偏估计量比该参数的所有无偏估计量的方差小,则称该估计量为最有效或最佳的无偏估计量。可以证明,样本平均数 $\bar x$ 是总体平均数 $\overline X$ 的最佳的无偏估计量,样本成数 p 是总体成数 P 的最佳的无偏估计量,样本方差 s^2 是总体方差 σ^2 的最佳的无偏估计量。

3. 一致性

一致性是指随着样本容量的增大,估计量的值逐渐趋近于被估计的总体参数。设总体参数为 θ,所选择的估计量为 $\hat\theta$,若 $\hat\theta$ 依概率收敛于 θ,即对任意 $\varepsilon>0$,有 $\lim\limits_{n\to\infty}P\{|\hat\theta-\theta|<\varepsilon\}=1$,则称 $\hat\theta$ 为 θ 的一致估计量。可以证明,样本平均数 $\bar x$ 是总体平均数 $\overline X$ 的一致估计量,样本成数 p 是总体成数 P 的一致估计量,样本方差 s^2 是总体方差 σ^2 的一致估计量。

(三)抽样极限误差

抽样极限误差简称极限误差或允许误差,是指样本指标与全及指标之间的可能误差范围。由于全及指标是固定、唯一确定的量,而样本指标随着每一次抽样的不同可能出现不同的样本取值,因而,样本指标是围绕全及指标上下波动的随机变量,样本指标与全及总体指标可能产生正或负的离差。抽样极限误差就指变动的样本指标与确定的全及总体指标之间离差的可能范围。

设 $\Delta_{\bar x}$ 和 Δ_p 分别表示抽样平均数的极限误差和抽样成数的极限误差,则有

$$\Delta_{\bar x}=|\bar x-\overline X|$$
$$\Delta_p=|p-P|$$

上式中的 $\Delta_{\bar x}$ 和 Δ_p 都有表示样本平均数和样本成数的极限误差可允许的上限和下限数值,于是,上面的等式可变换为下列等价的不等关系:

$$\bar x-\Delta_{\bar x}\leqslant\overline X\leqslant\bar x+\Delta_{\bar x}$$
$$p-\Delta_p\leqslant P\leqslant p+\Delta_p$$

由上式可见,抽样极限误差反映了抽样估计的精确度。一般来说,抽样极限误差越小,抽样估计的精确度越高;反之,抽样极限误差越大,抽样估计的精确度越低。

(四)抽样极限误差的置信度

由于样本指标是随机变量,样本指标值会随着样本的变动而变动,样本指标与总体指标之差也是随机变量,其值也会随着样本的变动而变动,因而总体指标落在我们所期望的

$\bar{x}\pm\Delta_{\bar{x}}$ 或 $p\pm\Delta_p$ 范围内并非必然事件，而只能是以一定概率保证，即总体指标落在给定的误差范围也只是以一定概率保证，而并非必然事件。抽样极限误差的置信度或可靠程度是指全及指标落在某一区间内的概率保证程度，常用 $F(t)$ 表示。

在抽样估计中，抽样极限误差是人为确定的，因此，基于理论上的要求，抽样极限误差需要用抽样平均误差 $\mu_{\bar{x}}$ 或 μ_p 为标准单位衡量，即把抽样极限误差 $\Delta_{\bar{x}}$ 或 Δ_p 除以抽样平均误差 $\mu_{\bar{x}}$ 或 μ_p，得出相应的误差程度 t，表示抽样极限误差为抽样平均误差的 t 倍，t 称为抽样误差的概率度，用公式表示为

$$t=\frac{\Delta_{\bar{x}}}{\mu_{\bar{x}}}$$

$$\Delta_{\bar{x}}=t\mu_{\bar{x}}$$

$$t=\frac{\Delta_p}{\mu_p}$$

$$\Delta_p=t\mu_p$$

数理统计已经证明，抽样估计的抽样极限误差的置信度 $F(t)$ 和抽样误差的概率度 t 密切相连。它是 t 函数，即

$$F(t)=P\{\bar{x}-t\mu_{\bar{x}}\leqslant\overline{X}\leqslant\bar{x}+t\mu_{\bar{x}}\}$$

$$F(t)=P\{p-t\mu_p\leqslant P\leqslant p+t\mu_p\}$$

在大样本的条件下，抽样平均数 $\bar{x}$ 服从正态分布，$F(t)$ 与 t 的关系可通过查正态分布概率表来确定，常用的 $F(t)$ 与 t 的关系见表 8-3。

表 8-3　常用的 $F(t)$ 与 t 的关系

概率度 t	1	1.96	2	3
抽样极限误差的置信度 $F(t)$	0.682 7	0.950 0	0.954 5	0.997 3

从上面的公式可以看出，在同样的概率保证程度下，抽样平均误差越小，则抽样极限误差也越小；抽样平均误差越大，则抽样极限误差也就越大。另一方面，应注意到，置信度 $F(t)$ 与概率度 t 成正比例关系，也就是说，置信度 $F(t)$ 会随着 t 增大而增大，即 t 增大而估计的可靠程度 $F(t)$ 也增大了；反之，则相反。在抽样平均误差不变的情况下，t 增大了则抽样极限误差也扩大了，因而估计的精确度也就降低了。所以在抽样估计的时候，对于精确度的要求和估计的可靠性的要求应该慎重选择。

二、点估计与区间估计

抽样估计的方法有点估计和区间估计两种。

（一）点估计

点估计就是用样本统计量 θ 的某个取值直接作为总体参数 θ 的估计值，即直接用样本的某个取值作为总体指标的估计值，也称为定值估计。例如，用样本平均数 $\bar{x}$ 估计总体

平均数 $\bar{X}$ 的估计值,用样本的成数 p 估计总体成数 P 的估计值,用样本的方差 s^2 估计总体方差 σ^2 的估计值等。例如,要估计某高校学生的平均月支出,从中随机抽取一个样本,计算出来的样本平均月支出为 530 元,用 530 元作为某高校学生的平均月支出的一个估计值,就是点估计。又如,若要估计一批产品的合格率,根据抽样结果的合格率为 90%,将 90% 直接作为这批产品合格率的估计值,这也是一个点估计。

(二) 区间估计

由于样本指标是随机变量,样本指标值会随着样本的变动而变动,因而抽到的一个具体的样本得到的指标值很可能不同于总体的指标值。在用点估计值代表总体指标值时,应该给出样本指标值与总体指标值的接近程度和可靠程度。但这在统计上是做不到的,因为样本指标值与总体指标值的接近程度和可靠程度与允许误差范围有关。因此对总体指标的估计不能完全依赖一个点估计值,而要围绕点估计值构造总体指标的一个区间。确定这个区间的方法就是区间估计。

区间估计是在一定的概率保证下,用以点估计值为中心的一个区间范围来估计总体指标值的一种估计方法。为了确保推算的结果可信,可以设置一个区间,使推断的结果包括在这一范围内。这一区间称为置信区间。根据抽样极限误差的概念可知

$$\bar{x} - \Delta_{\bar{x}} \leqslant \bar{X} \leqslant \bar{x} + \Delta_{\bar{x}}$$
$$p - \Delta_p \leqslant P \leqslant p + \Delta_p$$

即

$$\bar{x} - t\mu_{\bar{x}} \leqslant \bar{X} \leqslant \bar{x} + t\mu_{\bar{x}}$$
$$p - t\mu_p \leqslant P \leqslant p + t\mu_p$$

区间估计就是要使被估计的总体参数落在区间 $[\bar{x} - t\mu_{\bar{x}}, \bar{x} + t\mu_{\bar{x}}]$ 和 $[p - t\mu_p, p + t\mu_p]$ 内的概率为 $1 - \alpha$,即

$$F(t) = P\{\bar{x} - t\mu_{\bar{x}} \leqslant \bar{X} \leqslant \bar{x} + t\mu_{\bar{x}}\} = 1 - \alpha$$
$$F(t) = P\{p - t\mu_p \leqslant P \leqslant p + t\mu_p\} = 1 - \alpha$$

我们称区间 $[\bar{x} - t\mu_{\bar{x}}, \bar{x} + t\mu_{\bar{x}}] = [\bar{x} - \Delta_{\bar{x}}, \bar{x} + \Delta_{\bar{x}}]$ 和 $[p - t\mu_p, p + t\mu_p] = [p - \Delta_p, p + \Delta_p]$ 为置信区间,称 $1 - \alpha$ 为置信度或概率,称 α 为显著水平,称 t 为概率度。在大样本的条件下,抽样平均数 $\bar{x}$ 服从正态分布,$1 - \alpha$ 与 t 的关系可通过查正态分布概率表来确定。

从上面的相关定义可知,构成区间估计有三个基本要素:点估计值 $\bar{x}$ 或 p、概率度 t、抽样平均误差 $\mu_{\bar{x}}$ 或 μ_p。

进行区间估计的步骤为:

(1) 根据样本的资料求点估计值,即求样本的平均数 $\bar{x}$ 或成数 p;

(2) 计算抽样平均误差 $\mu_{\bar{x}}$ 或 μ_p;

(3) 根据给出的显著性水平 α,查相关的分布表,确定概率度 t 值;

(4) 计算抽样限误差 $\Delta_{\bar{x}}$ 或 Δ_p;

(5) 求置信区间 $\bar{x} \pm \Delta_{\bar{x}}$ 或 $p \pm \Delta_p$;

（6）总体总值指标 $\widetilde{X}$ 的置信区间为 $N(\widetilde{X}\pm\Delta_{\bar{x}})$ 或 $N(p\pm\Delta_p)$。

（三）简单随机抽样的区间估计应用举例

1. 大样本抽样情况下的简单随机抽样区间估计

在大样本简单随机抽样情况下,抽样平均数 $\bar{x}$ 经过标准化以后的随机变量服从标准正态分布,$1-\alpha$ 与 t 的关系可通过查正态分布概率表来确定。同时,当样本容量 n 很大时,$n-1\approx n$,在计算样本方差 s_n 时,可用 $s_n=\dfrac{\sum\limits_{i=1}^{k}(x_i-\bar{x})^2 f_i}{\sum\limits_{i=1}^{k} f_i}$ 的近似公式计算。

【例 8-7】 沿用例 8-1 的资料,某高等学校有 20 000 名学生,按随机不重复方法抽取 200 名学生的计算机统考考试成绩,计算得到的平均成绩是 80 分,标准差 10 分。试以 95.45% 的概率保证程度估计该校学生计算机统考的平均成绩范围。

解：依题意有 $N=20\,000$,$n=200$,$\bar{x}=80$,用样本的方差代替总体方差,即 $\sigma^2=10^2$,则平均成绩的抽样平均误差为

$$\mu_{\bar{x}}=\sqrt{\frac{\sigma^2}{n}\left(1-\frac{n}{N}\right)}=\sqrt{\frac{100}{200}\left(1-\frac{200}{20\,000}\right)}=0.70（分）$$

由 $F(t)=95.45\%$ 查正态分布表得 $t=2$,则

抽样极限误差为

$$\Delta_{\bar{x}}=t\mu_{\bar{x}}=2\times 0.7=1.4（分）$$

区间范围为

$$\bar{x}\pm\Delta_{\bar{x}}=80\pm 1.4$$

即在 95.45% 的概率保证程度下,该校学生计算机统考的平均成绩为 78.6～81.4 分。

【例 8-8】 某乡有 10 000 户农民,随机不重复抽取 100 户,调查其月收入情况,资料见表 8-4。

表 8-4 某乡农民月收入抽样调查资料

月收入/元	户数 f_i	组中值 x_i	$x_i f_i$	$x_i-\bar{x}$	$(x_i-\bar{x})^2 f_i$
300 以下	5	200	1 000	−520	1 352 000
300～500	15	400	6 000	−320	1 536 000
500～700	30	600	18 000	−120	432 000
700～900	25	800	20 000	80	160 000
900～1 100	15	1 000	15 000	280	1 176 000
1 100 以上	10	1 200	12 000	480	2 304 000
合 计	100		72 000		6 960 000

试计算：

（1）抽样每户平均月收入。

（2）以 95.45% 的概率保证程度估计该乡每户农民的平均月收入的范围和该乡农民月总收入范围。

（3）以同样概率估计该乡农民月收入大于或等于 900 元户数所占比重的范围。

解：（1）抽样每户平均月收入为

$$\bar{x} = \frac{\sum_{i=1}^{k} x_i f_i}{\sum_{i=1}^{k} f_i} = \frac{72\ 000}{100} = 720（元）$$

（2）样本方差为

$$s^2 = \frac{\sum_{i=1}^{k}(x_i - \bar{x})^2 f_i}{\sum_{i=1}^{k} f_i} = \frac{6\ 960\ 000}{100} = 69\ 600（元^2）$$

用样本方差 s^2 代替总体方差 σ^2，则抽样平均误差为

$$\mu_{\bar{x}} = \sqrt{\frac{\sigma^2}{n}\left(1 - \frac{n}{N}\right)} = \sqrt{\frac{69\ 600}{100} \times \left(1 - \frac{100}{10\ 000}\right)} = 26.25（元）$$

由 $F(t) = 95.45\%$ 查正态分布表得 $t = 2$，则

抽样极限误差为

$$\Delta_{\bar{x}} = t\mu_{\bar{x}} = 2 \times 26.25 = 52.5（元）$$

区间范围为

$$\bar{x} \pm \Delta_{\bar{x}} = 720 \pm 52.5$$

该乡农民月平均总收入范围为

$$\widetilde{X} = N(\bar{x} \pm \Delta_{\bar{x}}) = 10\ 000 \times (720 \pm 52.5) = 7\ 200\ 000 \pm 525\ 000$$

即在 95.45% 的概率保证程度下，该乡农民户月平均收入在 667.5～772.5 元。该乡农民月总收入在 6\ 675\ 000～7\ 725\ 000 元。

（3）样本中月收入大于或等于 900 元户数所占比重为

$$p = \frac{n_1}{n} = \frac{25}{100} = 25\%$$

用样本的比重代替总体的比重，则比重的抽样平均误差为

$$\mu_p = \sqrt{\frac{P(1-P)}{n}\left(1 - \frac{n}{N}\right)} = \sqrt{\frac{0.25 \times 0.75}{100} \times \left(1 - \frac{100}{10\ 000}\right)} = 4.31\%$$

比重的抽样极限误差为

$$\Delta_p = t\mu_p = 2 \times 4.31\% = 8.62\%$$

比重的区间范围为

$$p \pm \Delta_p = 25\% \pm 8.62\%$$

即在 95.45% 的概率保证程度下，该乡农民月收入大于或等于 900 元户数所占比重为 16.38%～23.62%。

2. 小样本抽样情况下的简单随机抽样区间估计

在小样本简单随机抽样情况下，假设总体服从正态分布，当总体方差为已知，则抽样平均数 $\bar{x}$ 经过标准化以后的随机变量服从标准正态分布，$1 - \alpha$ 与 t 的关系可通过查正态

分布概率表来确定。总体指标的区间估计可按上面的方法来确定。假定总体服从正态分布,当总体方差为未知,则抽样平均数 $\bar{x}$ 经过标准化以后的随机变量服从自由度为 $n-1$ 的 t 分布,$1-\alpha$ 与 t 的关系可通过查 t 分布概率表来确定。

【例 8-9】 沿用例 8-2 的资料,假设茶叶的重量服从正态分布,试以 95% 的概率保证程度,估计该批茶叶每包的平均重量范围。

解:由样本数据可得样本平均数为

$$\bar{x}=\frac{\sum_{i=1}^{n} x_i}{n}=\frac{2\ 996.4}{20}=149.82(\text{克})$$

样本方差为

$$s^2=\frac{\sum_{i=1}^{n}(x_i-\bar{x})^2}{n-1}=\frac{66.61}{20-1}=3.506(\text{克}^2)$$

用样本方差 s^2 代替总体方差 σ^2,则平均重量的抽样平均误差为

$$\mu_{\bar{x}}=\sqrt{\frac{\sigma^2}{n}}=\sqrt{\frac{3.506}{20}}=0.419(\text{克})$$

已知 $1-\alpha=0.95$,查 t 分布得,$t_{\alpha/2}(n-1)=t_{0.025}(20-1)=2.093$

抽样极限误差为

$$\Delta_{\bar{x}}=t_{\alpha/2}(n-1)\mu_{\bar{x}}=2.093\times0.419=0.88(\text{克})$$

区间范围为

$$\bar{x}\pm\Delta_{\bar{x}}=149.82\pm0.88$$

即在 95% 的概率保证程度下,该批茶叶每包的平均重量为 $148.94\sim150.7$ 克。

(四)类型抽样的区间估计应用举例

【例 8-10】 某高校有 20 000 名学生,现按性别等比例抽取其中 1%,计算男生和女生平均月支出和标准差(见表 8-5)。以 95.45% 的概率保证程度,估计该校每位学生的平均月支出的范围和该校学生月总支出范围。

表 8-5 某高校学生现按性别等比例抽样资料

按性别分组	学生人数/人	样本人数/人	样本平均月支出/元	月支出标准差/元
符号	N_i	n	$\bar{x}_i$	σ_i
男生	11 000	110	700	120
女生	9 000	90	500	80
合计	20 000	200	—	—

解:样本平均数为

$$\bar{x}=\frac{\sum_{i=1}^{k}\bar{x}_i n_i}{n}=\frac{700\times110+500\times90}{200}=610(\text{元})$$

平均组内的方差为

$$\overline{\sigma^2} = \frac{\sum_{i=1}^{k}\sigma_i^2 n_i}{n} = \frac{120^2 \times 110 + 80^2 \times 90}{200} = 10\ 800(\overline{\pi}^2)$$

平均月支出的抽样平均误差为

$$\mu_{\overline{x}} = \sqrt{\frac{\overline{\sigma^2}}{n}\left(1 - \frac{n}{N}\right)} = \sqrt{\frac{10\ 800}{200} \times (1 - 1\%)} = 7.31(\overline{\pi})$$

由 $F(t) = 95.45\%$ 查正态分布表得 $t = 2$，则

抽样极限误差为

$$\Delta_{\overline{x}} = t\mu_{\overline{x}} = 2 \times 7.31 = 14.62(\overline{\pi})$$

区间范围为

$$\overline{x} \pm \Delta_{\overline{x}} = 610 \pm 14.62$$

该校学生月平均总支出区间为

$$\widetilde{X} = N(\overline{x} \pm \Delta_{\overline{x}}) = 20\ 000 \times (610 \pm 14.62) = 12\ 200\ 000 \pm 292\ 400$$

即在 95.45% 的概率保证程度下，该校每位学生的平均月支出为 $595.38 \sim 624.62$ 元，该校学生月平均总支出为 $11\ 907\ 600 \sim 12\ 492\ 400$ 元。

【例 8-11】 沿用例 8-4 的资料，试以 95.45% 的概率保证程度，估计该地区小麦高产田的比重范围。

解：样本高产田平均比重为

$$p = \frac{\sum_{i=1}^{k}p_i n_i}{n} = \frac{0.8 \times 180 + 0.6 \times 90 + 0.7 \times 30}{300} = 0.69 = 69\%$$

用各类样本的高产田比重代替总体各类的高产田比重，则

$$\overline{P(1-P)} = \frac{\sum_{i=1}^{k}P_i(1-P_i)n_i}{n}$$

$$= \frac{0.8 \times 0.2 \times 180 + 0.6 \times 0.4 \times 90 + 0.7 \times 0.3 \times 30}{300}$$

$$= 0.189 = 18.9\%$$

高产田比重的抽样平均误差为

$$\mu_p = \sqrt{\frac{\overline{P(1-P)}}{n}\left(1 - \frac{n}{N}\right)} = \sqrt{\frac{0.189}{300} \times (1 - 3\%)} = 0.0247 = 2.47\%$$

由 $F(t) = 95.45\%$ 查正态分布表得 $t = 2$，则

比重抽样极限误差为

$$\Delta_p = t\mu_p = 2 \times 2.47\% = 4.94\%$$

比重的区间范围为

$$p \pm \Delta_p = 69\% \pm 4.94\%$$

即在 95.45% 的概率保证程度下，该地区小麦高产田的比重在 $64.06\% \sim 73.94\%$。

三、必要抽样单位数目的确定

前面的论述都是假定样本容量 n 是已知的,但是在实际生活中,需要自己动手设计调查方案。这时,决定样本的容量是一个很重要的问题。n 选得过大,会增加调查的费用;n 选得过小,又会使调查结果误差增大,使样本失去代表性,降低抽样推断的质量。一般来说,确定必要的抽样单位数目的原则是:在保证抽样推断能达到的预期的可靠程度和精确程度的要求下,抽取的样本单位数目应尽可能小。

(一)必要抽样单位数目的计算方法

用 $\Delta_{\bar{x}}$ 或 Δ_p 表示抽样极限误差,由 $\Delta_{\bar{x}} = t\mu_{\bar{x}}$ 或 $\Delta_p = t\mu_p$,再根据抽样平均误差公式,可推导确定必要抽样单位数目的公式。

1. 简单随机抽样

(1) 在重复抽样的条件下,平均数的必要抽样单位数目为

$$n = \frac{t^2 \sigma^2}{\Delta_{\bar{x}}^2}$$

式中,$\Delta_{\bar{x}}$ 代表抽样极限误差;t 为概率度;σ^2 代表总体方差。

以下为推导过程。

由 $\Delta_{\bar{x}} = t\mu_{\bar{x}} = t\sqrt{\dfrac{\sigma^2}{n}}$,两边平方有

$$\Delta_{\bar{x}}^2 = \frac{t^2 \sigma^2}{n}$$

因而有

$$n = \frac{t^2 \sigma^2}{\Delta_{\bar{x}}^2}$$

(2) 在不重复抽样的条件下,平均数的必要抽样单位数目为

$$n = \frac{t^2 \sigma^2 N}{\Delta_{\bar{x}}^2 N + t^2 \sigma^2}$$

以下为推导过程。

由 $\Delta_{\bar{x}} = t\mu_{\bar{x}} = t\sqrt{\dfrac{\sigma^2}{n}\left(1 - \dfrac{n}{N}\right)}$,两边平方有

$$\Delta_{\bar{x}}^2 = \frac{t^2 \sigma^2 (N - n)}{nN}$$

两边乘以 nN 有

$$nN\Delta_{\bar{x}}^2 = t^2 \sigma^2 (N - n)$$

移项整理有

$$n(\Delta_{\bar{x}}^2 N + t^2 \sigma^2) = t^2 \sigma^2 N$$

所以

$$n = \frac{t^2 \sigma^2 N}{\Delta_{\bar{x}}^2 N + t^2 \sigma^2}$$

（3）在重复抽样的条件下,成数指标的必要抽样单位数目为

$$n = \frac{t^2 P(1-P)}{\Delta_p^2}$$

（4）在不重复抽样的条件下,成数指标的必要抽样单位数目为

$$n = \frac{t^2 P(1-P)N}{\Delta_p^2 N + t^2 P(1-P)}$$

2. 类型抽样

类型抽样的必要抽样单位数目的计算公式见表 8-6。

表 8-6　类型抽样的必要抽样单位数目的计算公式

抽样方法	平均数的必要抽样单位数目	成数指标的必要抽样单位数目
重复抽样	$n = \dfrac{t^2 \overline{\sigma^2}}{\Delta_{\bar{x}}^2}$	$n = \dfrac{t^2 \overline{P(1-P)}}{\Delta_p^2}$
不重复抽样	$n = \dfrac{t^2 \overline{\sigma^2} N}{\Delta_{\bar{x}}^2 N + t^2 \overline{\sigma^2}}$	$n = \dfrac{t^2 \overline{P(1-P)} N}{\Delta_{\bar{x}}^2 N + t^2 \overline{P(1-P)}}$

公式中,$\overline{\sigma^2}$ 为平均组内方差 $\overline{P(1-P)}$ 为平均组内的成数方差。

3. 整群抽样

对整群抽样而言,不是求必要抽样单位数目,而是求必要抽样群数。确定必要抽样群数,可按简单不重复的随机抽样公式来确定。

4. 等距抽样

对于等距抽样的必要抽样单位数目,在有总体差异程度的全面资料时,可用类型抽样的公式计算;在没有总体差异程度的全面资料时,可用简单随机抽样的公式计算。

（二）影响必要抽样单位数目的因素

从确定必要抽样单位数目的公式中,可以看出影响必要抽样单位数目多少的因素主要有以下几个。

（1）抽样估计的可靠程度,即概率度 t。t 值越大,要求的可靠程度越高,抽样单位数目也就要求多些;反之,则可少抽一些。在简单重复随机抽样的条件下,必要抽样单位数目与概率度 t 值的平方成正比。

（2）被调查事物总体单位标志之间变异程度,即 σ^2 或 $P(1-P)$ 的大小。方差越大,需要多抽一些;方差越小,则可少抽一些。在简单重复随机抽样的条件下,必要抽样单位数目与总体方差的大小成正比。

（3）抽样极限（允许）误差的大小。抽样极限误差越小,抽样数目应多些;抽样极限误差越大,抽样数目可小些。在简单重复随机抽样的条件下,必要抽样单位数目与抽样极限误差的平方大小成反比。

（4）抽样调查的组织形式和方法。一般来说,在同等的条件下,类型抽样、等距抽样

比简单随机抽样的抽样数目要小,单个抽样比整群抽样的抽样数目要少;有关标识排队等抽样比无关标识等抽样的抽样数目要少;不重复抽样比重复抽样的抽样数目要少。

(三)必要抽样单位数目计算举例

【例 8-12】 某地区要对所属的 10 000 户住户的家庭生活水平进行抽样调查,根据过去的资料分析,住户家庭平均每人每月生活费支出的标准差为 180 元。现要求以 95.45% 的可靠程度、平均每人生活费支出的允许误差不得超过 20 元,按不重复简单随机抽样的方式确定需要抽取的户数。

解:已知 $\sigma=180$ 元,$\Delta_{\bar{x}}=20$ 元,$N=10\,000$,由 $F(t)=95.45\%$ 得 $t=2$,抽样方法为不重复抽样,因此,抽样的单位数为

$$n=\frac{t^2\sigma^2 N}{\Delta_{\bar{x}}^2 N+t^2\sigma^2}=\frac{2^2\times 180^2\times 10\,000}{20^2\times 10\,000+2^2\times 180^2}=314(\text{户})$$

【例 8-13】 根据以往的生产统计,某种产品的合格率约为 92%,现要求抽样极限误差为 5%、可靠程度为 95.45%,试问应抽取多少个产品作为样本?

解:已知 $p=92\%$,$\Delta_p=5\%$,由 $F(t)=95.45\%$ 得 $t=2$,因此,抽样的单位数为

$$n=\frac{t^2 P(1-P)}{\Delta_p^2}=\frac{2^2\times 92\%\times 8\%}{5\%\times 5\%}=118(\text{个})$$

【例 8-14】 对某地小麦的亩产量进行类型比例抽样,已知该地共有小麦 $N=10\,000$ 亩,其中平原 $N_1=7\,000$ 亩,山区 $N_2=3\,000$ 亩。根据以往的资料,组内平均方差为 $\overline{\sigma^2}=10\,000$(千克^2),试求在各类型中采用不重复的随机抽样条件下的必要抽样单位数目。要求概率保证程度为 95.45%,极限误差不超过 11.373 千克。

解:已知 $\overline{\sigma^2}=10\,000$,$\Delta_{\bar{x}}=11.373$,$N=10\,000$,由 $F(t)=95.45\%$ 得 $t=2$,抽样方法为不重复抽样,因此,抽样的单位数为

$$n=\frac{t^2\,\overline{\sigma^2}\,N}{\Delta_{\bar{x}}^2 N+t^2\,\overline{\sigma^2}}=\frac{2^2\times 10\,000\times 10\,000}{11.373^2\times 10\,000+2^2\times 10\,000}=300(\text{亩})$$

其中,平原应抽的样本单位数目为

$$n_1=\frac{N_1}{N}\times n=\frac{7\,000}{10\,000}\times 300=210(\text{亩})$$

山区应抽的样本单位数目为

$$n_2=\frac{N_2}{N}\times n=\frac{3\,000}{10\,000}\times 300=90(\text{亩})$$

思考与练习

一、单项选择题

1. 在简单随机重复抽样条件下,抽样平均误差与总体标准差的关系为( )。

    A. 正比   B. 反比   C. 反向   D. 相等

2. 在简单随机重复抽样条件下,抽样平均误差与样本单位数的关系为( )。

  A. 正比   B. 反比   C. 反向   D. 相等

3. 在参数估计中,要求通过样本的统计量来估计总体参数,评价统计量的标准之一是使它与总体参数的离差越小越好。这种评价标准称为( )。

  A. 无偏性   B. 有效性   C. 一致性   D. 充分性

4. 某厂连续生产,在一天中每隔 2 个小时取出一分钟的产品进行检验,这种检验是( )。

  A. 简单随机抽样   B. 类型抽样

  C. 等距抽样   D. 整群抽样

5. 在简单随机重复抽样条件下,要使抽样平均误差减少一半,在其他条件不变的情况下,样本单位数目必须( )。

  A. 增加 1 倍   B. 增加 3 倍

  C. 增加到 3 倍   D. 增加 4 倍

6. 在简单随机重复抽样条件下,若其他条件不变,抽样极限误差扩大一倍,则应抽取的样本单位数目将( )。

  A. 增加 25%   B. 增加 75%

  C. 减少 25%   D. 减少 75%

7. 抽样调查的目的是( )。

  A. 取得随机样本   B. 提高资料的时效性

  C. 避免出现调查误差   D. 用样本指标推断总体指标

8. 假定 10 亿人口的大国和 100 万人口的小国的居民年龄变异程度相同,现在各自用重复抽样方法抽取本国人口的 1% 计算平均年龄,则平均年龄的抽样平均误差( )。

  A. 两者相等   B. 前者比后者大

  C. 前者比后者小   D. 不能确定大小

9. 在抽样平均误差一定的条件下,概率或概率度与抽样极限误差的关系是( )。

  A. 概率度越大,抽样极限误差越大

  B. 概率度越小,抽样极限误差越大

  C. 概率度越小,抽样极限误差越大

  D. 概率度越大,抽样极限误差越接近于零

10. 设容量为 16 人的简单随机样本,平均完成工作时间为 13 分钟,总体标准差为 3 分钟。若想对完成工作所需时间构造一个 90% 的置信区间,则( )。

  A. 应用标准正态概率表查出 z 值   B. 应用 t 分布表查出 t 值

  C. 应用二项分布表查出 p 值   D. 应用泊松分布表查出 λ 值

11. 在相同条件下,重复抽样的抽样平均误差( )不重复抽样的抽样平均误差。

  A. 小于   B. 等于

  C. 大于   D. 可能大于也可能小于

12. 抽样调查中的样本容量是指( )。

  A. 抽取的单位数目   B. 抽取的样本数目

  C. 样本指标　　　　　　　　　　　D. 可能组成的样本数目

13. 抽样误差最小的抽样组织形式是( )。

  A. 简单随机抽样　　　　　　　　　B. 类型抽样

  C. 等距抽样　　　　　　　　　　　D. 整群抽样

14. 下面不属于简单样本抽样的是( )。

  A. 抽签法　　　　　　　　　　　　B. 类型抽样

  C. 随机数表　　　　　　　　　　　D. 多阶段抽样

15. 一般来说,在抽样组织形式中,抽样误差最大的是( )。

  A. 简单随机抽样　　　　　　　　　B. 类型抽样

  C. 等距抽样　　　　　　　　　　　D. 整群抽样

二、多项选择题

1. 在参数估计中,要求通过样本的统计量来估计总体参数,评价统计量优良的标准有( )。

  A. 无偏性　　　　　　　B. 有效性　　　　　　　C. 充分性

  D. 一致性　　　　　　　E. 随机性

2. 影响抽样误差的主要因素有( )。

  A. 抽样单位数　　　　　B. 抽样方法　　　　　　C. 抽样组织形式

  D. 总体单位数　　　　　E. 总体单位标志之间的变异程度

3. 计算必要抽样单位数目时必须考虑的因素有( )。

  A. 极限误差的大小

  B. 样本个数

  C. 总体单位标志之间的变异程度

  D. 抽样组织形式和方法

  E. 概率保证程度

4. 常用的抽样组织形式有( )。

  A. 简单随机抽样　　　　B. 类型抽样　　　　　　C. 等距抽样

  D. 整群抽样　　　　　　E. 重复和不重复抽样

5. 在抽样调查中,( )。

  A. 全及总体是唯一确定的

  B. 样本是唯一确定的

  C. 总体指标是固定的量

  D. 总体指标是随机变量

  E. 样本指标是随机变量

6. 在抽样推断中,( )。

  A. 总体平均数是随机变量

  B. 样本指标是随机变量

  C. 总体指标是确定的常量

D. 样本指标是唯一确定的量

E. 总体指标一般是可知的

7. 抽样调查的特点包括(　　　)。

  A. 可以避免随机误差

  B. 抽样误差可以事先计算并加以控制

  C. 可以避免产生登记性误差

  D. 按照随机原则

  E. 可以从样本对总体指标进行推断

8. 影响随机误差的因素有(　　　)。

  A. 总体各单位标志值的差异程度

  B. 样本单位数的多少

  C. 调查人员的业务水平

  D. 抽取样本的方法

  E. 抽样调查的组织形式

9. 必要抽样单位数目取决于(　　　)。

  A. 总体标志差异程度

  B. 抽样估计的可靠程度

  C. 总体中个体的单位数目

  D. 抽样组织形式和方法

  E. 抽样极限误差的大小

10. 抽样调查中的抽样形式有(　　　)。

  A. 纯随机抽样　　　　　B. 重复抽样　　　　　C. 不重复抽样

  D. 等距抽样　　　　　　E. 类型抽样　　　　　F. 整群抽样

三、判断题

1. 样本方差是总体方差的优良估计量。　　　　　　　　　　　　　　　　(　　)

2. 类型抽样只可以对总体参数进行估计,不可以对各层的目标量进行估计。(　　)

3. 抽样调查可以不遵循随机原则。　　　　　　　　　　　　　　　　　　(　　)

4. 类型抽样的抽样平均误差与组间的方差无关,只取决于组内方差的平均水平。

                                                    (　　)

5. 构成区间估计有三个基本要素:点估计值、概率度和抽样平均误差。　　(　　)

6. 抽样误差大小与总体各单位标志值的差异程度成正比。　　　　　　　　(　　)

7. 抽样误差大小与样本单位数目的平方根成反比。　　　　　　　　　　　(　　)

8. 不重复抽样的抽样误差小于重复抽样的抽样误差。　　　　　　　　　　(　　)

9. 抽样单位数越多,抽样误差越大。　　　　　　　　　　　　　　　　　　(　　)

10. 因为总体指标是一个未知的随机变量,而样本指标是一个确定的常量,所以才有可能用样本指标去推断总体指标。　　　　　　　　　　　　　　　　　　　(　　)

四、名词解释

1. 简单随机抽样
2. 等距抽样
3. 置信度
4. 区间估计
5. 点估计值
6. 统计量

五、简答题

1. 什么是抽样调查？它有何特点和作用？
2. 什么是类型抽样？它有何特点？
3. 什么是估计量？评价估计量优良的标准是什么？
4. 影响抽样平均误差的主要因素有哪些？
5. 什么是抽样平均误差？什么是抽样极限误差？两者有何关系？

六、计算题

1. 某高校进行了一次英语测验,为了解考试情况,随机抽样抽选 1% 的学生进行调查,所得资料见表 8-7。

表 8-7　某高校英语测验的随机抽样结果

考试成绩	60 分以下	60～70 分	70～80 分	80～90 分	90 分以上
学生人数	9	17	40	23	11

试以 95.45% 的概率保证程度估计：
(1) 该校学生英语考试的平均成绩的范围；
(2) 成绩在 80 分以上的学生所占的比重的范围。

2. 某企业对 2 000 箱(每箱内 50 件)未入库产品进行质检,用不重复抽样方式随机抽取 40 箱,对抽中箱内产品进行全面检验,检验结果见表 8-8。

表 8-8　某企业的质检抽样结果

合格率/%	94～96	96～98	98～100
箱数/箱	9	18	13

试以 95% 的可靠性估计该批产品合格率的置信区间。

3. 某地外贸公司对进口的一种物品(10 000 件)的重量进行抽样检验,采用随机抽样的方法抽检了 100 件,分组整理的结果见表 8-9。

表 8-9　某外贸公司的抽样检验结果

每件重量/克	246~248	248~250	250~252	252~254
件数/件	10	40	30	20

试以 95.45% 的概率保证程度估计该种物品(10 000 件)的平均重量范围。

4. 某城市共有 20 万户居民,随机不重复抽取 200 户,发现 60 户拥有小汽车,试以 95.45% 的概率保证程度估计该城市居民拥有小汽车的户数范围。

5. 已知某企业生产的某种灯泡使用寿命服从正态分布,现从一批灯泡中随机抽取 20 个,测得其使用寿命(单位:小时)如下:

1 610　1 560　1 620　1 580　1 650　1 630　1 570　1 580　1 590　1 610

1 620　1 600　1 550　1 630　1 620　1 590　1 600　1 590　1 580　1 620

试以 95% 的概率保证程度估计该批灯泡平均寿命的区间范围。

6. 对某一选举区内随机抽取的 1 000 位选民的民意调查表明,他们中的 55% 支持某位候选人,求所求选民中支持这位候选人的比例为(a)95%、(b)99%、(c)99.73% 的置信区间。

7. 为了研究我国所生产的真丝被面的销路,在纽约所举办的我国纺织品展销会上对 1 000 名成年人进行了调查,得知其中有 600 人喜欢这种产品。试以 95% 的置信度确定纽约市成年人喜欢此种产品的比例的置信区间。

8. 某地区有小麦播种面积 20 000 亩,现按平原、丘陵、山区面积等比例、不重复抽取其中的 2%,结果见表 8-10。

表 8-10　某地区小麦播种面积的不重复抽样结果

按地势分组	全部面积/亩	样本面积/亩	样本平均亩产/千克	亩产标准差/千克
符号	N_i	n	$\bar{x}_i$	σ_i
平原	14 000	280	700	100
丘陵	4 000	80	500	120
山区	2 000	40	400	180
合计	20 000	400	—	—

试以 95.45% 的概率保证程度估计该地区的小麦平均亩产量和小麦总产量。

9. 根据以往的调查经验,某产品每袋重量的标准差不超过 3 克,要求抽样极限误差不超过 0.3 克、可靠程度为 95.45%,试问在简单随机抽样条件下需要抽多少袋作为样本?

第九章 假设检验

学习目标

理解假设检验的含义;理解假设检验的步骤和思想;了解假设检验可能产生的两类错误;了解单边和双边假设检验的概念;理解总体均值和方差假设检验的方法;熟悉总体成数假设检验的方法。

学习重点

假设检验的步骤和思想;总体均值和方差假设检验的方法。

学习难点

假设检验的思想;假设检验可能产生的两类错误;总体均值和方差假设检验的方法。

第一节　假设检验概述

一、假设检验的概念

假设检验(hypothesis testing)是抽样推断的一个重要内容。所谓假设检验,就是事先对总体参数或总体分布形式做出一个假设,然后利用样本信息来判断原假设是否合理,即判断样本信息与原假设是否有显著差异,从而决定应该接受还是拒绝原假设。抽样推断包括抽样检验和假设检验两部分,两者都是利用样本信息对总体参数进行某种推断,不过推断的角度有所不同。先来看两个例子。

【例 9-1】　设某厂生产一种灯泡,其寿命服从正态分布,从过去较长一段时间的生产情况看,灯泡的平均寿命为 1 500 小时,标准差为 100 小时。现从新批量生产的灯泡中随机抽取 100 只做试验,测得平均寿命为 1 530 小时。

问:新批量生产灯泡的平均寿命与以往灯泡的平均寿命是否有显著差异?

从抽样的结果上看,新批量生产的灯泡中有 100 只灯泡的平均寿命为 1 530 小时,比以往灯泡的平均寿命 1 500 小时增加了 30 小时。这 30 小时的差异产生有两种可能性：①新批量生产灯泡的平均寿命与以往灯泡的平均寿命无显著差异，30 小时的差异是因为抽样的随机性造成的；②抽样的随机性不可能造成 30 小时这么大的差异，新批量生产灯泡的平均寿命确实增加了。为了找出这 30 小时的差异产生的原因，判断新批量生产灯泡的平均寿命与以往灯泡的平均寿命是否有显著差异，可先假设新批量生产灯泡的平均寿命与以往无显著差异，然后利用抽样 100 只灯泡的信息来检验我们的假设是否正确。如果假设成立，说明新批量生产灯泡的平均寿命与以往无显著差异。如果假设不成立，说明新批量生产灯泡的平均寿命与以往有显著差异。

【例 9-2】 某橡胶厂生产的汽车轮胎的产品寿命服从正态分布。现对工艺进行了改进，想知道改进工艺后生产的汽车轮胎的产品寿命是否服从正态分布。

以上两个例子的共同特点是先对总体的某些参数或分布形式做出某种假设，然后抽取样本，根据样本提供的信息来检验这些假设的正确性。

对未知总体分布函数形式或已知总体分布函数形式的未知总体参数做出某种假设，然后抽取样本，根据样本提供的信息来检验这一假设是否成立的过程，称为假设检验。在已知总体分布的具体函数形式的前提下，只是对总体未知的参数进行假设检验，属于参数假设检验。如例 9-1，这种已知总体分布形式，仅对总体未知的参数进行假设检验，就是参数假设检验。在总体分布情况不明时，要假设其分布函数具体形式的假设检验，称为非参数假设检验。如例 9-2 中的检验问题就是非参数假设检验。本章只介绍参数假设检验。

二、假设检验的步骤

通常可按以下五个步骤进行假设检验：①建立原假设 H_0 和备择假设 H_1；②确定适当的检验统计量；③规定显著性水平 α；④抽取样本，计算检验统计量的值；⑤做出统计决策并加以解释。

下面详细说明这五个步骤以及与之相关的几个概念。

（一）建立原假设 H_0 和备择假设 H_1

对于每一个检验的问题，要同时提出两个互相对立的假设，原假设 H_0 和备择假设 H_1。原假设是被检验的假设，通过检验可能被接受，也可能被否定，但没有充分的根据就不能轻易否定的假设，也称为零假设，用 H_0 表示。备择假设是与原假设对应的假设，是只有在原假设被否定后才可接受的假设，也就是说无充分理由是不能轻率接受的假设，用 H_1 表示。

在例 9-1 中，用 $\overline{X}$ 表示新批量生产灯泡的平均寿命，则原假设 H_0 应为：新批量生产灯泡的平均寿命等于 1 500 小时；备择假设 H_1 应为：新批量生产灯泡的平均寿命不等于 1 500 小时。即

$$H_0 : \overline{X} = 1\ 500 \text{ 小时}$$

$$H_1 : \overline{X} \neq 1\ 500\ \text{小时}$$

原假设与备择假设互斥,肯定原假设,意味着放弃备择假设;否定原假设,意味着接受备择假设。如何选择原假设和备择假设?这与研究问题的性质和检验者所要达到的目的有关。一般地,假如我们的研究目的是希望从样本观测值对某一陈述取得强有力的支持,我们就将这一陈述的否定作为原假设,而把陈述本身作为备择假设。原假设 H_0 和备择假设 H_1 是相互对立的。从理论上讲,两个都可以作为原假设或备择假设。在实践过程中,原假设中一般包含 =,如 =、$\geqslant$、$\leqslant$;而备择假设中不包含 =,如 $\neq$、>、<。

假设检验可以分为双侧检验和单侧检验。

1. 双侧检验

如果提出的原假设是总体的参数等于某一数值,而样本的统计量明显大于或明显小于总体参数的这一数值,就可以拒绝原假设,则称这种检验为双侧检验。如原假设为 H_0：$\overline{X} = \overline{X}_0$,那么只要 $\overline{X} > \overline{X}_0$ 或 $\overline{X} < \overline{X}_0$ 二者之一成立,就可以否定原假设,这种假设检验就是双侧检验。如例 9-1 所进行的检验就是双侧检验。当我们所关心的问题是要检验样本平均数与总体平均数或样本成数与总体成数有没有显著性差异,而不问差异的方向是正或负时,可采用双侧检验。

总体平均数的双侧检验的原假设为

$$H_0 : \overline{X} = \overline{X}_0$$

总体平均数的双侧检验的备择假设为

$$H_1 : \overline{X} \neq \overline{X}_0$$

总体成数的双侧检验的原假设为

$$H_0 : P = P_0$$

总体成数的双侧检验的备择假设为

$$H_1 : P \neq P_0$$

2. 单侧检验

单侧检验又分左单侧检验和右单侧检验。

(1) 左单侧检验。如果提出的原假设是总体的参数不少于某一数值,而样本的统计量明显小于总体参数的这一数值,就可以拒绝原假设,则称这种检验为左单侧检验。

【例 9-3】 某外贸企业生产茶叶用于出口,其重量服从正态分布,根据以前的资料可知总体标准差为 1 克。按照规定,平均重量不得低于 150 克。现从一批即将出口的茶叶中抽取 25 包进行检验,测得其平均重量为 149.35 克。

问：这批茶叶是否符合规定?

这是一个左单侧检验问题,应建立的原假设为

H_0：这批茶叶每包平均重量不低于 150 克

应建立的备择假设为

H_1：这批茶叶每包平均重量低于 150 克

即

$$H_0 : \overline{X} \geqslant 150\ \text{克}$$

$$H_1 : \overline{X} < 150 \text{ 克}$$

从中可以看出,当我们所关心的问题是要检验总体平均数与总体成数是否低于预先的数值时,应采用左单侧检验。

总体平均数的左单侧检验的原假设为

$$H_0 : \overline{X} \geqslant \overline{X}_0$$

总体平均数的左单侧检验的备择假设为

$$H_1 : \overline{X} < \overline{X}_0$$

总体成数的左单侧检验的原假设为

$$H_0 : P \geqslant P_0$$

总体成数的左单侧检验的备择假设为

$$H_1 : P < P_0$$

(2) 右单侧检验。如果提出的原假设是总体的参数不大于某一数值,而样本的统计量明显大于总体参数的这一数值,就可以拒绝原假设,则称这种检验为右单侧检验。

【例 9-4】 某企业大量生产袋装食品,按规定每袋重量不得少于 250 克。今从一批该种食品中随机抽取 50 袋,发现有 5 袋低于 250 克。按照规定,不符合标准的比例超过 5% 就不得出厂。

问:这批食品能否出厂?

这是一个右单侧检验问题,应建立的原假设为

H_0:这批食品不符合标准的比例不超过 5%

应建立的备择假设为

H_1:这批食品不符合标准的比例超过 5%

即

$$H_0 : P \leqslant 5\%$$
$$H_1 : P > 5\%$$

从例 9-4 中可以看出,当我们所关心的问题是要检验总体平均数与总体成数是否超过预先的数值时,应采用右单侧检验。

总体平均数的右单侧检验的原假设为

$$H_0 : \overline{X} \leqslant \overline{X}_0$$

总体平均数的右单侧检验的备择假设为

$$H_1 : \overline{X} > \overline{X}_0$$

总体成数的右单侧检验的原假设为

$$H_0 : P \leqslant P_0$$

总体成数的右单侧检验的备择假设为

$$H_1 : P > P_0$$

(二)确定适当的检验统计量

样本来自总体,反映总体分布的规律,包含总体的未知参数的信息。但在假设检验中,直接用样本的观察值检验统计假设是有困难的,因此必须根据样本的信息资料构造出

某一统计量。我们将用于假设检验问题的统计量称为检验统计量。检验统计量必须满足三个要求：①在原假设的条件下，它的分布函数是已知的；②它必须包含着要检验的总体参数；③计算该检验统计量的值时，计算中的各项均为已知或可以依据样本得出。

选择什么统计量作为检验统计量与抽样分布有关。对于不同类型的问题，应该选择不同的统计量作为检验统计量。在一个总体参数检验中，用来作为检验统计量的主要有三个：Z 统计量、t 统计量和 χ^2 统计量。Z 统计量和 t 统计量常常用于总体平均数和总体成数的检验，χ^2 统计量则用于方差的检验。例如，总体为正态分布，且方差 σ^2 已知时，我们要检验总体的平均数 $\overline{X}$ 是否等于假定的某个具体值 $\overline{X}_0$，此时要建立的原假设和备择假设为

$$H_0 : \overline{X} = \overline{X}_0$$

$$H_1 : \overline{X} \neq \overline{X}_0$$

根据抽样分布与参数估计的相关知识可知，总体平均数 $\overline{X}$ 的最优估计量是样本平均数 $\overline{x}$，解决这一问题所用的统计量应当是 Z 统计量。其计算公式为

$$Z = \frac{\overline{x} - \overline{X}_0}{\sigma / \sqrt{n}}$$

Z 作为检验统计量符合上面所提出的三个标准：①由于总体服从正态分布，因而样本平均数 $\overline{x}$ 也服从正态分布，且其数学期望值为 $\overline{X}_0$，方差为 σ^2/n（重复抽样），根据正态分布的性质可知，Z 的分布函数是已知的，且 $Z \sim N(0,1)$；②Z 统计量中包含我们要检验的参数 $\overline{X}_0$；③计算 Z 值时，公式中各项均为已知或可以依据样本得出。

总体平均数常用的假设检验统计量见表 9-1。本章只讨论简单随机抽样方式下采用重复抽样的假设检验问题。

表 9-1　总体平均数常用的假设检验统计量

已 知 条 件	原假设	检验统计量及其分布	H_0 的拒绝域
总体服从正态分布，总体方差 σ^2 已知，大样本或小样本；或非正态总体，σ^2 已知且是大样本	$H_0 : \overline{X} = \overline{X}_0$ $H_0 : \overline{X} \geqslant \overline{X}_0$ $H_0 : \overline{X} \leqslant \overline{X}_0$	$Z = \dfrac{\overline{x} - \overline{X}_0}{\sigma / \sqrt{n}} \sim N(0,1)$	$\lvert Z \rvert \geqslant Z_{a/2}$ $Z \leqslant -Z_a$ $Z \geqslant Z_a$
总体服从正态分布，总体方差 σ^2 未知，且为大样本；或非正态总体，且为大样本	$H_0 : \overline{X} = \overline{X}_0$ $H_0 : \overline{X} \geqslant \overline{X}_0$ $H_0 : \overline{X} \leqslant \overline{X}_0$	$Z = \dfrac{\overline{x} - \overline{X}_0}{s / \sqrt{n}} \sim N(0,1)$	$\lvert Z \rvert \geqslant Z_{a/2}$ $Z \leqslant -Z_a$ $Z \geqslant Z_a$
总体服从正态分布，总体方差 σ^2 未知，且为小样本	$H_0 : \overline{X} = \overline{X}_0$ $H_0 : \overline{X} \geqslant \overline{X}_0$ $H_0 : \overline{X} \leqslant \overline{X}_0$	$t = \dfrac{\overline{x} - \overline{X}_0}{s / \sqrt{n}} \sim t(n-1)$	$\lvert t \rvert \geqslant t_{a/2}$ $t \leqslant -t_a$ $t \geqslant t_a$

（三）规定显著性水平 α

假设检验所依据的基本原理是小概率事件的实际推断原则。如果一个事件发生的概率很小，就称它为小概率事件。小概率事件不是不可能事件，但在一次试验中出现的可能

性很小,不出现的可能性很大,以至于实际上可以看成不可能发生的。在统计学上,把小概率事件在一次试验中看成实际不可能发生的事件的推断原则,称为小概率事件实际推断原则。例如,箱子中有黑球和白球,总数 100 个,但不知黑球、白球各多少个。现提出假设 H_0:箱子中有 99 个白球。暂时假定 H_0 正确,那么从箱子中任取一球,得黑球的概率为 0.01,这是一小概率事件。今取球一次,如果居然取到了黑球,那么,自然会使人对 H_0 的正确性产生怀疑,从而否定 H_0,也就是说箱中不止 1 个黑球。

在应用小概率事件实际推断原则时,需要根据问题预先规定一个界限 α($0 < \alpha < 1$),当某事件的概率 $P \leqslant \alpha$ 时,就认为该事件是小概率事件。α 称为显著性水平,通常规定 α 可取 0.05、0.01 或 0.001。

在假设检验中,我们建立了一个原假设,实际上是认为原假设代表的事件发生的可能性很大(为 $1 - \alpha$),而备择假设发生的概率很小(为 α),是一个小概率事件。如果不大可能发生的事件在一次试验中居然发生了,我们就有理由怀疑对该事件提出的假设,即怀疑原来假设的正确性,从而拒绝原假设。否则,就应接受原假设。

然而,由于我们拒绝或接受原假设的决策是依据样本得出的,因而也会存在接受错误的假设和拒绝正确假设的可能性。假设检验的各种可能的结果和概率见表 9-2。

表 9-2 假设检验的各种可能的结果和概率

检验结果		假设的状态	
		H_0 为真	H_0 为非真
决策行动	接受 H_0	正确(概率为 $1 - \alpha$)	B:取伪错误(概率为 β)
	拒绝 H_0	A:弃真错误(概率为 α)	正确(概率为 $1 - \beta$)

我们称在 H_0 为真时拒绝 H_0 为弃真错误,犯这种错误的概率用 α 表示,所以称为 α 错误或第一类错误。称在 H_0 为非真时接受 H_0 为取伪错误,犯这种错误的概率用 β 表示,所以称为 β 错误或第二类错误。以前面的例 9-1 为例,α 错误和 β 错误分别意味着什么呢?α 错误是指原假设 $H_0:\bar{X} = 1\,500$ 小时是正确的,但我们却做出了错误的判断,认为 $H_1:\bar{X} \neq 1\,500$ 小时是正确的,即在假设检验中拒绝了本来正确的原假设,这时就犯了"弃真"错误;β 错误是指原假设 $H_0:\bar{X} = 1\,500$ 小时是错误的,但我们却认为原假设 $H_0:\bar{X} = 1500$ 小时成立,即在假设检验中没有拒绝本来错误的原假设,这时就犯了取伪错误。

统计检验是基于小概率事件实际推断原则来否定 H_0 的,但在一次试验中小概率事件并不是绝对不会发生的。如果我们抽得一个样本,它虽然来自与 H_0 对应的抽样总体,但计算所得的统计量却落入了否定域中,因而否定了 H_0,于是犯了弃真错误。犯弃真错误的概率不会超过 α。

取伪错误概率 β 值的大小较难确切估计,它只有与特定的假设结合起来才有意义。一般与显著性水平 α、原总体的标准差 σ、样本容量 n 以及相互比较的两样本所属总体平均数之差等因素有关。在其他因素确定时,α 值越小,β 值越大;反之,α 值越大,β 值越小;样本容量 n 越大,原总体的标准差 σ 值越小,β 值越小。

　　从以上我们可能看出,要想 α 和 β 同时变小的办法只能是增大样本容量 n。但样本容量 n 不可能没有限制,否则就会使抽样调查失去意义。因此,在假设检验中,对两类错误进行控制是我们必须面对的问题。

　　一般来说,哪一种错误所带来的后果越严重,危害越大,在假设检验中就应当把哪一种错误作为首要控制目标。例如,在新药的显著性效果检验中,如果新药的成本很低廉,不妨冒犯第一类错误的风险;如果新药的成本很昂贵,则愿意冒犯第二类错误的风险。要注意的是,要想 α 和 β 同时变小的办法只能是增大样本容量 n,但在实际中不可能无限增大样本容量,因此,选择控制第一类错误是更加贴近实际的办法。

　　由于 β 值的大小与 α 值的大小有关,所以在选用检验的显著性水平时应考虑到犯第一类错误和第二类错误所产生后果严重性的大小,还应考虑到试验的难易及试验结果的重要程度。若一个试验耗费大,可靠性要求高,不允许反复,那么 α 值应取小些;若一个试验结论的使用事关重大,容易产生严重后果,如药物的毒性试验,α 值也应取小些。对于一些试验条件不易控制、试验误差较大的试验,可将 α 值放宽到 0.1,甚至放宽到 0.25。

(四) 抽取样本,计算检验统计量的值

　　当 H_0 和 H_1 均提出,检验的统计量已选定,显著性水平也规定后,就要根据样本的观察值计算检验统计量的值。

(五) 做出统计决策并加以解释

　　当给定显著性水平 α 时,根据一个容量为 n 的样本计算出来的检验统计量的全部取值的集合,就被分割成两个互不相交的子集。一个子集包括在 H_0 为真时检验统计量所能取的全部数值,称为 H_0 的接受域;另一个子集包括该检验统计量的其余可能取值,称为 H_0 的拒绝域。接受域与拒绝域的分界点称为临界点或临界值。因此,当给定显著性水平 α,就可以根据检验统计量的分布来确定 H_0 的临界值,从而确定 H_0 的接受域和拒绝域。

　　抽取样本,计算检验统计量的值,就可以判断检验统计量的值是否在接受域和拒绝域内,做出接受原假设或拒绝原假设的统计决策。

　　下面以选择的检验统计量是 $Z = \dfrac{\bar{x} - \bar{X}_0}{\sigma/\sqrt{n}}$ 为例,说明假设检验中的决策过程。

1. 双侧检验

　　统计量 $Z = \dfrac{\bar{x} - \bar{X}_0}{\sigma/\sqrt{n}}$ 服从数学期望为 0、方差为 1 的标准正态分布。在正态分布中,对于给定显著性水平 α,查标准正态分布表可以得临界值 $Z_{\alpha/2}$。由于 $P\{|Z| \geqslant Z_{\alpha/2}\} = \alpha$,即 $|Z| \geqslant Z_{\alpha/2}$ 是个小概率事件,因此,若 $|Z| \geqslant Z_{\alpha/2}$ 在一次检验中居然发生了,则根据小概率事件实际推断原则,我们有理由怀疑原来假设的正确性,从而拒绝原假设 H_0,接受备择假设 H_1。若 $|Z| < Z_{\alpha/2}$,则不能拒绝原假设 H_0。综上所述,双侧检验中的决策规则为:

　　当 $|Z| \geqslant Z_{\alpha/2}$,就拒绝原假设 H_0,接受备择假设 H_1;

　　当 $|Z| < Z_{\alpha/2}$,就不能拒绝原假设 H_0,即接受原假设 H_0。

我们把这种根据计算 Z 值的大小做出决策的假设检验,称为 Z 检验法。双侧检验决策见图 9-1。

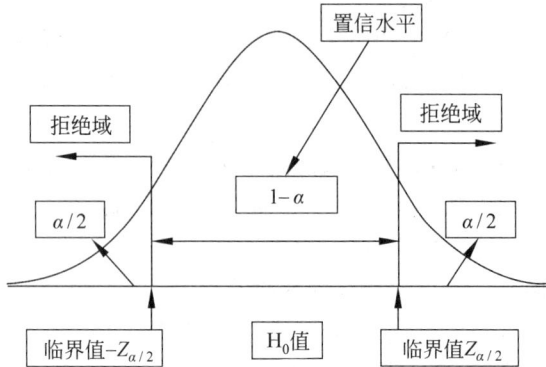

图 9-1 双侧检验示意图

从图 9-1 可以看出,拒绝域在正态分布的两侧,临界值有两个,分别是 $-Z_{\alpha/2}$ 和 $Z_{\alpha/2}$,中间为接受域,即接受域是 $-Z_{\alpha/2} < Z < Z_{\alpha/2}$。

下面以例 9-1 为例(假定显著性水平 $\alpha = 0.05$)来说明假设检验的过程。

(1) 建立原假设 H_0 和备择假设 H_1。

$$H_0 : \overline{X} = 1\ 500\ \text{小时}$$

$$H_1 : \overline{X} \neq 1\ 500\ \text{小时}$$

(2) 确定检验统计量为

$$Z = \frac{\overline{x} - \overline{X}_0}{\sigma / \sqrt{n}}$$

(3) 规定显著性水平 $\alpha = 0.05$,由于这是双侧检验,查标准正态分布表可以得临界值 $Z_{\alpha/2} = Z_{0.05/2} = Z_{0.025} = 1.96$。

(4) 根据样本的数据计算检验统计量的实际值为

$$Z = \frac{\overline{x} - \overline{X}_0}{\sigma / \sqrt{n}} = \frac{1\ 530 - 1\ 500}{100 / \sqrt{100}} = 3$$

(5) 做出统计决策并加以解释。

由于 $Z = 3 > Z_{0.025} = 1.96$,所以拒绝原假设 H_0,选择备择假设 H_1,即新批量生产灯泡的平均寿命与以往有显著差异。

2. 左单侧检验

在正态分布中,对于给定显著性水平 α,查标准正态分布表可以得临界值 $-Z_\alpha$。由于 $P\{Z \leqslant -Z_\alpha\} = \alpha$,即 $Z \leqslant -Z_\alpha$ 是个小概率事件,因此,$Z \leqslant -Z_\alpha$ 若在一次检验中居然发生了,则根据小概率事件实际推断原则,我们有理由怀疑原来假设的正确性,从而拒绝原假设 H_0,接受备择假设 H_1。若 $Z > -Z_\alpha$,则不能拒绝原假设 H_0。综上所述,左单侧检验中的决策规则为:

当 $Z \leqslant -Z_\alpha$,拒绝原假设 H_0,接受备择假设 H_1;

当 $Z>-Z_\alpha$,不能拒绝原假设 H_0,即接受原假设 H_0。

左单侧检验决策见图 9-2。

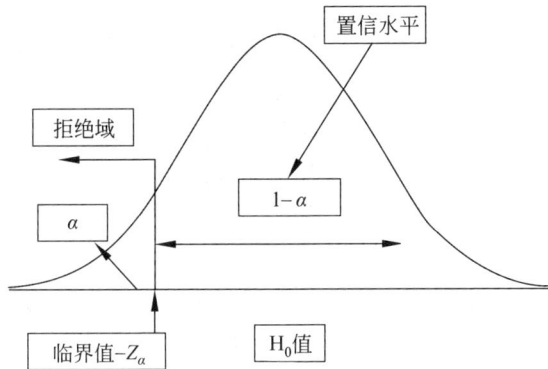

图 9-2　左单侧检验示意图

从图 9-2 可以看出,拒绝域在正态分布的左侧,临界值是 $-Z_\alpha$,右侧为接受域,即接受域是 $Z>-Z_\alpha$。

3. 右单侧检验

在正态分布中,对于给定显著性水平 α,查标准正态分布表可以得临界值 Z_α。由于 $P\{Z\geqslant Z_\alpha\}=\alpha$,即 $Z\geqslant Z_\alpha$ 是个小概率事件,因此,$Z\geqslant Z_\alpha$ 若在一次检验中居然发生了,则根据小概率事件实际推断原则,我们有理由怀疑原来假设的正确性,从而拒绝原假设 H_0,接受备择假设 H_1。若 $Z<Z_\alpha$,则不能拒绝原假设 H_0。综上所述,右单侧检验中的决策规则为:

当 $Z\geqslant Z_\alpha$,拒绝原假设 H_0,接受备择假设 H_1;

当 $Z<Z_\alpha$,不能拒绝原假设 H_0,即接受原假设 H_0。

右单侧检验决策见图 9-3。

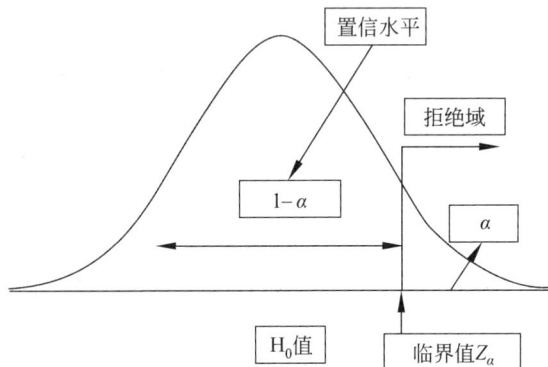

图 9-3　右单侧检验示意图

从图 9-3 可以看出,拒绝域在正态分布的右侧,临界值是 Z_α,正态分布左侧为接受域,即接受域是 $Z<Z_\alpha$。

三、利用 P 值进行决策

在上面所提到的假设检验过程中,我们是根据样本数据计算出的检验统计量的实际值落入的区域做出拒绝原假设 H_0 或接受原假设 H_0 的决策。在确定检验的统计量和规定显著性水平 α 之后,临界值也随之确定,拒绝域也随之确定。也就是说,当计算检验统计量的实际值落在拒绝域内,就可以拒绝原假设 H_0,并知道拒绝原假设 H_0 面临的风险不超过 α,也就是说犯弃真错误的概率不超过 α,但具体是多少并不知道。因此,这种决策的好处是决策界限清晰,弱点是进行决策的风险是笼统的。如在例 9-1 中,计算出来 $Z=3$,落入拒绝域内,我们拒绝原假设 H_0,并知道犯弃真错误的概率不超过 $\alpha=0.05$。但如果抽取 100 只测得平均寿命仅为 1 520 小时,计算出来的 $Z=2$,仍大于 1.96,同样落入拒绝域内,我们拒绝原假设 H_0,也知道犯弃真错误的概率不超过 $\alpha=0.05$。应注意的是,这两次的决策风险是有差别的。为了精确地反映决策的风险度,避免决策风险笼统的弱点,可以利用 P 值进行决策。

(一)P 值的概念

P 值是指当原假设 H_0 为真,而样本的观察结果或更极端的结果出现的概率。也就是说当原假设 H_0 为真,根据样本的观察结果拒绝原假设 H_0 的概率。如果 P 值很小,说明这种情况发生的概率很小,而如果出现了,根据小概率事件实际推断原则,我们有理由怀疑原来假设的正确性,从而拒绝原假设 H_0,接受备择假设 H_1。因此也可以说,P 值是指拒绝原假设的最小显著性水平。

在例 9-1 中,由于

$$P\{|\,\bar{x}-1\,500\,|>30\} = P\left\{ \left| \frac{\bar{x}-1\,500}{\sigma/\sqrt{n}} \right| = \left| \frac{\bar{x}-1\,500}{100/\sqrt{100}} \right| > \left| \frac{1\,530-1\,500}{100/\sqrt{100}} \right| = 3 \right\}$$
$$= 0.002\ 7$$

也就是说随机抽取 100 只灯泡,其样本的平均寿命与总体平均寿命相差的绝对值大于 30 小时的概率仅有 0.27%,非常小,是小概率事件,但在这一次抽取的 100 只灯泡中却发生了,根据小概率事件的实际推断原则,从而拒绝原假设 H_0,接受备择假设 H_1,即新批量生产灯泡的平均寿命与以往有显著差异。

(二)P 值的计算

P 值是通过计算取得的,P 值的大小取决于三个因素:①样本数据与原假设的差异;②抽样的样本容量;③假设检验统计量的分布。一般地,用 X 表示检验统计量,当 H_0 为真时,可由样本数据计算出该统计量的值 C,再根据统计量的具体分布求出 P 值。

左单侧检验:$P=P\{X<C\}$;

右单侧检验:$P=P\{X>C\}$;

双侧检验:$P=P\{|X|>C\}$。

手工计算 P 值相对复杂,可利用计算机计算。

（三）利用 P 值进行决策

确定 P 值后,根据给定的显著性水平 α,可进行如下决策。

当 $P < \alpha$ 时,则在显著性水平 α 下拒绝原假设;

当 $P \geqslant \alpha$ 时,则在显著性水平 α 下接受原假设。

用 P 值进行检验,可以准确地知道检验的显著性水平。实际上,P 值就是犯弃真错误的概率,也就是检验的真实显著性水平。

P 值其实就是按照分布计算出来的一个概率值,这个值是根据检验统计量计算出来的。通过直接比较 P 值和给定的显著性水平 α 的大小,就可以知道是否拒绝原假设。显然,这就代替了比较检验统计量的值与临界值大小的方法。而且通过这种方法,还可以知道拒绝原假设犯错误的概率。

使用临界值而不用 P 值来判断拒绝与否是前计算机时代的产物。当时计算 P 值不易,只好采用临界值的概念。但从给定的 α 求临界值同样也不容易,好在习惯上仅仅在教科书中列出相应于特定几个有限的 α 临界值(如 $\alpha = 0.1$,$\alpha = 0.05$,$\alpha = 0.01$ 等),或根据分布表反过来查临界值。现在的计算机软件大都不给出 α 和临界值,但都给出 P 值,让用户自己决定显著性水平是多少。

第二节　总体参数假设检验

一、总体平均数的假设检验

（一）大样本,总体方差 σ^2 已知

在大样本且总体方差 σ^2 已知的条件下,不论是正态总体或非正态总体,都可以证明其样本平均数 $\bar{x}$ 服从其数学期望值为 $\overline{X}_0$、方差为 σ^2/n 的正态分布,因此可选择 Z 作为检验统计量。其计算公式为

$$Z = \frac{\bar{x} - \overline{X}_0}{\sigma/\sqrt{n}} \sim N(0,1)$$

式中,$\bar{x}$ 为样本平均数;$\overline{X}_0$ 为总体平均数;σ 为总体标准差;n 为样本容量。

【例 9-5】　某企业生产一种电子元件,其寿命服从正态分布,其数学期望为 900 小时,方差 $\sigma^2 = 6\,400$ 小时^2。现从刚刚生产的一批电子元件中随机抽取 100 件,测得其平均寿命为 890 小时。试在显著性水平 $\alpha = 0.05$ 下确定这批电子元件产品使用的平均寿命与以往是否有显著差异。

解:这是一个总体服从正态分布、样本为大样本且总体方差 σ^2 已知条件下的双侧假设检验问题,因此可采用 Z 检验法。

（1）建立原假设 H_0 和备择假设 H_1。

$$H_0 : \overline{X} = 900 \text{ 小时,没有显著差异}$$

$$H_1 : \overline{X} \neq 900 \text{ 小时,有显著差异}$$

（2）确定检验统计量为

$$Z = \frac{\bar{x} - \overline{X}_0}{\sigma / \sqrt{n}}$$

（3）规定显著性水平 $\alpha = 0.05$，由于这是双侧检验，查标准正态分布表可以得临界值 $Z_{\alpha/2} = Z_{0.05/2} = Z_{0.025} = 1.96$。

（4）根据样本的数据计算检验统计量的实际值。依题意有

$$\bar{x} = 890, \quad \overline{X}_0 = 900, \quad \sigma = \sqrt{6\ 400} = 80, \quad n = 100$$

因此

$$Z = \frac{\bar{x} - \overline{X}_0}{\sigma / \sqrt{n}} = \frac{890 - 900}{80 / \sqrt{100}} = -1.25$$

（5）做出统计决策并加以解释。由于 $|Z| = 1.25 < Z_{0.025} = 1.96$，所以接受原假设 H_0，即可在显著性水平 $\alpha = 0.05$ 下确定这批电子元件产品使用的平均寿命与以往没有显著差异。

此题也可以利用 P 值进行决策，P 值可利用 Excel 的统计功能进行计算。此题利用 P 值进行决策的过程如下。

第 1 步：进入 Excel 表格界面，选择"插入"下拉菜单。

第 2 步：单击"函数"。

第 3 步：在函数分类中单击"统计"，在函数名的下拉菜单中选择"NORMSDIST"，然后单击"确定"。

第 4 步：将 Z 的绝对值 1.25 输入，得到的函数值为 0.894 350 226（见图 9-4）。通过计算可得 P 值为

$$P = 2 \times (1 - 0.894\ 350\ 226) = 0.211\ 299\ 548$$

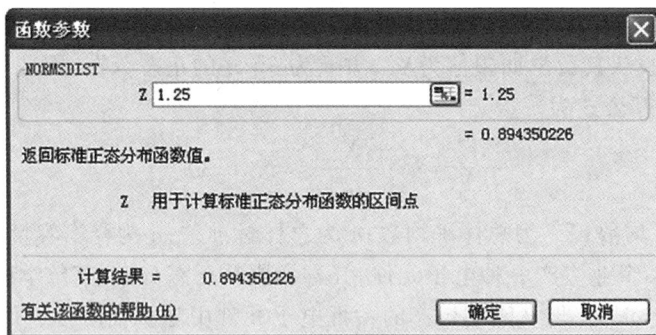

图 9-4 P 值计算示意图

因为 P 值大于 α，所以接受原假设 H_0，即可在显著性水平 $\alpha = 0.05$ 下确定这批电子元件产品使用的平均寿命与以往没有显著差异。

【例 9-6】 某企业生产的某种金属线材的折断力服从正态分布，根据以前的资料可知总体标准差 $\sigma = 30$ 千克。该省规定的质量标准为折断力不低于 1 000 千克。现从该企业产品抽取 49 个样本，测得平均折断力为 989 千克，试判断该企业生产的金属线材是否

符合省规定的质量标准(显著性水平 $\alpha=0.05$)。

解:由于我们所关心的问题是要求该企业生产的金属线材折断力不低于 1 000 千克,因此这是一个总体服从正态分布,样本为大样本,且总体方差 σ^2 已知的左单侧假设检验问题,可采用左单侧的 Z 检验法。

(1)建立原假设 H_0 和备择假设 H_1。

$$H_0 : \overline{X} \geqslant 1\,000 \text{ 千克}$$
$$H_1 : \overline{X} < 1\,000 \text{ 千克}$$

(2)确定检验统计量为

$$Z = \frac{\overline{x} - \overline{X}_0}{\sigma / \sqrt{n}}$$

(3)规定显著性水平 $\alpha=0.05$,由于这是左单侧检验,查标准正态分布表可以得临界值 $-Z_\alpha = -Z_{0.05} = -1.65$。

(4)根据样本的数据计算检验统计量的实际值。依题意有

$$\overline{x}=989, \overline{X}_0=1\,000, \quad \sigma=30, \quad n=49$$

因此

$$Z = \frac{\overline{x} - \overline{X}_0}{\sigma / \sqrt{n}} = \frac{989 - 1\,000}{30 / \sqrt{49}} = -2.567$$

(5)做出统计决策并加以解释。由于 $Z=-2.567 < -Z_{0.05} = -1.65$,所以拒绝原假设 H_0,接受备择假设 H_1,即可在显著性水平 $\alpha=0.05$ 下确定该企业生产的金属线材不符合省规定的质量标准。

此题也可以利用 P 值进行决策,P 值可利用 Excel 的统计功能进行计算。此题利用 P 值进行决策的过程如下。

第 1 步:进入 Excel 表格界面,选择"插入"下拉菜单。

第 2 步:单击"函数"。

第 3 步:在函数分类中单击"统计",在函数名的下拉菜单中选择"NORMSDIST",然后单击"确定"。

第 4 步:将 Z 的值 -2.567 输入,得到的函数值为 $0.005\,129\,131$(见图 9-5)。由于这是左单侧假设检验,所以 $P=0.005\,129\,131$。

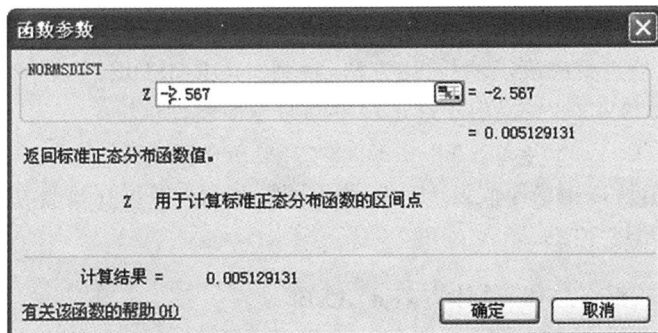

图 9-5 P 值计算示意图

由于 $P<\alpha$，所以拒绝原假设 H_0，接受备择假设 H_1，即可在显著性水平 $\alpha=0.05$ 下确定该企业生产的金属线材不符合省规定的质量标准。

（二）大样本，总体方差 σ^2 未知

在大样本且总体方差 σ^2 未知条件下，无论是正态总体还是非正态总体，都可以证明其样本平均数 $\bar{x}$ 服从其数学期望值为 $\bar{X}_0$、方差为 s^2/n 的正态分布，因此可选择 Z 作为检验统计量。其计算公式为

$$Z=\frac{\bar{x}-\bar{X}_0}{s/\sqrt{n}}\sim N(0,1)$$

式中，$\bar{x}$ 为样本平均数；$\bar{X}_0$ 为总体平均数；s 为样本标准差；n 为样本容量。

【例 9-7】 汽车厂商声称其发动机排放标准的一个指标平均低于 20 个单位。在抽查了 100 台发动机后，得到的排放数据是：该样本均值为 20.4，标准差为 1。究竟能否认为该指标均值超过 20（显著性水平 $\alpha=0.05$）？

解： 由于我们关心的是该指标均值是否超过 20，因此这是一个总体服从正态分布的大样本且总体方差 σ^2 未知条件下的右单侧假设检验问题，可采用右单侧的 Z 检验法。

（1）建立原假设 H_0 和备择假设 H_1。

$$H_0:\bar{X}\leqslant 20$$
$$H_1:\bar{X}>20$$

（2）确定检验统计量为

$$Z=\frac{\bar{x}-\bar{X}_0}{s/\sqrt{n}}$$

（3）规定显著性水平 $\alpha=0.05$，由于这是右单侧检验，查标准正态分布表可以得临界值 $Z_\alpha=Z_{0.05}=1.65$。

（4）根据样本的数据计算检验统计量的实际值。依题意有

$$\bar{x}=20.4,\quad \bar{X}_0=20,\quad s=1,\quad n=100$$

因此

$$Z=\frac{\bar{x}-\bar{X}_0}{s/\sqrt{n}}=\frac{20.4-20}{1/\sqrt{100}}=4$$

（5）做出统计决策并加以解释。由于 $Z=4>Z_{0.05}=1.65$，所以拒绝原假设 H_0，接受备择假设 H_1，即可在显著性水平 $\alpha=0.05$ 下确定该指标均值超过 20。

如果使用 P 值进行决策，按照前述方法，找到"NORMSDIST"，将 Z 的值 4 录入，得到的函数值为 0.999 979 342。由于这是右单侧假设检验，所以

$$P=1-0.999\ 979\ 342=0.000\ 020\ 658$$

由于 $P<\alpha=0.05$，所以拒绝原假设 H_0，接受备择假设 H_1，即可在显著性水平 $\alpha=0.05$ 下确定该指标均值超过 20。

（三）小样本，正态总体，总体方差 σ^2 已知

在正态总体、总体方差 σ^2 已知且抽样为小样本的条件下，可以证明其样本平均数 $\bar{x}$

服从其数学期望值为 $\bar{X}_0$、方差为 σ^2/n 的正态分布,因此可选择 Z 作为检验统计量。其计算公式为

$$Z = \frac{\bar{x} - \bar{X}_0}{\sigma/\sqrt{n}} \sim N(0,1)$$

式中,$\bar{x}$ 为样本平均数;$\bar{X}_0$ 为总体平均数;σ 为总体标准差;n 为样本容量。

【例 9-8】 对例 9-3 进行假设检验(假定显著性水平 $\alpha = 0.05$)。

解: 根据前面分析,这是一个小样本的正态总体在总体方差已知情况下的左单侧检验问题。

(1) 建立原假设 H_0 和备择假设 H_1。

$$H_0 : \bar{X} \geqslant 150 \text{ 克}$$
$$H_1 : \bar{X} < 150 \text{ 克}$$

(2) 确定检验统计量为

$$Z = \frac{\bar{x} - \bar{X}_0}{\sigma/\sqrt{n}}$$

(3) 规定显著性水平 $\alpha = 0.05$,由于这是左单侧检验,查标准正态分布表可以得临界值 $-Z_\alpha = -Z_{0.05} = -1.65$。

(4) 根据样本的数据计算检验统计量的实际值。依题意有

$$\bar{x} = 149.35, \quad \bar{X}_0 = 150, \quad \sigma = 1, \quad n = 25$$

因此

$$Z = \frac{\bar{x} - \bar{X}_0}{\sigma/\sqrt{n}} = \frac{149.35 - 150}{1/\sqrt{25}} = -3.25$$

(5) 做出统计决策并加以解释。由于 $Z = -3.25 < -Z_{0.05} = -1.65$,所以拒绝原假设 H_0,接受备择假设 H_1,即可在显著性水平 $\alpha = 0.05$ 下确定这一批茶叶不符合规定。

如果使用 P 值进行决策,按照前述方法,找到"NORMSDIST",将 Z 的值 -3.25 录入,得到的函数值为 $0.000\ 577\ 025$。由于这是左单侧假设检验,所以

$$P = 0.000\ 577\ 025$$

由于 $P < \alpha = 0.05$,所以拒绝原假设 H_0,接受备择假设 H_1,即可在显著性水平 $\alpha = 0.05$ 下确定这一批茶叶不符合规定。

(四) 小样本,正态总体,总体方差 σ^2 未知

在正态总体、总体方差 σ^2 未知且抽样为小样本的条件下,可以证明其样本平均数 $\bar{x}$ 服从其数学期望值为 $\bar{X}_0$、方差为 s^2/n、自由度为 $n-1$ 的 t 分布,因此可选择 t 作为检验统计量。其计算公式为

$$t = \frac{\bar{x} - \bar{X}_0}{s/\sqrt{n}} \sim t(n-1)$$

式中,$\bar{x}$ 为样本平均数;$\bar{X}_0$ 为总体平均数;s 为样本标准差;n 为样本容量。

【例 9-9】 某食品加工厂用自动装袋机袋装食品,每袋标准重量为 150 克。现随机抽

取 20 袋来检查机器的工作情况,20 袋食品的重量为(单位:克)

| 146 | 147 | 151 | 149 | 148 | 150 | 151 | 152 | 148 | 153 |
| 148.5 | 151.4 | 149.1 | 151.1 | 151.3 | 149.6 | 148.8 | 151.2 | 148.3 | 152.1 |

假设该种袋装食品的重量服从正态分布,试问装袋机是否正常(显著性水平 $\alpha = 0.05$)。

解:这是一个总体服从正态分布且样本为小样本在其总体方差 σ^2 未知条件下的双侧假设检验问题,因此可采用 t 检验法。

(1) 建立原假设 H_0 和备择假设 H_1。

$$H_0: \overline{X} = 150 \text{ 克,装袋机正常}$$

$$H_1: \overline{X} \neq 150 \text{ 克,装袋机不正常}$$

(2) 确定检验统计量为

$$t = \frac{\bar{x} - \overline{X}_0}{s / \sqrt{n}}$$

(3) 规定显著性水平 $\alpha = 0.05$,由于这是双侧检验,查 t 分布表可以得临界值 $t_{\alpha/2}(n-1) = t_{0.025}(20-1) = 2.093$。

(4) 根据样本的数据计算检验统计量的实际值。由样本数据可得样本平均数

$$\bar{x} = \frac{\sum_{i=1}^{n} x_i}{n} = \frac{2\ 996.4}{20} = 149.82 (\text{克})$$

样本标准差为

$$s = \sqrt{\frac{\sum_{i=1}^{n}(x_i - \bar{x})^2}{n-1}} = \sqrt{\frac{66.61}{19}} = 1.872 (\text{克})$$

同时依题意有

$$\overline{X}_0 = 150, \quad n = 20$$

因此

$$t = \frac{\bar{x} - \overline{X}_0}{s / \sqrt{n}} = \frac{149.82 - 150}{1.872 / \sqrt{20}} = -0.43$$

(5) 做出统计决策并加以解释。由于 $|t| = 0.43 < t_{0.025}(19) = 2.093$,所以接受原假设 H_0,即可在显著性水平 $\alpha = 0.05$ 下确定装袋机正常。

此题也可以利用 P 值进行决策,P 值可利用 Excel 的统计功能进行计算。此题利用 P 值进行决策的过程如下。

第 1 步:进入 Excel 表格界面,选择"插入"下拉菜单。

第 2 步:单击"函数",并在函数分类中单击"统计",在函数名的下拉菜单中选择 "TDIST",然后单击"确定"。

第 3 步:在弹出的"函数参数"对话框的 X 栏中录入计算出的 t 值的绝对值 0.43,在自由度(Deg_freedom)栏中录入 19,在 Tails 栏中录入 2,表明是双侧检验(单侧检验则在该栏内录入 1)。计算出的 P 值为 0.672 033 153(见图 9-6)。

由于 $P > \alpha = 0.05$,所以接受原假设 H_0,即可在显著性水平 $\alpha = 0.05$ 下确定装袋机

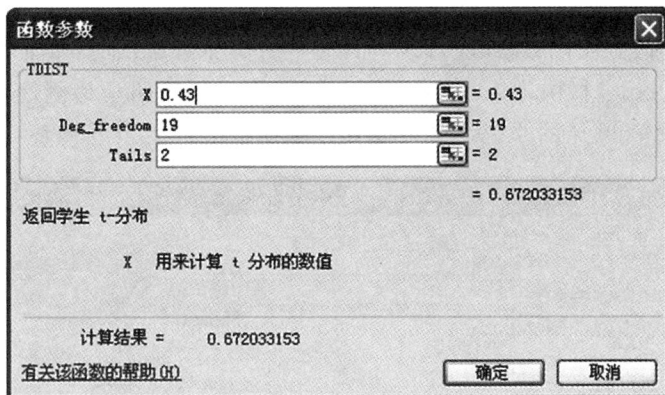

图 9-6　P 值计算示意图

正常。

【例 9-10】　某企业生产某型号轴承,轴承承载压力服从正态分布,按规定轴承承载压力不得低于 5 000 千克,现从生产的一批产品中随机抽取 16 根轴承,试验结果为:平均承载压力为 4 960 千克,标准差 $s=180$ 千克,要求在 $\alpha=0.05$ 的显著性水平下确定这批产品是否符合规定。

解:这是一个总体服从正态分布且样本为小样本在其总体方差 σ^2 未知条件下的左单侧假设检验问题,因此可采用 t 检验法。

(1) 建立原假设 H_0 和备择假设 H_1。

$$H_0: \overline{X} \geqslant 5\ 000\ \text{千克,承载压力不低于 5 000 千克}$$

$$H_1: \overline{X} < 5\ 000\ \text{千克,承载压力低于 5 000 千克}$$

(2) 确定检验统计量为

$$t = \frac{\bar{x} - \overline{X}_0}{s / \sqrt{n}}$$

(3) 规定显著性水平 $\alpha=0.05$,由于这是左单侧检验,查 t 分布表可以得临界值 $-t_\alpha(n-1) = -t_{0.05}(16-1) = -1.753\ 1$。

(4) 根据样本的数据计算检验统计量的实际值。由题意可知样本平均数 $\bar{x}=4\ 960$ 千克,样本标准差 $s=180$ 千克,$\overline{X}_0=5\ 000$ 千克,$n=16$,因此

$$t = \frac{\bar{x} - \overline{X}_0}{s / \sqrt{n}} = \frac{4\ 960 - 5\ 000}{180 / \sqrt{16}} = -0.889$$

(5) 做出统计决策并加以解释。由于 $t = -0.889 > -t_{0.05}(15) = -1.753$,所以接受原假设 H_0,即可在显著性水平 $\alpha=0.05$ 下确定这批产品符合规定。

此题也可以利用 P 值进行决策,P 值可利用 Excel 的统计功能进行计算。此题利用 P 值进行决策的过程如下。

第 1 步:进入 Excel 表格界面,选择"插入"下拉菜单。

第 2 步:单击"函数",并在函数分类中单击"统计",在函数名的下拉菜单中选择

"TDIST",然后单击"确定"。

第 3 步：在弹出的"函数参数"对话框的 X 栏中录入计算出的 t 值的绝对值 0.889，在自由度(Deg_freedom)栏中录入 15，在 Tails 栏中录入 1，表明是单侧检验。计算出的函数值为 0.194 018 899（见图 9-7）。由于这是左单侧检验，所以 $P=0.194\ 018\ 899$。

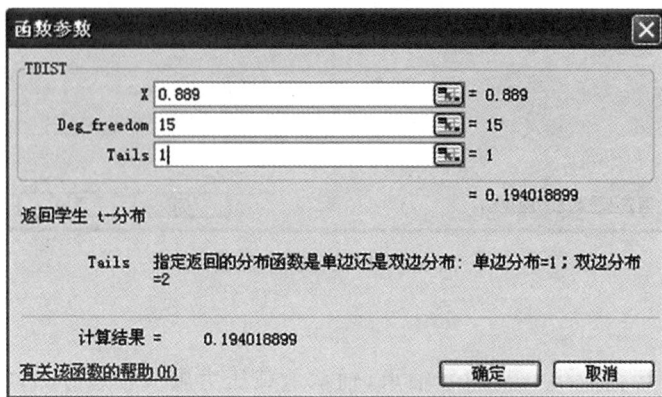

图 9-7　P 值计算示意图

由于 $P>\alpha=0.05$，所以接受原假设 H_0，即可在显著性水平 $\alpha=0.05$ 下确定这批产品符合规定。

二、总体成数的假设检验

如果一个事件只有两种结果，我们将其称为二项分布。根据中心极限定理，我们可以证明，在大样本情况下，若 $np>5$，$n(1-p)>5$，则二项分布逼近于正态分布。也就是说，在大样本情况下，若 $np>5$，$n(1-p)>5$，样本成数 p 渐近服从数学期望为 P、方差为 $P(1-P)$ 的正态分布，即

$$p \sim N\left[P, \frac{P(1-P)}{n}\right]$$

因此，我们可以选择 Z 统计量作为总体成数的检验统计量。应当注意的是，此类成数问题检验之所以选择大样本，是因为小样本的结果极不稳定。例如，随机抽取 10 人，如果女性有 4 人，则女性的比重是 40%；如果女性有 5 人，则女性的比重是 50%，样本中多了一位女性会导致调查结果相差 10%，这种不稳定性会导致检验犯错的可能性大增。

在大样本情况下，若 $np>5$，$n(1-p)>5$，总体成数的检验统计量应为

$$Z = \frac{p-P_0}{\sqrt{\dfrac{P_0(1-P_0)}{n}}} \sim N(0,1)$$

式中，p 为样本成数；P_0 为假设总体成数；n 为样本容量。

总体成数的假设检验的假设形式、统计量及其分布、拒绝域和 P 值决策等检验内容见表 9-3。

表 9-3 总体成数假设检验内容

假　设	双侧检验	左单侧检验	右单侧检验
假设形式	$H_0:P=P_0$ $H_1:P\neq P_0$	$H_0:P\geqslant P_0$ $H_1:P<P_0$	$H_0:P\leqslant P_0$ $H_1:P>P_0$
统计量	$Z=\dfrac{p-P_0}{\sqrt{\dfrac{P_0(1-P_0)}{n}}}\sim N(0,1)$		
拒绝域	$\lvert Z\rvert\geqslant Z_{a/2}$	$Z\leqslant -Z_a$	$Z\geqslant Z_a$
P 值决策	$P<\alpha$，拒绝 H_0		

【例 9-11】 某企业生产某一产品，根据过去的经验，一级品率为 70%，现从其生产的一批产品中抽 100 件，发现一级产品为 66 件，在 $\alpha=0.05$ 的显著性水平下确定这批产品的一级品率与过去相比是否有显著差异。

解： 这是大样本总体成数指标的双侧假设检验问题。由于 $p=66/100=66\%$，$n=100$，因此 $np=66>5$，$n(1-p)=34>5$，可利用 Z 检验法。

(1) 建立原假设 H_0 和备择假设 H_1。

$$H_0:P=70\%，没有显著差异$$
$$H_1:P\neq 70\%，有显著差异$$

(2) 确定检验统计量为

$$Z=\frac{p-P_0}{\sqrt{\dfrac{P_0(1-P_0)}{n}}}$$

(3) 规定显著性水平 $\alpha=0.05$，由于这是双侧检验，查标准正态分布表可以得临界值 $Z_{a/2}=Z_{0.05/2}=Z_{0.025}=1.96$。

(4) 根据样本的数据计算检验统计量的实际值。依题意有 $P_0=70\%$，因此

$$Z=\frac{p-P_0}{\sqrt{\dfrac{P_0(1-P_0)}{n}}}=\frac{66\%-70\%}{\sqrt{\dfrac{70\%\times(1-70\%)}{100}}}=-0.873$$

(5) 做出统计决策并加以解释。由于 $\lvert Z\rvert=0.873<Z_{0.025}=1.96$，所以接受原假设 H_0，即可在显著性水平 $\alpha=0.05$ 下确定这批产品的一级品率与过去相比无显著差异。

【例 9-12】 某企业大量生产袋装食品，按规定每袋重量不得少于 500 克。现从一批该种食品中随机抽取 400 袋，发现有 32 袋低于 500 克。若规定不符合标准的比例超过 5% 就不得出厂，问这批食品能否出厂（显著性水平 $\alpha=0.05$）。

解： 这是大样本总体成数指标的右单侧假设检验问题。由于 $p=32\div 400=8\%$，$n=400$，因此 $np=32>5$，$n(1-p)=368>5$，可利用 Z 检验法。

(1) 建立原假设 H_0 和备择假设 H_1。

$$H_0:P\leqslant 5\%，不超过 5\%$$
$$H_1:P>5\%，大于 5\%$$

（2）确定检验统计量为

$$Z = \frac{p - P_0}{\sqrt{\dfrac{P_0(1 - P_0)}{n}}}$$

（3）规定显著性水平 $\alpha = 0.05$，由于这是右单侧检验，查标准正态分布表可以得临界值 $Z_\alpha = Z_{0.05} = 1.65$。

（4）根据样本的数据计算检验统计量的实际值。依题意有 $P_0 = 5\%$，因此

$$Z = \frac{p - P_0}{\sqrt{\dfrac{P_0(1 - P_0)}{n}}} = \frac{8\% - 5\%}{\sqrt{\dfrac{5\% \times (1 - 5\%)}{400}}} = 2.753$$

（5）做出统计决策并加以解释。由于 $Z = 2.753 > Z_{0.05} = 1.65$，所以拒绝原假设 H_0，接受备择假设，即可在显著性水平 $\alpha = 0.05$ 下确定这批食品不符合标准的比例超过 5%，即这批食品不能出厂。

三、总体方差的假设检验

方差反映总体的指标值的变异程度，也从另一个方面反映总体指标值的均匀性或离散性程度。要检验总体方差是否发生显著性变化，可以利用总体方差的假设检验方法。对方差进行检验的步骤，与总体平均数和总体成数的假设检验是一样的，它们的主要区别在于使用的检验统计量不同，方差检验使用的是 χ^2 统计量。

设总体 $X \sim N(\overline{X}_0, \sigma^2)$，从中抽取容量为 n 的样本 $x_1, x_2, \cdots, x_n$，样本方差 $s^2 = \dfrac{\sum\limits_{i=1}^{n}(x_i - \bar{x})^2}{n - 1}$。可以证明，统计量 $\dfrac{(n-1)s^2}{\sigma^2} \sim \chi^2(n-1)$，即 $\dfrac{(n-1)s^2}{\sigma^2}$ 服从自由度为 $n-1$ 的 χ^2 分布，且不带未知参数。因此，可以选择统计量 $\dfrac{(n-1)s^2}{\sigma^2}$ 作为总体方差的检验统计量。用它来进行显著性检验的方法称为 χ^2 检验法。

总体方差的检验统计量为

$$\chi^2 = \frac{(n-1)s^2}{\sigma_0^2} \sim \chi^2(n-1)$$

总体方差的假设检验的假设形式、统计量及其分布、拒绝域和 P 值决策等检验内容见表 9-4。

表 9-4 总体方差假设检验内容

假设	双侧检验	左单侧检验	右单侧检验
假设形式	$H_0: \sigma^2 = \sigma_0^2$ $H_1: \sigma^2 \neq \sigma_0^2$	$H_0: \sigma^2 \geqslant \sigma_0^2$ $H_1: \sigma^2 < \sigma_0^2$	$H_0: \sigma^2 \leqslant \sigma_0^2$ $H_1: \sigma^2 > \sigma_0^2$
统计量	$\chi^2 = \dfrac{(n-1)s^2}{\sigma_0^2} \sim \chi^2(n-1)$		

续表

假设	双侧检验	左单侧检验	右单侧检验
拒绝域	$\chi^2 > \chi^2_{\alpha/2}(n-1)$ 或 $\chi^2 < \chi^2_{1-\alpha/2}(n-1)$	$\chi^2 < \chi^2_{1-\alpha}(n-1)$	$\chi^2 > \chi^2_{\alpha}(n-1)$
P 值决策	$P < \alpha$,拒绝 H_0		

（一）右单侧 χ^2 检验法应用举例

χ^2 分布表提供的是右单侧临界值 $\chi^2_{\alpha}(n-1)$。当从样本资料求得 χ^2 统计量实际值 $\chi^2 = \dfrac{(n-1)s^2}{\sigma_0^2} > \chi^2_{\alpha}(n-1)$ 时,我们就拒绝原假设,接受备择假设;否则,就接受原假设。

【例 9-13】　某纺织厂生产的维尼纶纤维长度服从正态分布,其标准差通常为 0.048,现从某一批次中任取 20 根纤维,测得其方差为 $s^2 = 0.072^2$。试以显著性水平 $\alpha = 0.05$ 检验该批次的方差是否显著提高了。

解：这是总体方差的右单侧假设检验问题,可利用 χ^2 检验法。

(1) 建立原假设 H_0 和备择假设 H_1。

$$H_0 : \sigma^2 \leqslant 0.048^2$$
$$H_1 : \sigma^2 > 0.048^2$$

(2) 确定检验统计量为

$$\chi^2 = \frac{(n-1)s^2}{\sigma_0^2}$$

(3) 规定显著性水平 $\alpha = 0.05$,由于这是右单侧检验,查 χ^2 分布表可以得临界值 $\chi^2_{\alpha}(n-1) = \chi^2_{0.05}(19) = 30.143\ 5$。

(4) 根据样本的数据计算检验统计量的实际值。依题意有

$$\sigma_0^2 = 0.048^2, \quad s^2 = 0.072^2, \quad n = 20$$

因此

$$\chi^2 = \frac{(n-1)s^2}{\sigma_0^2} = \frac{19 \times 0.072^2}{0.048^2} = 42.75$$

(5) 做出统计决策并加以解释。由于 $\chi^2 = 42.75 > \chi^2_{0.05}(19) = 30.143\ 5$,所以拒绝原假设 H_0,接受备择假设 H_1,即可在显著性水平 $\alpha = 0.05$ 下确定该批次的方差有了显著提高。

此题也可以利用 P 值进行决策,P 值可利用 Excel 的统计功能进行计算。此题利用 P 值进行决策的过程如下。

第 1 步：进入 Excel 表格界面,选择"插入"下拉菜单。

第 2 步：单击"函数",并在函数分类中单击"统计",在函数名的下拉菜单中选择"CHIDIST",然后单击"确定"。

第 3 步：在弹出的"函数参数"对话框的 X 栏中录入计算出的 χ^2 值 42.75,在自由度 (Deg_freedom) 栏中录入 19,得到函数值为 0.001 402 269。由于这是右单侧检验,所以

$P = 0.001\,402\,269$(见图 9-8)。

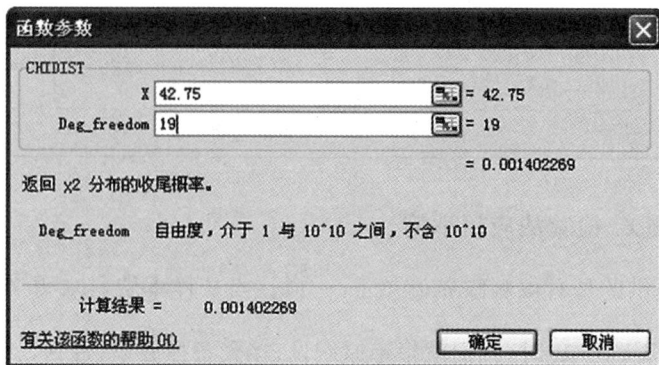

图 9-8 P 值计算示意图

由于 $P < \alpha = 0.05$,所以拒绝原假设 H_0,接受备择假设 H_1,即可在显著性水平 $\alpha = 0.05$ 下确定该批次的方差有了显著提高。

(二) 左单侧 χ^2 检验法应用举例

由于 χ^2 分布表提供的是右单侧临界值 $\chi_\alpha^2(n-1)$,因此,给定显著性水平 α 的左单侧临界值应该为 $\chi_{1-\alpha}^2(n-1)$。当从样本资料求得 χ^2 统计量实际值 $\chi^2 = \dfrac{(n-1)s^2}{\sigma_0^2} < \chi_{1-\alpha}^2(n-1)$时,我们就拒绝原假设,接受备择假设;否则,就接受原假设。

【例 9-14】 根据过去几年农产品产量调查结果认为,某地区的小麦亩产服从方差为 $4\,900$ 千克^2 的正态分布,今年在实割实测前进行的估产中,随机抽取了 15 块地,测得其亩产方差为 $s^2 = 4\,700$ 千克^2。试以显著性水平 $\alpha = 0.05$ 检验该地区的小麦亩产的方差是否明显减少了。

解:这是总体方差的左单侧假设检验问题,可利用 χ^2 检验法。

(1)建立原假设 H_0 和备择假设 H_1。

$$H_0: \sigma^2 \geqslant 4\,900$$

$$H_1: \sigma^2 < 4\,900$$

(2)确定检验统计量为

$$\chi^2 = \frac{(n-1)s^2}{\sigma_0^2}$$

(3)规定显著性水平 $\alpha = 0.05$,由于这是左单侧检验,查 χ^2 分布表可以得临界值 $\chi_{1-\alpha}^2(n-1) = \chi_{0.95}^2(14) = 6.570\,6$。

(4)根据样本的数据计算检验统计量的实际值。依题意有

$$\sigma_0^2 = 4\,900, \quad s^2 = 4\,700, \quad n = 15$$

因此

$$\chi^2 = \frac{(n-1)s^2}{\sigma_0^2} = \frac{14 \times 4\,700}{4\,900} = 13.43$$

(5) 做出统计决策并加以解释。由于 $\chi^2 = 13.43 > \chi^2_{0.95}(14) = 6.570\ 6$，所以我们没有理由拒绝原假设 H_0，即可在显著性水平 $\alpha = 0.05$ 下确定该地区小麦亩产的方差没有明显减少。

此题也可以利用 P 值进行决策，P 值可利用 Excel 的统计功能进行计算。此题利用 P 值进行决策的过程如下。

第 1 步：进入 Excel 表格界面，选择"插入"下拉菜单。

第 2 步：单击"函数"，并在函数分类中单击"统计"，在函数名的下拉菜单中选择"CHIDIST"，然后单击"确定"。

第 3 步：在弹出的"函数参数"对话框的 X 栏中录入计算出的 χ^2 值 13.43，在自由度 (Deg_freedom) 栏中录入 14，得到函数值为 0.492 979 25（见图 9-9）。由于这是左单侧检验，所以 $P = 1 - 0.492\ 979\ 25 = 0.507\ 020\ 75$。

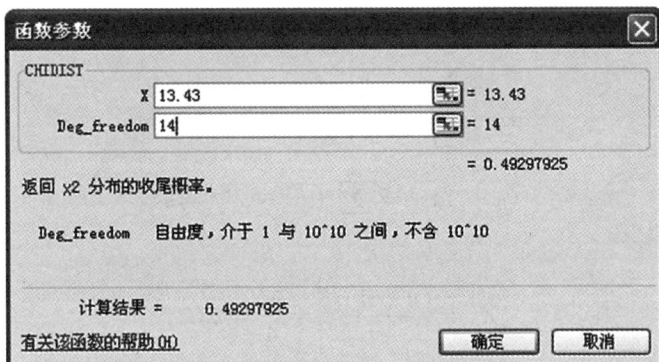

图 9-9　P 值计算示意图

由于 $P > \alpha = 0.05$，所以没有理由拒绝原假设 H_0，即可在显著性水平 $\alpha = 0.05$ 下确定该地区小麦亩产的方差没有明显减少。

（三）双侧 χ^2 检验法应用举例

在双侧检验中，在给定的显著性水平 α 下，有两个拒绝域和两个临界值，两个拒绝域应各占 $\alpha/2$，由于 χ^2 分布非对称性，因此两个临界值分别为：左临界值为 $\chi^2_{1-\alpha/2}(n-1)$，右临界值为 $\chi^2_{\alpha/2}(n-1)$。当从样本资料求得 χ^2 统计量实际值 $\chi^2 = \dfrac{(n-1)s^2}{\sigma_0^2} < \chi^2_{1-\alpha/2}(n-1)$ 或 $\chi^2 = \dfrac{(n-1)s^2}{\sigma_0^2} > \chi^2_{1-\alpha/2}(n-1)$ 时，我们就拒绝原假设，接受备择假设；否则，若 $\chi^2_{1-\alpha/2}(n-1) < \chi^2 = \dfrac{(n-1)s^2}{\sigma_0^2} < \chi^2_{1-\alpha/2}(n-1)$，就接受原假设。

【例 9-15】　某外贸企业生产茶叶用于出口，其重量服从正态分布，根据以前的资料已知总体标准差是 2 克，现从一批即将出口的茶叶中抽取 18 包进行检验，测得重量为

152　146　149　147　153　149　150　147　151
149　152　154　148　151　153　152　148　149

在显著性水平 $\alpha = 0.05$ 下确定这批茶叶的重量是否有显著变异。

解：这是总体方差的双侧假设检验问题，可利用 χ^2 检验法。

（1）建立原假设 H_0 和备择假设 H_1。

$$H_0 : \sigma^2 = 2^2$$
$$H_1 : \sigma^2 \neq 2^2$$

（2）确定检验统计量为

$$\chi^2 = \frac{(n-1)s^2}{\sigma_0^2}$$

（3）规定显著性水平 $\alpha = 0.05$，由于这是右单侧检验，查 χ^2 分布表可以得左、右两个临界值为 $\chi^2_{1-\alpha/2}(n-1) = \chi^2_{0.975}(17) = 7.564\,2$ 和 $\chi^2_{\alpha/2}(n-1) = \chi^2_{0.025}(17) = 30.191$。

（4）根据样本的数据计算检验统计量的实际值。依题意有 $\sigma_0^2 = 4$，$n = 18$，根据样本数据得样本平均数为

$$\bar{x} = \frac{\sum_{i=1}^{n} x_i}{n} = \frac{2\,700}{18} = 150（克）$$

$$(n-1)s^2 = \sum_{i=1}^{n}(x_i - \bar{x})^2 = 94$$

因此

$$\chi^2 = \frac{(n-1)s^2}{\sigma_0^2} = \frac{94}{4} = 23.5$$

（5）做出统计决策并加以解释。由于 $7.564\,2 = \chi^2_{1-\alpha/2}(n-1) < \chi^2 = 23.5 < \chi^2_{1-\alpha/2}(n-1) = 30.191$，所以我们没有理由拒绝原假设 H_0，即可在显著性水平 $\alpha = 0.05$ 下确定这批茶叶的重量没有显著变异。

思考与练习

一、单项选择题

1. 假设检验的推断依据是（　　）。

　　A. 小概率事件实际推断原则　　　　　　B. 最大似然原理

　　C. 大数定理　　　　　　　　　　　　　D. 中心极限定理

2. 对已知分布中未知的总体参数做出某种假设，然后抽取样本，根据样本提供的信息来检验这一假设是否成立的过程称为（　　）。

　　A. 参数估计　　　　B. 统计推断　　　　C. 区间估计　　　　D. 假设检验

3. 在假设检验中，原假设与备择假设（　　）。

　　A. 都可能不成立

　　B. 都可能成立

　　C. 有且只有一个成立

C. 原假设一定成立,备择假设不一定成立

4. 在假设检验中,第二类错误是指(　　　)。

A. 当原假设为真时拒绝原假设　　　　B. 当原假设为非真时接受原假设

C. 当原假设为真时接受原假设　　　　D. 当原假设为非真时拒绝原假设

5. 某企业生产一种产品的标准重量是 500 克,要检验该企业某天生产的产品是否符合标准要求,建立的原假设和备择假设应为(　　　)。

A. $H_0: \overline{X} = 500; H_1: \overline{X} \neq 500$　　　　B. $H_0: \overline{X} \neq 500; H_1: \overline{X} = 500$

C. $H_0: \overline{X} \leq 500; H_1: \overline{X} > 500$　　　　D. $H_0: \overline{X} \geq 500, H_1: \overline{X} < 500$

6. 某灯泡制造商声称,该企业所生产的灯泡的平均使用寿命在 1 500 小时以上。为检验灯泡制造商的说法是否属实,建立的原假设和备择假设应为(　　　)。

A. $H_0: \overline{X} = 1\ 500; H_1: \overline{X} \neq 1\ 500$　　　B. $H_0: \overline{X} \neq 1\ 500; H_1: \overline{X} = 500$

C. $H_0: \overline{X} \leq 1\ 500; H_1: \overline{X} > 1\ 500$　　　D. $H_0: \overline{X} \geq 1\ 500; H_1: \overline{X} < 1\ 500$

7. 某罐头厂生产肉类罐头,其自动装罐机在正常工作时每罐净重服从方差为 20 克的正态分布,某日随机抽查 20 瓶罐头,测得其样本方差为 24 克,若要在显著性水平 $\alpha = 0.05$ 下检验该日罐头平均重量的方差否显著提高了,建立的原假设和备择假设应为(　　　)。

A. $H_0: \sigma^2 = 20; H_1: \sigma^2 \neq 20$　　　　B. $H_0: \sigma^2 \neq 20; H_1: \sigma^2 = 20$

C. $H_0: \sigma^2 \leq 20; H_1: \sigma^2 > 20$　　　　D. $H_0: \sigma^2 \geq 20; H_1: \sigma^2 < 20$

8. 对于给定的显著性水平 α,根据 P 值拒绝原假设的准则是(　　　)。

A. $P < \alpha$　　　B. $P = \alpha$　　　C. $P > \alpha$　　　D. $P = \alpha = 0$

9. 从正态总体中随机抽取一个样本容量为 20 的样本,计算得 $\bar{x} = 27, s^2 = 18$,假定 $\sigma_0^2 = 24$,要检验假设 $H_0: \sigma^2 > 24$,则检验统计量的值为(　　　)。

A. $\chi^2 = 14.25$　　B. $\chi^2 = 15$　　C. $\chi^2 = 30.143\ 5$　　D. $\chi^2 = 25.333\ 3$

10. 若要检验的假设为 $H_0: \sigma^2 = \sigma_0^2; H_1: \sigma^2 \neq \sigma_0^2$,则拒绝域为(　　　)。

A. $\chi^2 < \chi_{1-\alpha}^2(n-1)$　　　　B. $\chi^2 > \chi_{\alpha}^2(n-1)$

C. $\chi^2 < \chi_{1-\alpha/2}^2(n-1)$ 或 $\chi^2 > \chi_{\alpha/2}^2(n-1)$　D. $\chi^2 < \chi_{1-\alpha}^2(n-1)$ 或 $\chi^2 > \chi_{\alpha}^2(n-1)$

11. 在统计假设检验中,若提出的原假设是总体参数等于某一数值,那么这种假设检验称为(　　　)。

A. 双侧检验　　B. 单侧检验　　C. 左侧检验　　D. 右侧检验

12. 在假设检验中,若 Z 为检验统计量,$-Z_a$ 为临界值,那么可以接受原假设的是(　　　)。

A. $Z < -Z_a$　　B. $Z > -Z_a$　　C. $Z \leq -Z_a$　　D. $Z \geq -Z_a$

13. 在总体平均数 X 未知的情况下,对一个正态总体方差进行假设检验时,应选择的检验统计量为(　　　)。

A. Z　　　　B. t　　　　C. F　　　　D. P

14. 当总体成数 P 未知时,对其进行右侧检验时所提出的关于总体成数正确的假设为(　　　)。

A. $H_0: P \geq P_0; H_1: P < P_0$　　　　B. $H_0: P \leq P0; H_1: P > P_0$

C. $H_0:P>P_0;H_1:P\leqslant P_0$ D. $H_0:P<P_0;H_1:P\geqslant P_0$

15. 一项调查表明,5 年前每个家庭每天看电视的平均时间为 6.7 小时。而最近对 200 个家庭的调查结果是,每个家庭每天看电视的平均时间为 7.25,标准差为 2.5 个小时。在 $\alpha=0.05$ 的显著性水平下,检验假设 $H_0:\overline{X}\leqslant 6.7,H_1:\overline{X}>6.7$ 得到的结论是(   )。

    A. 拒绝 H_0 B. 不拒绝 H_0

    C. 可以拒绝也可以不拒绝 H_0 D. 可能拒绝也可能不拒绝 H_0

二、多项选择题

1. 统计推断包括的内容有(   )。

    A. 通过构造统计量,运用样本信息,实施对总体参数的估计

    B. 从统计量出发,对总体某些特性的"假设"做出拒绝或接受的判断

    C. 相关分析

    D. 时间数列分析

    E. 回归分析

2. 假设检验的具体步骤包括(   )。

    A. 根据实际问题的要求提出原假设及备择假设

    B. 确定适当的检验统计量

    C. 规定显著性水平

    D. 抽取样本,计算检验统计量的值

    E. 判断计算出的统计量的值是否落入否定域,如落入否定域,则拒绝原假设;否则接受原假设

3. 关于 α 错误和 β 错误的说法正确的有(   )。

    A. α 错误越大,β 错误也越大

    B. α 错误越大,β 错误也越小

    C. 实际工作中以选择控制 α 错误的目标

    D. 实际工作中以选择控制 β 错误的目标

    E. 要使 α 和 β 同时变小的办法只能是增大样本容量

4. 关于 P 值决策的说法正确的有(   )。

    A. P 值就是犯弃真错误的概率

    B. P 值就是犯取伪错误的概率

    C. 当 $P\geqslant\alpha$ 时,则在显著性水平 α 下接受原假设

    D. 当 $P\geqslant\alpha$ 时,则在显著性水平 α 下拒绝原假设

5. 根据假设建立的不同,统计假设检验可分为(   )。

    A. 原假设检验   B. 备择假设检验   C. 双侧检验

    D. 单侧检验   E. P 值检验

6. 显著性水平与检验拒绝域的关系包括(   )。

    A. 显著性水平提高(α 变小),意味着拒绝域缩小

    B. 显著性水平降低,意味着拒绝域扩大

C. 显著性水平提高,意味着拒绝域扩大

D. 显著性水平降低,意味着拒绝域扩大

E. 显著性水平提高或降低,不影响拒绝域的变化

7. 关于 β 错误的说法正确的有(　　　)。

A. 是在原假设不真实的条件下发生

B. 是在原假设真实的条件下发生

C. 决定于原假设与真实值之间的差距

D. 原假设与真实值之间的差距越大,犯 β 错误的可能性就越小

E. 原假设与真实值之间的差距越小,犯 β 错误的可能性就越大

8. 在总体平均数假设中,适用 Z 检验统计量的有(　　　)。

A. 样本为大样本,且总体方差已知

B. 样本为小样本,且总体方差已知

C. 样本为小样本,且总体方差未知

D. 样本为大样本,且总体方差未知

9. 利用 P 值进行决策时,P 值的大小取决于(　　　)。

A. 样本数据与原假设(总体的数据)的差异

B. 抽样的样本容量

C. 假设检验统计量的分布

D. 总体的容量

10. 如果某项假设检验的结论在 0.05 的显著性水平下是显著的(即在 0.05 的显著性水平下拒绝了原假设),则正确的说法有(　　　)。

A. 在 0.10 的显著性水平下必定也是显著的

B. 在 0.01 的显著性水平下不一定具有显著性

C. 原假设为真时拒绝原假设的概率为 0.05

D. 检验的 P 值大于 0.05

三、判断题

1. 在单侧检验中,若原假设是总体参数不小于某一数值,称为右侧检验;若原假设是总体参数不大于某一数值,称为左侧检验。　　　　　　　　　　　　　　(　　)

2. 在假设检验中,如果提出的原假设是总体参数等于某一数值,这种假设检验称为双侧检验。　　　　　　　　　　　　　　　　　　　　　　　　　　　　(　　)

3. 利用 P 值进行决策时,可以知道拒绝原假设犯错误的概率。　　　　(　　)

4. 在其他因素确定时,α 值越小,β 值越小;反之,α 值越大,β 值越大。　(　　)

5. 假如我们的目的是希望从样本观测值对某一陈述取得强有力的支持,我们就将这一陈述的本身作为原假设,而把否定陈述作为备选假设。　　　　　　　　　(　　)

6. 在假设检验中,若抽样单位数不变,显著性水平从 0.01 提高到 0.1,则犯第二类错误的概率将会下降。　　　　　　　　　　　　　　　　　　　　　　(　　)

7. 假设检验中的显著性水平 α 是推断时犯第二类错误的概率。　　　　(　　)

8.将由显著性水平所规定的拒绝域平分为两部分,置于概率分布的两边,每边占显著性水平的1/2,这是单侧检验。　　　　　　　　　　　　　　　　　　　（　）

9.对于显著性水平 α,假设检验 $H_0:\mu=\mu_0$;$H_1:\mu\neq\mu_0$,当 μ、μ_0 和 α 不变时,增大样本容量 n,必然会使犯第二类错误的概率增大。　　　　　　　　　　　　（　）

10.在假设检验中,如果在原假设为假时接受了原假设,那么犯这种错误的概率为第二类错误的概率。　　　　　　　　　　　　　　　　　　　　　　　　　　　（　）

四、名词解释

1.参数假设检验

2.α 错误

3.β 错误

4.小概率事件

5.Z 检验法

6.P 值

五、简答题

1.举例说明总体平均数假设检验的步骤。

2.什么是假设检验中的两类错误?举例说明。

3.什么是 P 值?如何进行 P 值决策?

4.什么是小概率事件实际推断原则?举例说明。

5.什么是左单侧检验?什么是右单侧检验?举例说明。

六、计算题

1.某罐头厂生产肉类罐头,其自动装罐机在正常工作时每罐净重服从数学期望值为250克、方差为25克^2 的正态分布,某日随机抽查50瓶罐头,测得其平均重量为252克。问:装罐机当日工作是否正常(显著性水平 $\alpha=0.05$)。

2.设某厂生产一种灯泡,其寿命服从方差为6 400小时^2 的正态分布,按规定要求灯泡的使用寿命不得低于1 000小时,现从生产的一批灯泡随机抽取100只,经试验,平均寿命为980小时,试在 $\alpha=0.05$ 的显著性水平下确定这批灯泡是否符合规定。

3.某企业生产的某型号轴承承载压力服从数学期望值为6 000千克、方差为90 000千克^2 的正态分布,现从生产的一批产品中随机抽取25根轴承,经试验,平均承载压力为6 030千克,试在 $\alpha=0.05$ 的显著性水平下确定这批轴承的平均承载压力是否有明显提高。

4.某市调查职工平均月收入水平。该市统计局主持这项调查的人认为,该市职工平均月收入不超过2 300元。现随机抽取100名职工进行调查,样本数据为 $\bar{x}=2\ 250$ 元,$s=200$ 元。问:调查结果是否支持调查主持人的看法(显著性水平 $\alpha=0.05$)。

5.一项统计结果声称,某地区户拥有汽车的比例为30%。为了检验该项调查是否可靠,随机抽选了400户家庭,发现其中有110户家庭拥有汽车。问:调查结果是否支持该地区户拥有汽车的比例为 30% 的看法(显著性水平 $\alpha = 0.05$)。

6. 某外贸企业生产茶叶用于出口,其重量服从正态分布。根据以前的资料,已知总体标准差是 2 克,按规定平均重量不低于 250 克,现从一批即将出口的茶叶中抽取 20 包进行检验,测得其平均重量为

252 246 254 248 250 255 245 249 247 253
251 253 245 252 251 246 249 248 250 250

问:这一批茶叶是否符合规定(显著性水平 $\alpha = 0.05$)。

7. 某企业生产某种产品,根据过去的经验,优等品率为 80%,现从其生产的一批产品中抽取 400 件,其中优等品为 336 件,在 $\alpha = 0.05$ 的显著性水平下确定这批产品的优等品率与过去生产的产品的优等品率相比是否有显著提高。

8. 某企业生产一种铜线的折断力服从正态分布,其标准差通常为 20 千克,现从某一批次铜线中任取 20 样本,测得其方差为 $s^2 = 23^2$。试以显著性水平 $\alpha = 0.05$ 检验该批次铜线的方差是否有显著提高。

9. 根据过去几年农产量调查认为,某地区的小麦亩产服从方差为 6 400 千克^2 的正态分布,今年在实割实测前进行的估产中,随机抽取了 12 块地,测得其亩产资料为(单位:千克)

540 580 630 680 690 700 710 720 750 760 800 840

试以显著性水平 $\alpha = 0.05$ 检验该地区小麦亩产的方差是否有显著变化。

10. 5 年前某行业公司的平均雇员规模(人数)为 268.8 人。后来随着需求的增长,感觉许多公司的规模都在扩大,于是随机选取了 36 家公司,计算出平均雇员规模为 330.6 人,标准差为 45.6 人。问:该行业公司的平均规模明显扩大了吗(显著性水平 $\alpha = 0.05$)。

第十章 相关与回归分析

学习目标

理解相关关系的概念与特点;熟悉相关关系的种类;掌握相关系数的计算方法和相关系数的显著性检验方法;理解回归分析的概念和特点;熟悉回归分析与相关分析的区别;理解判定系数和估计标准误差的概念和实际意义;熟练利用最小平方法求回归方程;掌握利用一元线性回归方程进行预测的方法;理解回归方程的显著性检验方法;掌握 Excel 在相关与回归分析中的应用;了解多元线性回归分析;了解可线性化非线性回归分析。

学习重点

简单线性回归分析。

学习难点

理解相关关系、回归分析的概念与特点。

第一节 相关分析

一、相关关系的概念与种类

(一) 相关关系的概念

事物间的发展变化往往表现为事物间的数量关系的发展变化,研究事物间的量变规律是认识其性质的一种重要方法。在自然界和人类社会中,事物间的数量关系普遍存在着函数关系和相关关系两种关系。

1. 函数关系

函数关系是指变量间存在确定性的数量关系。两个变量间的函数关系可以这样从数学上定义:设有两个变量 x 和 y,变量 y 随变量 x 一起变化,并完全依赖于 x,当变量 x 取某个数值时,y 依确定的关系取相应的值,则称 y 是 x 的函数,记为 $y=f(x)$,其中 x 称为自变量，y 称为因变量。下面给出两函数关系的例子。

【例 10-1】　在计件工资下，工人的计件工资总额 y 与加工零件的数量 x 之间的关系。设每件加工零件的单价为 A，则计件工资总额 y 与加工零件的数量 x 的关系可表述为：$y=Ax$。这里，计件工资总额 y 与加工零件的数量 x 是确定的函数关系。

【例 10-2】　圆面积 S 同其半径 r 的关系可表述为：$S=\pi r^2$。这里，S 与 r 之间是确定的函数关系。

2. 相关关系

相关关系是指变量间存在不确定性的数量关系。这意味着，一个变量虽然受另外一个（或一组）变量影响，却不由这一个（或一组）变量完全确定。下面是相关关系的例子。

【例 10-3】　一般来说，企业投放的广告费 x 越多，产品销售收入 y 就越多。但企业产品销售收入并不是由企业投放的广告费一个因素决定的，还会受到其他许多因素的影响，如产品价格、市场需求等。因此，企业产品销售收入与企业投放的广告费不存在确定的函数关系。它们之间是相关关系。

【例 10-4】　一般来说，当工厂规模扩大，产品产量 x 增加时，单位产品成本 y 会随之下降，这种变化趋势体现了规模经济的效应，具有客观性和普遍性。但由于影响产品成本的因素众多，有主要的，也有次要的，有必然的，也有偶然的，有随机的，也有非随机的，有观察得到的，也有观察不到的等。在同一产量水平下，可能会出现各种各样的单位成本，或者某一确定的单位成本对应着不同的产量，两者的关系不是唯一确定的。因此，单位产品成本与产品产量不存在确定的函数关系。它们之间是相关关系。

从上面的例子可以看出，相关关系具有以下两个特点。

（1）变量之间关系的不确定性。也就是说，一个变量的取值不能由另一个变量唯一确定。当变量 x（或一组变量）取某个值时，变量 y 的取值可能有几个。例如，企业在不同月份投入同样的广告费，企业产品的销售收入可能不一样。

（2）变量之间关系不能通过个别现象体现其关系的规律性，必须通过对大量数据的观察才能体现。例如，平均来说，企业投放的广告费越多，产品销售收入就越多。又如，当工厂规模扩大、产品产量增加时，单位产品成本会随之下降。

函数关系与相关关系既有区别，又有联系。两者的区别在于：函数关系是反映变量间存在确定性的数量关系，是一一对应关系；而相关关系反映变量间存在不确定性的数量关系。两者的联系在于：由于观察和实验中的误差，函数关系往往通过相关关系表现出来；而当对变量之间的内在联系和规律性了解得更加清楚的时候，相关关系又可能转化为函数关系。一般来说，在社会经济领域里，函数关系反映了变量间关系的理想化状态；相关关系则反映了变量间关系的现实化状态，只有在大量观察时，在平均的意义上，相关关系才能被描述。

（二）相关关系的种类

1. 正相关和负相关

按相关方向的不同，相关关系可分为正相关和负相关。

当自变量（x）的数值增加，因变量（y）的数值也相应地增加；当自变量（x）的数值减少,因变量(y)的数值也随之减少,即两个变量变化方向一致,这样的相关关系就是正相关(见图 10-1 中的左图)。例如身高与体重之间的关系,就是正相关。

当自变量(x)的数值增加,因变量(y)的数值相应地减少;当自变量(x)的数值减少,因变量(y)的数值随之增加,即两个变量变化方向相反,这样的相关关系就是负相关(见图 10-1 中的右图)。例如单位产品成本与产品产量之间关系,就是负相关。

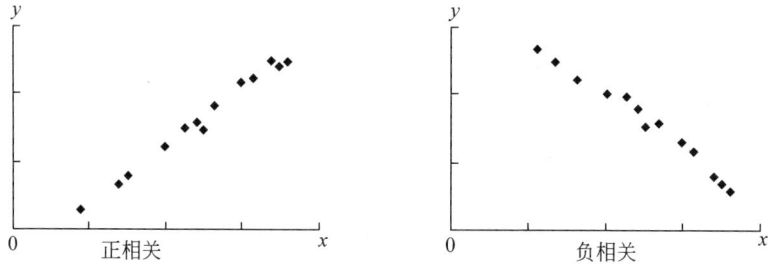

图 10-1　正、负相关散点图

2. 线性相关和非线性相关

按变量之间的相关形式,相关关系可分为线性相关和非线性相关。

若一个变量与另一个(或一组)变量之间的相关关系表现为线性组合时,则称它们之间的相关关系为线性相关。图 10-1 中两幅图表现的两个变量间的相关是线性相关。

若一个变量与另一个(或一组)变量之间的相关关系不能表现为线性组合,而只能表现为非线性组合时,则称它们之间的相关关系为非线性相关。图 10-2 中两幅图表现的两个变量间的相关是非线性相关。例如,某商店的商品流通费用率与销售额间的相关关系,就是非线性相关。

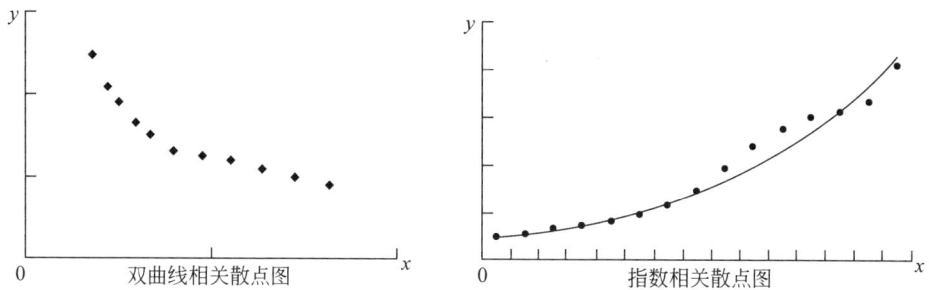

图 10-2　非线性相关散点图

3. 单相关和复相关

按变量的多少,相关关系可分为单相关和复相关。单相关是指两个变量之间的相关关系。复相关是指多个变量之间的相关关系。例如,只研究利润总额与产品销售额的关系,是单相关;若同时研究利润总额与成本水平、产品销售额的关系,就是复相关。

4. 完全相关、不完全相关和不相关

按变量之间的相关程度不同,相关关系可分为完全相关、不完全相关和不相关。

若一个变量的值完全由另一个(或一组)变量的值所决定,则称变量之间的这种相关关系为完全相关,即函数关系。

若一个变量的值不但与另一个(或一组)变量的值有关,而且要受到随机因素的影响,则称变量之间的这种相关关系为不完全相关。

若一个变量的值完全不受另一个(或一组)变量的影响,则称变量之间不相关。

大量社会经济现象之间的相关关系都属于不完全相关,不完全相关是相关分析的基本内容。完全相关和完全不相关可视为相关关系中的特例。

(三) 相关关系分析的基本内容

统计对变量之间相关关系的分析主要从两个方面进行:①测定变量之间的相关关系的密切程度,称为相关分析;②根据变量之间的关系形式,用一个数学表达式来反映有相关关系的变量之间的数值变化关系,据此由一个或若干个自变量的数值推断出因变量的可能值,这种分析称为回归分析。相关分析与回归分析既有区别又有联系,两种分析构成了相关关系分析的基本内容。

二、简单线性相关分析

变量之间最简单的相关关系是两个变量的直线相关,又称为简单线性相关。为了便于阐明相关分析的原理和方法,本部分只论述简单线性相关分析。

(一) 相关图

对于两个变量 x 和 y,通过观察或试验我们可以得到若干组数据,记为 $(x_i, y_i)(i = 1, 2, \cdots, n)$。相关分析所要解决的问题是,根据这些数据确定变量之间是否存在相关关系;如果存在,如何描述出它们之间的关系并对其关系强度进行测定。

散点图是描述变量之间相关关系的一种直观方法。我们用横坐标代表自变量 x,用纵坐标代表因变量 y,每组数据 (x_i, y_i) 在坐标系中用一个点表示,n 组数据在坐标系中形成 n 个点,称为散点,这样由坐标及散点形成的二维数据图就称为散点图。散点图描述了两个变量之间的大致关系,从中可以直观地看出变量之间的关系形态及关系强度。例如,图 10-1 表示的是正、负相关散点图,图 10-2 表示的是非线性相关散点图。

【例 10-5】 表 10-1 为 10 家企业的产品销售收入 y 与企业投放的广告费 x。要求编制散点图,并对两者的相关关系加以解释。

表 10-1　十家企业的产品销售收入与投放的广告费　　　单位:万元

企业序号	1	2	3	4	5	6	7	8	9	10
投放的广告费 x	1	2	5	6	8	10	11	12	15	20
产品销售收入 y	30	50	120	110	130	100	140	160	150	210

解：用 Excel 绘制的散点图见图 10-3。

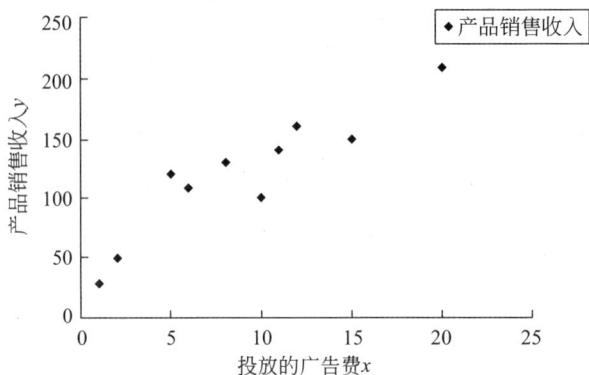

图 10-3   产品销售收入与投放的广告费散点图

从图 10-3 可以看出,10 家企业的产品销售收入 y 与企业投放的广告费 x 的散点分布近似地表现为一条上升的直线,由此可以判断产品销售收入与企业投放的广告费存在着直线正相关关系。

通过散点图可以判断两个变量之间有无相关关系,并对变量间的关系形态做出大致的描述,但散点图不能准确反映变量之间的关系密切程度。因此,为准确度量两个变量之间的关系密切程度,需要计算相关系数。

(二)相关系数

相关系数是反映两个变量之间线性相关密切程度的度量,也称简单相关系数。根据总体全部数据计算得到的相关系数,称为总体相关系数,记为 ρ;根据样本数据计算得到的相关系数,称为样本相关系数,记为 r。样本相关系数的计算公式为

$$r = \frac{n \sum xy - \sum x \sum y}{\sqrt{n \sum x^2 - \left(\sum x\right)^2} \cdot \sqrt{n \sum y^2 - \left(\sum y\right)^2}}$$

【**例 10-6**】 根据例 10-5 的资料,计算 10 家企业的产品销售收入与投放的广告费的相关系数。

解：计算过程见表 10-2。

表 10-2   产品销售收入与投放的广告费相关系数计算表   单位：万元

企业序号	产品销售收入 y	投放的广告费 x	xy	x^2	y^2
1	30	1	30	1	900
2	50	2	100	4	2 500
3	120	5	600	25	14 400
4	110	6	660	36	12 100
5	130	8	1 040	64	16 900
6	100	10	1 000	100	10 000

续表

企业序号	产品销售收入 y	投放的广告费 x	xy	x^2	y^2
7	140	11	1 540	121	19 600
8	160	12	1 920	144	25 600
9	150	15	2 250	225	22 500
10	210	20	4 200	400	44 100
合计	1 200	90	13 340	1 120	168 600

根据计算公式可得

$$
\begin{aligned}
r &= \frac{n\sum xy - \sum x \sum y}{\sqrt{n\sum x^2 - \left(\sum x\right)^2} \cdot \sqrt{n\sum y^2 - \left(\sum y\right)^2}} \\
&= \frac{10 \times 13\ 340 - 90 \times 1\ 200}{\sqrt{10 \times 1\ 120 - 90^2} \times \sqrt{10 \times 168\ 600 - 1\ 200^2}} \\
&= 0.919\ 8
\end{aligned}
$$

即产品销售收入与投放的广告费的相关系数为 0.919 8,说明二者之间存在高度正线性相关关系。

在 Excel 中,相关系数函数和数据分析中的"相关系数"工具提供了两种计算相关系数的方法。

方法一:利用 Excel 中的统计函数求相关系数。

在 Excel 中,CORREL 函数和 PERSON 函数提供了计算两个变量之间的相关系数的方法,这两个函数是等价的。与相关系数有关的函数还有 RSQ(相关系数的平方,即判定系数 r^2)和 COVAR(协方差函数)。

这里以 CORREL 函数和例 10-5 中的资料为例,介绍利用函数计算相关系数的方法。

第 1 步:单击 Excel 中的插入函数按钮"f_x",选择"统计"函数。

第 2 步:在统计函数下拉列表中单击"CORREL",进入函数向导。

第 3 步:在"array1"中输入第一个变量"投放的广告费"的数据区域 A2:A11;在"array2"中输入第二个变量"产品销售收入"的数据区域 B2:B11,即可在当前光标所在单元格显示函数的计算结果(见图 10-4)。

方法二:利用 Excel 的数据分析中的"相关系数"工具求相关系数。

Excel 专门提供了计算相关系数的过程,利用此过程,可以计算多个变量之间的相关矩阵。

仍以例 10-5 中的资料为例,利用相关系数计算相关系数矩阵的过程如下。

第 1 步:单击 Excel"工具"菜单,选择"数据分析"过程。

第 2 步:在"数据分析"宏过程中,选择"相关系数"过程(见图 10-5)。

第 3 步:在"输入区域"中输入两个变量所在区域 A1:B11,数据以列排列,标志选择位于第一列,输出区域选择在同一工作表中的 D1:E5 区域。计算结果见图 10-6。

下面进一步说明相关系数的取值范围及其意义。

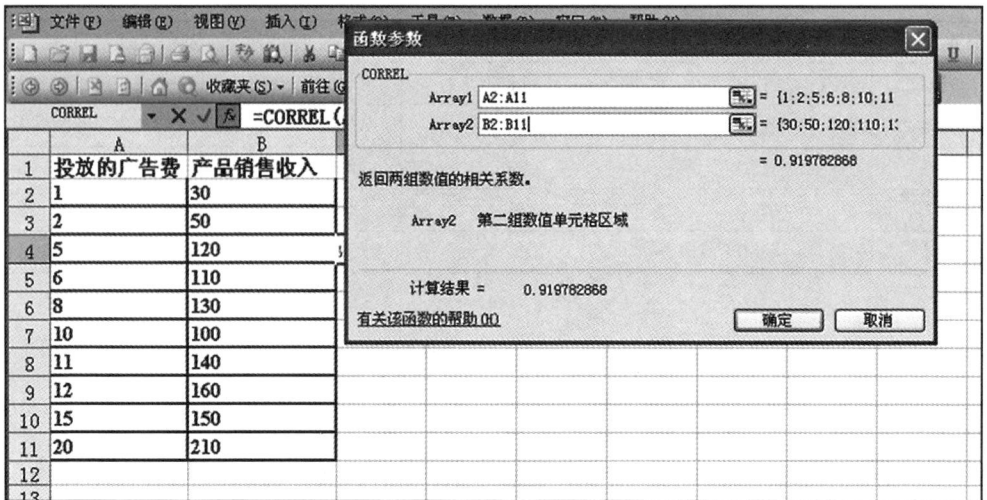

图 10-4 利用函数计算相关系数示意图

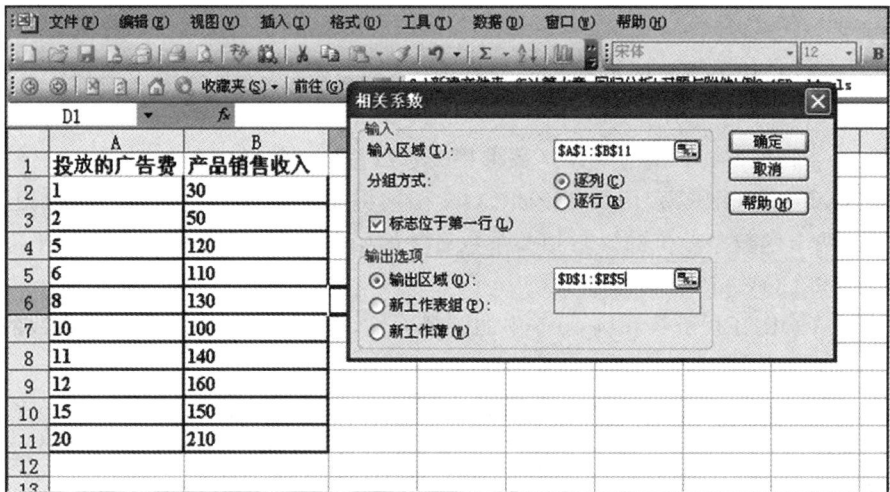

图 10-5 利用"相关系数"工具求相关系数示意图

可以证明,相关系数的取值范围在 -1 和 $+1$ 之间,即 $-1 \leqslant r \leqslant +1$。若 $0 < r \leqslant 1$,表明 x 与 y 之间存在正相关关系;若 $-1 \leqslant r < 0$,表明 x 与 y 之间存在负相关关系。若 $r = 1$,表明 x 与 y 之间为完全正相关关系;若 $r = -1$,表明 x 与 y 之间为完全负相关关系。由此可见,当 $|r| = 1$ 时,y 的取值完全依赖于 x,二者之间即为函数关系;当 $r = 0$ 时,说明 y 的取值与 x 无关,即二者之间不存在线性相关关系。但需要注意的是,$r = 0$ 只表示两个变量之间不存在线性相关关系,并不说明变量之间没有任何关系,比如它们之间可能存在非线性相关关系。变量之间的非线性相关程度较大时,就可能会导致 $r = 0$。因此,当 $r = 0$ 或很小时,不能轻易得出两个变量之间不存在相关关系的结论,而应结合散点图做出合理的解释。

	A	B	C	D	E	F
1	投放的广告费	产品销售收入			投放的广告费	产品销售收入
2	1	30		投放的广告费	1	
3	2	50		产品销售收入	0.919782868	1
4	5	120				
5	6	110				
6	8	130				
7	10	100				
8	11	140				
9	12	160				
10	15	150				
11	20	210				
12						

图 10-6　Excel 输出的相关系数结果

根据实际数据计算出的 r，其取值一般在 $-1 < r < 1$ 之间。在说明两个变量之间的线性关系的密切程度时，根据经验可将相关程度分为以下几种情况：当 $|r| \geqslant 0.8$ 时，可视为高度相关；当 $0.5 \leqslant |r| < 0.8$ 时，可视为中度相关；当 $0.3 \leqslant |r| < 0.5$ 时，可视为低度相关；当 $|r| < 0.3$ 时，说明两个变量之间的相关程度极弱，可视为不相关。但这种解释必须建立在对相关系数的显著性检验的基础上。

（三）相关系数显著性检验

总体相关系数 ρ 一般是未知的，能够计算出的只是样本相关系数 r。r 虽然能够提供关于总体相关程度与方向的某种信息（r 越大，在一定程度上说明总体相关程度越高），但也可能犯错误。这就需要根据样本资料对总体相关系数 ρ 进行显著性检验。一般来说，相关系数 r 的分布随着总体相关系数 ρ 和样本容量 n 的大小而变化。正因为相关系数 r 的分布的复杂性，我们通常不采用正态分布检验，而采用费希尔提出的 t 检验。检验的具体步骤如下。

第 1 步：提出假设。

$$H_0 : \rho = 0; \quad H_1 : \rho \neq 0$$

第 2 步：计算检验的统计量。

$$t = |r| \sqrt{\frac{n-2}{1-r^2}} \sim t(n-2)$$

第 3 步：进行决策。根据给出的显著性水平 α 和自由度 $df = n-2$ 查 t 分布表，确定临界值 $t_{\alpha/2}(n-2)$。若 $|t| > t_{\alpha/2}(n-2)$，则拒绝原假设 H_0，表明总体的两个变量之间存在显著的线性关系。

【例 10-7】　例 10-6 中计算的相关系 $r = 0.9198$，检验产品销售收入与投放的广告费的相关系数是否显著（显著性水平 $\alpha = 0.05$）。

解：（1）提出假设。

$$H_0 : \rho = 0; \quad H_1 : \rho \neq 0$$

（2）计算检验统计量。

$$t = \mid r \mid \sqrt{\frac{n-2}{1-r^2}} = 0.919\ 8 \times \sqrt{\frac{10-2}{1-0.919\ 8^2}} = 6.630\ 1$$

（3）进行决策。根据给出的显著性水平 $\alpha = 0.05$ 和自由度 $n-2 = 10-2 = 8$ 查 t 分布表，确定临界值 $t_{\alpha/2}(n-2) = 2.306\ 0$。由于 $t = 6.630\ 1 > t_{0.025}(8) = 2.306\ 0$，所以拒绝原假设 H_0，说明产品销售收入与投放的广告费之间存在显著的线性关系。

（四）简单线性相关分析的特点

（1）相关分析主要是计算一个统计指标，即相关系数，反映变量之间关系的密切程度。

（2）分析时可以把两个变量的地位看成是对等的，不用分哪个是自变量，哪个是因变量，直接根据两个变量的数值即可计算相关系数。

（3）在存在互为因果关系的条件下，相关系数也只有一个。

（4）相关系数有正、负号，表示相关的方向。

（5）计算相关系数时，所需的两个变量的资料都可以是随机的。

第二节　简单线性回归分析

一、回归分析概述

（一）回归分析的概念

从历史上看，"回归"概念的提出要早于"相关"。生物统计学家高尔顿在研究豌豆和人体的身高遗传规律时，首先提出了"回归"的思想。1887 年，高尔顿第一次将"回复"作为统计概念使用，后改为"回归"一词。1888 年，高尔顿又引入"相关"的概念。原来，他在研究人类身高的遗传时发现，不管祖先的身高是高还是低，成年后代的身高总有向一般人口的平均身高回归的倾向。通俗来讲就是，高个子父母的子女一般不像他们那样高，而矮个子父母的子女一般也不像他们那样矮，因为子女的身高不仅受到父母的影响（尽管程度最强），还受其上两代共四个双亲的影响（尽管程度相对弱一些），上三代共八个双亲的影响（尽管程度更加弱一些），如此等等，即子女的身高要受到其 2^n（n 趋近无穷）个祖先的整体（即总体）影响，是遗传和变异的统一结果。

为了测定现象之间数量变化上的一般关系，要用到数学方法，这类数学方法就称为回归分析。所谓"回归"，就是指变量之间的一般数量关系。回归分析的任务是根据现象之间相关关系的表现形式，配合一条直线或曲线，用这条直线或曲线来代表自变量和因变量相随变动的一般数量关系。也就是说，要建立并求解直线或曲线的数学方程式，从而求得变量间的一般关系值。

回归分析最基本的分类，就是按照自变量的个数分为一元回归和多元回归。前者是指两个变量之间的回归分析，如收入与支出之间的关系；后者则是指三个或三个以上变量之间的回归分析,如消费支出与收入、商品价格之间的关系等。按照回归曲线的形态划分,有线性(直线)回归和非线性(曲线)回归。实际分析时,应根据客观现象的性质、特点、研究目的和任务选取回归分析的方法。本节仅讨论简单(一元)线性回归分析。

(二) 相关分析与回归分析的关系

回归和相关已成为统计学中最基本的概念之一,其分析方法已是最标准、最常用的统计工具之一。两者的关系表现为:相关分析是回归分析的基础和前提,回归分析则是相关分析的深入和继续。相关分析需要依靠回归分析来表现变量之间数量相关的具体形式,而回归分析则需要依靠相关分析来表现变量之间数量变化的相关程度。只有当变量之间存在高度相关时,进行回归分析、寻求其相关的具体形式才有意义。如果在没有对变量之间是否相关以及相关方向和程度做出正确判断之前,就进行回归分析,很容易造成"虚假回归"。与此同时,相关分析只研究变量之间相关的方向和程度,不能推断变量之间相互关系的具体形式,也无法从一个变量的变化来推测另一个变量的变化情况,因此,在具体应用过程中,只有把相关分析和回归分析结合起来,才能达到研究和分析的目的。相关分析与回归分析的区别是:相关分析主要通过相关系数来判断两个变量之间是否存在着相互关系及其关系的密切程度,其前提条件是两个变量都是随机变量,且变量之间不必区别自变量和因变量。而回归分析研究一个随机变量 y 与另一个非随机变量 x 之间的相互关系,且变量之间必须区别自变量和因变量。

二、简单线性回归方程

总体的简单线性回归方程可表示为

$$y = \beta_0 + \beta_1 x + \varepsilon$$

式中,x 称为自变量;y 称为因变量;ε 称为随机误差项;β_0 和 β_1 为未知待估的总体参数,β_1 又称为总体的回归系数。

在回归分析中,自变量和因变量并不是对等的,自变量是解释变量或预测变量,并假定它是可以控制的无测量误差的非随机变量;相反,因变量是被解释变量或被预测变量,它是随机变量,即相同的 y 可能是由不同的 x 造成,或者相同的 x 可能引起不同的 y,其表现正是随机误差项 ε。ε 是观察值 y 能被自变量 x 解释后所剩下的值,故又称为残差值。ε 是随机变量,对 ε 有以下假定:

$$\varepsilon \sim N(0, \sigma^2)$$

即假定随机误差项 ε 是一个独立的正态随机变量,它的数学期望值为 0,且方差为常数 σ^2。

与相关分析类似,总体的回归模型 $y = \beta_0 + \beta_1 x + \varepsilon$ 是未知的。如何根据样本资料去估计它就成为回归分析的基本任务。由此可以假设样本的简单线性回归方程为

$$\hat{y} = a + bx$$

式中,$\hat{y}$、a 和 b 分别为 y、β_0 和 β_1 的估计值。a 是样本回归直线方程的截距,即 $x = 0$ 时,$\hat{y} = a$;b 是样本回归直线方程的斜率,也称回归系数,表示 x 每变动一个单位时 y 的平均

变动值。当 $b > 0$ 时,x 与 y 正相关;当 $b < 0$ 时,x 与 y 负相关。

上式中,究竟用哪条直线来代表两个变量之间的关系,需要有一个明确的原则。我们自然会想到距离各观察点最近的一条直线,用它来代表 x 与 y 之间的关系与实际数据的误差比其他任何直线都小。根据这一思想确定直线中未知常数 a、b 的方法称为最小二乘法(最小平方法)。最小二乘法(最小平方法)的中心思想是通过数学方程,配合一条较为理想的趋势线,这条趋势线必须满足两个条件:① 实际的观测值 y 与方程的估计值 $\hat{y}$ 的离差平方和最小;② 实际的观测值 y 与方程的估计值 $\hat{y}$ 的离差总和为零。 用公式表示为

$$\sum(y-\hat{y})^2 = 最小值$$

$$\sum(y-\hat{y}) = 0$$

设 $Q = \sum(y-\hat{y})^2 = \sum(y-a-bx)^2$,在给定了实际数据后,$Q$ 是 a、b 的函数,且最小值总是存在。根据微积分的极值定理,对 Q 求相应于 a 和 b 的偏导数,并令其等于 0 即可求出 a、b,即

$$\begin{cases} \dfrac{\partial Q}{\partial a} = -2\sum(y-a-bx) = 0 \\ \dfrac{\partial Q}{\partial b} = -2\sum(y-a-bx)x = 0 \end{cases}$$

整理两个标准方程,得

$$\begin{cases} \sum y = na + b\sum x \\ \sum xy = a\sum x + b\sum x^2 \end{cases}$$

解上述方程,得

$$\begin{cases} b = \dfrac{n\sum xy - \sum x \sum y}{n\sum x^2 - \left(\sum x\right)^2} \\ a = \dfrac{\sum y}{n} - b\dfrac{\sum x}{n} \end{cases}$$

【例 10-8】 为研究某类企业的利润总额与产品销售收入之间的关系,现随机抽取 12 家企业,得到如下数据(见表 10-3)。求企业的利润总额对产品销售收入的直线回归方程。

表 10-3　12 家企业的利润总额与产品销售收入情况表　　单位:百万元

企业序号	1	2	3	4	5	6	7	8	9	10	11	12
利润总额 y	2	5	8	12	11	14	17	19	18	22	24	32
产品销售收入 x	40	60	80	110	120	130	160	180	200	210	230	300

解:计算过程见表 10-4。

表 10-4 一元线性回归计算表 单位:百万元

企业序号	利润总额 y	产品销售收入 x	x^2	y^2	xy	$\hat{y}$	离差 $y-\hat{y}$	离差平方 $(y-\hat{y})^2$
1	2	40	1 600	4	80	3.020	-1.020	1.040
2	5	60	3 600	25	300	5.226	-0.226	0.051
3	8	80	6 400	64	640	7.431	0.569	0.324
4	12	110	12 100	144	1 320	10.739	1.261	1.590
5	11	120	14 400	121	1 320	11.842	-0.842	0.709
6	14	130	16 900	196	1 820	12.944	1.056	1.115
7	17	160	25 600	289	2 720	16.252	0.748	0.560
8	19	180	32 400	361	3 420	18.458	0.542	0.294
9	18	200	40 000	324	3 600	20.663	-2.663	7.092
10	22	210	44 100	484	4 620	21.766	0.234	0.055
11	24	230	52 900	576	5 520	23.971	0.029	0.001
12	32	300	90 000	1 024	9 600	31.689	0.311	0.097
合计	184	1 820	340 000	3 612	34 960	184.000	0.000	12.927

根据计算公式,得

$$b = \frac{n\sum xy - \sum x \sum y}{n\sum x^2 - \left(\sum x\right)^2} = \frac{12 \times 34\,960 - 1\,820 \times 184}{12 \times 340\,000 - 1\,820^2} = 0.110\,266$$

$$a = \frac{\sum y}{n} - b\frac{\sum x}{n} = \frac{184}{12} - 0.110\,266 \times \frac{1\,820}{12} = -1.390\,3$$

因此,利润总额对产品销售收入的直线回归方程为

$$\hat{y} = -1.390\,3 + 0.110\,266x$$

回归系数 $b = 0.110\,266$,表示产品销售收入每增加 1 百万元,利润总额平均增加 0.110 266 百万元。将 x 的各个取值代入上述回归方程,可以得出利润总额的各个估计值(见表 10-4)。由图 10-7 可以看出散点图与回归直线的关系。

下面给出利用 Excel 求线性回归方程的操作过程。

首先,将利润总额与产品销售收入的数据输入 Excel 工作表中的 A2:B13 单元格,然后按下列步骤进行操作。

第 1 步:选择"工具"下拉菜单。

第 2 步:选择"数据分析"选项。

第 3 步:在分析工具中选择"回归",然后选择"确定"。

第 4 步:弹出"回归"对话框后,在"Y 值输入区域"方框内输入 y 的数据区域 A2:A13,在"X 值输入区域"方框内输入 x 的数据区域 B2:B13。如果是多元线性回归,则 x 值的输入区就是除 y 变量以外的全部解释变量。在"置信度"选项中给出所需的数值(这里我们使用隐含值 95%)。在"输出选项"中选择所需的选项(这里选择新工作表组)。在

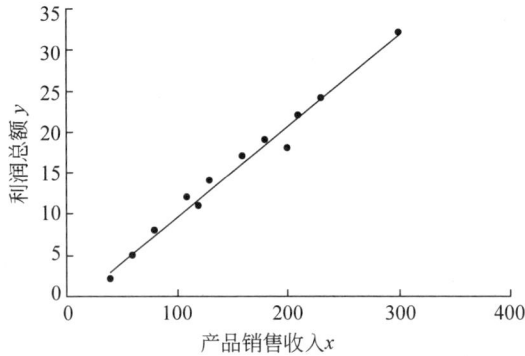

图 10-7　利润总额与产品销售收入回归直线

"残差"选项中选择所需的选项（这里暂时未选）。具体操作见图 10-8。

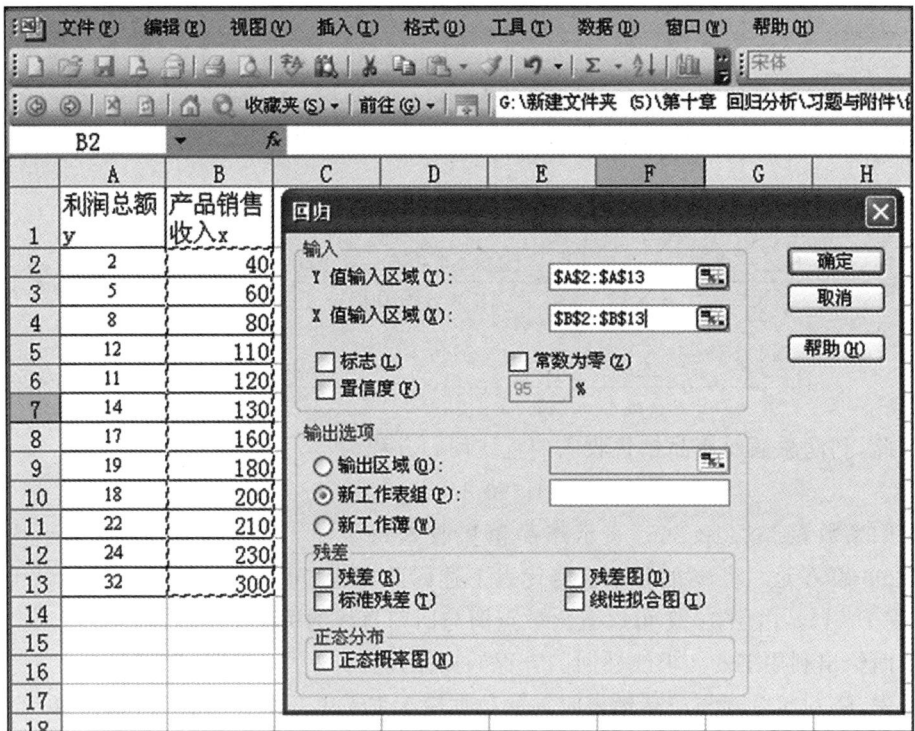

图 10-8　用 Excel 求线性回归方程

单击"确定"后得到的结果见图 10-9。

Excel 输出的回归分析结果包括以下几个部分。

第一部分是"回归统计"，这部分主要是回归分析中的一些常用统计量，包括相关系数（Multiple R）、判定系数（R Square）、调整判定系数（Adjusted R Square）、估计标准误差、观测值个数等。

第二部分是"方差分析"，这部分给出了回归分析的方差分析表，包括自由度（df），回

	A	B	C	D	E	F	G	H	I
1	SUMMARY OUTPUT								
2									
3	回归统计								
4	Multiple	0.991793							
5	R Square	0.983652							
6	Adjusted	0.982018							
7	标准误差	1.136903							
8	观测值	12							
9									
10	方差分析								
11		df	SS	MS	F	Significance F			
12	回归分析	1	777.7412	777.7412	601.7116	2.89299E-10			
13	残差	10	12.92548	1.292548					
14	总计	11	790.6667						
15									
16		Coefficien	标准误差	t Stat	P-value	Lower 95%	Upper 95%	下限 95.0%	上限 95.0%
17	Intercept	-1.39031	0.756651	-1.83745	0.095999	-3.076229922	0.295615	-3.07622992	0.295615019
18	X Variabl	0.110266	0.004495	24.52981	2.89E-10	0.100249891	0.1202816	0.100249891	0.120281635

图 10-9　Excel 输出的回归分析结果

说明："2.89299E-10"表示的是 2.892 99 的 -10 次方,这是 Excel 中的科学计数法。余同。

归平方和、残差平方和、部平方和(SS)、回归和残差的均方(MS)、检验统计量(F)、F 检验的显著性水平。方差分析的主要作用是对回归方程的线性关系进行显著性检验。

第三部分是参数估计的内容,包括回归方程的截距(Intercept)、斜率(X Variable)、截距和斜率的标准误差、用于检验回归系数的 t 统计量(t Stat)和 P 值,以及截距和斜率的置信区间(Lower 95% 和 Upper 95%)等。

三、回归方程拟合程度的测定

(一) 离差平方和的分解

对回归方程拟合程度的测定,首先要涉及对因变量总变差的分析。这里所说的变差是指变量观察值 y 之间的波动。变差来源于两个方面:一是由于自变量 x 的取值不同造成的影响和除 x 以外的其他因素(如 x 对 y 的非线性影响、测量误差等)的影响。对于某一个观察值 y_i,其变差大小可通过观察值 y_i 与全部观察值的均值 $\bar{y}$ 之差($y_i - \bar{y}$)表示出来。所有观察值 y 的总的变差可由这些离差平方和来表示,称为总变差平方和或总平方和,记为 SST,即

$$SST = \sum (y - \bar{y})^2$$

可以证明:

$$SST = \sum (y - \bar{y})^2 = \sum (\hat{y} - \bar{y})^2 + \sum (y - \hat{y})^2$$

也就是说,总平方和 SST 可以分解为两个部分:一部分是由 x 对 y 的线性关系引起的变化部分,它是可以由回归直线来解释的 y 变差部分,即 $\sum (\hat{y} - \bar{y})^2$ 称为回归平方和,记为 SSR;另一部分是除了 x 对 y 的线性影响之外的其他因素对 y 的影响而产生的变

差,是不能由回归直线来解释的 y 变差部分,即 $\sum (y - \hat{y})^2$ 称为残差平方和或误差平方和,记为 SSE。 三个平方和的关系为

$$总平方和(SST) = 回归平方和(SSR) + 残差平方和(SSE)$$

通过以上对总变差平方和的分解,就可以利用分解得到的回归平方和、残差平方和计算判定系数、估计标准误差和相关系数等指标,还可以进一步作为对回归方程的线性关系进行显著性检验的依据。

(二) 判定系数

在因变量的总变差平方和中,回归平方和所占的比例称为判定系数,用 R^2 表示。其计算公式为

$$R^2 = \frac{\sum (\hat{y} - \bar{y})^2}{\sum (y - \bar{y})^2} = 1 - \frac{\sum (y - \hat{y})^2}{\sum (y - \bar{y})^2}$$

由 R^2 的公式可以看出,如果回归方程拟合得好,y 越接近 $\hat{y}$,则 R^2 将接近 1;反之,R^2 的值则越小。因此可以说,判定系数 R^2 是反映回归方程拟合优度的一个指标。

在简单线性回归中,相关系数 r 实际上是判定系数 R^2 的平方根。利用这一结论,可以由相关系数 r 直接计算判定系数 R^2。应当明确的是,判定系数 R^2 的取值范围在 0 和 1 之间,即 $0 \leq R^2 \leq 1$;而相关系数 r 的取值可正可负,即 $-1 \leq r \leq 1$。因此,在用判定系数 R^2 求相关系数 r 时,其正负号要由简单线性回归方程中的回归系数 b 的符号决定。应当注意的是,相关系数虽然可以从另一角度说明回归方程拟合优度,但在使用时应当慎重。实际上,在判定回归方程拟合优度时,更多选择判定系数 R^2 而不选择相关系数 r,这是由于:①判定系数 R^2 的意义比相关系数 r 清楚;②判定系数 R^2 可避免对回归方程拟合优度做夸大的解释。因为除掉 $|r| = 0$ 和 1 的情况外,R^2 总是小于 r。例如 $r = 0.5$,并不表明 x 和 y 的变异可以用线性关系说明的部分占 50%,而是占 $R^2 = (0.5)^2 = 25\%$。

【例 10-9】 根据例 10-8 的资料,计算利润总额对产品销售收入的判定系数,并解释其意义。

解:根据图 10-9 可知

$$总平方和 \ SST = 790.666\ 7$$
$$回归平方和 \ SSR = 777.741\ 2$$
$$残差平方和 \ SSE = 12.925\ 5$$

因此判定系数为

$$R^2 = \frac{SSR}{SST} = \frac{777.741\ 2}{790.666\ 7} = 0.983\ 652$$

实际上,图 10-9 直接给出了判定系数(R Square)$= 0.983\ 652$。

判定系数的实际意义是:在利润总额取值的变差中,有 98.37% 可以由利润总额与产品销售收入的线性关系来解释,或者说,在利润总额取值的变动中,有 98.37% 是产品销售收入所决定的。由此可见,利润总额和产品销售收入之间有较强的线性关系。

（三）估计标准误差

估计标准误差是指实际观察值 y 与估计值 $\hat{y}$ 之间的离差的平方和除以 $n-2$ 的平方根，即是残差平方和除以 $n-2$ 的平方根，用 s_e 表示。其计算公式为

$$s_e = \sqrt{\frac{\sum (y-\hat{y})^2}{n-2}} = \sqrt{\frac{SSE}{n-2}}$$

从上面的公式可以看出，估计标准误差反映的就是实际观察值 y 与估计值 $\hat{y}$ 之间的平均离差。其含义是：根据自变量 x 来预测因变量 y 时的平均预测误差。它说明回归直线的代表性大小。估计标准误差的计算结果的数值越小，说明回归方程拟合得好；反之，说明回归方程拟合得差。如果估计标准误差等于零，则说明变量的所有观察值都在回归直线上，回归方程最优。由此可见，估计标准误差能从另外一个角度反映回归方程拟合程度。

【例 10-10】　根据例 10-8 的资料，计算利润总额对产品销售收入的估计标准误差，并解释其意义。

解：根据图 10-9 可知

$$残差平方和\ SSE = \sum (y-\hat{y})^2 = 12.925\ 5$$

则利润总额对产品销售收入的估计标准误差为

$$s_e = \sqrt{\frac{\sum (y-\hat{y})^2}{n-2}} = \sqrt{\frac{12.925\ 5}{12-2}} = 1.137$$

实际上，图 10-9 中直接给出了该值，即标准误差＝1.136 903。这就是说，根据产品销售收入估计利润总额时，平均的估计标准误差为 1.137 百万元。

（四）显著性检验

依据样本数据得到的经验回归方程，是否能够较好地拟合了总体的实际情况，是否真实地反映 x 和 y 之间的关系，这些都必须通过统计检验加以判断。回归分析中的显著性检验主要包括两方面的内容：一是线性关系检验；二是回归系数检验。

1. 线性关系检验

线性关系检验是检验自变量 x 和因变量 y 之间的线性关系是否显著，也就是说，自变量 x 和因变量 y 之间能否用一个线性模型 $y=\beta_0+\beta_1 x$ 来表示。线性关系检验一般用 F 检验，假设检验的统计量为

$$F = \frac{\sum (\hat{y}-\bar{y})^2/1}{\sum (y-\hat{y})^2/(n-2)} = \frac{SSR/1}{SSE/(n-2)} = \frac{MSR}{MSE} \sim F(1, n-2)$$

上式可通过方差分析表（见表 10-5）加以反映，以便于计算与理解。

线性关系检验的步骤如下。

(1) 提出原假设 $H_0: \beta_1=0$，即两个变量之间的线性关系不显著。

表 10-5　方差分析表

项　　目	变差平方和	自由度	均方差	统计量
回归平方和	$SSR = \sum (\hat{y} - \bar{y})^2$	1	$MSR = SSR/1$	$F = \dfrac{SSR/1}{SSE/(n-2)}$
残差平方和	$SSE = \sum (y - \hat{y})^2$	$n-1$	$MSE = SSE/(n-2)$	$= \dfrac{MSR}{MSE} \sim F(1, n-2)$
总平方和	$SST = \sum (y - \bar{y})^2$	$n-2$	$MST = SST/(n-1)$	—

（2）计算检验统计量。

$$F = \frac{SSR/1}{SSE/(n-2)} = \frac{MSR}{MSE}$$

（3）做出统计决策。对规定的显著性水平 α，查 F 分布表，确定临界值 $F_\alpha(1, n-2)$。若 $F > F_\alpha(1, n-2)$，则拒绝 H_0，表明两个变量之间的线性关系显著，也称回归方程显著；若 $F < F_\alpha(1, n-2)$，则接受 H_0，表明两个变量之间的线性关系不显著，也称回归方程不显著。

【例 10-11】　根据例 10-8 的资料，检验利润总额与产品销售收入线性关系的显著性（显著性水平 $\alpha = 0.05$）。

解：（1）提出原假设 $H_0 : \beta_1 = 0$，即两个变量之间的线性关系不显著。

（2）计算检验统计量。

$$F = \frac{SSR/1}{SSE/(n-2)} = \frac{777.741\,2}{12.925\,5/(12-2)} = 601.71$$

（3）做出统计决策。对规定的显著性水平 $\alpha = 0.05$，查 F 分布表，确定临界值 $F_\alpha(1, n-2) = F_{0.05}(10) = 4.965$。由于 $F > F_\alpha(1, n-2)$，所以拒绝 H_0，表明检验利润总额与产品销售收入线性关系显著。

其实，在 Excel 输出的回归结果中（见图 10-9），方差分析部分已经给出了线性关系显著性检验的结果。在图 10-9 中，直接给出了检验统计的 F 值，还给出了用于检验的显著性 F，即 Significance F，它相当于用于检验的 P 值。对规定的显著性水平 α，若 Significance $F < \alpha$，则拒绝 H_0，表明两个变量之间的线性关系显著；若 Significance $F > \alpha$，则接受 H_0，表明两个变量之间的线性关系不显著。

在图 10-7 中，由于 Significance $F = 2.89299\mathrm{E} - 10 < \alpha = 0.05$，所以拒绝 H_0，表明检验利润总额与产品销售收入线性关系显著。

2. 回归系数检验

回归系数检验是要检验自变量对因变量的影响是否显著。在简单回归分析中，总体回归方程为 $y = \beta_0 + \beta_1 x + \varepsilon$，回归系数 β_1 代表自变量 x 对因变量 y 的单位影响程度，对回归系数 β_1 的检验就是要考察这种影响与零是否有显著性差异。对回归系数的检验采用 t 检验，假设检验的统计量为

$$t = \frac{b}{s_b} \sim t(n-2)$$

$$s_b = \frac{s_e}{\sqrt{\sum_{i=1}^{n}(x_i - \bar{x})^2}}$$

式中,b 为样本回归系数;s_b 为样本回归系数 b 的标准误差,反映样本回归系数 b 与总体回归系数 β_1 之间的抽样误差;s_e 为估计标准误差。

回归系数检验的步骤如下。

(1) 提出假设。

$$H_0 : \beta_1 = 0; \quad H_1 : \beta_1 \neq 0$$

(2) 计算检验统计量。

$$t = \frac{b}{s_b}$$

(3) 做出统计决策。对规定的显著性水平 α,查 t 分布表,确定临界值 $t_{\alpha/2}(n-2)$。若 $|t| > t_{\alpha/2}(n-2)$,则拒绝 H_0,表明自变量 x 对因变量 y 的影响是显著的,也就是两个变量之间存在显著的线性关系;若 $|t| < t_{\alpha/2}(n-2)$,则接受 H_0,表明自变量 x 对因变量 y 的影响是不显著的,也就是两个变量之间不存在显著的线性关系。

应当注意的是,在简单线性回归中,因、自变量只有一个,上面介绍的 F 检验和 t 检验是等价的。或者说,如果 $H_0 : \beta_1 = 0$ 被 t 检验拒绝,它也将被 F 检验拒绝。但在多元回归分析中,一般只有通过线性关系检验才能进行回归系数检验,并且两者是不等价的。

【例 10-12】 根据例 10-8 的资料,检验回归系数的显著性(显著性水平 $\alpha = 0.05$)。

解:(1) 提出假设。

$$H_0 : \beta_1 = 0; \quad H_1 : \beta_1 \neq 0$$

(2) 计算检验统计量。

$$t = \frac{b}{s_b} = \frac{0.110\ 266}{0.004\ 495} = 24.531$$

(3) 做出统计决策。对规定的显著性水平 α,查 t 分布表,确定临界值 $t_{\alpha/2}(n-2) = t_{0.025}(10) = 2.228\ 1$。由于 $|t| = 24.531 > t_{0.025}(10) = 2.228\ 1$,所以拒绝原假设 H_0,表明产品销售收入对利润总额的影响是显著的。

其实,在 Excel 输出的回归结果(见图 10-9)中,已经直接给出了检验统计的 t 值,还给出了用于检验的 P 值($P\text{-value}$)。对规定的显著性水平 α,若 $P\text{-value} < \alpha$,则拒绝 H_0,表明自变量 x 对因变量 y 的影响是显著的;若 $P\text{-value} > \alpha$,则接受 H_0,表明自变量 x 对因变量 y 的影响是不显著的。本例中,$P\text{-value} = 2.89E - 10 < \alpha$(见图 10-9),所以拒绝 H_0,表明产品销售收入对利润总额的影响是显著的。

(五) 回归预测问题

当线性关系检验或回归系数检验通过以后,我们就可以利用回归方程对 y 值进行预测。所谓预测,是指通过自变量 x 的取值来预测因变量 y 的取值。回归预测可分为点预测和区间预测。

1. 点预测

对于自变量 x 的一个取值 x_0,根据样本回归方程 $\hat{y} = a + bx$,用 $\hat{y}_0 = a + bx_0$ 作为 y_0

的一个估计值,称为点预测。

【例 10-13】 根据例 10-8 的资料,预测企业产品销售收入达到 190 百万元时,企业利润总额是多少。

解:根据例 10-8 的计算结果可知,利润总额对产品销售收入的直线回归方程为

$$\hat{y} = -1.390\ 3 + 0.110\ 266x$$

当 $x_0 = 190$ 时,$\hat{y}_0 = -1.390\ 3 + 0.110\ 266 \times 190 = 19.560\ 24$(百万元)。

所以,当企业产品销售收入达到 190 百万元时,企业利润总额是 19.560 24 百万元。

2. 区间预测

对于自变量 x 的一个取值 x_0,根据样本回归方程 $\hat{y} = a + bx$,给出 y_0 的一个估计区间,称为区间预测。在简单回归分析中,y_0 在置信度 $1 - \alpha$ 时的预测区间为

$$\hat{y}_0 \pm \Delta_{y_0}$$

式中,

$$\Delta_{y_0} = t_{a/2}(n-2) \times s_e \times \sqrt{1 + \frac{1}{n} + \frac{(x_0 - \bar{x})^2}{\sum\limits_{i=1}^{n}(x_i - \bar{x})^2}}$$

式中,s_e 为估计标准误差,计算公式为

$$s_e = \sqrt{\frac{SSE}{n-2}} = \sqrt{\frac{\sum(y - \hat{y})^2}{n-2}}$$

【例 10-14】 根据例 10-8 的资料,建立企业产品销售收入为 170 百万元时,企业利润总额的 95% 的预测区间。

解:根据前面的计算结果有 $n = 12$,$s_e = 1.137$,查表得 $t_{a/2}(n-2) = t_{0.025}(10) = 2.228\ 1$,$x_0 = 170$。依据表 10-4 可知

$$\sum_{i=1}^{n} x_i = 1\ 820, \quad \sum_{i=1}^{n} x_i^2 = 340\ 000$$

因此有

$$\bar{x} = \frac{\sum\limits_{i=1}^{n} x_i}{n} = \frac{1\ 820}{12} = 151.667$$

$$\sum_{i=1}^{n}(x_i - \bar{x})^2 = \sum_{i=1}^{n} x_i^2 - \frac{1}{n}\left(\sum_{i=1}^{n} x_i\right)^2 = 340\ 000 - \frac{1}{12} \times 1\ 820^2 = 63\ 966.667$$

当 $x_0 = 170$ 时,$\hat{y}_0 = -1.390\ 3 + 0.110\ 266 \times 170 = 18.745\ 2$(百万元),所以,企业利润总额的 95% 的预测区间为

$$\hat{y}_0 \pm t_{a/2}(n-2)s_e\sqrt{1 + \frac{1}{n} + \frac{(x_0 - \bar{x})^2}{\sum\limits_{i=1}^{n}(x_i - \bar{x})^2}}$$

$$= 18.745\ 2 \pm 2.228\ 1 \times 1.137 \times \sqrt{1 + \frac{1}{12} + \frac{(170 - 151.667)^2}{63\ 966.667}}$$

$$= 18.745\ 2 \pm 2.643\ 1$$

所以,当企业产品销售收入为 170 百万元时,企业利润总额的 95% 的预测区间在 16.102 1 百万元～21.388 3 百万元。

必须指出的是,对于给定的 x_0,如果在样本 $(x_1,x_2,\cdots,x_n)$ 的最小值至最大值之间取值,预测过程称为内插预测;否则,称为外推预测。进行外推预测时,误差一般较大,这是由两方面原因引起的:一是 x_0 远离 $\bar{x}$;二是回归方程通过检验后,虽然能代表总体的线性相关关系,但这种关系只能在样本范围内成立,在其之外就有可能出错误,并且,随着情况的变化,原样本也可能不再能反映总体的现状,这样,预测的效果就不好,甚至会失败。

第三节　多元线性回归分析

一、多元线性回归分析概述

简单线性回归与相关分析是对客观现象之间的关系进行高度简化的结果。但在实际生活中,影响因变量的因素往往不止一个,而是有多个。例如,产品的成本不仅取决于该产品的产量,而且与原材料价格、技术水平、管理水平等因素有关。再如,影响农作物收获量的因素,除施肥量外,还有种子、气候条件、耕作技术等因素。多元线性回归与相关所研究的就是三个或三个以上的变量之间的数量关系问题。多元线性回归分析的基本原理与简单线性回归分析的基本原理是一致的,只是在具体方法上,多元线性回归分析比简单线性回归分析显得更加复杂一些。

总体的多元线性回归方程可表示为

$$y = \beta_0 + \beta_1 x_1 + \beta_2 x_2 + \cdots + \beta_k x_k + \varepsilon$$

式中,y 称为因变量;$x_i(i=1,2,\cdots,k)$ 称为自变量;ε 称为随机误差项;$\beta_0,\beta_1,\cdots,\beta_k$ 为未知待估的总体参数;$\beta_1,\beta_2,\cdots,\beta_k$ 又称为总体多元线性回归方程的偏回归系数。

对随机误差项 ε 有以下假定:

$$\varepsilon \sim N(0,\sigma^2)$$

即假定随机误差项 ε 是一个独立的正态随机变量,它的数学期望值为 0,且方差为常数 σ^2。

由于总体的多元线性回归方程 $y=\beta_0+\beta_1 x_1+\beta_2 x_2+\cdots+\beta_k x_k+\varepsilon$ 是未知的,如何根据样本资料去估计它就成为多元线性回归分析的基本任务。由此可以假设样本的多元线性回归方程为

$$\hat{y} = a + b_1 x_1 + b_2 x_2 + \cdots + b_k x_k$$

式中,$a,b_1,b_2,\cdots,b_k$ 是总体多元线性回归方程的参数 $\beta_0,\beta_1,\cdots,\beta_k$ 的估计值;$\hat{y}$ 是因变量 y 的估计值。其中,$b_i(i=1,2,\cdots,k)$ 称为样本多元线性回归方程的偏回归系数,表示当其他变量不变的条件下,x_i 每变动一个单位时因变量 y 的平均变动值。

回归方程中的 $a,b_1,b_2,\cdots,b_k$ 仍然用最小平方法求得,也就是要使残差平方和最小。

$$Q = \sum (y - \hat{y})^2 = \sum (y - a - b_1 x_1 - b_2 x_2 - \cdots - b_k x_k)^2$$

要使 Q 最小,可以得到求解 $a, b_1, b_2, \cdots, b_n$ 的标准方程组为

$$
\begin{cases}
\dfrac{\partial Q}{\partial a} = -2 \sum (y - a - b_1 x_1 - \cdots - b_k x_k) = 0 \\[3mm]
\dfrac{\partial Q}{\partial b_i} = -2 \sum (y - a - b x_1 - \cdots - b_k x_k) x_i = 0 \, (i = 1, 2, \cdots, k)
\end{cases}
$$

求解上述方程组需要借助于计算机,可直接由 Excel 给出回归结果。

【例 10-15】 为研究各地区社会消费品零售总额与商品房销售面积、国内增值税之间的量化关系,从《中国统计年鉴》整理得出各地区 201×年有关数据资料(见表 10-6)。

表 10-6　各地区 201×年社会消费品零售总额、商品房屋销售面积和国内增值税情况表

地区	编号	社会消费品零售总额 y/亿元	商品房销售面积 x_1/万平方米	国内增值税 x_2/亿元
北　京	1	6 229.3	1 639.53	210.01
天　津	2	2 902.6	1 564.52	119.20
河　北	3	6 821.8	4 532.99	203.84
山　西	4	3 318.2	4 532.99	198.26
内蒙古	5	3 384.0	3 020.54	135.95
辽　宁	6	6 887.6	6 798.15	188.84
吉　林	7	3 504.9	2 319.64	78.15
黑龙江	8	4 039.2	2 718.06	123.52
上　海	9	6 070.5	2 055.53	388.62
江　苏	10	13 606.8	9 377.74	562.60
浙　江	11	10 245.4	4 809.96	398.82
安　徽	12	4 197.7	4 113.88	129.48
福　建	13	5 310.0	2 575.65	141.10
江　西	14	2 956.2	2 469.67	84.79
山　东	15	14 620.3	9 291.21	378.23
河　南	16	8 004.2	5 452.23	155.79
湖　北	17	7 013.9	3 513.63	125.57
湖　南	18	5 839.5	4 472.97	112.57
广　东	19	17 458.4	7 322.01	657.82
广　西	20	3 312.0	2 793.92	77.48
海　南	21	639.3	854.73	18.53
重　庆	22	2 938.6	4 314.39	77.72
四　川	23	6 810.1	6 396.92	149.65
贵　州	24	1 482.7	1 730.69	66.00
云　南	25	2 500.1	2 959.43	112.78

续表

地区	编号	社会消费品零售总额 y/亿元	商品房销售面积 x_1 /万平方米	国内增值税 x_2/亿元
西　藏	26	185.3	19.09	3.50
陕　西	27	3 195.7	2 590.18	140.27
甘　肃	28	1 394.5	756.51	44.09
青　海	29	350.8	281.04	17.52
宁　夏	30	403.6	935.98	20.25
新　疆	31	1 375.1	1 504.96	75.31

要求：确定社会消费品零售总额 y 与商品房销售面积 x_1 及国内增值税 x_2 之间的多元线性回归方程，并解释各回归系数的含义。

解：由 Excel 输出的多元回归结果见图 10-10。

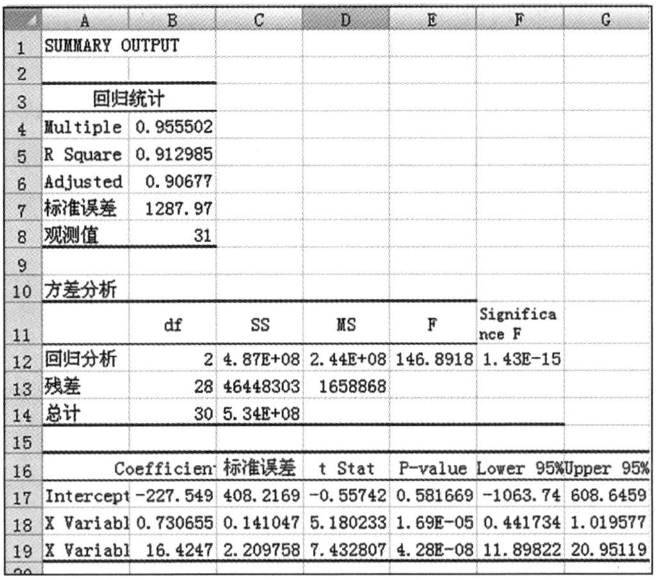

	A	B	C	D	E	F	G
1	SUMMARY OUTPUT						
2							
3	回归统计						
4	Multiple	0.955502					
5	R Square	0.912985					
6	Adjusted	0.90677					
7	标准误差	1287.97					
8	观测值	31					
9							
10	方差分析						
11		df	SS	MS	F	Significance F	
12	回归分析	2	4.87E+08	2.44E+08	146.8918	1.43E-15	
13	残差	28	46448303	1658868			
14	总计	30	5.34E+08				
15							
16		Coefficien	标准误差	t Stat	P-value	Lower 95%	Upper 95%
17	Intercept	-227.549	408.2169	-0.55742	0.581669	-1063.74	608.6459
18	X Variabl	0.730655	0.141047	5.180233	1.69E-05	0.441734	1.019577
19	X Variabl	16.4247	2.209758	7.432807	4.28E-08	11.89822	20.95119

图 10-10　用 Excel 输出的多元回归分析结果

根据图 10-10 可得，社会消费品零售总额 y 与商品房销售面积 x_1 及国内增值税 x_2 之间的多元线性回归方程为

$$\hat{y} = -227.549 + 0.730\ 655x_1 + 16.424\ 7x_2$$

各回归系数的实际意义如下。

$b_1=0.730\ 655$ 表示在国内增值税不变的情况下，商品房销售面积每增加 1 万平方米，社会消费品零售总额平均增加 0.730 655 亿元。

$b_2=16.424\ 7$ 表示在商品房销售面积不变的情况下，国内增值税每增加 1 亿元，社会消费品零售总额平均增加 16.424 7 亿元。

二、多元线性回归方程拟合程度的测定

（一）多重判定系数

在多元回归分析中，可以证明：因变量 y 的总的变差平方和（总平方和）也可以分解成回归平方和与残差平方和两部分。即

$$SST = SSR + SSE$$

式中，$SST = \sum (y - \bar{y})^2$ 为总的平方和；$SSR = \sum (\hat{y} - \bar{y})^2$ 为回归平方和；$SSE = \sum (y - \hat{y})^2$ 为残差平方和。

多重判定系数是多元回归中回归平方和占总的平方和的比例，用 R^2 表示。其计算公式为

$$R^2 = \frac{SSR}{SST} = \frac{\sum (\hat{y} - \bar{y})^2}{\sum (y - \bar{y})^2} = 1 - \frac{\sum (y - \hat{y})^2}{\sum (y - \bar{y})^2}$$

由 R^2 的公式可以看出 $0 \leqslant R^2 \leqslant 1$。如果多元回归方程拟合得好，$y$ 越接近 $\hat{y}$，则 R^2 将接近 1；反之，R^2 的值则越小。因此可以说，多重判定系数 R^2 是反映多元回归方程拟合优度的一个指标。它反映了在因变量 y 的变差中被估计回归方程所解释的比例。而

$$R = \sqrt{\frac{SSR}{SST}} = \sqrt{\frac{\sum (\hat{y} - \bar{y})^2}{\sum (y - \bar{y})^2}}$$

称为复相关系数，R 的大小可以反映作为一个整体的 $x_1, x_2, \cdots, x_k$ 与 y 的线性相关的密切程度。

在 Excel 输出的结果中，直接给出了复相关系数 R 和多重判定系数 R^2 的值。根据图 10-10 可知，复相关系数 $R = 0.955\ 502$，多重判定系数 $R^2 = 0.912\ 985$。其实际意义是：在社会消费品零售总额 y 取值变差中，能被商品房销售面积、国内增值税多元回归方程所解释的比例为 $91.298\ 5\%$。

（二）估计标准误差

多元线性回归的估计标准误差与简单线性回归的估计标准误差定义类同，它是残差平方和除以 $n - k - 1$ 的平方根，用 s_e 表示。其计算公式为

$$s_e = \sqrt{\frac{\sum (y - \hat{y})^2}{n - k - 1}} = \sqrt{\frac{SSE}{n - k - 1}}$$

估计标准误差在衡量多元回归方程的拟合优度方面起着重要作用，它反映多元回归方程的代表性大小。其含义是：根据自变量 $x_1, x_2, \cdots, x_k$ 来预测因变量 y 时的平均预测误差。

在 Excel 输出的结果中，直接给出了估计标准误差 s_e 的值。根据图 10-10 可知，$s_e = 1\ 287.97$。其含义是：根据所建立的二元回归方程，用商品房销售面积、国内增值税来预测社会消费品零售总额时，平均的预测误差为 $1\ 287.97$ 亿元。

三、显著性检验

在简单回归分析中我们介绍过,回归分析中的显著性检验包括两方面的内容:一是线性关系检验,二是回归系数检验,这两种检验是一回事。但是在多元线性回归分析中,它们的意义是不同的。现在分别讨论这两种检验。

(一) 线性关系检验

线性关系检验是检验因变量 y 与 k 个变量之间的线性关系是否显著,也是判定多元线性回归方程是否显著的检验。线性关系检验的具体步骤如下。

(1) 提出假设。

$$H_0: \beta_1 = \beta_2 = \cdots = \beta_k = 0$$
$$H_1: \beta_1, \beta_2, \cdots, \beta_k \text{ 至少有一个不等于 } 0$$

(2) 计算检验的统计量。

$$F = \frac{SSR/k}{SSE/(n-k-1)} \sim F(k, n-k-1)$$

(3) 做出统计决策。对规定的显著性水平 α,查 F 分布表,确定临界值 $F_\alpha(k, n-k-1)$。若 $F > F_\alpha(k, n-k-1)$,则拒绝 H_0,表明因变量 y 与 k 个变量之间的线性关系显著,也称回归方程显著;若 $F < F_\alpha(k, n-k-1)$,则接受 H_0,表明因变量 y 与 k 个变量之间的线性关系不显著,也称回归方程不显著。我们也可以根据计算机的输出结果,直接利用 Significance F 的值做出决策:若 Significance $F < \alpha$,则拒绝 H_0;若 Significance $F > \alpha$,则接受 H_0。

【例 10-16】 根据例 10-15 所建立的回归方程,对回归方程线性关系的显著性进行检验(显著性水平 $\alpha = 0.05$)。

解:(1) 提出假设。

$$H_0: \beta_1 = \beta_2 = \cdots = \beta_k = 0$$
$$H_1: \beta_1, \beta_2, \cdots, \beta_k \text{ 至少有一个不等于 } 0$$

(2) 计算检验统计量(直接用图 10-10 中的结果)。

$$F = \frac{SSR/k}{SSE/(n-k-1)} = \frac{4.87 \times 10^8/2}{46\,448\,303/28} = 147$$

(3) 做出统计决策。对规定的显著性水平 α,查 F 分布表,确定临界值 $F_\alpha(k, n-k-1) = F_{0.05}(2, 28) = 3.34$。由于 $F = 147 > F_{0.05}(2, 28) = 3.34$,所以拒绝 H_0,表明社会消费品零售总额 y 与商品房销售面积 x_1 及国内增值税 x_2 之间的线性关系是显著的。

在图 10-10 中,由于 Significance $F = 1.43\mathrm{E}-15 < \alpha = 0.05$,所以拒绝 H_0,表明社会消费品零售总额 y 与商品房销售面积 x_1 及国内增值税 x_2 之间的线性关系是显著的。

(二) 回归系数检验

通过线性关系检验,说明因变量 y 与 k 个变量之间的线性关系显著,也就是说用线性函数来表示因变量 y 与 k 个变量之间的关系有一定的意义。此时,是不是每一个自变量对因变量 y 的影响都是显著的呢? 答案还难以给出,因此必须进行回归系数检验,目的是为了找出对因变量 y 有显著影响的变量,而将影响不显著的变量从方程中剔除。回归系数检验的具体步骤如下。

(1) 提出假设。对任意参数 $\beta_i(i=1,2,\cdots,k)$,有

$$H_0:\beta_i=0; \quad H_1:\beta_i \neq 0$$

(2) 计算检验的统计量。

$$t_i = \frac{b_i}{s_{b_i}} \sim t(n-k-1)$$

式中,s_{b_i} 是回归系数 b_i 的抽样分布的标准差,即

$$s_{b_i} = \frac{s_e}{\sqrt{\sum (x_i - \overline{x_i})^2}}$$

(3) 做出统计决策。对规定的显著性水平 α,查 t 分布表,确定临界值 $t_{\alpha/2}(n-k-1)$。若 $|t_i|>t_{\alpha/2}(n-k-1)$,则拒绝 H_0,表明自变量 x_i 对因变量 y 的影响是显著的;若 $|t_i|<t_{\alpha/2}(n-k-1)$,则接受 H_0,表明自变量 x_i 对因变量 y 的影响是不显著的。在 Excel 输出的回归结果中,若 $P\text{-value}<\alpha$,则拒绝 H_0;若 $P\text{-value}>\alpha$,则接受 H_0。

【例 10-17】 根据例 10-15 所建立的回归方程,对回归方程中各回归系数的显著性进行检验(显著性水平 $\alpha=0.05$)。

解:(1) 提出假设。对任意参数 $\beta_i(i=1,2)$,有

$$H_0:\beta_i=0 \quad H_1:\beta_i \neq 0$$

(2) 计算检验统计量。

$$t_i = \frac{b_i}{s_{b_i}}$$

根据图 10-10 可知,$|t_1|=5.180\ 233$,$|t_2|=7.432\ 807$。

(3) 做出统计决策。对规定的显著性水平 α,查 t 分布表,确定临界值 $t_{\alpha/2}(n-k-1)=t_{0.025}(28)=2.048\ 4$。由于 $|t_i|>t_{0.025}(28)=2.048\ 4(i=1,2)$,因此回归系数 β_1 和 β_2 通过检验。直接用 $P\text{-value}$ 的值进行比较,得出的结果也一样。β_1 和 β_2 对应的 $P\text{-value}$ 分别为 $1.69\text{E}-05$ 和 $2.28\text{E}-08$,都小于 0.05,检验都通过。这说明商品房销售面积 x_1 和国内增值税 x_2 对社会消费品零售总额 y 的影响都是显著的。

至于多元线性回归中的多重共性以及多元线性回归中的预测问题,限于篇幅就不赘述了。

第四节　可化为线性回归的曲线回归

社会经济中有许多现象,它们之间的关系不是线性关系而是曲线关系,对这种问题如何处理呢? 一个基本的思路就是设法将非线性关系线性化,然后用线性回归的方法处理。

一、多项式曲线回归方程

多项式曲线方程的基本形式为

$$y = \beta_0 + \beta_1 x + \beta_2 x^2 + \cdots + \beta_k x^k$$

令 $x_1 = x, x_2 = x^2, \cdots, x_k = x^k$，引进误差项 ε，得多元线性回归方程为

$$y = \beta_0 + \beta_1 x_1 + \beta_2 x_2 + \cdots + \beta_k x_k + \varepsilon$$

上式是典型的多元线性回归模型。当某种现象应该用一种多项式曲线方程来描述时，若我们取得该种现象的样本数据，只要对样本数据进行上述的线性变换，就可以用多元线性回归模型进行处理。

二、指数曲线回归方程

指数曲线回归方程的基本形式为

$$y = \alpha e^{\beta_1 x}$$

两边取对数，得

$$\ln y = \ln \alpha + \beta_1 x$$

令 $y' = \ln y, \beta_0 = \ln \alpha$，引进误差项 ε，得一元线性回归方程为

$$y' = \beta_0 + \beta_1 x + \varepsilon$$

当某种现象应该用一种指数曲线方程来描述时，即某种现象表现为对数关系时，若我们取得该种现象的样本数据，只要对样本数据中的因变量进行对数处理，然后用一元线性回归模型进行处理。当估计参数 β_0 确定以后，则 $\alpha = e^{\beta_0}$，这样就可以给出上式的估计形式。

三、幂函数曲线回归方程

幂函数曲线回归方程的基本形式为

$$y = \alpha x^{\beta_1}$$

两边取自然对数，得

$$\ln y = \ln \alpha + \beta_1 \ln x$$

令 $y' = \ln y, \beta_0 = \ln \alpha, x' = \ln x$，引进误差项 ε，得一元线性回归方程为

$$y' = \beta_0 + \beta_1 x' + \varepsilon$$

当某种现象应该用幂函数曲线方程来描述时，若我们取得该种现象的样本数据，只要对样本数据的因变量和自变量同时进行对数处理，然后用一元线性回归模型进行处理。当估计参数 β_0 和 β_1 确定以后，则 $\alpha = e^{\beta_0}$，这样就可以给出上式的估计形式。

四、双曲线回归方程

双曲线回归方程的基本形式为

$$y = \beta_0 + \beta_1 \frac{1}{x}$$

令 $x' = \dfrac{1}{x}$，引进误差项 ε，得一元线性回归方程为

$$y = \beta_0 + \beta_1 x' + \varepsilon$$

当某种现象应该用一种幂函数曲线方程来描述时，若我们取得该种现象的样本数据，首先要对样本数据的自变量进行倒数处理，然后用一元线性回归模型进行处理。

【例 10-18】　为了研究商业企业的销售额与流通费用率的关系，抽取了 12 家企业，记录的数据见表 10-7，试根据表 10-7 的数据拟合适当的方程。

表 10-7　12 家企业的销售额与流通费用率的关系表

企业序号	1	2	3	4	5	6	7	8	9	10	11	12
流通费用率 $y/\%$	7.2	6.4	6	5.7	5.5	5	4.8	4.6	4.4	4.2	4.1	3.9
销售额 $x/$百万元	13.2	14.7	16	17.1	18	19.5	22	24	27	31.5	35	38.8

解：根据表 10-7 的数据，用 Excel 绘制散点图（见图 10-11）。

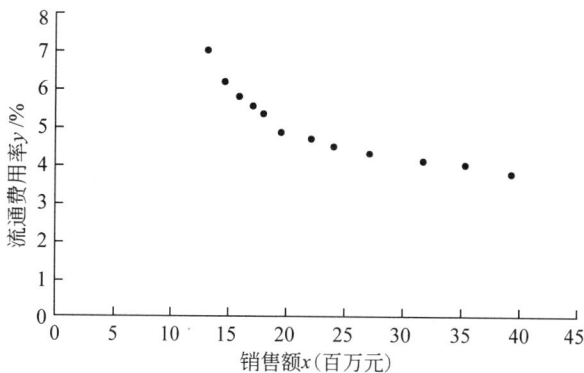

图 10-11　销售额与流通费用率的散点图

从图 10-11 可以看出，随着销售额的增加，流通费用率有不断下降的趋势，呈现双曲线形状。建立样本双曲线回归方程：$\hat{y} = a + b\dfrac{1}{x}$，令 $x' = \dfrac{1}{x}$，得 $\hat{y} = a + bx'$。对销售额 x 的数据取倒数，用 Excel 的数据分析中的回归进行数据处理，输出的结果见图 10-12。

因此，所求的双曲线回归方程为

$$\hat{y} = 2.124\,541 + \frac{62.396\,59}{x}$$

残差平方和为

$$SSE = \sum (y - \hat{y})^2 = 0.358\,5$$

若采用简单线性回归模型，用 Excel 的数据分析中的回归进行数据处理，输出的结果见图 10-13。

因此，所求的简单线性回归方程为

	A	B	C	D	E	F	G
1	SUMMARY OUTPUT						
2							
3	回归统计						
4	Multiple	0.984276					
5	R Square	0.968799					
6	Adjusted	0.965679					
7	标准误差	0.189341					
8	观测值	12					
9							
10	方差分析						
11		df	SS	MS	F	nificance F	
12	回归分析	1	11.1315	11.1315	310.502	7.37E-09	
13	残差	10	0.3585	0.03585			
14	总计	11	11.49				
15							
16		Coefficien	标准误差	t Stat	P-value	Lower 95%	Upper 95%
17	Intercept	2.124541	0.180186	11.79084	3.45E-07	1.723062	2.52602
18	1/x	62.39659	3.541023	17.62107	7.37E-09	54.5067	70.28648

图 10-12　曲线回归分析输出结果

	A	B	C	D	E	F	G
1	SUMMARY OUTPUT						
2							
3	回归统计						
4	Multiple	0.898569					
5	R Square	0.807427					
6	Adjusted	0.78817					
7	标准误差	0.47039					
8	观测值	12					
9							
10	方差分析						
11		df	SS	MS	F	nificance F	
12	回归分析	1	9.277335	9.277335	41.92834	7.12E-05	
13	残差	10	2.212665	0.221266			
14	总计	11	11.49				
15							
16		Coefficien	标准误差	t Stat	P-value	Lower 95%	Upper 95%
17	Intercept	7.682212	0.413967	18.55754	4.46E-09	6.759835	8.604588
18	销售额x	-0.10978	0.016954	-6.47521	7.12E-05	-0.14755	-0.072

图 10-13　简单回归分析输出结果

$$\hat{y} = 7.682\,212 - 0.109\,78x$$

残差平方和为

$$SSE = \sum (y - \hat{y})^2 = 2.212\,665$$

比较两种方法的残差平方和可知,采用双曲线回归方程进行拟合更合适。

思考与练习

一、单项选择题

1. 在相关分析中,要求相关的两个变量(　　　)。

A. 都是随机变量　　　　　　　　B. 因变量是随机变量

C. 都不是随机变量　　　　　　　D. 自变量是随机变量

2. 从变量之间相关的方向划分,相关关系可分为(　　　)。

  A. 正相关与负相关   B. 直线相关和曲线相关

  C. 单相关与复相关   D. 完全相关和不相关

3. 在多元线性回归分析中,t 检验是用来检验(　　　)。

  A. 总体线性关系的显著性   B. 样本线性关系的显著性

  C. $H_0:\beta_1=\beta_2=\cdots=\beta_k=0$ D. 各回归系数的显著性

4. 两变量之间线性相关程度越弱,则相关系数(　　　)。

  A. 越趋近于 1   B. 越趋近于 0   C. 越大于 1   D. 越小于 1

5. 物价上涨,商品需求量下降,则物价与商品需求量之间属于(　　　)。

  A. 不相关   B. 负相关   C. 正相关   D. 无法判断

6. 在回归直线 $y=a+bx$ 中,b 表示(　　　)。

  A. 当 x 增加一个单位时,y 增加 a 的数量

  B. 当 y 增加一个单位时,x 增加 b 的数量

  C. 当 x 增加一个单位时,y 的平均增加量

  D. 当 y 增加一个单位时,x 的平均增加量

7. 在简单线性回归分析中,估计标准误差是反映(　　　)。

  A. 平均数代表性的指标   B. 相关关系的指标

  C. 回归直线方程代表性的指标   D. 序时平均数代表性的指标

8. 在回归预测中,自变量的取值 x_0 越远离其平均数 $\bar{x}$,求得的 y 的预测区间就(　　　)。

  A. 越宽   B. 越窄   C. 越准确   D. 越接近实际值

9. 测定两个变量之间密切程度的代表性指标是(　　　)。

  A. 估计标准误差   B. 两个变量的标准差

  C. 复相关系数   D. 相关系数

10. 如果变量 x 与 y 之间的相关系数为 1,则说明两个变量之间是(　　　)。

  A. 完全不相关   B. 高度相关关系

  C. 完全相关关系   D. 中度相关关系

11. 在回归分析中,F 检验主要用来检验(　　　)。

  A. 相关系数的显著性   B. 回归系数的显著性

  C. 线性关系的显著性   D. 估计标准误差的显著性

12. 在多元线性回归方程 $\hat{y}=b_0+b_1x_1+b_2x_2+\cdots+b_kx_k$ 中,回归系数 b_i 表示(　　　)。

  A. 自变量 x_i 每变动一个单位因变量 y 的平均变动量

  B. 自变量 x_i 每变动一个单位因变量 y 的变动总量

  C. 在其他条件不变的情况下,自变量 x_i 每变动一个单位因变量 y 的平均变动量

  D. 在其他条件不变的情况下,自变量 x_i 每变动一个单位因变量 y 的变动总量

13. 某学生由 x 与 y 之间的一组数据求得两个变量间的线性回归方程为 $y=bx+a$,已知数据 x 的平均值为 2,数据 y 的平均值为 3,则(　　　)。

  A. 回归直线必定经过点 (2,3)   B. 回归直线一定不经过点 (2,3)

  C. 点 (2,3) 在回归直线上方   D. 点 (2,3) 在回归直线下方

14. 在两个变量 y 与 x 的回归模型中,通常用 R^2 来刻画回归的效果,以下叙述正确的是(　　)。

    A. R^2 越小,残差平方和越小　　　　　　B. R^2 越大,残差平方和越大

    C. R^2 与残差平方和无关　　　　　　　D. R^2 越小,残差平方和越大

15. 在回归分析中,代表了数据点和它在回归直线上相应位置的差异的是(　　)。

    A. 总偏差平方和　　　　　　　　　　　B. 残差平方和

    C. 回归平方和　　　　　　　　　　　　D. 相关指数 R^2

二、多项选择题

1. 直线相关分析的特点有(　　)。

    A. 相关系数有正负号　　　　　　　　　B. 两个变量是对等关系

    C. 只有一个相关系数　　　　　　　　　D. 只有因变量是随机变量

    E. 两个变量均是随机变量

2. 直线回归方程中的回归系数(　　)。

    A. 能表明两变量间的变化的密切程度

    B. 不能表明两变量间的变化的密切程度

    C. 能说明两变量间的变动方向　　　　　D. 其数值大小不受计量单位的影响

    E. 其数值大小受计量单位的影响

3. 相关系数与回归系数的关系有(　　)。

    A. 回归系数大于零则相关系数大于零

    B. 回归系数小于零则相关系数小于零

    C. 回归系数大于零则相关系数小于零

    D. 回归系数小于零则相关系数大于零

    E. 回归系数与相关系数二者的符号必须一致

4. 下列关系中属于正相关的有(　　)。

    A. 物价水平与商品需求量　　　　　　　B. 身高与体重

    C. 单位产品成本与原材料消耗量　　　　D. 商品的销售额和流通费用率

    E. 产品产量与单位产品成本

5. 在简单线性回归分析中,关于估计标准误差的说法正确的有(　　)。

    A. 估计标准误差是反映回归直线方程代表性大小的指标

    B. 估计标准误差是测定两变量间关系密切程度的指标

    C. 估计标准误差是根据自变量 x 来预测因变量 y 时的平均预测误差

    D. 估计标准误差越大,区间预测越宽

    E. 估计标准误差等于残差平方和除以 $n-2$ 的平方根

6. 可用来判断现象之间相关方向的指标有(　　)。

    A. 估计标准误差　　　　　　　B. 相关系数　　　　　　C. 回归系数

    D. 判定系数　　　　　　　　　E. 两个变量的标准差

7. 工人的工资(元)依劳动生产率(千元)的回归方程为 $y_c = 10 + 70x$,这意味着(　　)。

A. 如果劳动生产率等于 1 000 元,则工人工资为 70 元

B. 如果劳动生产率每增加 1 000 元,则工人工资平均提高 70 元

C. 如果劳动生产率每增加 1 000 元,则工人工资增加 80 元

D. 如果劳动生产率等于 1 000 元,则工人工资为 80 元

E. 如果劳动生产率每下降 1 000 元,则工人工资平均减少 70 元

8. 以下关于相关关系的分类中,正确的有( )。

A. 从相关方向分为正相关和负相关

B. 从相关形式分为线性相关和非线性相关

C. 从相关程度分为完全相关、不完全相关和零相关

D. 从相关的影响因素(变量)多少分为单相关和复相关

E. 从相关数值形式分为相关系数和相关指数

9. 据统计资料证实,商品流通费用率的高低与商品销售额的多少有依存关系:随着商品销售额的增加,商品流通费用率有逐渐降低的变动趋势,但这种变动不是均等的。由此可见,这种关系属于( )。

A. 函数关系   B. 相关关系   C. 正相关

D. 负相关   E. 曲线相关

10. 配合一条直线回归方程是为了( )。

A. 确定两个变量之间的变动关系

B. 用因变量推算自变量

C. 用自变量推算因变量

D. 用两个变量互相推算

E. 确定两个变量之间的函数关系

三、判断题

1. 简单线性回归分析和相关分析一样,所分析的两个变量都是随机变量。 ( )

2. 简单线性回归分析中的线性关系检验和回归系数检验是等价的。 ( )

3. 在线性回归变差分析中,总的平方和等于回归平方和与残差平方和之和。 ( )

4. 在其他条件不变的情况下,判定系数越大,估计标准误差就越大;反之,估计标准误差就越小。 ( )

5. 两个变量之间属于正相关则回归系数小于 0,两个变量之间属于负相关则回归系数大于 0。 ( )

6. 回归系数 b 和相关系数 γ 都可用来判断现象之间相关的密切程度。 ( )

7. 在多元回归分析中,F 检验显著性通过,说明变量 Y 对一个自变量具有显著的线性关系。 ( )

8. 判定系数越大,估计标准误差越大;判定系数越小,估计标准误差越小。 ( )

9. 回归估计标准误差的大小与因变量的方差无关。 ( )

10. 相关系数数值越大,说明相关程度越高;相关系数数值越小,说明相关程度越低。 ( )

四、名词解释

1. 相关关系
2. 相关系数
3. 估计标准误差
4. 判定系数
5. 复相关系数
6. 线性相关

五、简答题

1. 简述简单线性相关分析的特点。
2. 简述相关系数的显著性检验的步骤。
3. 相关关系有哪些种类?
4. 简述简单线性回归分析中的线性关系检验和回归系数检验的步骤。
5. 什么是多重判定系数?它有何作用?

六、计算题

1. 随机抽查 10 个城市居民家庭关于收入与食品支出的样本,得出如下资料(见表 10-8)。

表 10-8　10 个城市居民家庭收入与食品支出资料　　　　　单位:百元

城市序号	1	2	3	4	5	6	7	8	9	10
家庭月收入 x	38	40	46	48	50	52	58	61	64	68
月食品支出 y	12	13	14	14	15	16	17	18	19	20

要求:

(1) 根据数据绘制散点图,判断家庭月收入与月食品支出之间的关系形态;

(2) 计算月收入与月食品支出之间的相关系数;

(3) 对相关系数的显著性进行检验($\alpha = 0.05$),并说明二者之间的关系密切程度。

2. 从某市抽查 10 家百货商店,得到如下的销售额和利润率资料(见表 10-9)。

表 10-9　10 家百货商店的销售额和利润率

商店序号	1	2	3	4	5	6	7	8	9	10
每人月平均销售额 x/万元	6	5	8	10	3	5	7	6	4	9
利润率 y/%	10	8	11	13	4	6	9	9	5	12

要求:

(1) 计算每人月平均销售额与利润率的简单相关系数,并说明二者之间的关系密切程度;

(2) 利用最小平方法求出利润率对每人月平均销售额的回归直线方程,并解释回归系数的实际意义。

3. 在简单线性回归分析中,已知 $SSR=72,SSE=8,n=16$,要求:

(1) 求判定系数 R^2;

(2) 计算估计标准误差;

(3) 检验回归方程的线性关系的显著性。

4. 表 10-10 为 12 家企业的广告费支出与销售收入资料。

表 10-10　12 家企业的广告费支出与销售收入资料　　　　单位:百万元

企业序号	1	2	3	4	5	6	7	8	9	10	11	12
广告费支出 x	1	3	5	6	8	10	11	12	18	20	24	31
销售收入 y	60	90	170	220	250	260	280	320	360	420	460	600

要求:以广告费支出作为自变量,以销售收入作为因变量,用 Excel 进行回归,利用输出的相关结果完成如下任务。

(1) 求出估计的回归方程。

(2) 检验广告费支出与销售收入之间的线性关系是否显著($\alpha=0.05$)。

(3) 检验回归方程的回归系数的显著性。

(4) 求判定系数和估计标准误差,并解释其实际意义。

(5) 预测当广告费支出达到 13 百万元时,企业销售收入的 95% 的预测区间。

5. 某企业欲了解广告费用 x(十万元)对产品销售量 y(百台)的影响,搜集了过去 12 年的有关数据,通过计算得到下面的有关结果(见表 10-11 和表 10-12)。

表 10-11　方差分析表

项　目	df	SS	MS	F	Significance F
回归分析	1				2.57967E−10
残差	10	5 329.646	—	—	—
总　计	11	333 570.7	—	—	—

表 10-12　参数估计表

项　目	Coefficients	标准误差	t Stat	P-value	Lower 95%	Upper 95%
Intercept	173.129 6	11.097 13	15.601 29	2.4E−08	148.403 649 1	197.855 6
X Variable 1	2.272 094	0.091 554	24.816 88	2.58E−10	2.068 097 735	2.476 089

要求:

(1) 完成上面的方差分析表,并计算销售量与广告费用之间的相关系数;

(2) 计算销售量对广告费用的估计标准误差;

(3) 写出估计的回归方程;

(4) 检验线性关系的显著性($\alpha=0.05$);

(5) 当广告费达到 1 000 万元时,预测企业的产品销售量为多少。

6. 为研究某商品的需求量、价格、消费者收入三者之间的关系,经调查取得如下资料(见表 10-13)。

表 10-13 某商品的需求量、价格及消费者收入资料

编号	需求量 y/件	价格 x_1/元	收入 x_2/百元
1	313	10	40
2	201	14	30
3	225	12	32
4	235	6	28
5	158	8	22
6	222	7	28
7	378	5	42
8	369	4	40
9	401	3	42
10	209	9	28

要求:以价格、消费者收入作为自变量,以需求量作为因变量,用 Excel 进行回归,利用输出的相关结果完成如下任务。

(1) 求估计的多元回归方程。

(2) 进行多元线性回归的相关系数和回归系数的显著性检验($\alpha = 0.05$)。

(3) 求多重判定系数和估计标准误差,并解释其实际意义。

第十一章 时间数列指标分析

学习目标

理解时间数列的概念;理解时间数列的水平分析指标;理解时间数列的速度分析指标。

学习重点

时间数列的分析;序时平均数;发展速度;增长速度。

学习难点

各种序时平均数的区分和计算;长期趋势分析;平均发展速度、平均增长速度的两种计算方法。

随着时间的推移,任何现象都会呈现出一种在时间上的发展和运动过程。例如,许多产品的需求会随着时间变动发生巨大的变化:在产品刚刚上市时,由于人们对产品不熟悉,需求量比较小,增长也非常缓慢,这是产品生命周期的引入期;随着时间的推移,人们逐渐熟悉了产品,需求量开始迅速增长,这是产品生命周期的成长期;随着时间的继续推移,购买者逐渐饱和,产品需求量增加非常缓慢,这是产品生命周期的成熟期;最后可能是由于新产品的出现或是消费观念发生变化,产品需求逐渐减少,许多生产厂家逐渐退出该产品的生产,这就是衰退期(见图 11-1)。如果我们通过分析产品不同生命周期的销售量(额)和利润情况,找出一般的产品生命周期变动规律,就可以对产品需求量和销售量进行预测,这样就能增加企业竞争力。研究时间数列的目的就是试图根据已有的时间数据进行分析,从中找出时间数列随时间变动的规律,并假定这种规律会延续到未来,由此根据这些规律来对未来进行预测。例如在股票市场上,利用不同期数的移动平均线的交叉情况来判断股票价格的未来趋势就是明显的例子。因此,研究时间数列有着极其重要的现实意义。

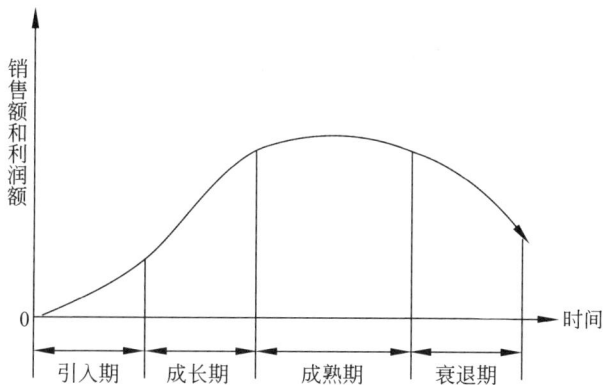

图 11-1　产品生命周期销售额和利润额变化图

第一节　时间数列概述

一、时间数列的概念

时间数列又称动态数列,是将表明社会现象在不同时间发展变化的某种指标数值,按时间先后顺序排列而形成的数列。例如,将广东省 2013—2018 年的社会消费品零售总额、年末常住人口、常住人口中男性比例、城镇单位职工工资总额和城镇单位职工年平均工资依年份远近排列形成的数列就是时间数列(见表 11-1)。从表 11-1 可以看出,时间数列形式上包含两部分:一是现象所属的时间,即 2013—2018 年;二是现象在不同时间上的观察值。这两部分是任何一个时间数列所应具备的两个基本要素。现象所属的时间可以是年份、季度、月份或其他任何时间形式,甚至可能是分或是更高频率的数据。

表 11-1　广东省 2013—2018 年有关社会经济指标

年份	社会消费品零售总额/亿元	年末常住人口/万人	常住人口中男性比例/%	城镇单位职工工资总额/亿元	城镇单位职工年平均工资/元
2013	25 453.93	10 644.00	52.10	10 213.35	53 611
2014	28 471.15	10 724.00	52.93	11 471.24	59 827
2015	31 517.56	10 849.00	52.29	12 596.61	66 296
2016	34 739.00	10 999.00	52.40	13 790.07	72 848
2017	38 200.07	11 169.00	52.49	15 110.67	80 020
2018	39 501.12	11 346.00	52.18	17 232.72	89 826

资料来源:《广东统计年鉴 2019》

时间数列通常采用 t 来表示时间序号,时间数列中的变量值常用 a_t 或 y_t 来表示,a_t 或 y_t 也称为时间数列的发展水平。

时间数列分析是指从时间的发展变化角度研究客观事物在不同时间的发展状况,探索其随时间推移的演变趋势和规律,揭示其数量变化和时间的关系,预测客观事物在未来时间上可能达到的数量和规模。因此,时间数列是对社会经济现象进行动态分析和预测的基础数据。

二、时间数列的种类

根据现象观察值的表现形式可以有绝对数、相对数和平均数,因此,从观察表现形式上看,时间数列可分为绝对数时间数列、相对数时间数列和平均数时间数列。

(一)绝对数时间数列

绝对数时间数列又称总量指标数列,是指将反映现象总规模、总水平的某一总量指标在不同时间上的观察数值按时间先后顺序排列起来所形成的数列。总量指标是计算相对指标和平均指标的基础指标,因此,绝对数时间数列是进行各种时间数列分析的基础。

时间可以分为时期和时点。如果把时间看作数轴,时点就是数轴上的一个点,点没有大小,因此时点也没有长短。而时期就相当于数轴上的一个线段,是两个时点之间的部分。根据绝对数数列所反映的时间不同,绝对数时间数列可以分为时期数列和时点数列。

1. 时期数列

时期数列是指反映某种社会经济现象在一段时期内发展变化过程的总量指标所构成的绝对数时间数列。例如,表 11-1 中由社会消费品零售总额、城镇单位职工工资总额所构成的时间数列就是时期数列。

时期数列有以下三个特点。

(1)时期数列中的各项指标值反映的是某种社会经济现象在一段时期内发展变化过程的总量,可以相加,相加后反映在更长一段时间内社会经济现象发展变化的总量。例如,把广东省某年的每月社会消费品零售总额相加,就是广东省该年社会消费品零售总额。

(2)时期数列的指标值大小与时期长短有关,时期越长,指标值就越大。很明显,广东省的某年社会消费品零售总额远远大于广东省该年的每一个月的社会消费品零售总额。

(3)时期数列的每个指标数值通过连续登记而得,调查采用经常性调查。

2. 时点数列

时点数列是指由反映社会经济现象在一定时点(某一时刻或瞬间)上所处状况的总量指标所构成的绝对数时间数列。例如,表 11-1 中由年末常住人口数所构成的时间数列就是时点数列。

时点数列有以下三个特点。

(1)时点数列中的各项指标值反映的是社会经济现象在一定时点(某一时刻或瞬间)上所处的状况,各项指标值不可以相加,相加没有多大的经济意义,它仅仅表示在某一时刻或瞬间社会经济现象达到的总规模、总水平。

（2）时点数列的指标值大小与时点的间隔长短无关，即时点之间间隔长，指标数值不一定大；间隔短，指标数值也不一定小。

（3）时点数列的每个指标数值通过间断的登记方法取得，调查采用一次性调查。

（二）相对数和平均数时间数列

相对数和平均数时间数列又称为相对指标和平均指标数列，是指将反映现象相对水平、平均水平的某一相对指标和平均指标在不同时间上的观察值按时间先后顺序排列起来所形成的数列。例如，表 11-1 中由常住人口中男性比例所构成的时间数列就是相对数时间数列；由城镇单位职工年平均工资所构成的时间数列就是平均数时间数列。不论是相对指标还是平均指标，其共同点都是由总量指标派生而来，反映一种对比或平均的概念。不同时间上的相对数或平均数不能相加，相加以后没有意义。

三、时间数列的编制原则

编制时间数列的目的是进行时间数列分析。因此，保证数列中各项观察值具有可比性，是编制时间数列的基本原则。所谓可比性，是要求各观察值所属时间、总体范围、经济内容、计算方法、计算价格和计量单位等可比。

（一）各项观察值的所属时间可比

对时期数列而言，由于各观察值的大小与所属时期的长短直接相关，因此各观察值所属时间的长短应该一致，否则不便于对比分析。例如，对股票市场上的成交量进行分析时，长度应该相同，如果采用日成交量，就都应该是日成交量，不能一会儿是日成交量，一会儿是周成交量。对于时点数列，虽然两时点的间隔长短与观察值无明显关系，但为了更好地反映现象的发展变化状况，两时点的间隔也应尽可能相等。

（二）各项观察值的总体范围可比

这是就所属空间范围而言的，如地区范围、隶属范围、分组范围等。当时间数列中某些观察值总体范围不一致时，必须进行适当调整，使其一致，否则前后期指标数值不能直接对比。

（三）各项观察值的经济内容可比

指标的经济内容是由其理论内涵所决定的，随着社会经济条件的变化，有些指标的经济内容发生了变化。对于名称相同而经济内涵不一致的指标，尤其要注意这一点，务必使各时间上的观察值内涵一致，否则也不具备可比性。例如我国的工业总产值指标，有的年份包括了乡村企业的工业产值，有的年份则不包括。再如，当股票出现分红时，除权前和除权后的股票已经发生了变化，它们是不能比较的。如果要进行比较，必须进行相应的调整。

（四）各项观察值的计算方法可比

对于指标名称、总体范围和经济内容都相同的指标,计算方法不同也会导致数值差异,有时甚至是极大的差异。例如国内生产总值(GDP),按照生产法、支出法、分配法计算的结果就有差异。因此,在同一时间数列中,各个时期(时点)指标值的计算方法要统一。如果从某一时点开始,计算方法做了重大改变,那么发布资料必须注明,以便动态比较时进行调整。

（五）各项观察值的计算价格和计量单位可比

统计指标的计算价格种类很多,有现行价格和不变价格之分。不变价格为了适应客观经济条件的变化也在不断调整,形成了多个时期的不变价格。编制时间数列遇到前后时期所用的计算价格不同,就需要进行调整,使其统一。对于实物指标的时间数列,还要求计量单位保持一致,否则也要进行调整。

四、时间数列常用分析方法

时间数列分析最常用的方法有两种：一是指标分析法;二是构成因素分析法。

（一）时间数列指标分析法

时间数列指标分析法是指通过计算一系列时间数列分析指标,包括发展水平、平均发展水平、增长量、平均增长量、发展速度、平均发展速度、增长速度、平均增长速度等,来揭示现象的发展状况和发展变化程度。这是本章的内容。

（二）时间数列构成因素分析法

时间数列构成因素分析法是将时间数列看作是由长期趋势、季节变动、循环变动和不规则变动几种因素所构成的,通过对这些因素的分解分析,揭示现象随时间变化而演变的规律,并在揭示这些规律的基础上,假定事物今后的发展趋势遵循这些规律,从而对事物的未来发展做出预测。这是第十二章的内容。

时间数列的这两种基本分析方法各有不同的特点和作用,各揭示不同的问题和状况,分析问题时应视研究的目的和任务分别采用或综合应用。

第二节　时间数列的水平分析指标

时间数列的水平分析指标有发展水平、平均发展水平、增长量、平均增长量四种。

一、发展水平

在时间数列中,用 $t_i(i=1,\cdots,n)$ 表示现象所属的时间,a_i 表示现象在不同时间上的观察值。$a_i(i=1,\cdots,n)$也称为现象在时间t_i上的发展水平,表示现象在某一时间上所达到的一种数量状态。若观察的时间范围为$t_1,t_2,\cdots,t_n$,相应的观察值表示为$a_1,a_2,\cdots,a_n$,其中a_1称为最初发展水平,a_n称为最末发展水平。若将整个观察时期内的各观察值与某个特定时期t_0作比较时,时间t可表示为$t_0,t_1,\cdots,t_n$,相应的观察值表示为$a_0,a_1,\cdots,a_n$,其中a_0称为基期水平,a_n称为报告期水平。

二、平均发展水平

平均发展水平是现象在时间$t_i(i=1,\cdots,n)$上取值的平均数,又称为序时平均数或动态平均数。它可以概括性地描述出现象在一段时间内发展变化的一般水平。序时平均数作为一种平均数,与静态平均数有相同点,即它们都把现象的数量差异抽象化了,都反映现象的一般水平。但二者又有明显的区别,主要表现在:序时平均数抽象的是现象在不同时间上的数量差异,因而它能够从动态上说明现象在一定时期内发展变化的一般趋势,它是依据时间数列来计算的,这样的分析也称作纵向分析;静态平均数抽象的是总体各单位某一数量标志值在同一时间上的差异,因此,它是从静态上说明现象总体各单位标志值的一般水平,它是依据变量来计算的,属于横向分析。由于不同时间数列中观察值的表现形式不同,序时平均数有不同的计算方法。

(一)绝对数时间数列的序时平均数

绝对数时间数列序时平均数的计算方法是最基本的,它是计算相对数或平均数时间数列的序时平均数的基础。绝对数时间数列有时期数列和时点数列之分,序时平均数的计算方法也有所区别。

1. 时期数列的序时平均数

时期数列的序时平均数计算公式为

$$\bar{a} = \frac{a_1 + a_2 + \cdots + a_n}{n} = \frac{\sum a}{n}$$

式中,$\bar{a}$为序时平均数;n为观察值的个数。

【例11-1】 根据表11-1中的社会消费品零售总额时间数列,计算各年度的平均社会消费品零售总额。

解: 根据时期数列的序时平均数计算公式有

$$\bar{a} = \frac{25\,453.93 + 28\,471.15 + 31\,517.56 + 34\,739 + 38\,200.07 + 39\,501.12}{6}$$

$$= 32\,980.47(亿元)$$

2. 时点数列的序时平均数

在社会经济统计中一般是将一天看作一个时点,即以"一天"作为最小时间单位。这样,时点数列可认为有连续时点数列和间断时点数列之分;而间断时点数列又有间隔相等与间隔不等之别。其序时平均数的计算方法略有不同,分述如下。

(1)连续时点数列的序时平均数计算。在统计中,对于逐日排列的时点资料,视其为

连续时点资料。这样的连续时点数列,其序时平均数可根据时期数列的序时平均数计算公式计算,即

$$\bar{a} = \frac{\sum a}{n}$$

例如,要计算股票一个月内平均收盘价格,可以把每天股票的收盘价加起来,除以当月股票交易的天数。

另一种情形是,资料登记的时间单位仍然是 1 天,但实际上只在指标值发生变动时才记录一次。此时需采用加权算术平均数的方法计算序时平均数,权数是每一指标值的持续天数。计算公式为

$$\bar{a} = \frac{\sum af}{\sum f}$$

【例 11-2】 表 11-2 为某种商品 5 月的库存量记录,计算 5 月平均日库存量。

表 11-2 某种商品 5 月库存资料

日 期	1—4	5—10	11—20	21—26	27—31
库存量/台	50	55	40	35	30

解:该商品 5 月平均日库存量为

$$\bar{a} = \frac{\sum af}{\sum f} = \frac{50 \times 4 + 55 \times 6 + 40 \times 10 + 35 \times 6 + 30 \times 5}{4 + 6 + 10 + 6 + 5} = 42(台)$$

(2) 间断时点数列的序时平均数计算。实际统计工作中,很多现象并不是逐日对其时点数据进行统计,而是隔一段时间(如一月、一季度、一年等)对其期末时点数据进行登记。这样得到的时点数列称为间断时点数列。如果每隔相同的时间登记一次,所得数列称为间隔相等的间断时点数列;如果每两次登记时间的间隔不尽相同,所得数列称为间隔不等的间断时点数列。

如果其时点资料是以月度、季度、年度为时间间隔单位,我们就不可能像连续时点资料那样求得准确的时点平均数。这种情况下,我们可以根据资料所属时间的间隔特点,选用不同的计算公式。对于间隔相等的资料,采用"首末折半法"计算序列平均数;对于间隔不等的资料,采用"间隔加权法"计算序时平均数。

【例 11-3】 表 11-3 是某城市 2013—2018 年的每年年末人口数,试求该市 2014—2018 年的平均人口数。

表 11-3 某城市 2013—2018 年年末人口

指标名称	2013	2014	2015	2016	2017	2018
年末总人口/万人	311.1	316.1	321	325	329.2	332.5

显而易见,2013 年年末是 2014 年年初的人口。2014 年年初是 311.1 万人,2014 年年末是 316.1 万人,所以有

$$2014\text{ 年平均人口} = \frac{311.1 + 316.1}{2} = 313.6（万）$$

$$2015\text{ 年平均人口} = \frac{316.1 + 321}{2} = 318.55（万）$$

$$2016\text{ 年平均人口} = \frac{321 + 325}{2} = 323（万）$$

$$2017\text{ 年平均人口} = \frac{325 + 329.2}{2} = 327.1（万）$$

$$2018\text{ 年平均人口} = \frac{329.2 + 332.5}{2} = 330.85（万）$$

$$2014\text{—}2018\text{ 年的平均人口} = \frac{313.6 + 318.55 + 323 + 327.1 + 330.85}{5} = 322.62（万）$$

为简化计算过程，上述计算步骤可表示为

2014—2018 年的平均人口

$$= \frac{\frac{311.1 + 316.1}{2} + \frac{316.1 + 321}{2} + \frac{321 + 325}{2} + \frac{325 + 329.2}{2} + \frac{329.2 + 332.5}{2}}{5}$$

$$= \frac{\frac{311.1}{2} + 316.1 + 321 + 325 + 329.2 + \frac{332.5}{2}}{5} = 322.62（万）$$

根据上述计算过程可推导出计算公式为

$$\bar{a} = \frac{\frac{a_1 + a_2}{2} + \frac{a_2 + a_3}{2} + \cdots + \frac{a_{n-1} + a_n}{2}}{n-1} = \frac{\frac{a_1}{2} + a_2 + \cdots + a_{n-1} + \frac{a_n}{2}}{n-1}$$

该公式形式上表现为首末两项观察值折半，故称为"首末折半法"。这种方法适用于间隔相等的间断时点数列求序时平均数。

【例 11-4】 表 11-4 为某企业 2009—2018 年年末职工人数的部分年份资料，计算 2010—2018 年的年平均人口数。

表 11-4 某企业 2009—2018 年部分年份的年末职工人数

年 份	2009	2013	2015	2016	2018
年底总人口/人	1 142	1 254	1 148	1 462	1 520

解：对资料进行观察分析，属间隔不等的间断时点资料，应采用"间隔加权法"。首先将每个时期的期初观察值和期末观察值平均，作为这个时期的平均值；然后将每个时期的平均值按时期的长度进行加权算术平均，权数为每期的长度。很明显，2009 年年末的 1 142 和 2013 年年末的 1 254 的平均值 1 198 为 2010—2013 年的平均发展水平，时期长度为 4 年。其余类推。

$$\bar{a} = \frac{\frac{(a_1 + a_2)}{2}f_1 + \frac{(a_2 + a_3)}{2}f_2 + \cdots + \frac{(a_{n-1} + a_n)}{2}f_{n-1}}{f_1 + f_2 + \cdots + f_{n-1}}$$

$$= \frac{\frac{1\,142+1\,254}{2}\times 4 + \frac{1\,254+1\,148}{2}\times 2 + \frac{1\,148+1\,462}{2}\times 1 + \frac{1\,462+1\,520}{2}\times 2}{4+2+1+2}$$

$$= 1\,142.56(人)$$

（二）相对数或平均数时间数列的序时平均数

相对数和平均数是把两个有联系的指标对比求得,用符号表示即 $c = \dfrac{a}{b}$。因此,由相对数或平均数数列计算序时平均数,不能直接根据该相对数或平均数数列中各项观察值简单平均计算(即不应当用 $\bar{c} = \sum c/n$ 的公式),而应当先分别计算构成该相对数或平均数数列的分子数列和分母数列的序时平均数,再对比求得。用公式表示为

$$\bar{c} = \frac{\bar{a}}{\bar{b}}$$

【例 11-5】 表 11-5 为某企业 2018 年第四季度职工人数资料,计算工人占职工人数的平均比重。

表 11-5　某企业 2018 年四季度职工人数资料

月　　份	9 月末	10 月末	11 月末	12 月末
工人人数 a/人	342	355	358	364
职工人数 b/人	448	456	469	474
工人占职工比重 c/%	76.34	77.85	76.33	76.79

解：$\bar{c} = \dfrac{\bar{a}}{\bar{b}} = \dfrac{\dfrac{a_1}{2}+a_2+a_3+\cdots+\dfrac{a_n}{2}}{\dfrac{b_1}{2}+b_2+b_3+\cdots+\dfrac{b_n}{2}} = \dfrac{\dfrac{324}{2}+355+358+\dfrac{364}{2}}{\dfrac{448}{2}+456+469+\dfrac{474}{2}}$

$$= 76.91\%$$

【例 11-6】 表 11-6 为某企业下半年劳动生产率资料,计算平均月劳动生产率和下半年平均职工劳动生产率。

表 11-6　某企业下半年劳动生产率资料

月　　份	6 月	7 月	8 月	9 月	10 月	11 月	12 月
总产值 a/万元	87	91	94	96	102	98	91
月末职工人数 b/人	460	470	480	480	490	480	450
劳动生产率 c/(元/人)	1 948	1 957	1 979	2 000	2 103	2 021	1 957

解：从表 11-6 中可以看到,劳动生产率的分子总产值是时期指标,分母职工人数是时点指标,计算平均月劳动生产率可采用下列公式：

$$\bar{c} = \frac{\bar{a}}{\bar{b}} = \frac{\left(\sum a\right)/n}{(b_1/2+b_2+b_3+\cdots+b_n/2)/(n-1)}$$

代入表中资料,得

$$\bar{c} = \frac{(91+94+96+102+98+91)/6}{(460/2+470+480+480+490+480+450/2)/(7-1)}$$

$$= 2\,003.5(元／人)$$

若计算下半年平均职工劳动生产率,则有两种计算方法:一种是用下半年平均月劳动生产率乘月份个数 n,即 $n\bar{c}=2\,003.5\times6=12\,021$(元/人);另一种则是采用下列公式计算:

$$\bar{c} = \frac{\sum a}{(b_1/2+b_2+b_3+\cdots+b_n/2)/(n-1)}$$

代入表中资料,得

$$\bar{c} = \frac{91+94+96+102+98+91}{(460/2+470+480+480+490+480+450/2)/(7-1)}$$

$$= 12\,021(元／人)$$

三、增长量

增长量是报告期水平与基期水平之差,用以说明现象在一定时期内增长的绝对数量。由于所选择基期的不同,增长量可分为逐期增长量和累积增长量。

逐期增长量是报告期水平与其前一期水平之差,说明本期较上期增长的绝对数量,用公式表示为

$$a_i - a_{i-1} \quad (i=1,2,\cdots,n)$$

累积增长量是报告期水平与某一固定基期水平之差,说明报告期与某一固定时期相比增长的绝对数量,用公式表示为

$$a_i - a_0 \quad (i=1,2,\cdots,n)$$

逐期增长量与累积增长量之间存在一定的关系:各逐期增长量的和等于相应时期的累积增长量;两相邻时期累积增长量之差等于相应时期的逐期增长量,用公式分别表示为

$$\sum_{i=1}^{n}(a_i - a_{i-1}) = a_n - a_0$$

$$a_i - a_0 - (a_{i-1} - a_0) = a_i - a_{i-1} \quad (i=1,2,\cdots,n)$$

【例 11-7】　根据表 11-1 中 2013—2018 年广东省社会消费品零售额时间数列,计算各年度的逐期增长量和累积增长量。

解:计算过程见表 11-7。

表 11-7　计算过程列表　　　　单位:亿元

年　　份	2013	2014	2015	2016	2017	2018
社会消费品零售额	25 453.93	28 471.15	31 517.56	34 739.00	38 200.07	39 501.12
逐期增长量	—	3 017.22	3 046.41	3 221.44	3 461.07	1 301.05
累积增长量	—	3 018.12	6 064.53	9 285.97	12 747.04	14 048.09

四、平均增长量

平均增长量是观察期各逐期增长量的序时平均数,用于描述现象在观察期内平均每期增长的数量。它可以根据逐期增长量求得,也可以根据累积增长量求得。其计算公式为

$$平均增长量 = \frac{\sum_{i=1}^{n}(a_i - a_{i-1})}{n} = \frac{a_n - a_0}{n}$$

式中,n 为逐期增长量个数。

【例 11-8】 根据表 11-7 的资料,计算 2014—2018 年广东省社会消费品零售额平均增长量。

解: 2014—2018 年广东省社会消费品零售额平均增长量为

$$\frac{3\ 017.22 + 3\ 046.41 + 3\ 221.44 + 3\ 461.07 + 1\ 301.05}{5} = 2\ 089.62(亿元)$$

第三节　时间数列的速度分析指标

时间数列的速度指标有发展速度、增长速度、平均发展速度、平均增长速度等。

一、发展速度

发展速度是报告期发展水平与基期发展水平之比,用于描述现象在观察期内相对的发展变化程度。

由于采用的基期不同,发展速度可以分为环比发展速度和定基发展速度。环比发展速度是报告期水平与前一时期水平之比,说明现象逐期发展变化的程度;定基发展速度是报告期水平与某一固定时期水平之比,说明现象在整个观察期内总的发展变化程度。

设时间数列的观察值为 $a_i(i=0,1,2,\cdots,n)$,环比发展速度为 x,定基发展速度为 R,则环比发展速度的一般形式可写为

$$x_i = \frac{a_i}{a_{i-1}} \quad (i=1,\cdots,n)$$

定基发展速度的一般形式可写为

$$R_i = \frac{a_i}{a_0} \quad (i=1,\cdots,n)$$

环比发展速度与定基发展速度之间存在着重要的数量关系:观察期内各个环比发展速度的连乘积等于相应时期的定基发展速度;两个相邻的定基发展速度,用后者除以前者,等于相应时期的环比发展速度。即

$$\prod x_i = \prod \frac{a_i}{a_{i-1}} = \frac{a_n}{a_0} = R_n \left(\prod 为连乘符号\right)$$

$$\frac{R_i}{R_{i-1}} = \frac{a_i}{a_0} \div \frac{a_{i-1}}{a_0} = \frac{a_i}{a_{i-1}} = x_i$$

利用上述关系,可以根据一种发展速度去推算另一种发展速度。

二、增长速度

增长速度也称增长率,是增长量与基期水平之比,用于说明报告期水平较基期水平的相对增长程度。它可以根据增长量求得,也可以根据发展速度求得。其基本计算公式为

$$增长速度 = \frac{增长量}{基期水平} = \frac{报告期水平 - 基期水平}{基期水平} = 发展速度 - 1$$

从上式可以看出,增长速度等于发展速度减1,但各自说明的问题是不同的。发展速度说明报告期水平较基期发展到多少;而增长速度说明报告期水平较基期增长多少(扣除了基数)。当发展速度大于1时,增长速度为正值,表示现象的增长程度;当发展速度小于1时,增长速度为负值,表示现象的降低程度。

由于采用的基期不同,增长速度也可分为环比增长速度和定基增长速度。前者是逐期增长量与前一时期水平之比,用于描述现象逐期增长的程度;后者是累积增长量与某一固定时期水平之比,用于描述现象在观察期内总的增长程度。

设环比增长速度为 y,定基增长速度为 G,则环比增长速度的公式可写为

$$y_i = \frac{a_i - a_{i-1}}{a_{i-1}} = \frac{a_i}{a_{i-1}} - 1 \quad (i = 1, \cdots, n)$$

定基增长速度的公式可写为

$$G_i = \frac{a_i - a_0}{a_0} = \frac{a_i}{a_0} - 1 \quad (i = 1, \cdots, n)$$

需要指出的是,环比增长速度与定基增长速度之间没有直接的换算关系。在由环比增长速度推算定基增长速度时,可先将各环比增长速度加1后连乘,再将结果减1,即得定基增长速度。

【例 11-9】 根据表 11-1 中 2013—2018 年广东省社会消费品零售额时间数列,计算各年的环比发展速度和环比增长速度,以及以 2013 年为基期的定基发展速度和定基增长速度。

解:计算过程见表 11-8。

表 11-8 发展速度计算列表

年 份		2013	2014	2015	2016	2017	2018
社会消费品零售额/亿元		25 453.93	28 471.15	31 517.56	34 739.00	38 200.07	39 501.12
发展速度/%	定基	100.00	111.85	123.82	136.48	150.08	155.19
	环比	—	111.85	110.70	110.22	109.96	103.41
增长速度/%	定基	—	11.85	23.82	36.48	50.08	55.19
	环比	—	11.85	10.70	10.22	9.96	3.41

三、平均发展速度

平均发展速度是各个时期环比发展速度的平均数,用于描述现象在整个观察期内平均发展变化的程度。

计算平均发展速度的常用方法是水平法。水平法又称几何平均法,它是根据各期的环比发展速度采用几何平均法计算出来的。其计算公式为

$$\bar{x} = \sqrt[n]{x_1 \times x_2 \times \cdots \times x} = \sqrt[n]{\frac{a_1}{a_0} \times \frac{a_2}{a_1} \times \cdots \times \frac{a_n}{a_{n-1}}} = \sqrt[n]{\frac{a_n}{a_0}} = \sqrt[n]{R_n}$$

式中,$\bar{x}$ 为平均发展速度;n 为环比发展速度的个数,它等于观察数据的个数减1。

【例 11-10】 表 11-9 为某地区 2014—2018 年社会消费品零售额环比发展速度,计算平均发展速度。

表 11-9 某地区 2014—2018 年社会消费品零售额环比发展速度

年　份	2014	2015	2016	2017	2018
环比发展速度/%	116.16	116.72	121.02	114.67	116.94

解:$\bar{x} = \sqrt[5]{116.16\% \times 116.72\% \times 121.02\% \times 114.67\% \times 116.94\%} = \sqrt[5]{220.01\%} = 117.08\%$

从水平法计算平均发展速度的公式中可以看出,$\bar{x}$ 实际上只与序列的最初观察值 a_0 和最末观察值 a_n 有关,而与其他各观察值无关。这一特点表明,水平法旨在考察现象在最后一期所达到的发展水平。因此,如果我们所关心的是现象在最后一期应达到的水平,采用水平法计算平均发展速度比较合适。

四、平均增长速度

平均增长速度说明现象逐期增长的平均程度。平均增长速度($\bar{G}$)与平均发展速度仅相差一个基数,即

$$\bar{G} = \bar{x} - 1$$

平均增长速度为正值,表明现象在某段时期内逐期平均递增的程度,也称为平均递增率;平均增长速度为负值,表明现象在某段时间内逐期平均递减的程度,也称为平均递减率。

五、速度指标的分析与应用

对于大多数时间数列,特别是有关社会经济现象的时间数列,我们经常利用速度来描述其发展的数量特征。尽管速度在计算与分析上都比较简单,但实际应用中,有时也会出现误用乃至滥用速度的现象。因此,在应用速度分析实际问题时,应注意以下几方面的

问题。

（1）当时间数列中的观察值出现 0 或负数时，不宜计算速度。例如，假如某企业连续五年的利润额分别为 5 万元、2 万元、0 万元、-3 万元、2 万元，对这一数列计算速度，要么不符合数学公理，要么无法解释其实际意义。在这种情况下，适宜直接用绝对数进行分析。

（2）在有些情况下，不能单纯就速度论速度，要注意将速度与基期绝对水平结合起来分析。我们先看一个例子。

【例 11-11】　假定有两个生产条件基本相同的企业，表 11-10 为两个企业各年的利润额及有关的速度值。

表 11-10　甲、乙两个企业的有关资料

年份	甲 企 业		乙 企 业	
	利润额/万元	增长率/%	利润额/万元	增长率/%
2017	500	—	60	—
2018	600	20	84	40

如果不看利润额的绝对值，仅就速度对甲、乙两个企业进行分析评价，可以看出乙企业的利润增长速度比甲企业高出 1 倍。如果就此得出乙企业的生产经营业绩比甲企业要好得多，这样的结论就是不切实际的。因为速度是一个相对值，它与对比的基期值的大小有很大关系。大的速度背后，其隐含的增长绝对值可能很小；小的速度背后，其隐含的增长绝对值可能很大。这就是说，由于对比的基点不同，可能会造成速度数值上的较大的差异，进而造成速度上的虚假现象。上述例子表明，由于两个企业的生产起点不同，基期的利润额不同，才造成了二者速度上的较大差异。从利润的绝对额来看，两个企业的速度每增长 1% 所增加的利润绝对额是不同的。在这种情况下，我们需要将速度与绝对水平结合起来进行分析，通常要计算增长 1% 的绝对值来弥补速度分析中的局限性。

增长 1% 的绝对值表示速度每增长 1% 而增加的绝对数量，其计算公式为

$$增长 1\% 的绝对值 = \frac{逐期增长量}{环比增长速度 \times 100} = \frac{前期水平}{100}$$

根据表 11-10 的资料计算，甲企业速度每增长 1%，增加的利润额为 5 万元，而乙企业为 0.6 万元，甲企业远高于乙企业。这说明甲企业的生产经营业绩不比乙企业差，而是更好。

思考与练习

一、单项选择题

1. 已知环比增长速度为 9.2%、8.6%、7.1%、7.5%，则定基增长速度为（　　）。
   A. 9.2%×8.6%×7.1%×7.5%
   B. 9.2%×8.6%×7.1%×7.5%−100%

  C. 109.2％×108.6％×107.1％×107.5％

  D. 109.2％×108.6％×107.1％×107.5％－100％

2. 下列等式中,不正确的是(　　　)。

  A. 发展速度＝增长速度＋1

  B. 定基发展速度＝相应各环比发展速度的连乘积

  C. 定基增长速度＝相应各环比增长速度的连乘积

  D. 平均增长速度＝平均发展速度－1

3. 累积增长量与其相应的各个逐期增长量的关系表现为(　　　)。

  A. 累积增长量等于相应的各个逐期增长量之积

  B. 累积增长量等于相应的各个逐期增长量之和

  C. 累积增长量等于相应的各个逐期增长量之差

  D. 以上都不对

4. 某地区 2008—2018 年的每年年终人口数动态数列是(　　　)。

  A. 绝对数时期数列　　　　　　　　B. 绝对数时点数列

  C. 相对数动态数列　　　　　　　　D. 平均数动态数列

5. 某商品销售量去年比前年增长 10％,今年比去年增长 20％,则两年平均增长为(　　　)。

  A. 14.14％　　　　B. 30％　　　　C. 15％　　　　D. 14.89％

6. 某企业 1、2、3、4 月份月初职工人数分别为 290 人、315 人、320 人和 330 人,则该企业第一季度职工平均人数为(　　　)人。

  A. 315　　　　　　B. 308　　　　　C. 322　　　　　D. 314

7. 某地区粮食产量的增长量 2005—2010 年每年均为 20 万吨,2010—2015 年每年也均为 20 万吨,那么 2005—2015 年该地区粮食产量每年的增长速度(　　　)。

  A. 逐年上升　　　B. 逐年下降　　　C. 保持不变　　　D. 不能下结论

8. 某企业的利润总额 2010 年比 2005 年增长了 1.4 倍,2015 年比 2010 年增长了 1.9 倍,则该企业利润这几年共增长了(　　　)倍。

  A. 1.1＋1.5　　　　　　　　　　　B. 2.4×2.9－1

  C. $(\sqrt[5]{2.4}×\sqrt[5]{1.9})－1$　　　　　　D. 1.4×1.9－1

9. 已知某企业生产的甲产品 2018 年比 2013 年累积增长 1 920 件,定基增长速度为 12％,那么该企业 2013 年生产的甲产品的产量为(　　　)件。

  A. 343　　　　　　B. 1 714　　　　C. 3 200　　　　　D. 16 000

10. 某地区 2020 年的生产总值计划在 2015 年的基础上翻一番,那么在这期间平均每年生产总值的增长率为(　　　)。

  A. $\dfrac{100％}{5}$　　　B. $\sqrt[5]{2}－1$　　　C. $\sqrt[5]{2}$　　　　D. $2^5－1$

11. 平均增长量等于(　　　)。

  A. 平均发展速度乘期初水平

  B. 平均增长速度乘期初水平

  C. 逐期增长量之和除以时间数列项数减 1

D. 以上都不对

12. 下列资料中,属于时点数列的是(　　　)。

A. 我国历年石油产量　　　　　　　　B. 我国历年出生人口数

C. 某企业历年流通费用率　　　　　　D. 我国历年人口数

13. 某企业 2018 年参加医疗保险的人数是 2014 年的 3 倍,比 2017 年增长 20%,那么,2017 年参加医疗保险的人数比 2014 年增长(　　　)。

A. 250%　　　　　B. 300%　　　　　C. 150%　　　　　D. 60%

14. 某公司 1 月职工人数为 2 539 人,2 月职工人数为 2 590 人,3 月职工人数为 2 614 人,4 月职工人数为 2 606 人,则该公司第一季度平均人数为(　　　)人。

A. 2 581　　　　　B. 2 614　　　　　C. 2 590　　　　　D. 2 503

15. 期末水平等于(　　　)。

A. 期初水平与累计增长量之和　　　　B. 平均发展水平乘以平均发展速度

C. 平均发展水平乘以定基发展速度　　D. 期初水平乘以定期增长速度

二、多项选择题

1. 构成动态数列的两个基本要素是(　　　)。

A. 指标名称　　　　　　B. 指标观察值　　　　　　C. 指标单位

D. 现象所属的时间　　　E. 现象的处理地点

2. 下列指标和时间构成的数列中,属于时期数列的有(　　　)。

A. 人口数　　　　　　　B. 钢产量　　　　　　　C. 企业数

D. 人均产出　　　　　　E. 商品销售额

3. 已知一个动态数列的项数、平均增长量和平均发展速度,便可以求出(　　　)。

A. 末期的累积增长量

B. 实际的各项发展水平

C. 各项的环比发展速度

D. 实际的最初水平

E. 实际的最末水平

4. 定基发展速度和环比发展速度之间的数量关系是(　　　)。

A. 定基发展速度等于相应的各个环比发展速度之和

B. 定基发展速度等于各环比发展速度之差

C. 定基发展速度等于相应的各环比发展速度之积

D. 两个相邻定基发展速度之商等于相应的环比发展速度

E. 定基发展速度和环比发展速度的基期是一致的

5. 时期数列的特点有(　　　)。

A. 各项指标数值可以相加

B. 各项指标数值大小与时期长短有直接关系

C. 各项指标数值大小与时期长短没有直接关系

D. 各项指标数值都是通过连续不断登记而取得的

E. 各项指标数值都是反映现象在某一时点上的状态

6. 已知某股份有限公司 2014 年实现销售收入 6 亿元,以后三年(到 2017 年)年平均增长速度为 10%,据此可以求得该公司(　　　　)。

　　A. 2017 年的实际销售收入额

　　B. 2014—2017 年销售收入的逐年实际增长额

　　C. 2017 年比 2014 年销售收入总的增长百分比

　　D. 2014—2017 年销售收入的逐年实际环比增长速度

　　E. 2017 年比 2014 年销售收入的累积增长额

7. 若已知一个时间数列的项数、累计增长量和定基增长速度,可以求得(　　　　)。

　　A. 平均增长量　　　　　　B. 最初水平　　　　　　C. 最末水平

　　D. 平均发展速度　　　　　E. 增长 1% 的绝对值

8. 下列指标和时间构成的数列中,属于相对数时间数列的是(　　　　)。

　　A. 年末产品库存量　　　　B. 产品合格率　　　　　C. 人口密度

　　D. 职工工资水平　　　　　E. 人均国内生产总值

9. 根据动态数列中不同时期的发展水平所求的平均数称为(　　　　)。

　　A. 序时平均数　　　　　　B. 算术平均数　　　　　C. 几何平均数

　　D. 平均发展水平　　　　　E. 平均发展速度

10. 编制时间数列应遵循的原则有(　　　　)。

　　A. 各项指标观察值所属时间可比

　　B. 各项指标观察值总体范围可比

　　C. 各项指标观察值经济内容可比

　　D. 各项指标观察值计算方法和价格计量单位可比

三、判断题

1. 编制时间数列的总原则是保持动态中各项指标数值具有可比性。　　　　(　　)

2. 把各个时期的全员劳动生产率按时间先后顺序排列起来所形成的动态数列是相对数动态数列。　　　　(　　)

3. 如果历年的环比增长速度相同,那么历年的逐期增长量和环比发展速度也相同。
　　　　(　　)

4. 以 2010 年为基期,2017 年为报告期,计算地区产值的年平均发展速度需要开 8 次方。　　　　(　　)

5. 如果 2016—2018 年某学校的女生比例分别 50%、40%、60%,那么这期间女生的平均比例为 50%。　　　　(　　)

6. 平均发展速度是一定时期内各环比发展速度的序时平均数,因而也是一种平均数。
　　　　(　　)

7. 两个相邻时期的定基发展速度相除之商,等于相应的环比发展速度。　　　　(　　)

8. 某种产品在"十四五"期间的计划总速度为 316%,则年平均增长速度是 125.9%。
　　　　(　　)

9. 时间数列中,时期指标值的大小都会受到指标所反映的时期长短的影响。(　　)

10. 采用几何平均法计算平均发展速度,不仅侧重考察现象的期末发展水平,也关注和反映中间各项水平的变化。(　　)

四、简答题

1. 简述时间数列的概念和种类。

2. 编制时间数列的原则是什么?

3. 时期数列和时点数列有什么区别?

4. 什么是发展水平、增长量、平均增长量、发展速度和增长速度?定基发展速度和环比发展速度、发展速度与增长速度的关系如何?

5. 什么是平均发展水平?它的计算可以分成几种情况?

6. 时间数列平均数和一般平均数的异同点有哪些?

五、计算题

1. 表 11-11 为某上市公司 2019 年各月的交易额,计算该公司股票 2018 年的月平均交易额。

表 11-11　某上市公司 2019 年各月交易额

月　份	1	2	3	4	5	6	7	8	9	10	11	12
成交额/千万元	301	193	277	322	442	521	269	514	469	788	548	278

2. 表 11-12 为某企业 2019 年各时期末职工人数,计算该企业第一季度、下半年及全年的平均职工人数。

表 11-12　某企业 2019 年各时期末职工人数

时　间	1月1日	2月1日	3月1日	4月1日	7月1日	11月1日	12月30日
职工人数	1 200	1 260	1 240	1 300	1 480	1 500	1 600

3. 表 11-13 为某企业 2014—2019 年各年年底某企业职工人数和工程技术人员数,计算 2014—2019 年工程技术人员占全部职工人数的平均比重。

表 11-13　某企业 2014—2019 年各年年底职工人数和工程技术人员数

年　份	2014	2015	2016	2017	2018	2019
职工人数	1 000	1 020	1 085	1 120	1 218	1 425
工程技术人员数	50	50	52	60	78	82

4. 表 11-14 为某企业职工工资总额、年末职工人数、职工平均货币工资的时间数列数据。

表 11-14　某企业 2012—2019 年职工工资资料

年　份	2012	2013	2014	2015	2016	2017	2018	2019
职工工资总额 a/万元	—	990	1 036	1 180	1 281	1 440	1 512	1 612
年末职工人数 b/人	140	135	145	150	155	165	150	160
职工平均货币工资 c/万元	—	7.2	7.4	8	8.4	9	9.6	10.4

要求：

（1）计算该企业 2013—2019 年期间的平均职工人数；

（2）计算该企业 2013—2019 年期间的职工平均货币工资。

5. 表 11-15 为广东省 2008—2018 年的地区生产总值资料。

表 11-15　广东省 2008—2018 年地区生产总值资料

年份	地区生产总值/亿元	增长额		发展速度		增长速度		增长 1%的绝对值
		逐期	累积	定基	环比	定基	环比	
2008	37 138.85	—	—	—	—	—	—	—
2009	39 923.24							
2010	46 544.63							
2011	53 908.59							
2012	57 924.76							
2013	63 357.92							
2014	68 777.25							
2015	73 876.37							
2016	80 666.72							
2017	89 705.23							
2018	97 300							

要求：

（1）计算表中的空缺数字。

（2）分别计算广东省 2008—2018 年地区生产总值的平均增长量、平均发展速度、平均增长速度。

6. 某市 2010 年地区生产总值为 948 亿元，计划在 2025 年实现翻两番的目标，则 2025 年地区生产总值应该为多少？这期间平均年增长速度应为多少？2016 年实际产值为 2 379 亿元，那么这期间平均每年增长率为多少？如果照此速度发展，到 2025 年产值为多少？如果要实现在 2010 年的基础上翻两番，在哪一年能够完成？

第十二章 时间数列变动分析

时间数列用于描述现象随时间变化的特征。就其发展的历史阶段和所使用的统计分析来看，时间数列分析有传统的时间数列分析方法和现代时间数列分析方法。传统的时间数列分析主要是采用平滑和回归的方法进行分析，较为简单，可以分析趋势变动和季节变动。但是对波动性较大的数据分析起来较为困难。现代的时间数列分析采用平稳性 ARMA 过程及协整等方法，对分析波动性较大的数据有明显的优势，但是它涉及较深的数理统计、线性代数知识，本书就不做介绍。本书主要介绍传统的时间数列分析方法。

第一节 时间数列预测分析模型

一、影响时间数列的因素

时间数列的形成是各种不同的影响事物发展变化的因素共同作用的结果。影响事物发展变化的因素很多，有起决定性作用的基本因素，也有起临时作用和局部作用的偶然因素。为便于分析，现将影响时间数列形成的因素归纳为四类，即长期趋势、季节变动、循环波动和不规则变动。图 12-1 是我国 2001 年以来的社会商品零售总额的时间数列。

下面结合图 12-1,对影响时间数列形成的四种因素进行分析。

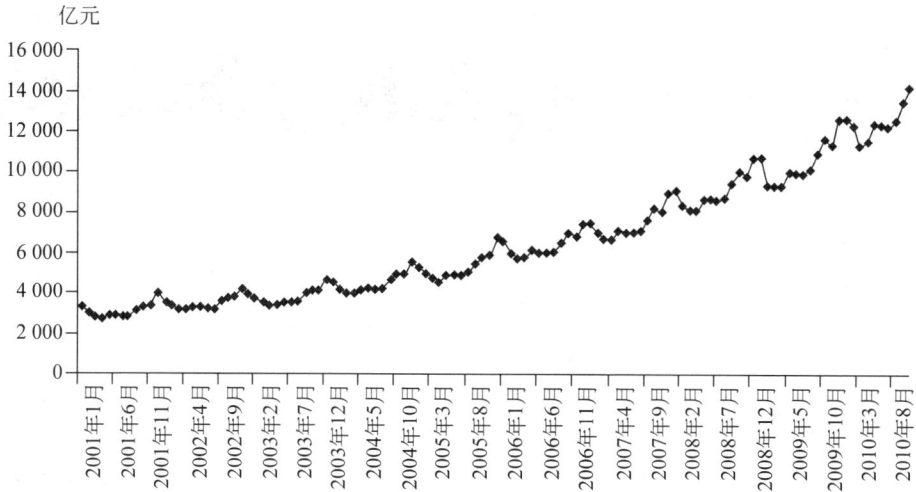

图 12-1   我国月度消费品零售总额

(一) 长期趋势

长期趋势是指现象在一段较长时期内,持续呈现为同一方向发展变化的趋势。它是由某种起决定性作用的因素的影响而形成的趋势。例如,图 12-1 中社会消费品零售总额有明显上升的趋势,这是由于我国经济快速增长、居民收入持续增加所导致的。分析长期趋势,可以掌握事物发展变化的基本特点。

(二) 季节变动

季节变动是指现象因受自然条件或社会经济季节因素的影响,在一年的时间内随时序变化而引起的有规律的周期性变动。例如,从图 12-1 可以明显看出,年底和年初消费品零售总额增加较快。季节变动一般以一年为周期。有的季节现象是以月、周、日为周期而发生变动的,也称准季节变动。例如,超市每天的销售额明显以周为周期而发生变动。认识和掌握季节变动,对于近期行动决策有重要作用。

(三) 循环波动

循环波动是指现象发生周期较长(一年以上)的涨落起伏的变动,它是一种波浪形或振荡式的变动。它与季节变动有明显区别:一是周期较长且不固定;二是规律显现没有季节变动明显;三是影响因素的性质不一样。股票市场的波动明显包含着这样的循环波动,一般是由经济周期决定的。从图 12-2 可以明显看出股票市场的这种波动。

(四) 不规则变动

不规则变动又称为随机波动。不规则变动是指由于意外的自然或社会的偶然因素引起的无周期的波动。时间数列除了受以上各种变动的影响以外,还受临时的、偶然的或不

収盘指数

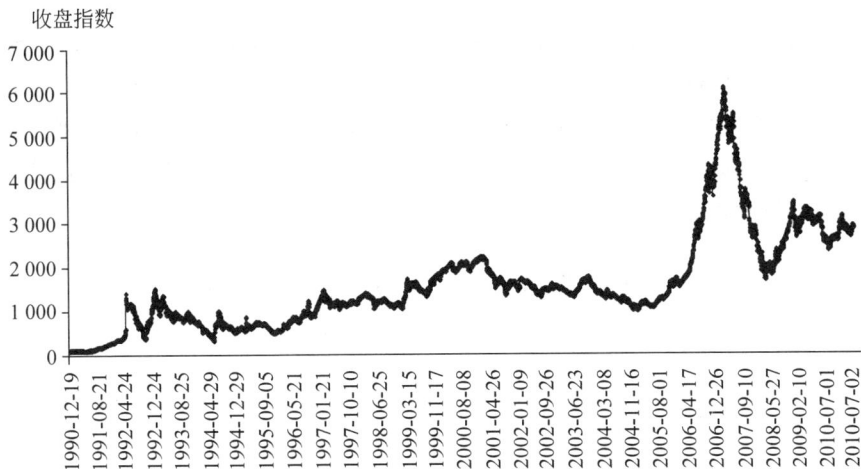

图 12-2　上证指数收盘指数时间数列图

明原因而引起的非周期性、非趋势性随机变动的影响。不规则变动是无法预知的。例如在股票市场中,自然灾害等因素所导致的波动是无法进行预测的。分析时间数列时,一般是把时间数列剔除趋势性、季节性和周期性后的剩余部分作为不规则变动。

现象变动趋势分析就是要把时间数列受各类因素的影响状况分别测定出来,搞清研究对象发展变化的原因及其规律,为预测未来和决策提供依据。

二、时间数列的分解模型

将形成时间数列的因素与时间数列的关系按照一定的假设,用一定的数学关系式表示,就形成了时间数列的分解模型。时间数列的分解模型主要有加法模型和乘法模型两种。

设时间数列为 Y,长期趋势为 T,季节变动为 S,循环波动为 C,不规则变动为 I,则两种模型可分别表述如下。

(一) 加法模型

假设影响时间数列的四个因素是相互独立的,则时间数列各期水平的数值可视为四个因素的总和,其分解模型为

$$Y = T + S + C + I$$

根据上述关系式,为测定某种因素的影响,只需从时间数列数值中减去其余因素即可。例如,为了研究长期趋势 T 的影响,可假定季节变动、循环波动和不规则变动的总和为零。

(二) 乘法模型

假设影响时间数列的四个因素之间存在某些相互影响的关系,则时间数列各期水平的数值就是四种因素的乘积,其分解模型为

$$Y = T \times S \times C \times I$$

根据上述关系式,为测定某种因素的影响,用其余因素的乘积去除时间数列数值即可。例如,为了研究长期趋势 T 的影响,可假定季节变动、循环波动和不规则变动的积为1。

实际工作中应采用哪一种模型进行分析,要视研究对象的性质、研究目的及所掌握的资料情况而定。如果波动量相对比较固定、数列整体变化较小,一般采用加法模型。如果波动率相对比较固定、数列整体变化较大,一般采用乘法模型。

第二节 长期趋势分析

时间数列的长期趋势分析,可以从绘制时间数列的线图开始,通过观察图形就可以看出是否存在趋势,以及可以判断出来存在的趋势是什么样的。例如,通过观察图 12-1 可以看出社会商品零售总额存在明显的上涨趋势;再如,通过观察图 12-2 可以看出上证指数也存在着一定的上涨的长期趋势,只是周期性的波动太大。

一、时距扩大法

时距扩大法是对长期的时间数列资料进行统计修匀的一种最简便的方法。它是将原时间数列中各项指标加以合并,扩大每段计算所包括的时间,得出较长时距的新数列,以消除偶然因素的影响,显示出现象变动的基本趋势。

应用时距扩大法应注意以下两点。

(1) 前后扩大的时距应当一致,以便相互比较。

(2) 单纯扩大时距,以使指标数值增大的方法,只能用于时期数列,而不能用于时点数列。对时点数列,要在扩大时距的基础上求出序时平均数,才能反映现象发展的长期趋势。

【例 12-1】 表 12-1 为 2001—2010 年我国月度社会消费品零售总额。

表 12-1   2001—2010 年我国月度社会消费品零售总额   单位:亿元(当年价格)

年 ＼ 月	1 月	2 月	3 月	4 月	5 月	6 月	7 月	8 月	9 月	10 月	11 月	12 月
2001	3 333	3 047	2 876	2 821	2 930	2 909	2 851	2 889	3 137	3 347	3 422	4 033
2002	3 552	3 416	3 197	3 163	3 321	3 303	3 244	3 284	3 627	3 815	3 831	4 270
2003	3 907	3 706	3 495	3 407	3 463	3 577	3 562	3 610	3 972	4 204	4 203	4 736
2004	4 569	4 211	4 050	4 002	4 166	4 251	4 209	4 263	4 718	4 983	4 966	5 563
2005	5 301	5 012	4 799	4 663	4 899	4 935	4 935	5 041	5 495	5 847	5 909	6 850
2006	6 642	6 002	5 797	5 775	6 176	6 058	6 012	6 077	6 554	6 998	6 822	7 499
2007	7 488	7 014	6 686	6 673	7 158	7 026	6 998	7 117	7 668	8 263	8 105	9 015
2008	9 077	8 355	8 123	8 142	8 704	8 642	8 629	8 768	9 447	10 083	9 791	10 729

续表

月 / 年	1 月	2 月	3 月	4 月	5 月	6 月	7 月	8 月	9 月	10 月	11 月	12 月
2009	10 757	9 324	9 318	9 343	10 028	9 942	9 937	10 116	10 913	11 718	11 339	12 610
2010	12 718	12 334	11 322	11 510	12 455	12 330	12 253	12 570	13 537	14 285	13 911	15 330

资料来源：百度文库《1978—2010 我国社会消费品零售总额完整月度数据》。

从表 12-1 的资料和图 12-1 可以看出，2001—2010 年我国月度社会消费品零售总额有升有降，存在向上的长期趋势，但明显也受到周期性和偶然性因素影响。为了反映长期趋势，将时距扩大为 1 年，编制时距扩大后的社会消费品零售总额的时间数列和序时平均数时间数列（见表 12-2）。

表 12-2　2001—2010 年我国社会消费品零售总额　　　单位：亿元

年份	年社会消费品零售总额	月平均社会消费品零售总额
2001	37 595	3 132.92
2002	42 023	3 501.92
2003	45 842	3 820.17
2004	53 124	4 427.00
2005	63 686	5 307.17
2006	76 412	6 367.67
2007	89 211	7 434.25
2008	108 490	9 040.83
2009	125 345	10 445.42
2010	154 555	12 879.58

根据表 12-2，可绘制出 2001—2010 年我国社会消费品零售总额图。

从表 12-2 中的两种新的时间数列和图 12-3 可以看出，社会消费品零售总额的长期趋势相当明显，偶然性波动明显减少，季节性波动已经不再存在。

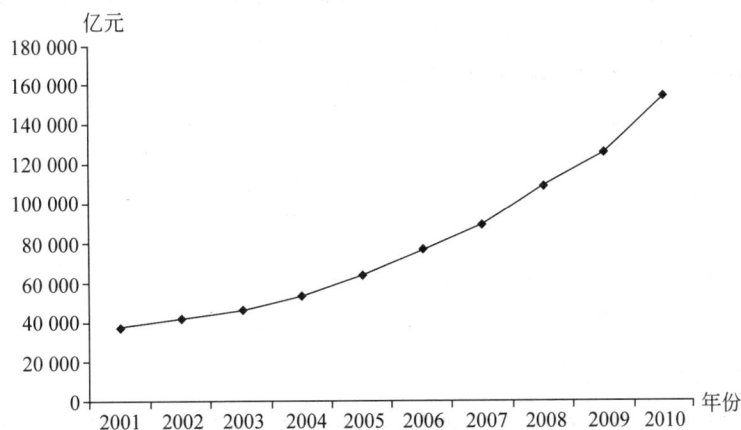

图 12-3　2001—2010 年我国社会消费品零售总额

以月、季为时距单位的数列,通过合并,扩大为以年为时距单位的数列,一方面可以消除偶然性因素影响,另一方面也可以清除季节变动影响。

时距扩大法计算简便,但从例 12-1 的计算可以看出,时距扩大后,原数列的项数由120 项降至新数列的 10 项。因此,由时距扩大法得到的新数列不能据以预测未来的发展趋势,不能满足消除长期趋势、分析季节变动和循环变动的需要。

二、移动平均法

移动平均法是趋势变动分析的一种较简单的常用方法。该方法的基本思想和原理是,通过扩大原时间数列的时间间隔,并按一定的间隔长度逐期移动,分别计算出一系列移动平均数。由这些平均数形成的新的时间数列对原时间数列的波动能起到一定的修匀作用,削弱原数列中短期偶然因素的影响,从而呈现出现象发展的变动趋势。该方法可以用来分析预测销售情况、库存、股价或其他趋势。该方法又可分为简单移动平均法和加权移动平均法两种。

(一)简单移动平均法

这是直接用简单算术平均数作为移动平均趋势值的一种方法。移动间隔长度 K 不同,计算方法也不同。

当 K 为奇数时($K=2k+1$),移动平均数数列可以写为

$$\bar{Y}_i = \frac{Y_{i-k}+Y_{i-k+1}+\cdots+Y_{i-1}+Y_i+Y_{i+1}+\cdots+Y_{i+k-1}+Y_{i+k}}{K}$$

式中,$\bar{Y}_i$ 为移动平均趋势值;K 为奇数。

此时把移动平均数再移动至期间的中间。如果移动平均期数为 3,则记录在第 2 个数据的位置上。从上面的公式可以看出,当移动项 K 为奇数项数时,移动平均后所得的新数列比原数列少 $K-1$ 项,头尾各少 $k=(K-1)/2$ 项。

当移动间隔长度 K 为偶数时($K=2k$),则移动平均数是先做一次 K 期移动平均,然后将两个相邻的 K 期移动平均再做一次 2 期移动平均(即将两个相邻的数据进行平均),这个数据记录在第 $K/2+1$ 个数据位置上。进一步就是将前 k 个数据和本身及后 k 个数据共 $2k+1$ 个数据进行“首尾折半”的平均。

$$\bar{Y}_i = \frac{\frac{Y_{i-k}+Y_{i-k+1}+\cdots+Y_{i-1}+Y_i+Y_{i+1}+\cdots+Y_{i+k-2}+Y_{i+k-1}}{K}+\frac{Y_{i-k+1}+Y_{i-k+2}+\cdots+Y_{i-1}+Y_i+Y_{i+1}+\cdots+Y_{i+k-1}+Y_{i+k}}{K}}{2}$$

$$= \frac{\frac{Y_{i-k}}{2}+Y_{i-k+1}+\cdots+\cdots Y_{i-1}+Y_i+Y_{i+1}+\cdots+Y_{i+k-2}+Y_{i+k-1}+\frac{Y_{i+k}}{2}}{K}$$

从上式可以看出,当移动项 K 为偶数项数时,移动平均后所得的新数列比原数列少 K 项,头尾各少 $k=K/2$ 项。

有人也把前 $K-1$ 期的值和本身的平均值作为本期移动平均值,这样计算起来相对简单些。但是这样处理的结果是移动平均值的波动要滞后于时间数列本身的波动,会造成波动性分析的困难。因此不建议使用这种方法进行移动平均处理。

【例 12-2】 表 12-3 为 1991—2010 年我国居民消费价格指数,分别计算三期移动平均数和四期移动平均数,并进行比较。

表 12-3 居民消费价格指数三期移动平均数和四期移动平均数 单位:%

时间变量 i	年份	居民消费价格指数 Y_i	分析用三期移动平均数 $\bar{Y}_i(K=3)$	分析用四期移动平均数 $\bar{Y}_i(K=4)$
1	1991	103.4	—	
2	1992	106.4	108.17	—
3	1993	114.7	115.07	113.86
4	1994	124.1	118.63	115.81
5	1995	117.1	116.50	114.56
6	1996	108.3	109.40	109.96
7	1997	102.8	103.43	104.54
8	1998	99.2	100.20	101.24
9	1999	98.6	99.40	99.99
10	2000	100.4	99.90	99.73
11	2001	100.7	100.10	100.05
12	2002	99.2	100.37	100.81
13	2003	101.2	101.43	101.39
14	2004	103.9	102.30	101.81
15	2005	101.8	102.40	102.55
16	2006	101.5	102.70	103.25
17	2007	104.8	104.07	103.19
18	2008	105.9	103.33	103.10
19	2009	99.3	102.83	—
20	2010	103.3	—	—

以 $K=4$ 为例,表 12-3 中的 $\bar{Y}_8=101.24$ 的计算过程为

$$\bar{Y}_8 = \frac{\dfrac{Y_6}{2}+Y_7+Y_8+Y_9+\dfrac{Y_{10}}{2}}{4} = \frac{\dfrac{108.3}{2}+102.8+99.2+98.6+\dfrac{100.4}{2}}{4}$$

$$=101.24$$

根据表 12-3 绘制的各年居民消费价格指数及移动平均数见图 12-4。

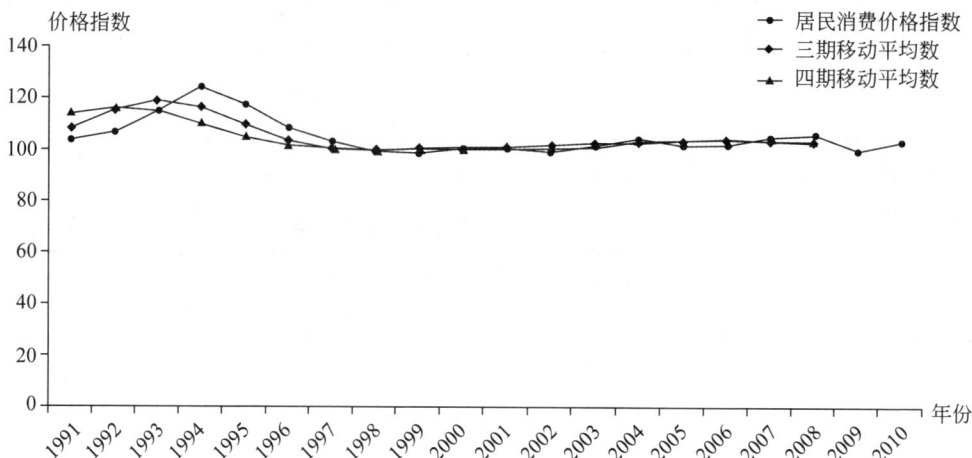

图 12-4 各年居民消费价格指数及移动平均数

（二）加权移动平均法

很明显,过去的数据对今天的数据的影响程度是不同的,例如昨天的股价对今天的股价要比 10 天前的股价的影响程度大得多。在简单移动平均中,给予历史的数据以相同的权数,认为过去对现在的影响程度是无差异的,这明显有不合理之处。加权移动平均法是在简单移动平均法的基础上给近期数据以较大的权数,给远期数据以较小的权数,计算加权移动平均数,作为下一期的移动平均趋势值的一种方法。其计算公式为

$$\overline{Y}_i = \frac{Y_i f_i + Y_{i+1} f_{i+1} + \cdots + Y_{i+k-1} f_{i+k-1}}{f_i + f_{i+1} + \cdots + f_{i+k-1}}$$

仍以表 12-3 中的已知数据为例,设 $K = 3$,权数按由近到远分别为 3、2、1,则

$$\overline{Y}_3 = \frac{114.7 \times 3 + 106.4 \times 2 + 103.4 \times 1}{3 + 2 + 1} = 110.5$$

其余同理类推。

利用移动平均法分析趋势变动时,移动间隔的长度应长短适中。通过分析表 12-3 和图 12-4 不难看出,通过移动平均所得到的移动平均数数列,要比原始数据数列匀滑,并且 4 项移动平均数数列又比 3 项移动平均数数列匀滑,因此,为了更好地消除不规则波动,达到修匀的目的,可以适当增加移动的步长。移动的步长越大,所得趋势值越少,个别观察值影响作用就越弱,移动平均数数列所表现的趋势越明显,但移动间隔过长,有时会脱离现象发展的真实趋势;若移动间隔越短,个别观察值的影响作用就越大,有时又不能完全消除数列中短期偶然因素的影响,从而看不出现象发展的变动趋势。一般来说,如果现象的发展具有一定的周期性,应以周期长度作为移动间隔的长度;若时间数列是季度资料,应采用 4 项移动平均;如果是月度数据,则采用 12 项移动平均。

三、曲线拟合法

假定有一个多年的数据数列,为了算出逐年的趋势值,可以考虑对原始数据拟合一条数学曲线。例如,假如趋势是线性的,即每期增长量较为固定,就可以用最小平方法拟合直线方程;如果趋势是指数曲线型的,即每期的增长率较为固定,则可考虑拟合指数曲线方程。在用数学曲线拟合法测定趋势值时,首先要解决的问题是曲线方程的选择。选择曲线方程有两个途径:一是在以时间 t 为横轴、变量 Y 为纵轴的直角坐标图上作时间数列数值的散点图,根据散点的分布形状来确定应拟合的曲线方程;二是对时间数列的数值作一些分析,根据分析的结果来确定应选择的曲线方程。选择合适的方程,是评估人员在分析预测时应特别注意的问题。下面结合一些典型和常用的趋势曲线来讨论曲线方程的选择和拟合。

(一)直线趋势的拟合

根据线性函数的特性:

$$\Delta Y_t = Y_{t+1} - Y_i = a + b(t+1) - a - bt = b$$

如果一个时间数列,其相邻两期数据的差(逐期增长量)近似为一常数,就可以配合一直线 $Y_t = a + bt$,然后用最小平方法来求解参数 a、b。

根据所求的趋势线 $y_t = a + bt$,可求得:

$$\sum (y - y_t)^2 = \sum (y - a - bt)^2 = 最小值$$

式中,t 代表时间;a 代表直线趋势方程的截距,即 t 为 0 时的时间数列的趋势值;b 代表直线趋势方程的斜率,即 t 每变动一个单位时实际观察值的平均增加(或减少)的数值。

令 $Q = \sum (y - a - bt)^2$,为使其最小,则对 a 和 b 的偏导数应等于 0,整理得:

$$\begin{cases} \sum y = na + b \sum t \\ \sum ty = a \sum t + b \sum t^2 \end{cases}$$

解得:

$$b = \frac{n \sum ty - \sum t \sum y}{n \sum t^2 - \left(\sum t \right)^2}$$

$$a = \bar{y} - b \bar{t}$$

式中,n 代表时间的项数;$\bar{y} = \dfrac{\sum y}{n}$,$\bar{t} = \dfrac{\sum t}{n}$;其他符号所代表的意义不变。

在对时间数列按最小二乘法进行趋势配合的运算时,为使计算更简便些,将各年份(或其他时间单位)简记为 1、2、3、4 等,并用坐标移位方法将原点 O 移到时间数列的中间项,使 $\sum t = 0$。当项数 n 为奇数时,中间项为 0;当项数 n 为偶数时,中间的两项分别设为 -1、1,这样间隔便为 2,各项依次设成:$\cdots, -5, -3, -1; 1, 3, 5, \cdots$。这样求解公式便可简化为

$$\begin{cases} \displaystyle\sum y = na \\ \displaystyle\sum ty = b\sum t^2 \end{cases} \longrightarrow \begin{cases} a = \dfrac{\displaystyle\sum y}{n} = \bar{y} \\ b = \dfrac{\displaystyle\sum ty}{\displaystyle\sum t^2} \end{cases}$$

【例 12-3】 表 12-4 给出了某啤酒厂的年度销量,用最小平方法进行长期趋势分析。

表 12-4　某啤酒厂年度销量的最小二乘法计算表

年份	销量 y /百万瓶	时间 t	t^2	ty	趋势值 y_t	误差 $y-y_t$	误差平方 $(y-y_t)^2$
2005	30	1	1	30	36.12	−6.12	37.454 4
2006	44	2	4	88	47.60	−3.60	12.96
2007	57	3	9	171	59.07	−2.07	4.284 9
2008	66	4	16	264	70.55	−4.55	20.702 5
2009	81	5	25	405	82.03	−1.03	1.060 9
2010	98	6	36	588	93.51	4.49	20.160 1
2011	105	7	49	735	104.99	0.01	0.000 1
2012	120	8	64	960	116.47	3.53	12.460 9
2013	140	9	81	1 260	127.95	12.05	145.202 5
2014	153	10	100	1 530	139.42	13.58	184.416 4
2015	157	11	121	1 727	150.90	6.10	37.21
2016	164	12	144	1 968	162.38	1.62	2.624 4
2017	169	13	169	2 197	173.86	−4.86	23.619 6
2018	178	14	196	2 492	185.34	−7.34	53.875 6
2019	185	15	225	2 775	196.82	−11.82	139.712 4
合计	1 747	120	1 240	17 190	—	—	695.744 7

解:由表 12-4 可知,$\sum t = 120$,$\sum y = 1\ 747$,$\sum t^2 = 1\ 240$,$\sum ty = 17\ 190$,代入公式得:

$$\begin{cases} b = \dfrac{15 \times 17\ 190 - 120 \times 1\ 747}{15 \times 1\ 240 - 120 \times 120} = \dfrac{48\ 210}{4\ 200} = 11.48 \\ a = \dfrac{1\ 747}{15} - 11.48 \times \dfrac{120}{15} = 116.47 - 91.84 = 24.63 \end{cases}$$

据此可求得直线趋势方程为

$$y_t = 24.63 + 11.48t$$

把各 t 值代入上式,便可求得相对应的趋势值 y_t(见表 12-4)。这里需要指出的是:对表 12-4 的销量用直线趋势配合,是因为各年的逐期增长量大体相当,表明该企业平均每年销量的增长为 11.48 百万瓶,具备直线型时间数列的特征。

表 12-5 是简化算法。

表 12-5 某啤酒厂年度销量的最小二乘法计算表(简化算法)

年份	销量 y /百万瓶	时间 t	t^2	ty	趋势值 y_t	误差 $y-y_t$	误差平方 $(y-y_t)^2$
2005	30	-7	49	-210	36.12	-6.12	37.454 4
2006	44	-6	36	-264	47.60	-3.60	12.96
2007	57	-5	25	-285	59.07	-2.07	4.284 9
2008	66	-4	16	-264	70.55	-4.55	20.702 5
2009	81	-3	9	-243	82.03	-1.03	1.060 9
2010	98	-2	4	-196	93.51	4.49	20.160 1
2011	105	-1	1	-105	104.99	0.01	0.000 1
2012	120	0	0	0	116.47	3.53	12.460 9
2013	140	1	1	140	127.95	12.05	145.202 5
2014	153	2	4	306	139.42	13.58	184.416 4
2015	157	3	9	471	150.90	6.10	37.21
2016	164	4	16	656	162.38	1.62	2.624 4
2017	169	5	25	845	173.86	-4.86	23.619 6
2018	178	6	36	1 068	185.34	-7.34	53.875 6
2019	185	7	49	1 295	196.82	-11.82	139.712 4
合计	1 747	0	280	3 214	—	—	695.744 7

由简化公式可得:

$$a = \frac{1\ 747}{15} = 116.47$$

$$b = \frac{3\ 214}{280} = 11.48$$

据此可求得直线趋势方程为

$$y_t = 116.47 + 11.48t$$

将各 t 值代入上式,便可求得各年的趋势值 y_t(见表 12-5)。

采用最小二乘法对原数列作长期趋势的测定时,通过趋势值 y_t 来修匀原数列,可得到比较接近原值的趋势值。利用所求的直线趋势方程还能对近期的数列做出预测,例如根据表 12-5 求出直线趋势方程,代入 $t=8$ 和 9,便能预测 2020 年和 2021 年的销售量。

2020 年的预测销量为

$$y_{2020} = 116.47 + 11.48 \times 8 = 208.31(百万瓶)$$

2021 年的预测销量为

$$y_{2021} = 116.47 + 11.48 \times 9 = 219.79(百万瓶)$$

根据上述计算,可绘制出某啤酒厂年度销量和趋势值图(见图 12-5)。

特别要提醒注意的是:这里的直线方程 $Y_t = a + bt$ 不涉及变量 t 与变量 Y 之间的任何因果关系,也没有考虑误差的任何性质,因此它仅仅是一个直线拟合公式,并不是什么

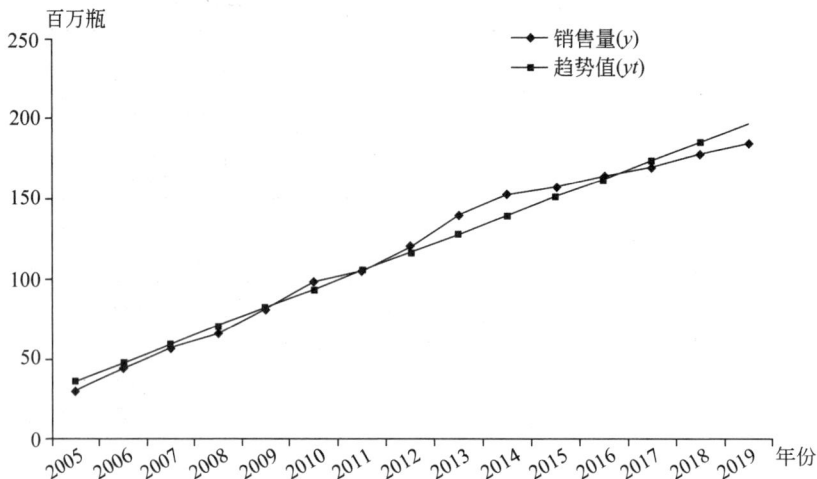

图 12-5 某啤酒厂年度销量和趋势值图

回归模型。还需要指出的是：作为较长期的一种趋势，利用所拟合的数学方程式进行预测时，必须假定趋势变化的因素到预测年份仍然起作用。由于例题只是为了说明分析计算的方法，所以一般选用的数据都比较少。实际应用时，数据应丰富些，才能更好地反映长期趋势。

（二）指数趋势的拟合

由于指数曲线具有如下特性：

$$Y = Y_t = ab^t, \quad Y_{t+1} = ab^{t+1}, \quad \frac{Y_{t+1}}{Y_t} = \frac{ab^{t+1}}{ab^t} = b$$

所以，当时间数列的各期数值大致按某一相同比率增长时，即时间数列的环比发展速度或环比增长速度大体相同时，可以考虑配合指数方程。指数曲线是一种常用的典型趋势线，其趋势方程为

$$Y = Y_t = ab^t$$

式中，a、b 为未知常数。若 $b > 1$，增长率随着时间 t 的增加而增加；若 $b < 1$，增长率随着时间 t 的增加而降低；若 $a > 0$，$b < 1$，趋势值逐渐降低到以 $0'$ 为极限。

为确定指数曲线中的系数 a 和 b，可采取"线性化"手段将其化为对数直线形式，即两端取对数得：

$$\lg Y_t = \lg a + t \lg b$$

根据最小平方法，得到求解 $\lg a$、$\lg b$ 的标准方程为

$$\begin{cases} \sum \lg Y = n \lg a + \lg b \sum t \\ \sum t \lg Y = \lg a \sum t + \lg b \sum t^2 \end{cases}$$

求出 $\lg a$ 和 $\lg b$ 后，再取其反对数，即求得算术形式的 a 和 b。

【例 12-4】 表 12-6 为我国 1996—2008 年社会消费品零售总额数据，试确定指数曲

线方程,计算出各期的趋势值,预测 2010 年我国社会消费品零售总额,并将原数列和各期的趋势值数列绘制成图形进行比较。

表 12-6 我国 1996—2008 年社会消费品零售总额

年份	社会消费品零售总额/亿元	年份	社会消费品零售总额/亿元	年份	社会消费品零售总额/亿元
1996	28 360.2	2001	43 055.4	2006	76 410
1997	31 252.9	2002	48 135.9	2007	89 210
1998	33 378.1	2003	52 516.3	2008	108 488
1999	35 647.9	2004	59 501		
2000	39 105.7	2005	67 176.6		

资料来源:中国统计年鉴(2009)。

解:从逐年的环比增长率来看,每年的增长率比较接近,可拟合指数曲线。计算过程见表 12-7。

表 12-7 计算过程列表

年份	t	总额 Y	环比年增长率/%	$\lg Y$	t^2	$t\lg Y$	趋势值
1996	1	28 360.2	—	4.452 71	1	4.452 71	26 419.5
1997	2	31 252.9	10.20	4.494 89	4	8.989 78	29 415.5
1998	3	33 378.1	6.80	4.523 46	9	13.570 38	32 751.2
1999	4	35 647.9	6.80	4.552 03	16	18.208 12	36 465.2
2000	5	39 105.7	9.70	4.592 24	25	22.961 2	40 600.4
2001	6	43 055.4	10.10	4.634 03	36	27.804 18	45 204.5
2002	7	48 135.9	11.80	4.682 47	49	32.777 29	50 330.6
2003	8	52 516.3	9.10	4.720 29	64	37.762 32	56 038.1
2004	9	59 501	13.30	4.774 52	81	42.970 68	62 392.9
2005	10	67 176.6	12.90	4.82 722	100	48.272 2	69 468.2
2006	11	76 410	13.74	4.883 15	121	53.714 65	77 345.9
2007	12	89 210	16.75	4.950 41	144	59.404 92	86 116.9
2008	13	108 488	21.61	5.035 38	169	65.459 94	95 882.6
合 计	91	—	—	61.122 8	819	436.348 4	

根据表 12-7 有:

$$\lg b=\frac{n\sum t\lg Y-\sum t\sum \lg Y}{n\sum t^2-\left(\sum t\right)^2}=\frac{13\times436.348\,4-91\times61.122\,8}{13\times819-91\times91}=0.046\,64$$

因此有:

$$\lg a=\overline{\lg Y}-\lg b\,\bar t=\frac{61.122\,8}{13}-0.046\,64\times\frac{91}{13}=4.375\,274$$

因此有：

$$a = 10^{4.375\,274} = 23\,728.7$$

由此得到社会消费品零售总额的长期趋势函数为

$$Y_t = 23\,728.7 \times 1.113\,4$$

很明显，这里的 1.113 4 是每年的环比发展速度，也就意味着社会消费品零售总额是以每年 11.34% 的速度在增长。将 t 代入方程可得到 1996—2008 年社会商品零售总额的趋势值（见表 12-7 和图 12-6）。

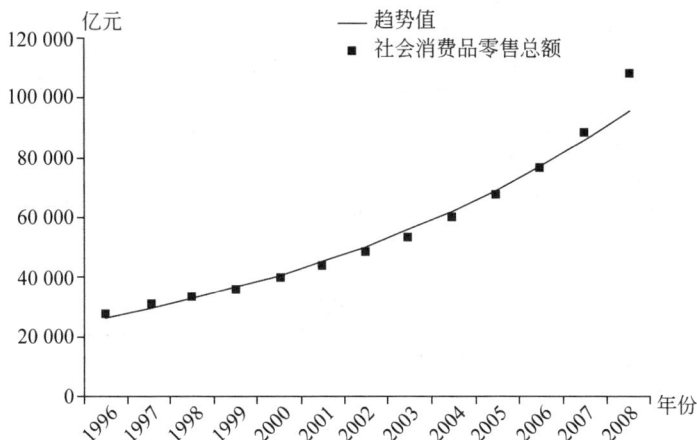

图 12-6　1996—2008 年社会商品零售总额的趋势值

预测 2010 年我国社会消费品零售总额，则有：

$$Y_{2010} = 23\,728.7 \times 1.113\,4^{15} = 118\,861.8(亿元)$$

（三）修正指数曲线的拟合

在一般指数曲线的右边增加一个常数 k，即可得到修正指数曲线（modified exponential curve），其趋势方程为

$$Y_t = k + ab^t$$

当 $k > 0, a < 0$ 且 $0 < b < 1$ 时，随着 t 的增加，Y_t 趋于 k。由此可知，若 k 大于零，该曲线可描述一种常见的成长现象。如某种产品投入市场，初期迅速增长，随后增长率逐渐降低，最后接近最高限 k。该曲线图形如图 12-7 所示，图中的虚线即是最高限 k。现实世界中的许多事物的发展过程都符合修正指数曲线形式，例如一个国家的人口等。

根据修正指数曲线的性质，若时间数列中相邻两个时期的数值的一阶差分之比（Δ_t / Δ_{t-1}，其中 $\Delta_t = Y_t - Y_{t-1}$）接近于这一常数，则可对其拟合修正指数曲线。

由于修正指数曲线不易转变为线性形式，所以不能用最小平均法估计参数，可以考虑用三和法。

三和法的基本思想是：将时间数列观察值等分为三个部分，每部分有 m 个时期，从而根据趋势值的三个局部总和分别等于原数列观察值的三个局部总和来确定三个系数。具体做法如下。

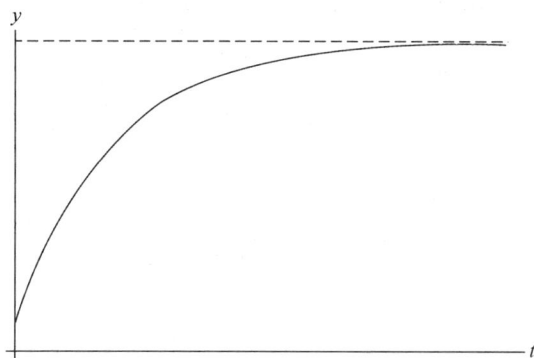

图 12-7　销售量的修正指数曲线图

将时间数列分成三个相等的部分,每部分包括 m 个数据。设观察值的三个局部总和分别为 S_1、S_2、S_3,则

$$
\begin{cases}
S_1 = \sum_{t=1}^{m} Y_t = \sum_{t=1}^{m} (k + ab^t) = mk + ab \sum_{t=0}^{m-1} b^t \\
S_2 = \sum_{t=m+1}^{2m} Y_t = \sum_{t=m+1}^{2m} (k + ab^t) = mk + ab^{m+1} \sum_{t=0}^{m-1} b^t \\
S_3 = \sum_{t=2m+1}^{3m} Y_t = \sum_{t=2m+1}^{3m} (k + ab^t) = mk + ab^{2m+1} \sum_{t=0}^{m-1} b^t
\end{cases}
$$

由 $\sum_{t=0}^{m-1} b^t = \dfrac{b^m - 1}{b - 1}$ 得:

$$
\begin{cases}
S_1 = mk + ab \dfrac{b^m - 1}{b - 1} \\
S_2 = mk + ab^{m+1} \dfrac{b^m - 1}{b - 1} \\
S_3 = mk + ab^{2m+1} \dfrac{b^m - 1}{b - 1}
\end{cases}
$$

解得:

$$
\begin{cases}
b = \left(\dfrac{S_3 - S_2}{S_2 - S_1} \right)^{\frac{1}{m}} \\
a = (S_2 - S_1) \dfrac{b - 1}{b(b^m - 1)^2} \\
k = \dfrac{1}{m} \left(S_1 - ab \dfrac{b^m - 1}{b - 1} \right)
\end{cases}
$$

【例 12-5】 表 12-8 为我国 1989—2009 年的期末人口数,试确定修正指数曲线方程,计算出各期的趋势值和误差,预测 2010 年的期末人口数,并将原数列和各期的趋势值数列绘制成图形进行比较。

表 12-8　我国 1989—2009 年的期末人口数

年份	人口数/万	年　份	人口数/万	年　份	人口数/万
1989	112 704	1996	122 389	2003	129 227
1990	114 333	1997	123 626	2004	129 988
1991	115 823	1998	124 761	2005	130 756
1992	117 171	1999	125 786	2006	131 448
1993	118 517	2000	126 743	2007	132 129
1994	119 850	2001	127 627	2008	132 802
1995	121 121	2002	128 453	2009	133 450

资料来源：中国统计年鉴(2010)。

解：通过分析表 12-8 中的数据可知，其一阶差之比大致相似，可以考虑拟合修正指数曲线。设所求趋势方程为

$$Y_t = k + ab^t$$

表 12-8 中的原始数据共 21 项，可以分成 3 段，每段为 7 年。计算过程见表 12-9。

表 12-9　计算过程列表

年份	t	人口数 y/万	预测值 Y_t/万	误差 $y - Y_t$	误差平方 $(y - Y_t)^2$
1989	1	112 704	112 442	262	68 644
1990	2	114 333	114 132	201	40 401
1991	3	115 823	115 729	94	8 836
1992	4	117 171	117 239	−68	4 624
1993	5	118 517	118 667	−150	22 500
1994	6	119 850	120 017	−167	27 889
1995	7	121 121	121 293	−172	29 584
S_1	—	819 519	819 519	—	202 478
1996	8	122 389	122 499	−110	12 100
1997	9	123 626	123 640	−14	196
1998	10	124 761	124 718	43	1 849
1999	11	125 786	125 738	48	2 304
2000	12	126 743	126 702	41	1 681
2001	13	127 627	127 613	14	196
2002	14	128 453	128 475	−22	484
S_2	—	879 385	879 385	—	18 810
2003	15	129 227	129 289	−62	3 844
2004	16	129 988	130 059	−71	5 041
2005	17	130 756	130 787	−31	961
2006	18	131 448	131 475	−27	729

续表

年份	t	人口数 y/万	预测值 Y_t/万	误差 $y-Y_t$	误差平方 $(y-Y_t)^2$
2007	19	132 129	132 126	3	9
2008	20	132 802	132 741	61	3 721
2009	21	133 450	133 323	127	16 129
S_3	—	919 800	919 800	—	30 434

经过计算得出 $S_1=819\ 519$, $S_2=879\ 385$, $S_3=919\ 800$, 所以有:

$$
\begin{cases}
b = \left(\dfrac{S_3-S_2}{S_2-S_1}\right)^{\frac{1}{m}} = \left(\dfrac{919\ 800-879\ 385}{879\ 385-819\ 519}\right)^{\frac{1}{7}} = 0.945\ 42 \\[2mm]
a = (S_2-S_1)\dfrac{b-1}{b(b^m-1)^2} \\[2mm]
\quad = (879\ 385-819\ 519)\times\dfrac{0.945\ 42-1}{0.945\ 42\times(0.945\ 42^7-1)^2} = -32\ 742.5 \\[2mm]
k = \dfrac{1}{m}\left(S_1-ab\dfrac{b^m-1}{b-1}\right) \\[2mm]
\quad = \dfrac{1}{7}\times\left(819\ 519-0.945\ 42\times(-32\ 742.5)\times\dfrac{0.945\ 42^7-1}{0.945\ 42-1}\right) = 143\ 397.6
\end{cases}
$$

得到趋势方程为

$$Y_t = 143\ 397.6 - 32\ 742.5\times0.945\ 42^t$$

将 t 代入方程可得我国年末人口数的趋势值(见表 12-9)。将 $t=22$ 代入方程可得 2010 年我国年末人口数为

$$Y_{2010} = 143\ 397.6 - 32\ 742.5\times0.945\ 42^{22} = 133\ 873(\text{万人})$$

国家统计局公布的 2010 年年末的人口数为 134 091(比预测值多 218 万人)。预测估计标准误差为

$$s_y = \sqrt{\dfrac{\sum(y-Y_t)^2}{n-3}} = \sqrt{\dfrac{202\ 478+18\ 810+30\ 434}{21-3}} = 121.68(\text{万人})$$

将原数列及各期的趋势值数列绘制成图 12-8,从中可看出我国人口的趋势形态。从图 12-8 可以看出,我国人口数与其极限水平 143 397.6 万人越来越接近。

(四) 龚柏兹曲线的拟合

龚柏兹曲线是美国统计学家和数学家龚柏兹首先提出用作控制人口增长率的一种数学模型,其方程表达式为

$$Y_t = k\cdot a^{b^t}$$

式中,k、a、b 为参数,$k>0$, a 和 b 一般大于 0,小于 1;t 为时间。

龚柏兹曲线的图形是一条 S 形曲线(见图 12-9),反映某些经济变量由开始增长缓慢,随后增长加快,达到一定程度后增长率逐渐减慢,最后达到饱和状态的过程。该曲线两端都有渐近线,上渐近线为 $Y=k$ (即图 12-9 中的虚线),下渐近线为 $Y=0$。龚柏兹曲

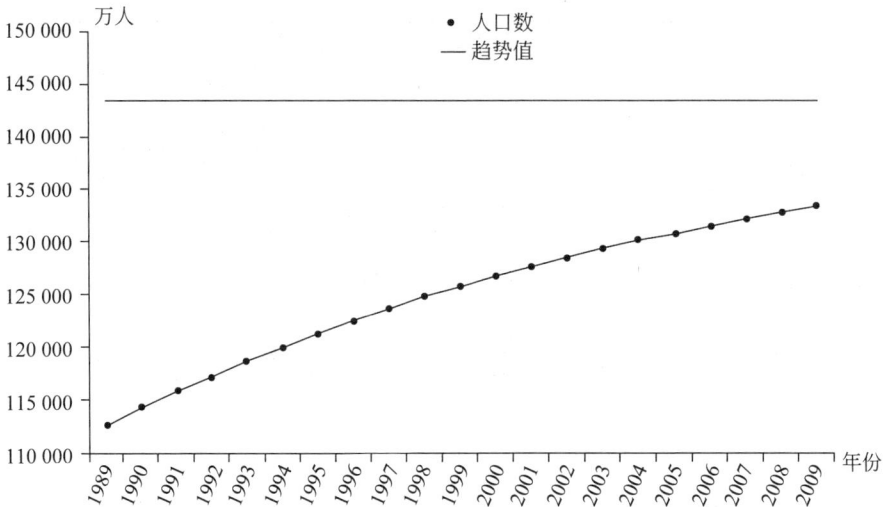

图 12-8　我国每年年末人口数及修正指数曲线预测的趋势值

线通常用于描述事物的发展由萌芽、成长到饱和的周期过程。现实中有许多现象符合该
曲线，如工业生产的增长、产品寿命周期、一定时期内的人口增长等，因此该曲线被广泛应
用于现象的趋势变动研究中。

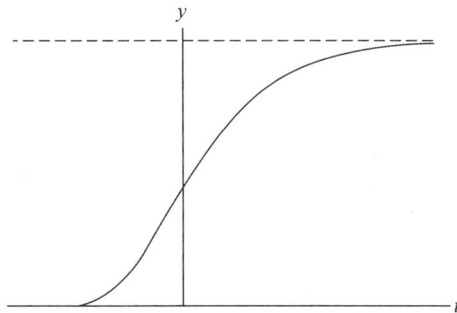

图 12-9　龚柏兹曲线

为了确定模型中的参数，通常把模型改写为对数形式：

$$\ln Y_t = \ln k + (\ln a)^{bt}$$

若令 $Y_t' = \ln Y_t$，$K = \ln k$，$A = \ln a$，则上式变为

$$Y_t' = K + A^{bt}$$

这正是修正指数曲线模型。依照修正指数曲线估计参数的方法可得 b、$\ln a$ 和 $\ln k$，
再取 $\ln a$ 和 $\ln k$ 反自然对数求 a 和 k。令

$$S_1 = \sum_{i=1}^{m} \ln Y_t, \quad S_2 = \sum_{i=m+1}^{2m} \ln Y_t, \quad S_3 = \sum_{i=2m+1}^{3m} \ln Y_t$$

则有：

$$
\begin{cases}
b = \left(\dfrac{S_3 - S_2}{S_2 - S_1} \right)^{\frac{1}{m}} \\[2mm]
\ln a = (S_2 - S_1) \dfrac{b-1}{b(b^m - 1)^2} \\[2mm]
\ln k = \dfrac{1}{m} \left[S_1 - (\ln a) \times b \times \dfrac{b^m - 1}{b-1} \right]
\end{cases}
$$

这里 m 是总数据 n 的 1/3。将时间数列分成 3 个相等的部分,每部分包括 m 个数据。S_1、S_2、S_3 分别为观察值的自然对数值三个局部总和。

由于龚柏兹曲线的对数形式为修正指数曲线,因而根据修正指数曲线模型的特点,可知龚柏兹曲线模型的特点是:其对数一阶差分的环比为一常数。因此,当时间数列 $\{Y_t\}$ 的对数一阶差分的环比近似一常数时,可配合龚柏兹曲线模型来预测。

【例 12-6】 根据表 12-8 中的数据,利用龚柏兹曲线方程计算出各期的趋势值和误差,预测 2010 年的期末人口数,并将原数列和各期的趋势值数列绘制成图形进行比较。

解: 原始数据共 $n = 21$ 项,可以分成 3 段,每段为 $m = 7$ 年。有关计算过程见表 12-10。

表 12-10 计算过程列表

年份	t	人口数 y/万	人口数的自然对数 $\ln y$	趋势值 Y_t/万	误差 $y - Y_t$	误差平方 $(y-Y_t)^2$
1989	1	112 704	11.632 5	112 502	202	40 804
1990	2	114 333	11.646 9	114 158	175	30 625
1991	3	115 823	11.659 8	1157 33	90	8 100
1992	4	117 171	11.671 4	117 229	−58	3 364
1993	5	118 517	11.682 8	118 650	−133	17 689
1994	6	119 850	11.694 0	119 997	−147	21 609
1995	7	121 121	11.704 5	121 275	−154	23 716
S_1	—	819 519	81.692 0	—	—	145 907
1996	8	122 389	11.715 0	122 485	−96	9 216
1997	9	123 626	11.725 0	123 630	−4	16
1998	10	124 761	11.734 2	124 714	47	2 209
1999	11	125 786	11.742 3	125 739	47	2 209
2000	12	126 743	11.749 9	126 707	36	1 296
2001	13	127 627	11.756 9	127 622	5	25
2002	14	128 453	11.763 3	128 486	−33	1 089
S_2	—	879 385	82.186 6	—	—	16 060
2003	15	129 227	11.769 3	129 301	−74	5 476
2004	16	129 988	11.775 2	130 070	−82	6 724
2005	17	130 756	11.781 1	130 795	−39	1 521

续表

年份	t	人口数 y/万	人口数的自然 对数 $\ln y$	趋势值 Y_t/万	误差 $y - Y_t$	误差平方 $(y - Y_t)^2$
2006	18	131 448	11.786 4	131 479	−31	961
2007	19	132 129	11.791 5	132 123	6	36
2008	20	132 802	11.796 6	132 730	72	5 184
2009	21	133 450	11.801 5	133 301	149	22 201
S_3	—	919 800	82.501 6	—	—	42 103

经过计算得出 $S_1 = 81.692$，$S_2 = 82.186\ 6$，$S_3 = 82.501\ 6$，所以有：

$$\begin{cases} b = \left(\dfrac{S_3 - S_2}{S_2 - S_1}\right)^{\frac{1}{m}} = \left(\dfrac{82.501\ 6 - 82.186\ 6}{82.186\ 6 - 81.692}\right)^{\frac{1}{7}} = 0.937\ 6 \\[2mm] \ln a = (S_2 - S_1)\dfrac{b - 1}{b(b^m - 1)^2} \\[2mm] \qquad = (82.186\ 6 - 81.692) \times \dfrac{0.937\ 6 - 1}{0.937\ 6 \times (0.937\ 6^7 - 1)^2} = -0.249\ 79 \\[2mm] \ln k = \dfrac{1}{m}\left[S_1 - (\ln ab) \times b \times \dfrac{b^m - 1}{b - 1}\right] \\[2mm] \qquad = \dfrac{1}{7} \times \left(81.692 - (-0.249\ 79) \times 0.937\ 6 \times \dfrac{0.937\ 6^7 - 1}{0.937\ 6 - 1}\right) = 11.686\ 492 \end{cases}$$

解得：$b = 0.937\ 6$，$a = 0.778\ 968$，$k = 142\ 190.2$。

所求的龚柏兹曲线模型为

$$Y_t = 142\ 190.2 \times 0.778\ 968^{(0.937\ 6^t)}$$

将 t 代入方程可得我国年末人口数的趋势值（见表 12-10）。将 $t = 22$ 代入方程可得 2010 年我国年末人口数为

$$Y_t = 142\ 190.2 \times 0.778\ 968^{(0.937\ 6^{22})} = 133\ 839（万人）$$

国家统计局公布的 2010 年年末的人口数为 134 091（比预测值多 252 万人）。预测估计标准误差为

$$s_y = \sqrt{\frac{\sum (y - Y_t)^2}{n - 3}} = \sqrt{\frac{145\ 907 + 16\ 060 + 42\ 103}{21 - 3}} = 106.48（万人）$$

将原数列及各期的趋势值数列绘制成图 12-9，从中可看出我国人口的趋势形态。从图 12-9 可以看出，我国人口数与其极限水平 142 190.2 万人越来越接近。

（五）多价曲线的拟合

有些现象的变化形态不是按照某种固定的形态变化，而是有升有降，在变化中可能有几个拐点。这时就需要拟合多项式函数。当有 $k - 1$ 个拐点时，需要拟合 k 阶曲线。特别当有 1 个拐点时，时间数列 $\{Y_t\}$ 的一阶差分 $(\Delta_t = Y_t - Y_{t-1})$ 之差 $(\Delta_t - \Delta_{t-1})$（逐期增长量之差）近似一常数时，可以拟合 2 阶曲线，即抛物线。k 阶曲线函数的一般形式为

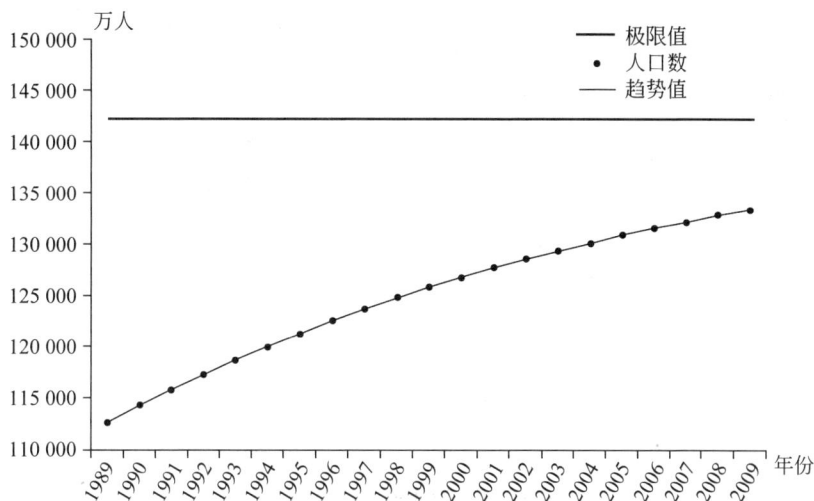

图 12-10　我国每年年末人口数及龚柏兹曲线预测的趋势值

$$Y_t = a + b_1 t + b_2 t^2 + \cdots + b_k t^k$$

曲线中的系数 $a, b_1, b_2, \cdots, b_k$ 可根据最小平方法求得,只需将公式线性化即可。

令 $t = x_1, t^2 = x_2, \cdots, t^k = x_k$,上式就可化为

$$Y_t = a + b_1 x_1 + b_2 x_2 + \cdots + b_k x_k$$

按照多元回归分析中的最小平方法,便可求得曲线中的系数 $a, b_1, b_2, \cdots, b_k$。

【例 12-7】　表 12-11 为某商品 1996—2010 年销售量资料。根据资料绘制销售量与时间 t 的时间数列图,根据数据和数列图拟合适当的趋势曲线,计算各期的趋势值和误差,预测 2011 年的销售量,并将原数列和各期的趋势值数列绘制成图形进行比较。

表 12-11　某商品 2005—2019 年的销售量

年份	时间 t	销售量 Y/万件
2005	1	780
2006	2	843
2007	3	928
2008	4	977
2009	5	1 050
2010	6	1 099
2011	7	1 143
2012	8	1 171
2013	9	1 187
2014	10	1 230
2015	11	1 296
2016	12	1 286
2017	13	1 222
2018	14	1 091
2019	15	1 039

解：根据表 12-11 的资料绘制销售量时间数列图（见图 12-11）。

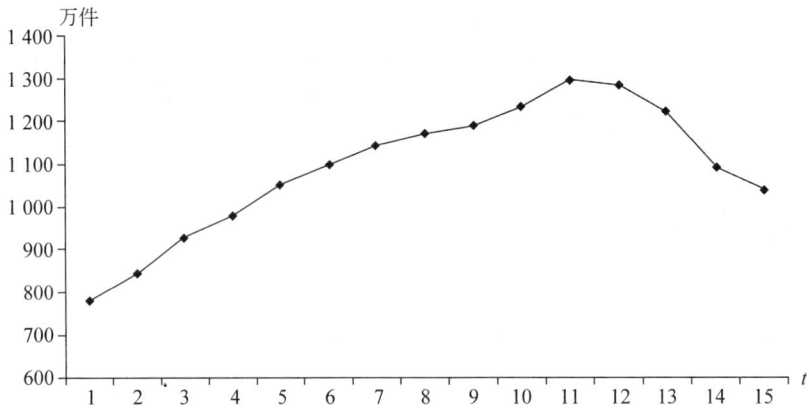

图 12-11 销售量时间数列图

从图 12-11 可以看出，该商品销售量的变化有一个拐点，趋势近似抛物线，因此可拟合抛物线，其形式为

$$Y_t = a + b_1 t + b_2 t^2$$

将其线性化后可根据最小平方法求得 a, b_1, b_2，使用 Excel 进行求解，得到的抛物线方程为

$$Y_t = 628.914\ 3 + 116.627\ 5t - 5.715\ 34t^2$$

将 $t = 1, 2, 3, \cdots, 5$ 代入趋势方程，可以得到各期的数值和趋势值。有关趋势和误差的计算见表 12-12。

表 12-12　计算过程列表

年份	时间 t	t^2	销售量 y	预测销售量 Y_t	误差 $y - Y_t$	误差平方 $(y - Y_t)^2$
2005	1	1	780	739.83	40.17	1 613.628 9
2006	2	4	843	839.31	3.69	13.616 1
2007	3	9	928	927.36	0.64	0.409 6
2008	4	16	977	1 003.98	−26.98	727.920 4
2009	5	25	1 050	1 069.17	−19.17	367.488 9
2010	6	36	1 099	1 122.93	−23.93	572.644 9
2011	7	49	1 143	1 165.26	−22.26	495.507 6
2012	8	64	1 171	1 196.15	−25.15	632.522 5
2013	9	81	1 187	1 215.62	−28.62	819.104 4
2014	10	100	1 230	1 223.66	6.34	40.195 6
2015	11	121	1 296	1 220.26	75.74	5 736.547 6
2016	12	144	1 286	1 205.44	80.56	6 489.913 6

续表

年份	时间 t	t^2	销售量 y	预测销售量 Y_t	误差 $y-Y_t$	误差平方 $(y-Y_t)^2$
2017	13	169	1 222	1 179.18	42.82	1 833.552 4
2018	14	196	1 091	1 141.49	−50.49	2 549.240 1
2019	15	225	1 039	1 092.38	−53.38	2 849.424 4
合计	—	—	16 342	16 342	—	24 741.717

预测估计标准误差为

$$s_y = \sqrt{\frac{24\ 741.717}{15-1-2}} = 45.41$$

2020 年该商品销售量的预测值为

$$Y_{16} = 628.914\ 3 + 116.627\ 5 \times 16 - 5.715\ 34 \times 16 = 1\ 131.8(万件)$$

将原数列及各期的趋势值数列绘制成图 12-12，从中可以看出商品销售量的趋势形态。

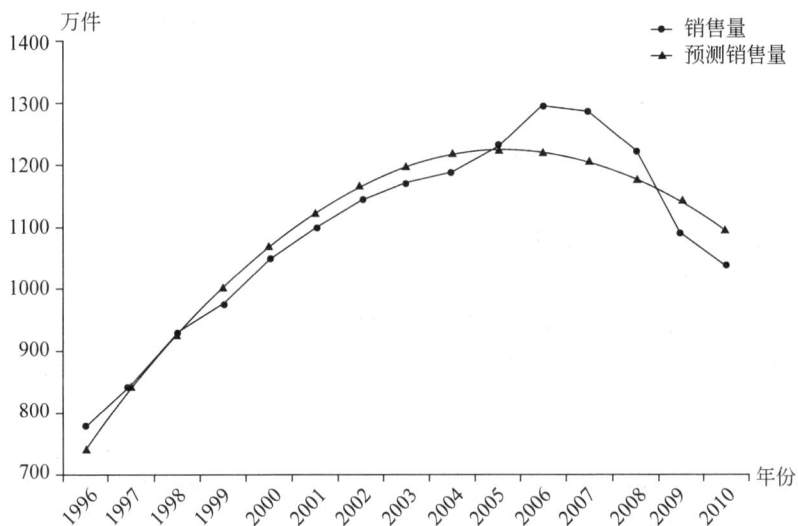

图 12-12　某商品销售量及抛物线预测的趋势值

四、指数平滑法

指数平滑法是用过去时间数列值的加权平均数作为趋势值，是加权移动平均法的一种特殊情形。其基本形式是根据本期的实际值 Y_t 和本期的趋势值 $\hat{Y}_t$，分别给以不同权数 α 和 $1-\alpha$，计算加权平均数，作为下期的趋势值 $\hat{Y}_{t+1}$。基本指数平滑法模型为

$$\hat{Y}_{t+1} = \alpha Y_t + (1-\alpha)\hat{Y}_t$$

式中，$\hat{Y}_{t+1}$ 表示时间数列 $t+1$ 期的趋势值；Y_t 表示时间数列 t 期的实际值；$\hat{Y}_t$ 表示时间数

列 t 期的趋势值;α 为平滑常数（$0<\alpha<1$）。

若利用指数平滑法模型进行预测,从基本模型中可以看出,只需一个 t 期的实际值 Y_t,一个 t 期的趋势值 $\hat{Y}_t$ 和一个 α 值,所用数据量和计算量都很少,这是移动平均法所不能比的。

α 值和初始值的确定是运用指数平滑法的关键,它们直接影响着趋势值误差的大小。通常按以下方法确定 α 值和初始值。

（一）α 值的确定

选择 α 的一个总原则是使预测值与实际观察值之间的误差最小。从理论上讲,α 取 $0\sim1$ 的任意数据均可以。具体如何选择,要视时间数列的变化趋势而定。

（1）当时间数列呈较稳定的水平趋势时,应取小一些,如 $0.1\sim0.3$,以减小修正幅度,同时各期观察值的权数差别不大,预测模型能包含更长时间数列的信息。

（2）当时间数列波动较大时,宜选择居中的 α 值,如 $0.3\sim0.5$。

（3）当时间数列波动很大,呈现明显且迅速的上升或下降趋势时,α 应取大些,如 $0.6\sim0.8$,以使预测模型灵敏度高些,能迅速跟上数据的变化。

（4）在实际预测中,可取几个 α 值进行试算,比较预测误差,选择误差小的那个 α 值。

（二）初始值的确定

如果资料总项数 N 大于50,则经过长期平滑链的推算,初始值的影响变得很小,为了简便起见,可用第一期水平作为初始值。但如果 N 小到15或20,则初始值的影响较大,可以选用最初几期的平均数作为初始值。

指数平滑法适用于预测呈长期趋势变动和季节变动的评估对象。指数平滑法可分为一次指数平滑法和多次指数平滑法。本书中介绍的是一次指数平滑法的应用。

【例12-8】 表12-13是我国1990—2006年粮食产量资料,用指数平滑法进行长期趋势分析。α 分别取 0.2、0.5 和 0.8。

初始值选取1990年的粮食产量。通过比较分析得出 α 取0.8的误差平方和较小。对2007年的粮食产量进行预测,为49 420万吨,而我国2007年粮食真实产量为50 150万吨,误差为730万吨,相对误差为1.45%。图12-13表明1990—2006我国粮食产量及其不同 α 值的指数平滑的结果。

表 12-13　我国 1990—2006 年粮食产量　　　　单位:万吨

年份	产量	$\alpha=0.2$	误差平方	$\alpha=0.5$	误差平方	$\alpha=0.8$	误差平方
1990	44 624.30						
1991	43 529.30	44 624.30	1 199 025	44 624.30	1 199 025	44 624.30	1 199 025
1992	44 265.80	44 405.30	19 460	44 076.80	35 721	43 748.30	267 806
1993	45 648.80	44 377.40	1 616 458	44 171.30	2 183 006	44 162.30	2 209 682
1994	44 510.10	44 631.68	14 782	44 910.05	159 960	45 351.50	707 954
1995	46 661.80	44 607.36	4 220 707	44 710.08	3 809 230	44 678.38	3 933 955

续表

年份	产量	α=0.2	误差平方	α=0.5	误差平方	α=0.8	误差平方
1996	50 453.50	45 018.25	29 541 930	45 685.94	22 729 652	46 265.12	17 542 561
1997	49 417.10	46 105.30	10 968 013	48 069.72	1 815 436	49 615.82	39 491
1998	51 229.53	46 767.66	19 908 277	48 743.41	6 180 796	49 456.84	3 142 413
1999	50 838.58	47 660.03	10 103 151	49 986.47	726 092	50 874.99	1 326
2000	46 217.52	48 295.74	4 319 014	50 412.52	17 598 066	50 845.86	21 421 555
2001	45 263.67	47 880.10	6 845 700	48 315.02	9 310 752	47 143.19	3 532 590
2002	45 705.75	47 356.81	2 726 010	46 789.35	1 174 181	45 639.57	4 379
2003	43 069.53	47 026.60	15 658 407	46 247.55	10 099 799	45 692.51	6 880 049
2004	46 946.95	46 235.19	506 607	44 658.54	5 236 825	43 594.13	11 241 422
2005	48 402.19	46 377.54	4 099 211	45 802.74	6 757 117	46 276.39	4 519 045
2006	49 747.89	46 782.47	8 793 720	47 102.47	6 998 261	47 977.03	3 135 948
2007	50 150.00	47 375.55		48 425.18		49 393.72	
合计			120 540 472		96 013 919		79 779 202

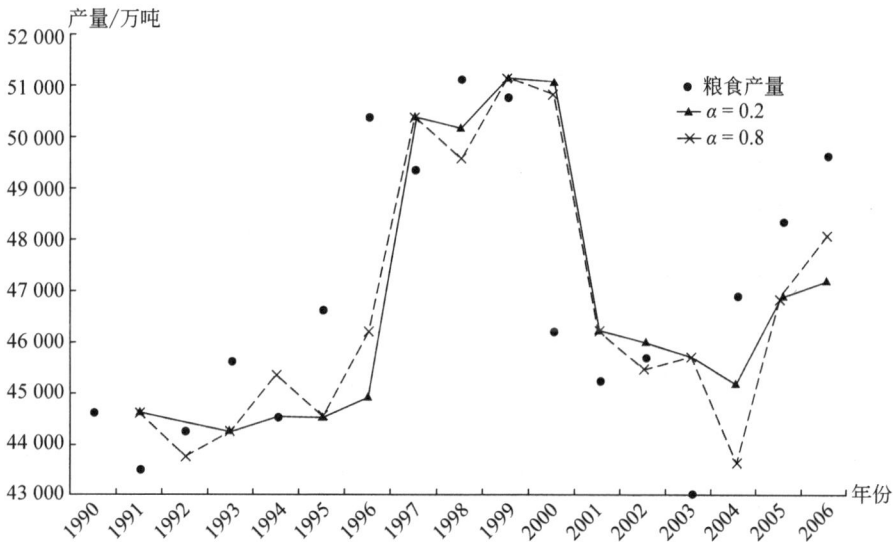

图 12-13　我国 1990—2006 年粮食产量及指数平滑法的趋势分析

第三节　季节变动趋势分析

季节变动是指一些现象由于受自然条件或经济条件的影响在一个年度内随着季节的更替而发生比较有规律的变动。例如,农产品的生产量、某些商品的销售量等,都会因时间的变化而分为农忙农闲、淡季旺季。季节变动往往会给社会生产和人们的经济生活带来一定影响。研究季节变动是为了认识这些变动的规律性,以便更好地安排、组织社会生产与生活。

从是否排除长期趋势的影响看,测定季节变动的方法可分为两种:一是不排除长期趋势的影响,直接根据原时间数列来测定;二是依据消除长期趋势后的时间数列来测定。前者常用简单平均法,后者常用趋势剔除法。不管采用哪种方法,都需具备连续多年的各月(季)资料,以保证所求的季节比率具有代表性,从而能比较客观地描述现象的季节变动。

一、简单平均法

根据月(季)的时间数列,用简单平均法测定季节变动的计算步骤如下。

(1) 分别将每年各月(季)的数值加总,计算各年的月(季)的平均数。

(2) 将各年同月(季)的数值加总,计算若干年内同月(季)的平均数。

(3) 根据若干年内每个月的数值总计,计算若干年总的月(季)平均数。

(4) 将若干年内同月(季)的平均数与总的月(季)平均数相比,求得用百分数表示的各月(季)的季节比率(又称为季节指数)。

【例 12-9】 表 12-4 为某企业啤酒销售量季节变动分析,利用简单平均法计算季节指数。

表 12-14　某企业啤酒销售量的季节变动分析　　　　单位:万瓶

年　份	季　度			
	1	2	3	4
2013	30	38	42	30
2014	29	39	50	35
2015	30	39	51	37
2016	29	42	55	38
2017	31	43	54	41
2018	33	45	58	42
2019	34	46	60	45
季度平均	30.86	41.71	52.86	38.29
季节指数/%	75.39	101.92	129.14	93.54

将 2013—2019 年每个季度的销售量平均,得到每个季度的平均销售量。然后再将季度平均销售量平均,得出 2013—2019 年总的每个季度的平均销售量为 40.93 万瓶。然后再将每个季度的平均销售量和总的每季销售量的比值计算出来,就得到每个季节的季节指数。

由表 12-14 的资料可知,该企业的啤酒销售量的季节比率以 3 季度的 129.14% 为最高,以 1 月的 75.39% 为最低,明显具有季度性波动。根据上述计算可以绘制出图 12-14。

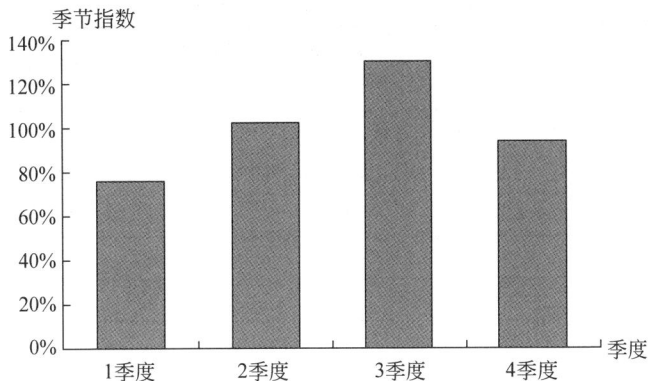

图 12-14　某企业啤酒销售量的季节指数

二、趋势剔除法

趋势剔除法主要有两种：一种是移动平均趋势剔除法；另一种是拟合曲线趋势剔除法。前者主要用于没有太明显时间趋势的情况，后者则主要用于时间趋势非常强的情况。

（一）移动平均趋势剔除法

移动平均趋势剔除法是利用移动平均法来消除原时间数列中的长期趋势的影响，然后再来测定它的季节变动，其计算步骤及方法如下。

（1）根据时间数列中各年按月（季）的数值求得移动平均数。如果是月度数据，用 12 个月的；若是季度资料，则用 4 个季度的。由于是偶数项移动平均，趋势值 y_c 要分两步求得。

（2）用时间数列中各月（季）的数值 y 与其相对应的趋势值 y_c 对比，计算 y/y_c 的百分比数值。

（3）把 y/y_c 的百分比数值按月（季）排列，计算出各年同月（季）的总平均数，这个平均数就是各月（季）的季节比率。

（4）把各月（季）的季节比率加起来，其总计数应等于 1 200%（若为季度资料，其总计数应等于 400%）。如果不符，还应把 1 200%与实际加总的各月季节比率相比，求出校正系数，把校正系数分别乘上各月的季节比率。这样求得的季节比率就是一个剔除了长期趋势影响后的季节比率。

显然，这两种方法各有特点。前者计算简便，但所求出的季节比率包含长期趋势的影响；后者计算较繁，但却得到了一个反映现象发展过程中的季节变动的缩影——剔除长期趋势后的季节比率。

【例 12-10】　表 12-15 为某企业啤酒销售量季节变动分析，利用移动平均法计算季节指数。

表 12-15　某企业啤酒销售量的季节变动分析（移动平均法）　　　　　单位：万瓶

年份	季度	时间标号	销售量 y	4 期移动平均 y_c	比值 y/y_c
2013	1	1	30		
	2	2	38		
	3	3	42	34.875	1.204 30
	4	4	30	34.875	0.860 22
2014	1	5	29	36.000	0.805 56
	2	6	39	37.625	1.036 54
	3	7	50	38.375	1.302 93
	4	8	35	38.500	0.909 09
2015	1	9	30	38.625	0.776 70
	2	10	39	39.000	1.000 00
	3	11	51	39.125	1.303 51
	4	12	37	39.375	0.939 68
2016	1	13	29	40.250	0.720 50
	2	14	42	40.875	1.027 52
	3	15	55	41.250	1.333 33
	4	16	38	41.625	0.912 91
2017	1	17	31	41.625	0.744 74
	2	18	43	41.875	1.026 87
	3	19	54	42.500	1.270 59
	4	20	41	43.000	0.953 49
2018	1	21	33	43.750	0.754 29
	2	22	45	44.375	1.014 08
	3	23	58	44.625	1.299 72
	4	24	42	44.875	0.935 93
2019	1	25	34	45.250	0.751 38
	2	26	46	45.875	1.002 72
	3	27	60		
	4	28	45		

其中 4 期移动平均是将数据先进行一次 4 期移动平均后,然后再做一次 2 期移动平均,将平均值中心化移动。

表 12-6 表明了利用移动平均法计算季节指数的过程。很明显,表 12-6 中的数据和采用简单平均法计算出的季节指数基本接近。

（二）拟合曲线趋势剔除法

当时间数列存在明显的线性趋势或指数趋势时,采用移动平均来进行长期时间趋势

表 12-16　各季节指数计算表（移动平均法）

年份	季　度				合　计
	1	2	3	4	
2013			1.204 30	0.860 22	
2014	0.805 56	1.036 54	1.302 93	0.909 09	
2015	0.776 70	1.000 00	1.303 51	0.939 68	
2016	0.720 50	1.027 52	1.333 33	0.912 91	
2017	0.744 74	1.026 87	1.270 59	0.953 49	
2018	0.754 29	1.014 08	1.299 72	0.935 93	
2019	0.751 38	1.002 72			
合计	4.553 17	6.107 73	7.714 38	5.511 32	23.886 60
季平均数	0.758 86	1.017 96	1.285 73	0.918 55	0.995 28
季节指数/%	76.25	102.28	129.18	92.29	400

的分析就会出现较大的误差，这会使季节趋势分析产生更大的误差。因此，此时应采用相应的长期趋势来进行分析，这样才能更加准确地反映出季节变动的因素。具体计算步骤如下。

（1）将时间数列按季度进行排序，采用相应的曲线（直线、指数）进行拟合，计算出长期的时间趋势。

（2）计算出季节比率，即将时间数列中的各观察值除以用（1）计算出的长期趋势，然后再计算出各个比值的季度（或月度）平均值。

（3）季节指数调整。由于各季节指数的平均数应该等于 1 或是 100%，若根据（2）计算出的季度比率的平均值可能不等于 1，则需要进行调整。具体办法是将（2）计算出的每个季节比率的平均除以它们的总平均值。

（4）进行预测。可以利用前面拟合出的长期时间趋势来预测未来的趋势值，并乘以相应的季节指数，得出未来的预测值。

【例 12-11】　从表 12-14 可以明显地看出，这个啤酒销售量的时间数列数据明显带有线性趋势的成分，因此采用移动平均法进行时间数列分析必然会存在一定程度的误差。请采用线性曲线来分析长期的时间趋势，然后再分析反映季节变动的季节因素。

解：（1）拟合出长期的时间趋势。模型为 $y = 33.75 + 0.495t$，把时间 t 代入趋势方程，得出长期趋势，将每个季度的销售量和长期趋势相除，得出季节比值（见表 12-17）。

（2）计算季节指数。将前面计算出每个季节的季节比值进行简单平均，得出每个季度调整前的季节指数，例如第一季度为 0.772，第二季度为 0.993，第三季度为 1.283，第四季度为 0.917。但是这四个季节指数的平均值为 0.991 1，不为 1，因此需要调整。即将调整前的季节指数分别乘以调整前的季节指数的平均值 0.991 1，即得出调整后的季节指数。第一季度的季节指数为 0.772/0.991 1＝77.88%（见表 12-18）。

（3）将计算出的季节指数与各期的趋势值相乘，就得出各期的预测值（见表 12-17）。从表 12-17 可见，所得出的每期误差值不大。

表 12-17 某企业啤酒销售量的季节变动分析（曲线趋势法）   单位：万瓶

年份	季度	时间	销售量 y	长期趋势 y_t	比值 y/y_t	季节指数 T	预测值 $y_c = y_t \times T$	误差 $y - y_c$
2013	1	1	30	34.24	0.876	0.778 8	26.667	3.333
	2	2	38	34.74	1.094	1.001 6	34.792	3.208
	3	3	42	35.23	1.192	1.294 7	45.615	−3.615
	4	4	30	35.73	0.840	0.924 9	33.044	−3.044
2014	1	5	29	36.22	0.801	0.778 8	28.210	0.790
	2	6	39	36.72	1.062	1.001 6	36.777	2.223
	3	7	50	37.21	1.344	1.294 7	48.180	1.820
	4	8	35	37.71	0.928	0.924 9	34.877	0.123
2015	1	9	30	38.20	0.785	0.778 8	29.753	0.247
	2	10	39	38.70	1.008	1.001 6	38.761	0.239
	3	11	51	39.19	1.301	1.294 7	50.746	0.254
	4	12	37	39.69	0.932	0.924 9	36.709	0.291
2016	1	13	29	40.19	0.722	0.778 8	31.297	−2.297
	2	14	42	40.68	1.032	1.001 6	40.746	1.254
	3	15	55	41.18	1.336	1.294 7	53.311	1.689
	4	16	38	41.67	0.912	0.924 9	38.542	−0.542
2017	1	17	31	42.17	0.735	0.778 8	32.840	−1.840
	2	18	43	42.66	1.008	1.001 6	42.731	0.269
	3	19	54	43.16	1.251	1.294 7	55.876	−1.876
	4	20	41	43.65	0.939	0.924 9	40.375	0.625
2018	1	21	33	44.15	0.747	0.778 8	34.383	−1.383
	2	22	45	44.64	1.008	1.001 6	44.715	0.285
	3	23	58	45.14	1.285	1.294 7	58.441	−0.441
	4	24	42	45.63	0.920	0.924 9	42.207	−0.207
2019	1	25	34	46.13	0.737	0.778 8	35.926	−1.926
	2	26	46	46.63	0.987	1.001 6	46.700	−0.700
	3	27	60	47.12	1.273	1.294 7	61.007	−1.007
	4	28	45	47.62	0.945	0.924 9	44.040	0.960

表 12-18 季节指数的计算与调整

年份	第一季度	第二季度	第三季度	第四季度	合计
2013	0.876	1.094	1.192	0.840	
2014	0.801	1.062	1.344	0.928	
2015	0.785	1.008	1.301	0.932	

续表

年份	第一季度	第二季度	第三季度	第四季度	合计
2016	0.722	1.032	1.336	0.912	
2017	0.735	1.008	1.251	0.939	
2018	0.747	1.008	1.285	0.920	
2019	0.737	0.737	1.273	0.945	
季平均数	0.772	0.993	1.283	0.917	0.991 1
季节指数/%	77.88	100.16	129.47	92.49	100

　　根据结果,可以预测出 2020 年每个季度的销售额。首先,我们根据长期的线性趋势方程预测出 2020 年每个季度的趋势值。2020 年每个季度的 t 分别为 29、30、31 和 32,代入趋势方程,得出趋势值为 48.11、48.61、49.10 和 49.60(四舍五入到小数点后两位),再分别乘以各个季度的季节指数得出 2020 年每个季度的销售额预测值分别为 37.469、48.684、63.572 和 45.872(见表 12-19)。最终的分析结果见图 12-15。

表 12-19　2011 年每个季度预测的销售额

年份	季度	时间 t	趋势值 y_t	季节指数 T	预测值 $y_c=y_t \times T$
2011	1	29	48.111 1	0.778 8	37.469
	2	30	48.606 5	1.001 6	48.684
	3	31	49.101 8	1.294 7	63.572
	4	32	49.597 2	0.924 9	45.872

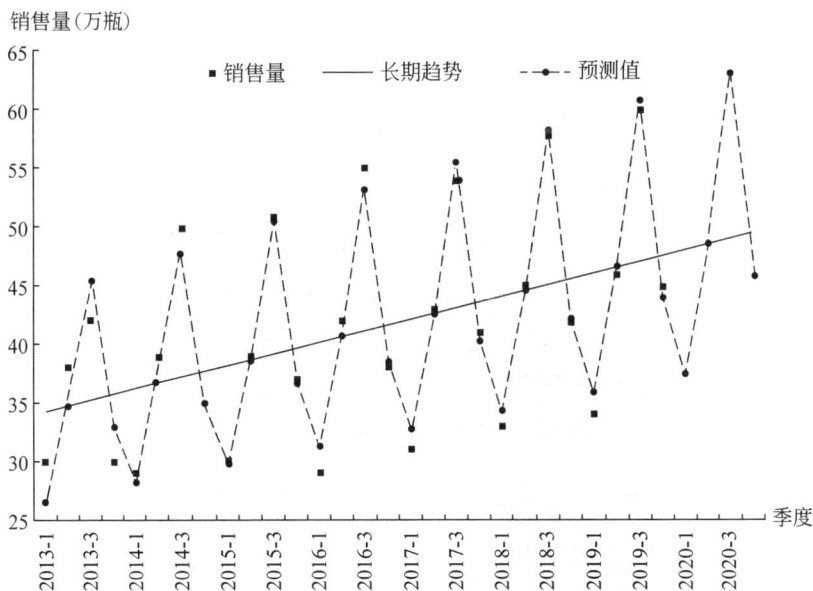

图 12-15　某企业啤酒销售量及其趋势与季节波动

第四节　循环变动趋势分析

对于循环变动,各个时期有不同的原因,变动的程度也有自己的特点,这和季节变动基于大体相同的原因和相对稳定的周期形成对照,所以不能用测定季节变动的方法来研究循环变动。通常用剩余法测定循环变动的程度。基本思想是:对各期时间数列资料用长期趋势和季节比率消除趋势变动和季节变动,从而得到反映循环变动与不规则变动的数列,然后再采用移动平均法消除不规则变动,便可得出反映循环变动程度的各期循环变动系数。

$$Y = T \times S \times C \times I$$
$$\frac{Y}{T \times S} = \frac{T \times S \times C \times I}{T \times S} = C \times I$$

将 $C \times I$ 数列进行移动平均修匀,则修匀后的数列即为各期循环变动的系数。

测定循环变动的程度,认识经济波动的某些规律,预测下一个循环变动可能产生的各种影响,以便充分利用有利因素,避免不利因素,对于保持国民经济持续稳定的发展有着重要的意义。但是,循环变动预测和长期趋势预测不同,循环变动主要属于景气预测,在很大程度上要依靠经济分析,仅仅对历史资料的统计处理是不够的。

第五节　用 Excel 进行时间数列分析

Excel 在"数据分析"宏中提供了三种时间数列计算方法,即常用的移动平均法、指数平滑法和回归法。利用这些宏可以计算出估计值、标准差、残差和拟合图。同时,如果配合使用 Excel 的"数据分析"某些宏与某些函数,还可以完成数学曲线拟合法。如果你的 Excel 中没有"数据分析"选项,那就需要在工具栏中选择加载宏,在加载宏中选择分析工具库后,单击"确定"按钮(见图 12-16)。

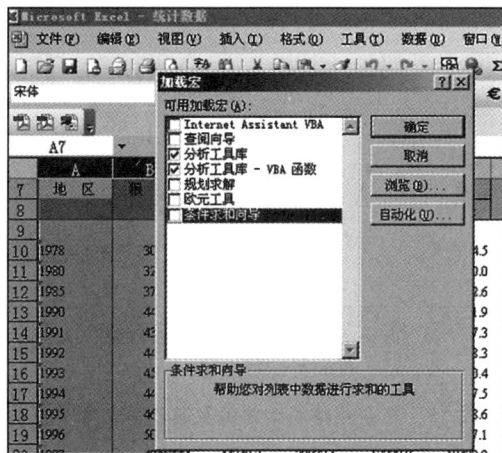

图 12-16　在 Excel 中加载宏

一、移动平均

以本章例 12-2 中表 12-3 的资料为例,利用相关移动平均宏计算移动平均趋势的过程如下。

(1) 在 Excel 工作表的 C2:C22 区域中输入"居民消费价格指数"资料。

(2) 在 Excel"工具栏"中选择"数据分析",并单击"移动平均"(见图 12-17)。

图 12-17　进入 Excel 移动平均操作

(3) 在移动平均宏菜单的"输入区域"中输入"C2:C22",在"间隔"中输入"3",表示进行 3 项移动平均,选择"输出区域",并在"标志位于第一行"上打钩,在"图表输出"上打钩(见图 12-18),单击"确定"。移动平均宏的计算结果见图 12-19。

图 12-18　移动平均操作

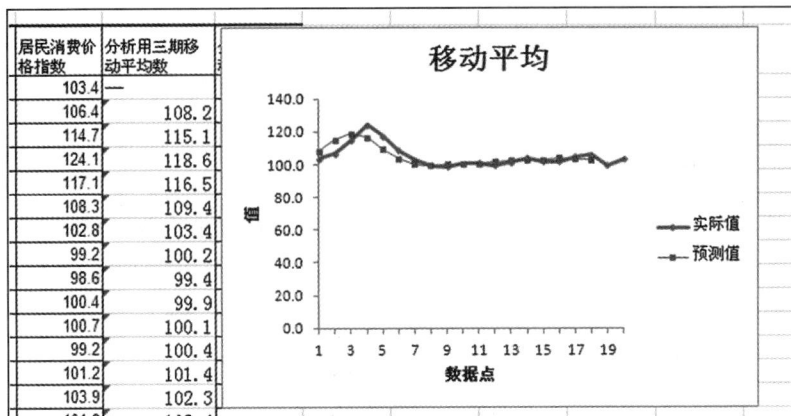

图 12-19　利用移动平均宏计算的结果

需要注意的是,Excel 的计算结果与本教材并不完全一致,Excel 的移动平均在最后一个数据上,并没有在数据的中间。

如果进行偶数项的移动平均,则要采用 Average 的命令进行处理。

二、指数平滑法

以例 12-8 中表 12-13 的数据为例,相关指数平滑法宏计算过程如下。

（1）在 Excel"工具栏"中选择"数据分析",单击"指数平滑"。

（2）在指数平滑宏菜单的"输入区域"中输入"B1：B18",在"阻尼系数"中输入 0.2,选择"输出区域",选择"图表输出"(见图 12-20),然后单击"确定"按钮。移动平均宏的计算结果见图 12-21。

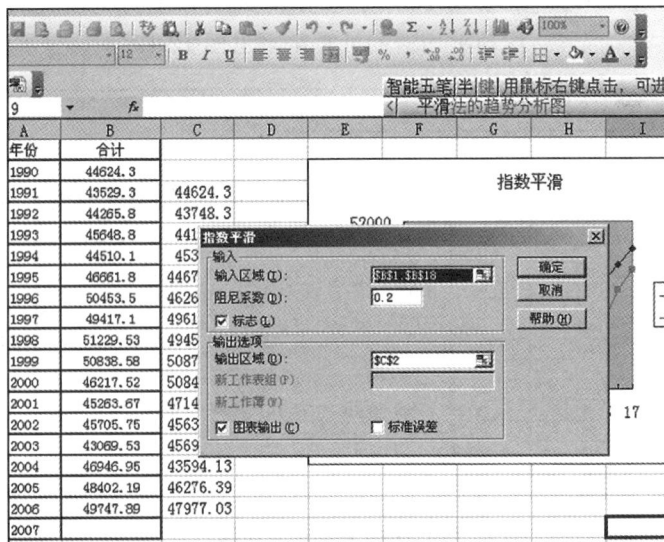

图 12-20　指数平滑操作

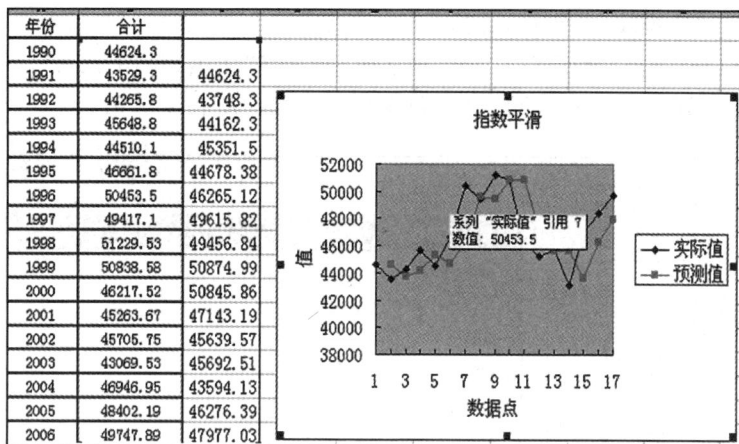

图 12-21　指数平滑宏计算结果

三、数学曲线拟合法

Excel 中虽没有提供数学曲线拟合法的直接计算工具,但是通过配合使用某些宏与函数,可以完成直线或曲线趋势的数学拟合。下面以例 12-3 的数据为例,介绍直线趋势的拟合和指数曲线的拟合。

(一)直线趋势的拟合

以例 12-3 中表 12-4 的数据为例,利用图形向导和添加趋势线可以完成直线趋势的数学拟合,具体过程如下。

(1)利用图形向导生成折线图或利用移动平均宏生成折线图。

(2)在对生成的草图进行必要的修饰后,得到时序图。用单击选择折线,然后右击,选择"添加趋势线"操作(见图 12-22)。

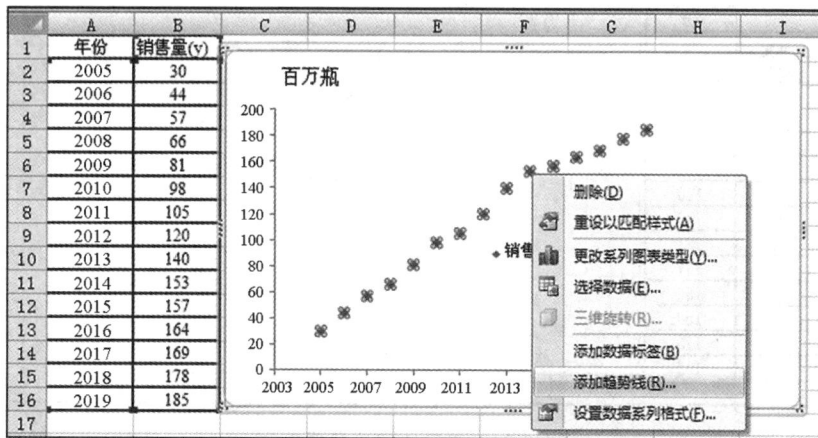

图 12-22　添加趋势线操作

（3）在"添加趋势线"操作中,选择"线性"趋势线（见图 12-23）,然后单击"选项"按钮,在"选项"菜单选择输出"显示公式"和"显示 R 平方值"两项（见图 12-23）,然后单击"确定"按钮,得到如图 12-24 所示的趋势线和直线趋势方程及 R 平方值。

图 12-23　趋势线选项

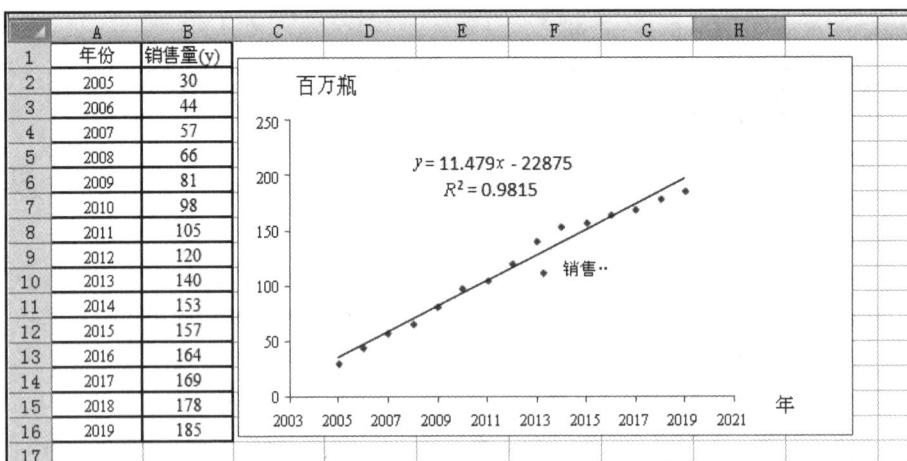

图 12-24　趋势线和趋势线方程

（二）指数曲线的拟合

如果是指数曲线的拟合,只需要在趋势线类型中选择指数就可以了。

利用 Excel 进行曲线拟合相对简单,如果要进行较为复杂的曲线拟合,建议使用 Eviews、SAS、SPSS 等软件进行。

思考与练习

一、单项选择题

1. 时间数列在一年之内的周期性波动为(　　)。

    A. 长期趋势　　　　B. 季节变动　　　　C. 循环变动　　　　D. 不规则变动

2. 用指数曲线 $y=ab^t$ 来拟合现象的长期趋势时,若 $b=1.2$,表明现象(　　)。

    A. 每期平均增长速度为 120%　　　　　　B. 每期平均增长量为 1.2 个单位

    C. 每期平均发展速度为 120%　　　　　　D. 每期数据为 1.2 个单位

3. 要通过移动平均法消除季节的影响,则移动平均项数 N(　　)。

    A. 应选取奇数　　　　　　　　　　　　B. 应选取偶数

    C. 应和季节周期长度一致　　　　　　　D. 可任意选取

4. 根据近几年的数据计算得出某商品第二季度销售量的季节比率为 1.5,表明该商品第二季度销售(　　)。

    A. 处于旺季　　　B. 处于淡季　　　C. 增长了 60%　　　D. 增长了 160%

5. 用最小平方法拟合直线趋势方程 $y=a+bt$,若 b 为负数,则该现象趋势为(　　)。

    A. 上升趋势　　　B. 下降趋势　　　C. 水平趋势　　　　D. 不能确定

6. 某企业利用 0.4 的平滑指数进行销售预测,已知 2018 年的实际销量为 200 吨,预计销量比实际多 30 吨;2019 年的实际销量比预测销量少 8 吨,则该企业 2020 年的预测销量应为(　　)吨。

    A. 210.8　　　　　B. 218.8　　　　　C. 214.8　　　　　D. 220

7. 季节变动分析的原始资料平均法适用于(　　)。

    A. 考虑不规则变动的影响　　　　　　　B. 考虑循环变动影响

    C. 考虑长期趋势的影响　　　　　　　　D. 不考虑长期趋势的影响

8. 移动平均的平均项数越大,则它(　　)。

    A. 对数列的平滑修匀作用越强　　　　　B. 对数列的平滑修匀作用越弱

    C. 对数列数据的变化反应越快　　　　　D. 对数列数据的变化反应越大

9. 在统计年鉴的历史数据中,不存在的因素是(　　)。

    A. 趋势因素　　　　　　　　　　　　　B. 季节因素

    C. 不规则变动因素　　　　　　　　　　D. 循环变动因素

10. 根据各季度商品销售额数据计算的季节指数分别是:第一季度 125%,第二季度 70%,第三季度 100%,第四季度 105%。受季节影响最大的是(　　)。

A. 第一季度　　　B. 第二季度　　　　C. 第三季度　　　　D. 第四季度

11. 确定长期趋势的目的在于（　　）。

　　A. 认识现象随时间演变的趋势和规律

　　B. 分析和确定报告期水平

　　C. 研究趋势变动的经济效果

　　D. 分析趋势产生的原因

12. 对季节变动分析的目的不包括（　　）。

　　A. 为了分析与测定季节变动规律

　　B. 便于计算季节变动比率

　　C. 为了消除季节变动对时间数列的影响，使数列长期趋势等特征清晰地表现
　　　　出来

　　D. 便于剔除不规则变动

13. 某市近几年游客人数第一季度的季节指数为 150%，去年游客总人数为 300 万
人，预计今年将比去年增加 20%，则今年第一季度的预计游客人数为（　　）万人。

　　A. 112.5　　　　B. 135　　　　　C. 215　　　　　D. 340

二、多项选择题

1. 时间数列变动一般可归纳的因素有（　　）。

　　A. 长期趋势　　　　　B. 季节波动　　　　　C. 循环波动
　　D. 平均变动　　　　　E. 不规则变动

2. 测定长期趋势的方法有（　　）。

　　A. 季节比率法　　　　B. 移动平均法　　　　C. 指数平滑法
　　D. 曲线拟合法　　　　E. 时距扩大法

3. 关于移动平均的叙述，正确的有（　　）。

　　A. 移动平均的期数越长，修匀作用就越明显

　　B. 移动平均的期数越长，个别观察值的影响作用就越强

　　C. 季度和月度数据一般采用 4 或 12 作为移动平均的期数

　　D. 移动平均的期数越长，则损失数据就越少

　　E. 移动平均的期数越长，就越有可能脱离现象发展的真实趋势

4. 对某地区的电视机的销售量进行分析，适宜采用的模型有（　　）。

　　A. 直线模型　　　　　B. 指数模型　　　　　C. 修正指数曲线
　　D. 龚柏兹曲线　　　　E. 移动平均法

5. 关于指数平滑法的叙述正确的有（　　）。

　　A. 当时间数列呈较稳定的水平趋势时，就采用较小的平滑系数 α

　　B. 当时间数列呈较稳定的水平趋势时，就采用较大的平滑系数 α

　　C. 当时间数列波动很大时，就采用较小的平滑系数 α

　　D. 初始值一般采用第一期水平

　　E. 在实际预测中，可取几个 α 值进行试算，比较预测误差，选择误差小的那个 α 值

6. 从时间数列的观察值出发确定趋势线的类型,若观察值的( )。

    A. 一次差大致相同,可拟合二次曲线模型

    B. 逐期增长量大致相同,可拟合线性趋势模型

    C. 二次差大致相同,可拟合龚柏兹曲线模型

    D. 环比增长速度大致相同,可拟合指数曲线模型

    E. 环比增长速度大致相同,可拟合二次曲线模型

7. 用最小平方法配合趋势方程必须满足的条件是( )。

    A. 实际值与趋势预测值的离差平方和为最小值

    B. 实际值与趋势预测值的离差平方和为零

    C. 实际值与趋势预测值的离差总和为最小值

    D. 实际值与趋势预测值的离差总和为零

    E. 趋势预测值的总和为最小值

8. 下列关于长期趋势分析的说法,正确的有( )。

    A. 在移动平均法中,被平均的项数越多,修匀的作用就越大

    B. 移动平均法没有充分利用时间数列的全部数据信息

    C. 指数平滑法对所有的时间数列数据采取等权处理

    D. 平滑系数越大,近期数据作用越大

    E. 当时间数列变化剧烈时,应选用较小的平滑系数

9. 下列有关季节变动的说法,正确的有( )。

    A. 季节变动每年重复进行

    B. 季节变动是随机变动

    C. 季节变动按照一定的周期进行

    D. 季节变动循环的幅度和周期都不规则

    E. 季节变动每个周期变化强度大体相同

三、判断题

1. 若时间数列存在自然周期,在对其移动平均时,应根据周期确定移动步长。

                                           ( )

2. 在时间数列的分解模型中,乘法模型是假定四种变动因素相互独立,时间数列各时期发展水平是各个构成因素的乘积。   ( )

3. 季节波动仅仅是指现象受自然因素的影响而发生的一种有规律的变动。 ( )

4. 在时间数列的分解模型中,加法模型是假定四种变动因素相互独立,时间数列各时期发展水平是各个构成因素之和。   ( )

5. 对于具有季节变化的时间数列,为消除季节变动的影响,可以计算年距发展速度。

                                           ( )

6. 在具有长期趋势的时间数列中,通常认为这种长期趋势是由各种固定的因素作用于某一方向而形成的。   ( )

7. 季节指数是一种考虑长期趋势的季节变动分析方法。   （   ）

8. 从时间数列的观察值出发确定趋势线的类型,若观察值的二次差大致相同,可拟合三次曲线模型。   （   ）

四、简答题

1. 时间数列可以分解为哪几种因素? 各种因素的基本概念是什么?

2. 对时间数列的长期趋势进行分析,主要采用哪几种方法? 各自的适用范围是什么?

3. 利用简单平均法和趋势剔除法计算季节指数有什么区别?

4. 什么是指数平滑法? 应如何选择指数平滑系数?

五、计算题

1. 表 12-20 为某地区粮食总产量。

表 12-20 某地区粮食总产量

年份	2010	2011	2012	2013	2014	2015	2016	2017	2018	2019
产量/万吨	465	476	485	493	507	516	550	553	568	571

要求:

(1) 试检查该地区粮食生产发展趋势是否接近于直线型;

(2) 如果是直线型,用最小平方法拟合直线趋势方程;

(3) 预测 2020 年的粮食产量。

2. 表 12-21 为某产品专卖店 2016—2019 年各季度的销售额。

表 12-21 某产品专卖店 2016—2019 年各季度的销售额   单位: 万元

年份 \ 季度	1	2	3	4
2016	174	133	99	173
2017	217	147	129	225
2018	246	191	150	249
2019	303	213	174	298

要求:

(1) 分别采用简单平均法、移动平均趋势剔除法和拟合曲线趋势剔除法计算季节指数;

(2) 利用拟合曲线结果,预测 2020 年每个季度的销售额。

3. 表 12-22 是 2019 年 7 月南方航空(600029)的收盘价,试利用指数平滑法预测 8 月每一个交易日的收盘价,并和其真实值比较。初始值为 7 月 1 日的收盘价。平滑系数 α 分别采用 0.2、0.5 和 0.8。试选出误差最小的 α 来。

表 12-22　2019 年 7 月南方航空的收盘价

时间	收盘价/元	时间	收盘价/元
20080701	8.05	20080717	7.58
20080702	7.87	20080718	7.49
20080703	7.86	20080719	7.62
20080704	7.85	20080722	7.78
20080705	7.80	20080723	7.54
20080708	7.70	20080724	7.49
20080709	7.54	20080725	7.42
20080710	7.57	20080726	7.40
20080711	7.52	20080729	7.37
20080712	7.51	20080730	7.41
20080715	7.52	20080731	7.33
20080716	7.57	20080801	7.28

第十三章 统计分析报告

学习目标

理解统计分析报告的含义、特点、分类;了解统计分析报告的作用和意义;理解统计分析报告的写作要求;掌握统计分析报告的写作技巧和写作方法。

学习重点

统计分析报告的分类、写作要求、写作技巧和写作方法。

学习难点

统计分析报告的写作技巧和写作方法。

第一节 统计分析报告概述

一、统计分析报告的含义和特点

(一) 统计分析报告的含义

统计工作的整个过程包括统计设计、统计调查、统计资料整理和统计分析四个方面。制订方案、进行统计调查是统计工作的基础;统计资料整理是统计工作的"半成品";统计分析报告则是统计工作的"最终产品"。统计分析报告(statistical analysis report)是根据统计学的原理和方法,运用大量统计数据来反映、研究和分析社会经济活动的现状、成因、本质和规律,并做出结论,提出解决问题办法的一种统计应用文体。

对统计分析报告概念的理解,应注意以下四点。

(1) 统计分析是统计分析报告写作的前提和基础。要写好统计分析报告,必须首先做好统计分析。

(2) 统计分析报告要遵循统计学的基本原理和方法,主要是社会经济统计和数理统计的原理和方法等。

（3）统计分析报告的基本特色是运用大量的统计数据。无论是通过研究去认识事物，还是通过反映去表现事物，都要运用统计数据。统计部门拥有巨大的数据库，能为统计分析提供丰富的资料来源。撰写统计分析报告，应当充分运用这个资料源，而且要用好、用活。运用大量的统计数据，是统计分析报告与其他文体最明显的区别。可以说，没有统计数字的运用，就不成其为统计分析报告。

（4）作为一种文体，统计分析报告既要遵循一般文章写作的普遍规律和要求，同时在写作格式、写作方法、数据运用等方面也有自身的特点和要求。统计分析报告不同于一般的总结报告、议论文、叙述文和说明文，更不同于文学作品，它是运用统计资料和统计方法，将数字与文字相结合，对客观事物的分析研究结果进行表现。统计分析结果可以通过表格式、图形式和文章式等多种形式表现出来。

（二）统计分析报告的特点

统计分析报告具有以下几个特点。

1. 以统计方法为手段

在统计分析报告中，需要运用一整套统计特有的科学分析方法（如对比分析法、动态分析法等），结合统计指标体系，全面、深刻地研究和分析社会经济现象的发展变化。

2. 定性分析和定量分析相结合

统计分析报告要把定性分析与定量分析结合起来，特别要注重定量分析，即运用数字语言（包括运用统计表和统计图），从数量方面来表现事物的规模、水平、构成、速度、质量、效益等情况。

3. 具有很强的针对性和实用性

统计分析报告要针对各级党政领导和社会各界普遍关心的难点、热点、焦点问题进行分析，只有这样才能有的放矢。统计分析报告是统计工作的最终成果，它不但包含了统计数据反映的信息；更为重要的是，它还能进行分析研究，能进行预测，能指出工作中的不足和问题，能提出有益于今后工作的措施和建议，从而直接满足党政领导和社会各界在了解形势、制定政策、编制计划、经营管理、检查监督、总结评比、科研教学等方面的实际需要。

4. 注重准确性和时效性

准确性是统计分析报告乃至整个统计工作的生命。统计分析报告的准确性除了数字准确，不能有丝毫差错，情况真实，不能有虚假之外，还要求论述有理，不能违反逻辑；观点正确，不能出现谬误；建议可行，不能脱离实际。

统计分析报告具有很强的时效性。失去了时效性，也就失去了实用性，统计分析报告写得再好，也成了无效劳动。要保证统计分析报告的时效性，统计人员要有一叶知秋、见微知著的敏感，要有争分夺秒的时间观念，要有连续作战的工作作风。争取雪中送炭，避免雨后送伞，把统计分析报告提供在领导决策之前和社会各界需要之时。

二、统计分析报告的种类

统计分析报告是反映社会经济情况的一种文体，属于应用文范畴。其形式多种多样，可以从不同的角度进行分类。

（一）按统计领域分类

按统计领域分,可分为工业、农业、商业、科技、教育、文化、卫生、体育、人口、财政、金融、政法、人民生活、国民经济综合、核算等统计分析报告。我国各级政府统计机构都担负着综合统计任务,同时我国还按照业务主管系统设置部门统计机构。所以,应当根据经济和社会发展的需要广泛开展各专业的统计分析,撰写专业统计分析报告。

（二）按研究对象的层次分类

按研究对象的层次分,可分为宏观、中观和微观统计分析报告。对于微观、中观、宏观的划分,目前尚无统一的标准。一般来讲,基层企事业单位、村、家庭及个人,属于社会经济的“细胞”,可视为“微观”;乡镇、县一级可视为“中观”;而地(市)及地(市)以上的地区和部门,由于地域较广,社会经济门类比较复杂,需要较多地注意平衡关系,可视为“宏观”。

（三）按研究的内容分类

按研究的内容范围分,可分为综合统计分析报告和专题统计分析报告。综合统计分析报告是研究和反映一个地区、部门或单位的全面情况的分析报告,一般是定期的。所谓综合,既包含各方面的意思,也包含综合方法的意思。专题统计分析报告是研究和反映某一方面或某个专门问题的分析报告。专题统计分析报告有定期的,也有不定期的,以不定期的居多。

（四）按观察的时间分类

按观察的时间分,可分为定期统计分析报告与不定期统计分析报告。定期统计分析报告一般是利用当年的定期统计报表制度的统计资料来定期研究和反映社会经济情况。根据期限不同,定期统计分析报告又可分为日、周、旬、半月、月度、季度、半年度、年度等统计分析报告。不定期统计分析报告主要是用于研究和反映不需要经常性定期调查的社会经济情况。

（五）按报告的形式分类

按报告的形式分,可分为说明型、快报型、计划型、总结型、公报型、调查型、分析型、研究型、预测型、资料型、信息型、微型、综合型、文学型、系列型这 15 种类型的统计分析报告。

三、统计分析报告的作用

（一）是提供统计信息的有效工具

现代社会是信息时代,信息已成为重要资源。统计信息是社会信息的主体,而且是最全面、最稳定、较准确的信息。统计信息要通过载体传播,统计分析报告就是主要载体之一,适合于在报刊上发表,传播条件比较简便,具有较大的信息覆盖面,是传播统计信息的有效工具。

（二）是做出决策的重要依据

现代社会经济管理必须科学决策,而科学决策又必须依据准确、真实的统计数据。统计分析报告把原始资料信息加工成决策信息,比一般的统计资料更能深入反映客观实际,更便于党政领导和社会各界接受利用。因而,统计分析报告是做出决策的重要依据。

（三）是统计服务与统计监督的主要手段

统计分析报告把数据、情况、问题、建议等融为一体,既有定量分析,又有定性分析,比一般的统计数据更集中、更系统、更鲜明、更生动地反映了客观实际,又便于人们阅读、理解和利用,是表现统计成果的好形式与传播统计信息的有效工具,自然也就成了统计服务与统计监督的主要手段。

（四）有利于促进统计工作自身的发展

统计分析报告的质量反映了统计工作的水平。在撰写统计分析报告的过程中,能有效地检验统计工作各个环节的工作质量,发现问题,及时改进,使统计工作得到改善、加强和提高。另外,经常撰写统计分析报告,能锻炼和提高写作人员的素质,全面增长统计人员的才干。总之,写好统计分析报告十分重要。那种认为"统计报表是硬任务,统计分析是软任务"的说法是完全错误、万万要不得的。

第二节　统计分析报告的写作要求和基本步骤

一、对统计分析报告编写者的基本要求

（一）加强经济理论学习与训练

许多统计工作者的统计分析水平不高,主要是理论水平和政策水平跟不上,因此写出的分析报告显得一般化,就事论事,没有深度。为此,统计分析工作者要努力学习经济管理理论和相关专业等各方面的知识并加强训练,要努力学习党和国家的方针政策,掌握过去,把握现在,分析未来。特别是在当今知识经济蓬勃兴起的新时代下,一定要树立起"终身学习"的新观念,不断学习新理论、新知识,拓展知识面,这样才能为提高统计分析水平奠定坚实的理论基础。

（二）熟练掌握统计分析的基本方法

用统计数字说话,是统计分析报告的特点。熟练运用统计学特有的分析方法,是开启

数字说话的钥匙,是撰写统计分析报告的技术基础。统计分析方法主要有对比分析法、分组分析法、平均分析法、动态分析法、因素分析法、平衡分析法、相关分析法、时间数列分析法、抽样推断法等。要学会运用多种统计分析方法加工、分析统计资料,提高统计分析报告的质量。

(三)有一定的文字功底

统计分析报告属于应用文范畴,因此要求编写者要有较深的文字功底,并掌握一定的写作方法和写作技巧,这样写出来的报告不但具有实用性,而且生动、活泼。

二、统计分析报告的写作要求

(一)主题要突出

主题是统计分析报告的中心思想或基本论点。它像一根红线贯穿于全文,是文章的灵魂与统帅。撰写统计分析报告,要根据统计研究的任务,抓住要解决的主要矛盾及矛盾的主要方面,开展分析工作。统计分析报告的内容要紧扣主题,从统计资料反映的复杂社会经济现象中抓住重点问题,突出主题思想。

(二)材料和观点要统一

统计分析报告必须以统计资料为依据,但不能搞资料堆砌,要用统计资料来说明观点。这就要求编写者必须处理好材料与观点的关系。统计资料要支持报告所说明的观点,观点要依据统计资料得出,做到材料与观点的辩证统一。如果材料与观点脱节,统计分析报告便会失去说服力。

(三)判断推理要符合逻辑

统计分析报告的准确性,不仅是运用的统计数字要准确可靠,而且要准确地说明社会经济现象的本质和发展变化的规律。这就要求编写者要在统计资料的基础上进行深入分析,运用推理和判断的逻辑方法。判断是以准确的统计数字为依据的;推理是以充分的依据为前提的。正确的判断和推理,从事物发展上说,就是要有根有据,符合客观的规律性;从思维发展上说,就是要实事求是,合乎事物的逻辑性。判断和推理的结果不能前后矛盾,不能左右脱节,要如实反映客观事物的内在联系。

(四)结构要严谨

结构要严谨是指统计分析报告内容的组织、构造精当细密,无懈可击,甚至达到匠心经营、天衣无缝的地步。这就要求编写者首先要思想周密,没有挂一漏万、顾此失彼;其次要组织严谨,没有颠三倒四、破绽百出。编写者只有思路清晰、严密,充分认识与掌握事物发展的内在规律,才能顺理成章地进行表达,真正做到结构严谨。

（五）语言要生动、简练

统计分析报告的质量高低,首先在于内容正确;其次还要讲究辞章问题。如果用词烦琐,语言不通,词不达意,就不能较好地表述分析的结果。所以,撰写一篇较好的分析报告,要善于用典型的事例、确凿的数据、简练的辞藻、生动的语言来说明问题,切忌文字游戏、词句堆砌,形式排比、华而不实。

（六）报告要反复研究、修改

与其他文章一样,撰写统计分析报告也必须反复研究、修改,做到用词恰当,符合实际。反复研究、修改的目的是检查观点是否符合政策,材料是否真实可靠,文章结构是否严密,文字是否言简意明,表达是否准确得当。只有反复研究、修改,才能写出好的统计分析报告。

三、统计分析报告的写作步骤

（一）选题

选题是编写统计分析报告的第一步,也是决定统计分析报告价值的首要条件。只有明确了"写什么",才能考虑"怎么写"。题目选准了,可以起到事半功倍的效果。如何才能做到选题准确呢?根据统计工作多年的经验来看,一般应围绕以下重点来选题。

(1) 选领导关心的问题,特别是领导亲自出的题目。

(2) 选具有现实意义的课题,或是与中心工作、全局性工作有密切联系的课题。

(3) 选国民经济发展中带有苗头性、动向性、突发性的问题。

(4) 选改革开放和社会主义现代化建设中出现的新情况、新问题、新经验。

(5) 选各方面有不同看法的重大问题。

(6) 选配合中心工作、为重要会议提供材料的课题。

总之,要根据实际情况来选题,不要为了分析而分析。当然,选题时还要考虑课题所需资料的来源渠道是否畅通、干部力量能否胜任、时间是否赶得上领导决策的需要等。

（二）拟订分析提纲

分析提纲是编写统计分析报告的事先设想,是整体框架的构思。分析提纲的设计过程,就是逻辑推理的过程,也是观点初步形成的过程。

分析提纲的内容主要包括:①"主题思想",即分析的目的和要求;②"论点",即从哪些方面进行分析;③"论据",即论证和说明问题时需要搜集的资料,包括统计指标、数据和实例等。

阅读材料

《经济增长缓中趋稳　产业结构持续优化——

"十二五"时期广东工业发展情况分析》提纲

一、工业经济进入新常态

（一）工业生产调速换挡，拉动作用减弱

（二）出口放缓，内销占比持续提高

（三）落后产能淘汰，产业层次提升

二、产业结构持续优化

（一）民营工业发展迅猛

（二）高技术制造业不断壮大

（三）装备制造业蓬勃发展

（四）重工业化持续推进

三、工业经济运行质量向好

（一）利税增长较快

（二）企业营运效益较好

（三）工业领域节能减排成效显著

（四）工业品推陈出新，主要产品在国内占重要地位

四、"十三五"时期展望与建议

（一）充分预计科技和经济格局变化，积极应对各种挑战和风险

（二）充分利用重大战略机遇，补足短板，实现改革红利

点评：这个提纲观点明确，分析全面深入，逻辑性强，在看到成绩的同时给出了展望与建议。这样就形成了良好的分析报告的写作框架，为全篇分析报告的完成奠定了基础。

资料来源：张显华.经济增长缓中趋稳　产业结构持续优化——"十二五"时期广东工业发展情况分析[J].广东经济，2017(1).

（三）搜集材料、选择材料、提炼观点

1. 搜集材料

材料是一篇文章的"血肉"。在动笔之前，材料是形成观点的"基础"；在写作中，材料是表达观点的"支柱"。拥有丰富、准确的材料，是撰写统计分析报告的关键。

马克思研究问题，总是把掌握材料放在第一位。在准备写作《资本论》的过程中，马克思做过摘要的成册书籍就在 1 500 种以上。列宁对此说道："《资本论》不是别的，是堆积如山的实际材料，总结为几点概括的、彼此相联系的思维。"达尔文也曾说过，他之所以在科学上成为一个有成就的人，唯一比别人高明的地方就是勤奋地搜集和记录有关事实材料。由此可见，要想写好统计分析报告，必须拥有大量、丰富的数据和事实材料。材料的取得途径主要有以下几种。

（1）从本系统、本部门的统计报表和年鉴中取得。

（2）从本部门会计核算和业务核算提供的数字资料，以及相关部门提供的资料中取得。

（3）从书籍、报刊和互联网中取得。

（4）从深入实际搞调查研究中取得。

搞调查研究是一门艺术。毛泽东曾指出，"搞调查研究没有满腔热忱，没有眼睛向下的决心，没有求知的渴望，没有放下臭架子甘当小学生的精神，是一定不能做的，也是做不好的"。

2. 选择材料

占有大量材料后，还要进行筛选。筛选的第一步是"鉴别"，就是弄清楚、搞透彻材料的真伪、主次、典型和一般等情况；第二步是"取舍"，就是在"鉴别"的基础上，围绕报告的主旨对材料进行取舍。搜集材料时，提倡的是"以十当一"，以多为佳；选择材料时，则应当"以一当十"、以"严"至上。

3. 提炼观点

在充分占有材料的基础上，在进行去粗取精、去伪存真、由此及彼、由表及里的分析研究后，对搜集材料进行认真的分析判断，提炼出鲜明的观点。

提炼观点的过程就是对占有材料加工分析的过程，主要有两种方法。

（1）利用统计分析方法对统计资料进行深入分析，引出新观点。

（2）运用逻辑思维方法，分析研究事物本质，"升华"认识。

（四）写出统计分析报告

（1）根据材料筛选、提炼结果，进一步完善提纲。

（2）按照提纲开始写作，把材料和观点有机结合起来，观点统帅材料，材料服务观点，写出分析报告。

如果说搜集筛选材料、提炼观点是统计写作的第一创造过程，那么撰写报告就是第二创造过程，而且是最综合、最辛苦的过程。

一篇好的统计分析报告，必须具有正确性、鲜明性和生动性。也就是要做到：观点明确，态度鲜明；简明扼要，中心突出；材料集中，数字精练；论据准确，分析判断推理符合逻辑；观点和材料相统一，数字和情况相符合；有叙有议，结构严密；既注意形式服从内容，又注意表达效果。

第三节　统计分析报告的写作技巧与方法

一、统计分析报告的写作技巧

（一）选题的技巧

统计分析报告的选题要在明确方向的基础上，注意结合以下"三点"来进行。

1. 注意点

注意点是指管理过程中领导和群众比较注意的地方。例如,从全国来说,第一季度要总结工作,提出新的任务,制订年度工作计划,要开一些重要的会议,会议的中心议题就成为"注意点";到了第四季度,要预计计划完成情况,做好下一年度的各项准备工作,此时的"注意点"又转移到了本年计划的完成情况上。

2. 矛盾点

矛盾点是指管理过程中问题比较集中、事情比较关键、影响比较大或争论比较多的地方。例如,近年来的市场疲软、扩大内需、开拓农村市场、产业转型升级、征地拆迁补偿等问题。

3. 发生点

发生点是指管理过程中事物处于萌芽状态、还未被多数人认识之时,也即人们所说的新情况、新问题,新趋势。例如,近年来开展的消费信贷、互联网金融等。

总之,只要能抓住这"三点"来进行选题,统计分析报告就能发挥积极的作用,取得较好的社会效益。

(二)写作的技巧

1. 常见的标题拟定方式

(1)以分析目的为标题,如《广东农业发展现状、问题和对策》《"珠三角"与"长三角"利用外资状况的比较》。

(2)以主要论点为标题,如《我国利用外资水平不断提高》《发挥统计分析在进出口检疫工作中的作用》。

(3)以结论为标题,如《制度创新是提高科技水平的根本途径》《人力资源投资是企业提高效益的根本途径》。

(4)以提问的方式为标题,如《××调查产生误差的原因是什么》。

2. 开头的写法

(1)开门见山,直叙主题,让读者看了开头就能领悟题旨。

(2)造成悬念。先提出一个问题,引起读者的注意和思考。

(3)交代动机,如"为了……"。

3. 统计分析报告的结构

根据任务和要求的不同,统计分析报告的结构有所不同。统计分析报告是根据分析的目的,对统计分析资料进行有理有据的归类,以反映所研究问题的内在联系。统计分析报告没有固定的结构模式,写作者可以根据自己选定的主题、资料搜集的情况,以及分析问题的方式和方法来安排结构。

统计分析报告的结构主要有以下几类。

(1)递进结构。这种结构是按照事物的因果关系、逻辑关系展开,如现状—原因—结果、现状—问题—对策、历史—现状—未来的写作结构。

(2)并列结构。这种结构将所要表述的情况分成并列的几个部分,如在分析进口商品检疫状况时分别对美国、日本、德国等进行叙述。

（3）序时结构。这种结构按照事物发展的经过和时间先后进行表述，如改革开放前、改革开放后等。

4. 结束语的撰写

（1）总结全文，归纳总结，加强基本观点，突出中心思想。

（2）提出建议。

（3）首尾呼应，对开头提出的问题在结尾时予以回答。

（4）篇末点题，经一番分析、论证后在结尾点明题意。

二、编写统计分析报告的常用方法

从实践看，编写统计分析报告的常用方法大致有五种。

（一）演绎归纳法

演绎归纳法是逻辑学运用的一般推理方法。所谓演绎，是从一般性较大的前提推出一般性较小的结论的方法。所谓归纳，是从一般性较小的前提推出一般性较大的结论的方法。或者说，从一般到特殊是演绎，从特殊到一般是归纳。编写统计分析报告所用的演绎归纳法，是从逻辑学中借用的词，用法不一定与逻辑学相同。凡是先下结论后摆材料的，叫演绎法；凡是先摆材料后根据材料下结论的，叫归纳法。在编写统计分析报告中，演绎归纳法运用得很普遍、很广泛。归纳与演绎两种方法是紧密相关、可以联用、并不互相排斥的。同一篇分析报告，既可用演绎法又可用归纳法，如全篇用演绎法，分段用归纳法。究竟哪种方法好，要依所掌握的材料、所要说明的问题而定。

下面举几个演绎归纳法的例子。

例如，一篇文章对"括号干部"的注释为："括号干部——该用的用不起来，给待遇；想用的没位置，给台阶"，这就是演绎法。

现如，三个99岁的老人登泰山谈长寿之道，第一个说"饭后走一走，活到九十九"，第二个说"笑声天天有，活到九十九"，第三个说"老婆长得丑，活到九十九"。从中可以得出，规律运动、心情愉快、夫妻和睦是长寿的秘诀。这就是归纳法。

（二）纵横对比法

在统计工作中，一般把时间连续叫作"纵"，把地区联系叫作"横"。纵横对比法是编写统计分析报告中运用得最广泛、最多的一种方法，几乎每一篇统计分析报告都离不开这种方法。例如，要说明发展情况就必须和去年同期比、和各个历史时期比，这就是纵的对比法；要说明各地区、各企业经济效益的高低，就必须把地区同地区比较，把企业同企业比较，这就是横的对比法。

用横的对比法撰写的分析报告，往往能起到"泼点凉水"的作用，使领导居安思危，采取积极措施，克服弱点，赶上先进地区。例如，有人通过比较得出山西已经带上四顶"高帽子"——全国污染第一的"脏帽子"、城镇居民收入倒数第一的"穷帽子"、生存支持系统倒数第一的"黑帽子"、自然保护区建设倒数第一的"破帽子"，这足以使领导警觉。

值得注意的是,运用纵横对比法必须注意可比性。一是要注意时间、地点、条件的可比性,不能把二十世纪八十年代的需求和六十年代相比,不能把平原地区的粮食亩产和高寒山区相比,不能把乡村手工业生产水平和城市高度自动化相比。二是要注意统计主表的口径、范围和计算方法上的可比性。这样写出来的统计分析报告才能准确可靠、令人信服。

(三)层层剖析法

层层剖析法又称层层剥笋法或抽茧法,是由表及里地对事情寻根究底,把问题弄个水落石出、得其精髓。这样写出的分析报告就能步步深入、叙事明了、说理透彻、引人入胜。

(四)相关联系法

许多的社会经济现象是相互联系、相互制约的,一种现象的发展可以促进或制约另一种现象的发展,有些现象之间还存在一定比例的关系。比例协调,可以互相促进;比例不当和失调,就会影响双方的发展。统计工作是认识社会的有力武器,社会现象本身有很多都是密切联系的。编写统计分析报告时,必须运用相关联系的方法,才能从复杂的现象中认识事物的本质,找出发展规律。在统计分析报告中运用相关联系法,必须强调有相关的联系。如果把不太相关的事物联系在一起,就会显得牵强附会;如果把没有相关的事物联系在一起,那便是"风马牛不相及"了。编写统计分析报告时,主要可运用以下几种联系。

(1)把相关的统计指标或者说相关的统计资料联系起来进行综合分析,说明社会现象之间的平衡关系、比例关系及发展趋势。

(2)把所掌握的资料与客观实际情况联系起来。

(3)把要分析的问题与理论数据和经验数据联系起来。例如,国民收入使用额中积累率应该以25%左右为宜,超过30%就要失调。它是历史自然形成的一种带有规律性的数据。在分析报告中联系这一类经验数据进行研究,容易使人信服。

(4)要联系党在各个时期的方针政策。撰写分析报告时,如果能把自己的观点、材料和党的方针政策紧密联系起来,就能提高分析报告的质量,充分发挥统计工作的服务与监督作用。

(五)沙里淘金法

沙里淘金法主要是指撰写统计分析报告时如何选用最好的材料。材料选得好,用得适当,就能达到观点和材料统一,犹如水乳交融,紧密结合在一起;材料选得不好,就很难说明观点,就像油水分离,有时还可能造成材料和观点的矛盾。有时候,如果典型事例挑选得好,可以起到画龙点睛的作用。因此,如何选用材料,就成为写好统计分析报告一个至关重要的问题。撰写统计分析报告,往往要先搜集一大堆的统计资料。要想用好这些统计资料,必须经过一番去粗取精、去伪存真的功夫,这就要用到沙里淘金法,将金沙不断淘洗,去尽沙粒,得到金子。但是,经过淘洗后的金子可能还不少,而统计分析报告的篇幅是有限的,不可能把所有真实的、比较精华的材料都写进去。两个相似材料,尽管都好,也只能用一个,割舍另一个,以免影响统计分析报告的鲜明性和生动性。

上述几种方法既有区别,又密切联系,很难机械地加以分开。在同一篇报告里,可以同时使用几种方法。

三、编写统计分析报告应注意的问题

(一)脱离统计数字谈问题

统计分析的特点是通过对大量统计资料的观察、研究,以数字来反映社会经济现象的量的变化,并从量的变化反映质的变化,在质与量的联系中反映社会经济活动的情况、问题和规律性。统计分析报告不是纯数字的阿拉伯数码,而是具有一定经济内容的社会现象的数量表象,是建立在实事求是基础上,用以说明现象本质的数字。运用统计数字进行分析,可以使分析述之有理、结论立之有据。

(二)缺乏分析的单纯数字罗列

统计分析离不开统计数字语言的表述,但统计分析报告绝不是单纯统计数字的罗列和堆砌。统计分析的特点在于运用统计资料进行分析,但这绝不是说可以将大量统计资料不分轻重、不分主次地硬塞进去。充实的材料、深入的报告、明确的观点、可行的建议是一篇好的统计分析报告所应具备的基本条件。

(三)重点不突出,分析方法单一

影响事物发展变化的因素是多方面的。统计工作者在对某一社会经济现象或某一个专门问题进行分析时,不可能也没有必要对所有问题逐一进行详尽、深入地分析。如果把对某一问题的所有影响因素都罗列出来,不但不能把问题说清楚,不能抓住主要矛盾,反而会给读者一种不知所云、如堕雾中的感觉。实际上,一篇统计分析报告只需要分析几个主要原因就可以了。对于重点原因的分析要突出,要深入,要透彻。对那些虽不是最主要但必须进行交代的原因,可以作简略分析,笔墨不宜多,要画龙点睛。对于影响较小的原因,则可一笔带过或干脆省略。这样,决策者或有关部门看了分析,就能对主要原因有明晰的印象,在研究问题和指挥生产上便可以一下子抓住"牛鼻子"。

一篇统计分析报告,抓住重点进行深入分析,运用多种方法是很有必要的。多种分析方法的灵活运用,不但可以将分析引向深入,而且可以给阅读者留下深刻的印象。否则,就会显得单调、呆板,就容易流于一般化。统计分析的方法很多,如综合指标法、平均法、分组法、对比法、动态数列法、指数法、因素分解法、相关法、平衡法、列表法、图示法等。每种方法都有其特点和应用范围。究竟怎样结合运用,要视分析的类型、目的、内容和特点而定。

(四)缺乏典型材料的补充

在进行统计分析时,绝不要局限于运用几个综合平均数字,不要拘泥于仅仅靠手头掌握的统计资料进行分析,而要善于运用分组法和组均法进行分类,找出最突出的问题和最能说明问题的单位或现象,要善于根据分析研究的目的,调查和搜集一些典型材料作为补充,增加分析的说服力。

(五) 长篇大论,充斥套话

统计分析报告不是大型的调查研究报告,也不是某种特殊的专题分析报告,所以篇幅不宜太长、内容不宜太多,更忌长篇大论、冗长庞杂。

(六) 建议提得不具体、不实际

一篇统计分析报告一般都要有材料、有观点、有问题、有建议。有的统计分析报告尽管也有建议,但所提建议太笼统、太空泛,像是清凉油,抹到这里也行,涂到那里也可以,结果什么病也不能根治。统计分析报告中的建议不是空有形式的点缀,而应尽量具体,有助于解决实际问题。

阅读材料

云南省经济运行形势良好　消费品市场稳中趋旺

云南省统计局

2011 年前 8 个月,在世界经济复苏步伐减缓、欧美主权债务危机进一步扩散、国内通胀预期加剧等复杂多变的严峻形势下,云南省以科学发展观为主题,顺势而谋,攻坚克难,抗通胀、稳物价,保民生、促和谐,转变经济发展方式取得初步成效,主要经济指标表现良好,固定资产投资、规模以上工业增加值和财政支出的增长速度均有所加快。全省国民经济运行的速度、质量和效益趋于协调,保持了平稳较快发展的良好势头。

一、工业生产增速逐步加快

1—8 月,全省规模以上工业完成工业增加值 1 767.87 亿元,同比增长 17.5%,比 1—7 月提高 0.5 个百分点,已连续 3 个月出现加快势头(见图 13-1)。其中 7 月完成增加值 240.65 亿元,同比增长 21.2%,比 7 月提高 1.4 个百分点。

1—8 月全省工业生产呈现以下特点。

(1) 轻工业提速明显,重工业增速有所减缓。8 月,在卷烟生产结构较好的拉动下,全省轻工业当月完成工业增加值 107.57 亿元,同比增长 25.3%,比上月提高 8.8 个百分点;1—8 月累计完成增加值 825.93 亿元,同比增长 16.5%,比 1—7 月提高 1.1 个百分点。得益于卷烟结构继续改善,烟草制品业完成增加值 628.38 亿元,同比增长 16.0%,比 1—7 月提高 0.4 个百分点。8 月,全省重工业完成工业增加值 133.08 亿元,增长 17.7%,增速比上月回落 4.8 个百分点;1—8 月累计完成增加值 941.94 亿元,同比增长 18.5%,比 1—7 月回落 0.1 个百分点。

(2) 主要工业产品产量保持增长。全省发电量 1 021.89 亿千瓦·时,同比增长 20.5%,其中:水电 639.06 亿千瓦·时,同比增长 41.4%,受煤矿矿难多发、复产缓慢等因素影

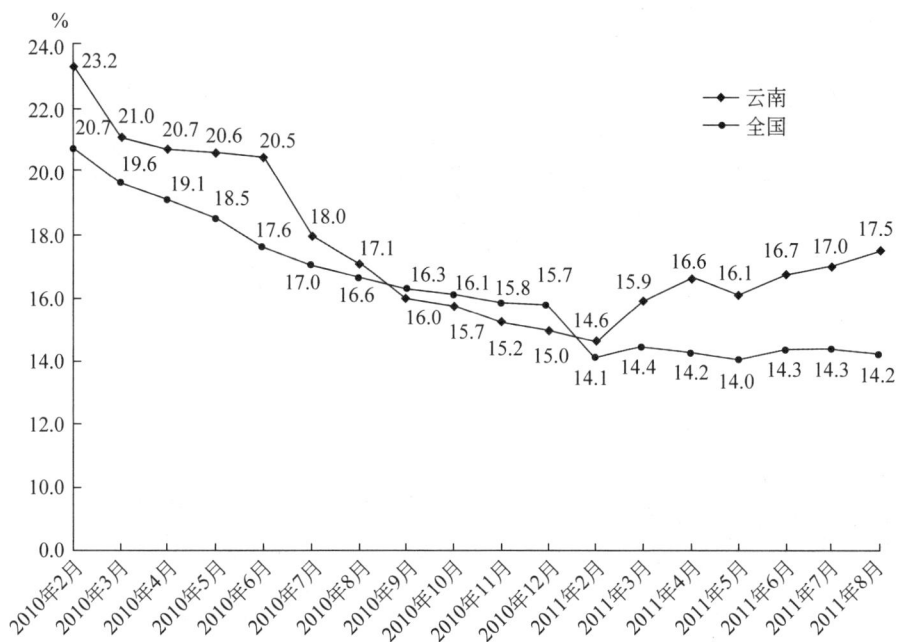

图 13-1　2010 年以来云南与全国工业增加值累计增速对比图

响,电煤供应紧张,火电生产 375.49 亿千瓦·时,同比下降 4.3%。原煤生产 6 104.4 万吨,同比增长 2.4%;洗精煤生产 661.59 万吨,同比增长 3.8%;焦炭生产 1 070.15 万吨,同比增长 5.5%;生铁生产 879.41 万吨,同比增长 1.7%;十种有色金属生产 179.84 万吨,同比增长 18.6%。

(3) 产销衔接较好,工业经济效益持续向好。1—8 月,全省规模以上工业产品销售率为 98.9%,同比提高 1.9 个百分点。其中:轻工业产品销售率为 100.5%,提高 2.5 个百分点;重工业产品销售率为 98.3%,提高 1.7 个百分点。

1—7 月全省规模以上工业企业实现主营业务收入 4 223.72 亿元,实现利润总额 287.53 亿元,实现利税总额 908.87 亿元,同比分别增长 28.2%、31.8% 和 28.1%。全省规模以上工业经济效益综合指数为 312.12,同比提高 32.26 个百分点。计算经济效益综合指数的主要指标中,总资产贡献率为 17.7%,同比提高 1.6 个百分点;资本保值增值率 116.1%,提高 4.2 个百分点;资产负债率 61.3%,提高 1 个百分点;流动资产周转率 1.81 次,提高 0.1 次;成本费用利润率 8.1%,提高 0.25 个百分点;全员劳动生产率达 31.35 万元/人·年,增长 16.5%。

二、固定资产投资增速继续创今年新高

1—8 月,全省固定资产投资(不含农户)完成 3 616.9 亿元,同比增长 26.6%,比 1—7 月提高 0.6 个百分点,增速在上个月实现近两年来首次超过全国平均水平之后,继续创今年以来的新高(见图 13-2)。

其主要特点如下。

(1) 三次产业投资全面增长。1—8 月,全省第一产业投资 85.48 亿元,同比增长

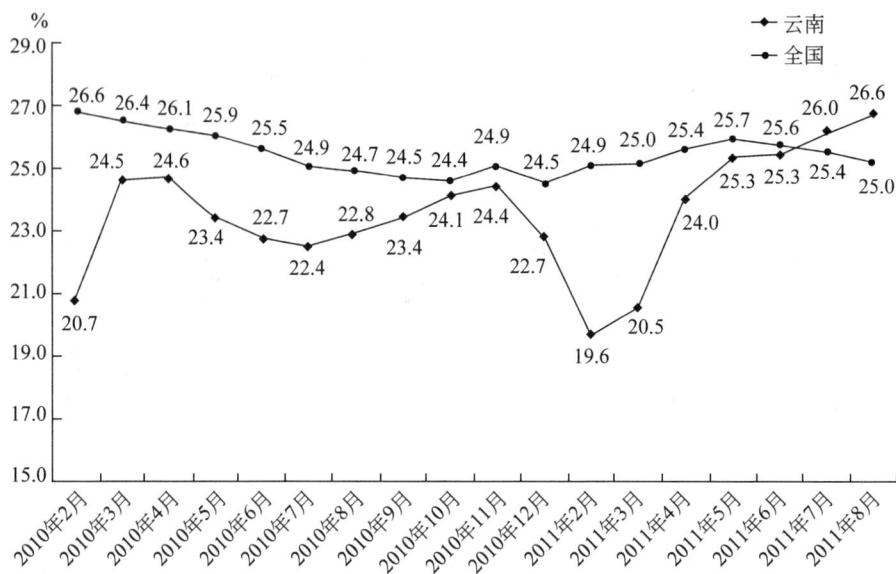

图 13-2　2010 年以来云南与全国固定资产投资同比增速对比图

5.7％；第二产业投资 1 077.51 亿元，增长 27.9％，其中工业投资 1 066.91 亿元，增长 27.1％；第三产业投资 2 453.92 亿元，增长 26.9％，全省固定资产增长活力有所增强。

（2）重点行业投资支撑作用显著。1—8 月，全省制造业投资 516.83 亿元，增长 45.9％；公路投资 478.21 亿元，增长 18.4％；电力投资 364.43 亿元，增长 7.7％；批发和零售业投资 251.01 亿元，增长 81.0％；水利、环境和公共设施管理业投资 329.52 亿元，增长 9.8％。五大重点行业投资占全省固定资产投资的比重达 53.6％，为全省固定资产投资较快增长发挥了重要支撑作用。

三、消费品市场稳中趋旺

2011 年以来，全省家电下乡工作有力推进，城乡消费市场日渐活跃。1—8 月，全省实现社会消费品零售总额 1 804.61 亿元，同比增长 18.0％（见图 13-3）。

（1）城镇市场消费仍居主导地位。1—8 月，城镇实现消费品零售额 1 543.19 亿元，占全省社会消费品零售总额的 85.5％，同比增长 18.8％；农村实现消费品零售额 261.41 亿元，同比增长 13.9％。

（2）批发和住宿业增长快。1—8 月全省批发业销售额 144.84 亿元，同比增长 33.7％，住宿业销售额 19.73 亿元，增长 27.2％，批发和住宿业分别比社会消费品零售总额增幅高 15.7 个和 9.2 个百分点。

（3）消费热点商品持续旺销。在限额以上批发零售业大类商品零售中，粮油、食品类增长 37.6％，其中：粮油类增长 36.4％，肉禽蛋类增长 45.7％，反映出今年以来粮油、猪肉价格快速上涨拉动影响明显。金银珠宝类增长 49.6％，家用电器和音像器材类增长 13.5％，通信器材类增长 22.1％，建筑及装潢材料类增长 54.3％，家具类增长 30.5％，石油及制品类增长 55.2％，汽车类增长 11.2％。

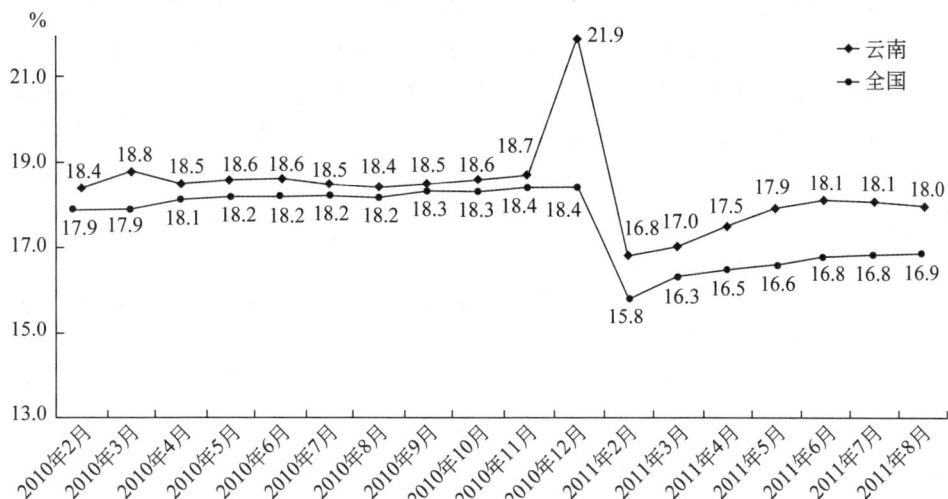

图 13-3　2010 年以来云南与全国社会消费品零售总额累计增速对比图

四、财政收入快速增长,支出进度明显加快

1—8 月,全省财政总收入累计完成 1 518.3 亿元,比上年同期增收 355.4 亿元,同比增长 30.6%,完成年初任务的 74.3%。全省一般预算收入完成 722.8 亿元,同比增长 34.2%,完成年初预算的 72.1%(见图 13-4)。其中,增值税完成 92.04 亿元,同比增长 30.6%,其中电力业完成增值税 43 亿元,增长 69.1%,有色金属业完成增值税 18.6 亿元,增长 65.2%,电力和有色金属行业成为拉动全省增值税较快增长的主要因素;营业税完成 196.55 亿元,增长 28.3%,其中金融保险业营业税完成 35.5 亿元,增长 75.3%,贡献作用突出;企业所得税完成 86.25 亿元,增长 40.6%,所得税快速增长的行业主要有建筑安装业(增长 98.9%)、交通运输业(增长 81.4%)、文化、体育和娱乐业(增长 66.1%)。

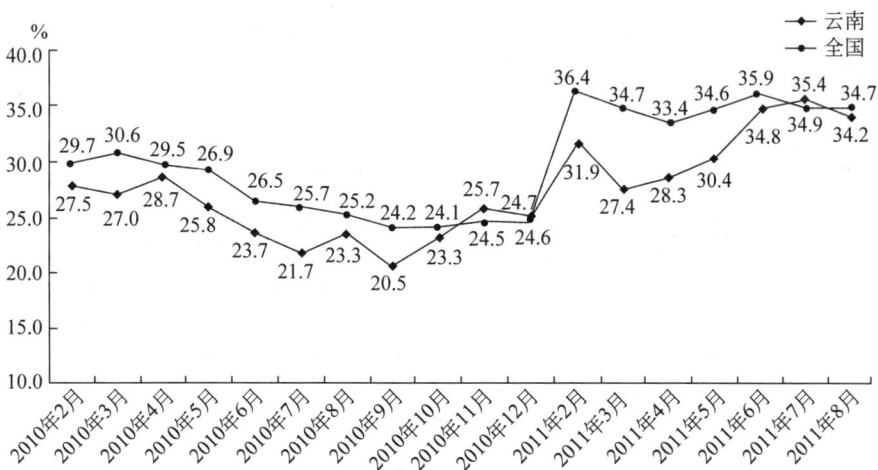

图 13-4　2010 年以来云南与全国一般预算收入增速对比图

全省一般预算支出 1 469.42 亿元,比上年同期增支 465.4 亿元,同比增长 46.3%,比上个月提高了 5.5 个百分点,预算执行完成年初预算的 56.9%,支出进度同比提高了 10.9 个百分点。其中:农林水事务支出 174.04 亿元,增长 24.0%;教育支出 219.96 亿元,增长 31.0%;一般公共服务支出 142.66 亿元,增长 16.9%;交通运输支出 211.38 亿元,增长 2.14 倍,社会保障和就业支出 227.9 亿元,增长 29.3%,医疗卫生支出 121.49 亿元,增长 87.1%,住房保障支出 73.93 亿元,增长 90.5%,社会民生进一步得到改善。

五、金融运行呈现平稳态势

8 月末,全省金融机构人民币各项存款余额为 14 961.63 亿元,同比增长 16.0%;比年初增加 1 552.83 亿元。其中单位存款余额 7 570.43 亿元,比年初增加 472.38 亿元;个人存款余额 6 353.24 亿元,比年初增加 632.91 亿元。8 月末,全省金融机构人民币各项贷款余额 11 624.53 亿元,同比增长 15.1%,比上半年回落 1.9 个百分点,比去年同期回落 5.2 个百分点;新增贷款比年初增加 1 057.65 亿元,比去年同期少增 265.39 亿元。中长期贷款余额 8552.97 亿元,比年初增加 829.16 亿元,个人中长期消费贷款余额 1 390.66 亿元,比年初增加 168.57 亿元,同比增长 18.5%;短期贷款余额 2 886.46 亿元,比年初增加 215.37 亿元。在信贷政策不断收紧的大背景下,全省金融运行保持平稳发展的较好态势。

六、对外贸易增速回落,顺差进一步扩大

1—8 月,全省进出口总额完成 98.49 亿美元,同比增长 9.4%,增幅比上半年回落 6.7 个百分点,比全国低 16 个百分点(见图 13-5)。其中,出口完成 57.44 亿美元,同比增长 7.8%,比上半年回落 12 个百分点;进口完成 41.06 亿美元,增长 11.7%,比上半年提高 0.3 个百分点;外贸顺差 16.38 亿美元,比上半年扩大 6.04 亿美元。从出口产品看,机电产品出口 12.69 亿美元,同比下降 0.1%,比上半年回落 16.3 个百分点;农产品出口 10.27 亿美元,同比增长 23.2%;纺织品及服装出口 4.36 亿美元,同比下降 20.8%。全省金属原材料进口 15.95 亿美元,同比下降 5.3%;农产品进口 7.03 亿美元,同比增长 34.1%;机电产品进口 5.72 亿美元,同比增长 11.4%。

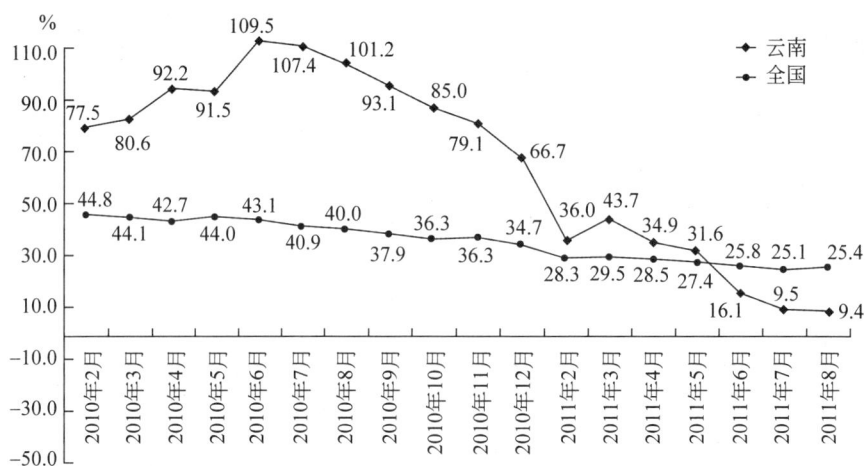

图 13-5　2010 年以来云南与全国进出口累计增速对比图

思考与练习

一、简单题

1. 什么是统计分析报告？它有何作用？

2. 统计分析报告的特点是什么？

3. 统计分析报告的基本要求有哪些？

4. 统计分析报告的写作一般要经过哪几个步骤？

5. 从选题技巧来看，统计分析报告的选题应注意什么问题？

6. 统计分析报告的写作方法有哪些？

二、综合题

试就你熟悉的某一社会经济现象写一篇统计分析报告。

参 考 文 献

[1] 谢启南,韩兆洲.统计学原理[M].广州:暨南大学出版社,2006.

[2] 张兆丰.统计学[M].北京:机械工业出版社,2009.

[3] 贾俊平,何晓群,金勇进.统计学[M].北京:中国人民大学出版社,2007.

[4] 陈平,李兆和.现代统计学原理[M].广州:中山大学出版社,2003.

[5] 周概容.统计学原理[M].天津:南开大学出版社,2004.

[6] 道格拉斯·A. 林德,威廉·G.马歇尔,罗伯特·D. 梅森.商务与经济统计技术[M].11 版.易丹辉,等译.北京:中国人民大学出版社,2005.

[7] 曾五一.统计学[M].北京:科学出版社,2019.

[8] 祁新娥.统计学原理[M].上海:复旦大学出版社,2007.

[9] 詹姆斯·R.埃文斯.数据、模型与决策[M].4 版.杜本峰,译.北京:中国人民大学出版社,2006.

[10] 李军.统计学[M].北京:中国轻工业出版社,2018.

[11] 戴维·弗里德曼.统计学[M].2 版.魏宗舒,等译.北京:中国统计出版社,1997.

[12] 黄良文.统计学原理[M].北京:中央广播电视大学出版社,2006.

[13] 周复恭,王叔夜,黄运成.应用数理统计[M].北京:中央广播电视大学出版社,1987.

[14] 梁之舜,邓集贤,杨维权,等.概率论及数理统计[M].2 版.北京:高等教育出版社,1988.

[15] 全国统计专业技术资格考试用书编写委员会.全国统计专业技术中级资格考试用书——统计基础理论及相关知识[M].北京:中国统计出版社,2008.

[16] 吴世国,陈建新.统计学原理[M].北京:科学技术出版社,2003.

[17] 于涛.社会经济统计学原理[M].武汉:武汉大学出版社,1992.

[18] 暴奉贤,朱慧强.社会经济统计学原理[M].广州:暨南大学出版社,1996.

[19] 庄长远,陈勇江,党耀国.统计学[M].北京:科学出版社,2005.

附录A 标准正态分布表

x	0.00	0.01	0.02	0.03	0.04	0.05	0.06	0.07	0.08	0.09
0.0	0.500 0	0.504 0	0.508 0	0.512 0	0.516 0	0.519 9	0.523 9	0.527 9	0.531 9	0.535 9
0.1	0.539 8	0.543 8	0.547 8	0.551 7	0.555 7	0.559 6	0.563 6	0.567 5	0.571 4	0.575 3
0.2	0.579 3	0.583 2	0.587 1	0.591 0	0.594 8	0.598 7	0.602 6	0.606 4	0.610 3	0.614 1
0.3	0.617 9	0.621 7	0.625 5	0.629 3	0.633 1	0.636 8	0.640 6	0.644 3	0.648 0	0.651 7
0.4	0.655 4	0.659 1	0.662 8	0.666 4	0.670 0	0.673 6	0.677 2	0.680 8	0.684 4	0.687 9
0.5	0.691 5	0.695 0	0.698 5	0.701 9	0.705 4	0.708 8	0.712 3	0.715 7	0.719 0	0.722 4
0.6	0.725 7	0.729 1	0.732 4	0.735 7	0.738 9	0.742 2	0.745 4	0.748 6	0.751 7	0.754 9
0.7	0.758 0	0.761 1	0.764 2	0.767 3	0.770 4	0.773 4	0.776 4	0.779 4	0.782 3	0.785 2
0.8	0.788 1	0.791 0	0.793 9	0.796 7	0.799 5	0.802 3	0.805 1	0.807 8	0.810 6	0.813 3
0.9	0.815 9	0.818 6	0.821 2	0.823 8	0.826 4	0.828 9	0.831 5	0.834 0	0.836 5	0.838 9
1.0	0.841 3	0.843 8	0.846 1	0.848 5	0.850 8	0.853 1	0.855 4	0.857 7	0.859 9	0.862 1
1.1	0.864 3	0.866 5	0.868 6	0.870 8	0.872 9	0.874 9	0.877 0	0.879 0	0.881 0	0.883 0
1.2	0.884 9	0.886 9	0.888 8	0.890 7	0.892 5	0.894 4	0.896 2	0.898 0	0.899 7	0.901 5
1.3	0.903 2	0.904 9	0.906 6	0.908 2	0.909 9	0.911 5	0.913 1	0.914 7	0.916 2	0.917 7
1.4	0.919 2	0.920 7	0.922 2	0.923 6	0.925 1	0.926 5	0.927 9	0.929 2	0.930 6	0.931 9
1.5	0.933 2	0.934 5	0.935 7	0.937 0	0.938 2	0.939 4	0.940 6	0.941 8	0.942 9	0.944 1
1.6	0.945 2	0.946 3	0.947 4	0.948 4	0.949 5	0.950 5	0.951 5	0.952 5	0.953 5	0.954 5
1.7	0.955 4	0.956 4	0.957 3	0.958 2	0.959 1	0.959 9	0.960 8	0.961 6	0.962 5	0.963 3
1.8	0.964 1	0.964 9	0.965 6	0.966 4	0.967 1	0.967 8	0.968 6	0.969 3	0.969 9	0.970 6
1.9	0.971 3	0.971 9	0.972 6	0.973 2	0.973 8	0.974 4	0.975 0	0.975 6	0.976 1	0.976 7
2.0	0.977 2	0.977 8	0.978 3	0.978 8	0.979 3	0.979 8	0.980 3	0.980 8	0.981 2	0.981 7

续表

x	0.00	0.01	0.02	0.03	0.04	0.05	0.06	0.07	0.08	0.09
2.1	0.982 1	0.982 6	0.983 0	0.983 4	0.983 8	0.984 2	0.984 6	0.985 0	0.985 4	0.985 7
2.2	0.986 1	0.986 4	0.986 8	0.987 1	0.987 5	0.987 8	0.988 1	0.988 4	0.988 7	0.989 0
2.3	0.989 3	0.989 6	0.989 8	0.990 1	0.990 4	0.990 6	0.990 9	0.991 1	0.991 3	0.991 6
2.4	0.991 8	0.992 0	0.992 2	0.992 5	0.992 7	0.992 9	0.993 1	0.993 2	0.993 4	0.993 6
2.5	0.993 8	0.994 0	0.994 1	0.994 3	0.994 5	0.994 6	0.994 8	0.994 9	0.995 1	0.995 2
2.6	0.995 3	0.995 5	0.995 6	0.995 7	0.995 9	0.996 0	0.996 1	0.996 2	0.996 3	0.996 4
2.7	0.996 5	0.996 6	0.996 7	0.996 8	0.996 9	0.997 0	0.997 1	0.997 2	0.997 3	0.997 4
2.8	0.997 4	0.997 5	0.997 6	0.997 7	0.997 7	0.997 8	0.997 9	0.997 9	0.998 0	0.998 1
2.9	0.998 1	0.998 2	0.998 2	0.998 3	0.998 4	0.998 4	0.998 5	0.998 5	0.998 6	0.998 6
3.0	0.998 7	0.998 7	0.998 7	0.998 8	0.998 8	0.998 9	0.998 9	0.998 9	0.999 0	0.999 0
3.1	0.999 0	0.999 1	0.999 1	0.999 1	0.999 2	0.999 2	0.999 2	0.999 2	0.999 3	0.999 3
3.2	0.999 3	0.999 3	0.999 4	0.999 4	0.999 4	0.999 4	0.999 4	0.999 5	0.999 5	0.999 5
3.3	0.999 5	0.999 5	0.999 5	0.999 6	0.999 6	0.999 6	0.999 6	0.999 6	0.999 6	0.999 7
3.4	0.999 7	0.999 7	0.999 7	0.999 7	0.999 7	0.999 7	0.999 7	0.999 7	0.999 7	0.999 8
3.5	0.999 8	0.999 8	0.999 8	0.999 8	0.999 8	0.999 8	0.999 8	0.999 8	0.999 8	0.999 8
3.6	0.999 8	0.999 8	0.999 9	0.999 9	0.999 9	0.999 9	0.999 9	0.999 9	0.999 9	0.999 9
3.7	0.999 9	0.999 9	0.999 9	0.999 9	0.999 9	0.999 9	0.999 9	0.999 9	0.999 9	0.999 9
3.8	0.999 9	0.999 9	0.999 9	0.999 9	0.999 9	0.999 9	0.999 9	0.999 9	0.999 9	0.999 9
3.9	1.000 0	1.000 0	1.000 0	1.000 0	1.000 0	1.000 0	1.000 0	1.000 0	1.000 0	1.000 0
4.0	1.000 0	1.000 0	1.000 0	1.000 0	1.000 0	1.000 0	1.000 0	1.000 0	1.000 0	1.000 0

附录B t 分位表临界值表

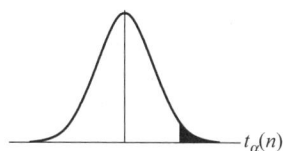

自由度	0.25	0.1	0.05	0.025	0.01	0.005	0.002 5	0.001	0.000 5
1	1.000 0	3.077 7	6.313 8	12.706 2	31.820 5	63.656 7	127.321 3	318.308 8	636.619 2
2	0.816 5	1.885 6	2.920 0	4.302 7	6.964 6	9.924 8	14.089 0	22.327 1	31.599 1
3	0.764 9	1.637 7	2.353 4	3.182 4	4.540 7	5.840 9	7.453 3	10.214 5	12.924 0
4	0.740 7	1.533 2	2.131 8	2.776 4	3.746 9	4.604 1	5.597 6	7.173 2	8.610 3
5	0.726 7	1.475 9	2.015 0	2.570 6	3.364 9	4.032 1	4.773 3	5.893 4	6.868 8
6	0.717 6	1.439 8	1.943 2	2.446 9	3.142 7	3.707 4	4.316 8	5.207 6	5.958 8
7	0.711 1	1.414 9	1.894 6	2.364 6	2.998 0	3.499 5	4.029 3	4.785 3	5.407 9
8	0.706 4	1.396 8	1.859 5	2.306 0	2.896 5	3.355 4	3.832 5	4.500 8	5.041 3
9	0.702 7	1.383 0	1.833 1	2.262 2	2.821 4	3.249 8	3.689 7	4.296 8	4.780 9
10	0.699 8	1.372 2	1.812 5	2.228 1	2.763 8	3.169 3	3.581 4	4.143 7	4.586 9
11	0.697 4	1.363 4	1.795 9	2.201 0	2.718 1	3.105 8	3.496 6	4.024 7	4.437 0
12	0.695 5	1.356 2	1.782 3	2.178 8	2.681 0	3.054 5	3.428 4	3.929 6	4.317 8
13	0.693 8	1.350 2	1.770 9	2.160 4	2.650 3	3.012 3	3.372 5	3.852 0	4.220 8
14	0.692 4	1.345 0	1.761 3	2.144 8	2.624 5	2.976 8	3.325 7	3.787 4	4.140 5
15	0.691 2	1.340 6	1.753 1	2.131 4	2.602 5	2.946 7	3.286 0	3.732 8	4.072 8
16	0.690 1	1.336 8	1.745 9	2.119 9	2.583 5	2.920 8	3.252 0	3.686 2	4.015 0
17	0.689 2	1.333 4	1.739 6	2.109 8	2.566 9	2.898 2	3.222 4	3.645 8	3.965 1
18	0.688 4	1.330 4	1.734 1	2.100 9	2.552 4	2.878 4	3.196 6	3.610 5	3.921 6
19	0.687 6	1.327 7	1.729 1	2.093 0	2.539 5	2.860 9	3.173 7	3.579 4	3.883 4
20	0.687 0	1.325 3	1.724 7	2.086 0	2.528 0	2.845 3	3.153 4	3.551 8	3.849 5
21	0.686 4	1.323 2	1.720 7	2.079 6	2.517 6	2.831 4	3.135 2	3.527 2	3.819 3
22	0.685 8	1.321 2	1.717 1	2.073 9	2.508 3	2.818 8	3.118 8	3.505 0	3.792 1

自由度	0.25	0.1	0.05	0.025	0.01	0.005	0.002 5	0.001	0.000 5
23	0.685 3	1.319 5	1.713 9	2.068 7	2.499 9	2.807 3	3.104 0	3.485 0	3.767 6
24	0.684 8	1.317 8	1.710 9	2.063 9	2.492 2	2.796 9	3.090 5	3.466 8	3.745 4
25	0.684 4	1.316 3	1.708 1	2.059 5	2.485 1	2.787 4	3.078 2	3.450 2	3.725 1
26	0.684 0	1.315 0	1.705 6	2.055 5	2.478 6	2.778 7	3.066 9	3.435 0	3.706 6
27	0.683 7	1.313 7	1.703 3	2.051 8	2.472 7	2.770 7	3.056 5	3.421 0	3.689 6
28	0.683 4	1.312 5	1.701 1	2.048 4	2.467 1	2.763 3	3.046 9	3.408 2	3.673 9
29	0.683 0	1.311 4	1.699 1	2.045 2	2.462 0	2.756 4	3.038 0	3.396 2	3.659 4
30	0.682 8	1.310 4	1.697 3	2.042 3	2.457 3	2.750 0	3.029 8	3.385 2	3.646 0
31	0.682 5	1.309 5	1.695 5	2.039 5	2.452 8	2.744 0	3.022 1	3.374 9	3.633 5
32	0.682 2	1.308 6	1.693 9	2.036 9	2.448 7	2.738 5	3.014 9	3.365 3	3.621 8
33	0.682 0	1.307 7	1.692 4	2.034 5	2.444 8	2.733 3	3.008 2	3.356 3	3.610 9
34	0.681 8	1.307 0	1.690 9	2.032 2	2.441 1	2.728 4	3.002 0	3.347 9	3.600 7
35	0.681 6	1.306 2	1.689 6	2.030 1	2.437 7	2.723 8	2.996 0	3.340 0	3.591 1
36	0.681 4	1.305 5	1.688 3	2.028 1	2.434 5	2.719 5	2.990 5	3.332 6	3.582 1
37	0.681 2	1.304 9	1.687 1	2.026 2	2.431 4	2.715 4	2.985 2	3.325 6	3.573 7
38	0.681 0	1.304 2	1.686 0	2.024 4	2.428 6	2.711 6	2.980 3	3.319 0	3.565 7
39	0.680 8	1.303 6	1.684 9	2.022 7	2.425 8	2.707 9	2.975 6	3.312 8	3.558 1
40	0.680 7	1.303 1	1.683 9	2.021 1	2.423 3	2.704 5	2.971 2	3.306 9	3.551 0
50	0.679 4	1.298 7	1.675 9	2.008 6	2.403 3	2.677 8	2.937 0	3.261 4	3.496 0
60	0.678 6	1.295 8	1.670 6	2.000 3	2.390 1	2.660 3	2.914 6	3.231 7	3.460 2
70	0.678 0	1.293 8	1.666 9	1.994 4	2.380 8	2.647 9	2.898 7	3.210 8	3.435 0
80	0.677 6	1.292 2	1.664 1	1.990 1	2.373 9	2.638 7	2.887 0	3.195 3	3.416 3
90	0.677 2	1.291 0	1.662 0	1.986 7	2.368 5	2.631 6	2.877 9	3.183 3	3.401 9
100	0.677 0	1.290 1	1.660 2	1.984 0	2.364 2	2.625 9	2.870 7	3.173 7	3.390 5
∞	0.674 5	1.281 6	1.644 9	1.960 0	2.326 4	2.575 8	2.807 0	3.090 2	3.290 5

附录C χ² 分位表临界值表

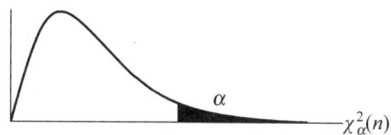

自由度	0.995	0.99	0.975	0.95	0.9	0.1	0.05	0.025
1	0.000 0	0.000 2	0.001 0	0.003 9	0.015 8	2.705 5	3.841 5	5.023 9
2	0.010 0	0.020 1	0.050 6	0.102 6	0.210 7	4.605 2	5.991 5	7.377 8
3	0.071 7	0.114 8	0.215 8	0.351 8	0.584 4	6.251 4	7.814 7	9.348 4
4	0.207 0	0.297 1	0.484 4	0.710 7	1.063 6	7.779 4	9.487 7	11.143 3
5	0.411 7	0.554 3	0.831 2	1.145 5	1.610 3	9.236 4	11.070 5	12.832 5
6	0.675 7	0.872 1	1.237 3	1.635 4	2.204 1	10.644 6	12.591 6	14.449 4
7	0.989 3	1.239 0	1.689 9	2.167 3	2.833 1	12.017 0	14.067 1	16.012 8
8	1.344 4	1.646 5	2.179 7	2.732 6	3.489 5	13.361 6	15.507 3	17.534 5
9	1.734 9	2.087 9	2.700 4	3.325 1	4.168 2	14.683 7	16.919 0	19.022 8
10	2.155 9	2.558 2	3.247 0	3.940 3	4.865 2	15.987 2	18.307 0	20.483 2
11	2.603 2	3.053 5	3.815 7	4.574 8	5.577 8	17.275 0	19.675 1	21.920 0
12	3.073 8	3.570 6	4.403 8	5.226 0	6.303 8	18.549 3	21.026 1	23.336 7
13	3.565 0	4.106 9	5.008 8	5.891 9	7.041 5	19.811 9	22.362 0	24.735 6
14	4.074 7	4.660 4	5.628 7	6.570 6	7.789 5	21.064 1	23.684 8	26.118 9
15	4.600 9	5.229 3	6.262 1	7.260 9	8.546 8	22.307 1	24.995 8	27.488 4
16	5.142 2	5.812 2	6.907 7	7.961 6	9.312 2	23.541 8	26.296 2	28.845 4
17	5.697 2	6.407 8	7.564 2	8.671 8	10.085 2	24.769 0	27.587 1	30.191 0
18	6.264 8	7.014 9	8.230 7	9.390 5	10.864 9	25.989 4	28.869 3	31.526 4
19	6.844 0	7.632 7	8.906 5	10.117 0	11.650 9	27.203 6	30.143 5	32.852 3
20	7.433 8	8.260 4	9.590 8	10.850 8	12.442 6	28.412 0	31.410 4	34.169 6
21	8.033 7	8.897 2	10.282 9	11.591 3	13.239 6	29.615 1	32.670 6	35.478 9
22	8.642 7	9.542 5	10.982 3	12.338 0	14.041 5	30.813 3	33.924 4	36.780 7

自由度	0.995	0.99	0.975	0.95	0.9	0.1	0.05	0.025
23	9.260 4	10.195 7	11.688 6	13.090 5	14.848 0	32.006 9	35.1725	38.075 6
24	9.886 2	10.856 4	12.401 2	13.848 4	15.658 7	33.196 2	36.415 0	39.364 1
25	10.519 7	11.524 0	13.119 7	14.611 4	16.473 4	34.381 6	37.652 5	40.646 5
26	11.160 2	12.198 1	13.843 9	15.379 2	17.291 9	35.563 2	38.885 1	41.923 2
27	11.807 6	12.878 5	14.573 4	16.151 4	18.113 9	36.741 2	40.113 3	43.194 5
28	12.461 3	13.564 7	15.307 9	16.927 9	18.939 2	37.915 9	41.337 1	44.460 8
29	13.121 1	14.256 5	16.047 1	17.708 4	19.767 7	39.087 5	42.557 0	45.722 3
30	13.786 7	14.953 5	16.790 8	18.492 7	20.599 2	40.256 0	43.773 0	46.979 2
31	14.457 8	15.655 5	17.538 7	19.280 6	21.433 6	41.421 7	44.985 3	48.231 9
32	15.134 0	16.362 2	18.290 8	20.071 9	22.270 6	42.584 7	46.194 3	49.480 4
33	15.815 3	17.073 5	19.046 7	20.866 5	23.110 2	43.745 2	47.399 9	50.725 1
34	16.501 3	17.789 1	19.806 3	21.664 3	23.952 3	44.903 2	48.602 4	51.966 0
35	17.191 8	18.508 9	20.569 4	22.465 0	24.796 7	46.058 8	49.801 8	53.203 3
36	17.886 7	19.232 7	21.335 9	23.268 6	25.643 3	47.212 2	50.998 5	54.437 3
37	18.585 8	19.960 2	22.105 6	24.074 9	26.492 1	48.363 4	52.192 3	55.668 0
38	19.288 9	20.691 4	22.878 5	24.883 9	27.343 0	49.512 6	53.383 5	56.895 5
39	19.995 9	21.426 2	23.654 3	25.695 4	28.195 8	50.659 8	54.572 2	58.120 1
40	20.706 5	22.164 3	24.433 0	26.509 3	29.050 5	51.805 1	55.758 5	59.341 7
50	27.990 7	29.706 7	32.357 4	34.764 3	37.688 6	63.167 1	67.504 8	71.420 2
60	35.534 5	37.484 9	40.481 7	43.188 0	46.458 9	74.397 0	79.081 9	83.297 7
70	43.275 2	45.441 7	48.757 6	51.739 3	55.328 9	85.527 0	90.531 2	95.023 2
80	51.171 9	53.540 1	57.153 2	60.391 5	64.277 8	96.578 2	101.879 5	106.628 6
90	59.196 3	61.754 1	65.646 6	69.126 0	73.291 1	107.565 0	113.145 3	118.135 9
100	67.327 6	70.064 9	74.221 9	77.929 5	82.358 1	118.498 0	124.342 1	129.561 2

附录D F 分 位 表 临 界 值 表

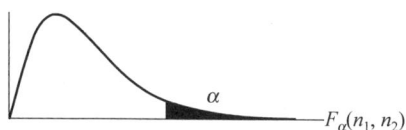

$\alpha = 0.05$

	1	2	3	4	5	6	7	8	9	10
1	161.448	199.500	215.707	224.583	230.162	233.986	236.768	238.883	240.543	241.882
2	18.513	19.000	19.164	19.247	19.296	19.330	19.353	19.371	19.385	19.396
3	10.128	9.552	9.277	9.117	9.013	8.941	8.887	8.845	8.812	8.786
4	7.709	6.944	6.591	6.388	6.256	6.163	6.094	6.041	5.999	5.964
5	6.608	5.786	5.409	5.192	5.050	4.950	4.876	4.818	4.772	4.735
6	5.987	5.143	4.757	4.534	4.387	4.284	4.207	4.147	4.099	4.060
7	5.591	4.737	4.347	4.120	3.972	3.866	3.787	3.726	3.677	3.637
8	5.318	4.459	4.066	3.838	3.687	3.581	3.500	3.438	3.388	3.347
9	5.117	4.256	3.863	3.633	3.482	3.374	3.293	3.230	3.179	3.137
10	4.965	4.103	3.708	3.478	3.326	3.217	3.135	3.072	3.020	2.978
11	4.844	3.982	3.587	3.357	3.204	3.095	3.012	2.948	2.896	2.854
12	4.747	3.885	3.490	3.259	3.106	2.996	2.913	2.849	2.796	2.753
13	4.667	3.806	3.411	3.179	3.025	2.915	2.832	2.767	2.714	2.671
14	4.600	3.739	3.344	3.112	2.958	2.848	2.764	2.699	2.646	2.602
15	4.543	3.682	3.287	3.056	2.901	2.790	2.707	2.641	2.588	2.544
16	4.494	3.634	3.239	3.007	2.852	2.741	2.657	2.591	2.538	2.494
17	4.451	3.592	3.197	2.965	2.810	2.699	2.614	2.548	2.494	2.450
18	4.414	3.555	3.160	2.928	2.773	2.661	2.577	2.510	2.456	2.412
19	4.381	3.522	3.127	2.895	2.740	2.628	2.544	2.477	2.423	2.378
20	4.351	3.493	3.098	2.866	2.711	2.599	2.514	2.447	2.393	2.348
21	4.325	3.467	3.072	2.840	2.685	2.573	2.488	2.420	2.366	2.321
22	4.301	3.443	3.049	2.817	2.661	2.549	2.464	2.397	2.342	2.297
23	4.279	3.422	3.028	2.796	2.640	2.528	2.442	2.375	2.320	2.275
24	4.260	3.403	3.009	2.776	2.621	2.508	2.423	2.355	2.300	2.255
25	4.242	3.385	2.991	2.759	2.603	2.490	2.405	2.337	2.282	2.236
26	4.225	3.369	2.975	2.743	2.587	2.474	2.388	2.321	2.265	2.220

	1	2	3	4	5	6	7	8	9	10
27	4.210	3.354	2.960	2.728	2.572	2.459	2.373	2.305	2.250	2.204
28	4.196	3.340	2.947	2.714	2.558	2.445	2.359	2.291	2.236	2.190
29	4.183	3.328	2.934	2.701	2.545	2.432	2.346	2.278	2.223	2.177
30	4.171	3.316	2.922	2.690	2.534	2.421	2.334	2.266	2.211	2.165
31	4.160	3.305	2.911	2.679	2.523	2.409	2.323	2.255	2.199	2.153
32	4.149	3.295	2.901	2.668	2.512	2.399	2.313	2.244	2.189	2.142
33	4.139	3.285	2.892	2.659	2.503	2.389	2.303	2.235	2.179	2.133
34	4.130	3.276	2.883	2.650	2.494	2.380	2.294	2.225	2.170	2.123
35	4.121	3.267	2.874	2.641	2.485	2.372	2.285	2.217	2.161	2.114
36	4.113	3.259	2.866	2.634	2.477	2.364	2.277	2.209	2.153	2.106
37	4.105	3.252	2.859	2.626	2.470	2.356	2.270	2.201	2.145	2.098
38	4.098	3.245	2.852	2.619	2.463	2.349	2.262	2.194	2.138	2.091
39	4.091	3.238	2.845	2.612	2.456	2.342	2.255	2.187	2.131	2.084
40	4.085	3.232	2.839	2.606	2.449	2.336	2.249	2.180	2.124	2.077
50	4.034	3.183	2.790	2.557	2.400	2.286	2.199	2.130	2.073	2.026
60	4.001	3.150	2.758	2.525	2.368	2.254	2.167	2.097	2.040	1.993
70	3.978	3.128	2.736	2.503	2.346	2.231	2.143	2.074	2.017	1.969
80	3.960	3.111	2.719	2.486	2.329	2.214	2.126	2.056	1.999	1.951
90	3.947	3.098	2.706	2.473	2.316	2.201	2.113	2.043	1.986	1.938
100	3.936	3.087	2.696	2.463	2.305	2.191	2.103	2.032	1.975	1.927

注：行为第一自由度 n_1，列为第二自由度 n_2。

$\alpha = 0.025$

	1	2	3	4	5	6	7	8	9	10
1	647.789	799.500	864.163	899.583	921.848	937.111	948.217	956.656	963.285	968.627
2	38.506	39.000	39.165	39.248	39.298	39.331	39.355	39.373	39.387	39.398
3	17.443	16.044	15.439	15.101	14.885	14.735	14.624	14.540	14.473	14.419
4	12.218	10.649	9.979	9.605	9.364	9.197	9.074	8.980	8.905	8.844
5	10.007	8.434	7.764	7.388	7.146	6.978	6.853	6.757	6.681	6.619
6	8.813	7.260	6.599	6.227	5.988	5.820	5.695	5.600	5.523	5.461
7	8.073	6.542	5.890	5.523	5.285	5.119	4.995	4.899	4.823	4.761
8	7.571	6.059	5.416	5.053	4.817	4.652	4.529	4.433	4.357	4.295
9	7.209	5.715	5.078	4.718	4.484	4.320	4.197	4.102	4.026	3.964
10	6.937	5.456	4.826	4.468	4.236	4.072	3.950	3.855	3.779	3.717
11	6.724	5.256	4.630	4.275	4.044	3.881	3.759	3.664	3.588	3.526
12	6.554	5.096	4.474	4.121	3.891	3.728	3.607	3.512	3.436	3.374
13	6.414	4.965	4.347	3.996	3.767	3.604	3.483	3.388	3.312	3.250
14	6.298	4.857	4.242	3.892	3.663	3.501	3.380	3.285	3.209	3.147
15	6.200	4.765	4.153	3.804	3.576	3.415	3.293	3.199	3.123	3.060
16	6.115	4.687	4.077	3.729	3.502	3.341	3.219	3.125	3.049	2.986
17	6.042	4.619	4.011	3.665	3.438	3.277	3.156	3.061	2.985	2.922

续表

	1	2	3	4	5	6	7	8	9	10
18	5.978	4.560	3.954	3.608	3.382	3.221	3.100	3.005	2.929	2.866
19	5.922	4.508	3.903	3.559	3.333	3.172	3.051	2.956	2.880	2.817
20	5.871	4.461	3.859	3.515	3.289	3.128	3.007	2.913	2.837	2.774
21	5.827	4.420	3.819	3.475	3.250	3.090	2.969	2.874	2.798	2.735
22	5.786	4.383	3.783	3.440	3.215	3.055	2.934	2.839	2.763	2.700
23	5.750	4.349	3.750	3.408	3.183	3.023	2.902	2.808	2.731	2.668
24	5.717	4.319	3.721	3.379	3.155	2.995	2.874	2.779	2.703	2.640
25	5.686	4.291	3.694	3.353	3.129	2.969	2.848	2.753	2.677	2.613
26	5.659	4.265	3.670	3.329	3.105	2.945	2.824	2.729	2.653	2.590
27	5.633	4.242	3.647	3.307	3.083	2.923	2.802	2.707	2.631	2.568
28	5.610	4.221	3.626	3.286	3.063	2.903	2.782	2.687	2.611	2.547
29	5.588	4.201	3.607	3.267	3.044	2.884	2.763	2.669	2.592	2.529
30	5.568	4.182	3.589	3.250	3.026	2.867	2.746	2.651	2.575	2.511
31	5.549	4.165	3.573	3.234	3.010	2.851	2.730	2.635	2.558	2.495
32	5.531	4.149	3.557	3.218	2.995	2.836	2.715	2.620	2.543	2.480
33	5.515	4.134	3.543	3.204	2.981	2.822	2.701	2.606	2.529	2.466
34	5.499	4.120	3.529	3.191	2.968	2.808	2.688	2.593	2.516	2.453
35	5.485	4.106	3.517	3.179	2.956	2.796	2.676	2.581	2.504	2.440
36	5.471	4.094	3.505	3.167	2.944	2.785	2.664	2.569	2.492	2.429
37	5.458	4.082	3.493	3.156	2.933	2.774	2.653	2.558	2.481	2.418
38	5.446	4.071	3.483	3.145	2.923	2.763	2.643	2.548	2.471	2.407
39	5.435	4.061	3.473	3.135	2.913	2.754	2.633	2.538	2.461	2.397
40	5.424	4.051	3.463	3.126	2.904	2.744	2.624	2.529	2.452	2.388
50	5.340	3.975	3.390	3.054	2.833	2.674	2.553	2.458	2.381	2.317
60	5.286	3.925	3.343	3.008	2.786	2.627	2.507	2.412	2.334	2.270
70	5.247	3.890	3.309	2.975	2.754	2.595	2.474	2.379	2.302	2.237
80	5.218	3.864	3.284	2.950	2.730	2.571	2.450	2.355	2.277	2.213
90	5.196	3.844	3.265	2.932	2.711	2.552	2.432	2.336	2.259	2.194
100	5.179	3.828	3.250	2.917	2.696	2.537	2.417	2.321	2.244	2.179

$\alpha = 0.01$

	1	2	3	4	5	6	7	8	9	10
1	4 052.181	4 999.500	5 403.352	5 624.583	5 763.650	5 858.986	5 928.356	5 981.070	6 022.473	6 055.847
2	98.503	99.000	99.166	99.249	99.299	99.333	99.356	99.374	99.388	99.399
3	34.116	30.817	29.457	28.710	28.237	27.911	27.672	27.489	27.345	27.229
4	21.198	18.000	16.694	15.977	15.522	15.207	14.976	14.799	14.659	14.546
5	16.258	13.274	12.060	11.392	10.967	10.672	10.456	10.289	10.158	10.051
6	13.745	10.925	9.780	9.148	8.746	8.466	8.260	8.102	7.976	7.874
7	12.246	9.547	8.451	7.847	7.460	7.191	6.993	6.840	6.719	6.620
8	11.259	8.649	7.591	7.006	6.632	6.371	6.178	6.029	5.911	5.814

续表

	1	2	3	4	5	6	7	8	9	10
9	10.561	8.022	6.992	6.422	6.057	5.802	5.613	5.467	5.351	5.257
10	10.044	7.559	6.552	5.994	5.636	5.386	5.200	5.057	4.942	4.849
11	9.646	7.206	6.217	5.668	5.316	5.069	4.886	4.744	4.632	4.539
12	9.330	6.927	5.953	5.412	5.064	4.821	4.640	4.499	4.388	4.296
13	9.074	6.701	5.739	5.205	4.862	4.620	4.441	4.302	4.191	4.100
14	8.862	6.515	5.564	5.035	4.695	4.456	4.278	4.140	4.030	3.939
15	8.683	6.359	5.417	4.893	4.556	4.318	4.142	4.004	3.895	3.805
16	8.531	6.226	5.292	4.773	4.437	4.202	4.026	3.890	3.780	3.691
17	8.400	6.112	5.185	4.669	4.336	4.102	3.927	3.791	3.682	3.593
18	8.285	6.013	5.092	4.579	4.248	4.015	3.841	3.705	3.597	3.508
19	8.185	5.926	5.010	4.500	4.171	3.939	3.765	3.631	3.523	3.434
20	8.096	5.849	4.938	4.431	4.103	3.871	3.699	3.564	3.457	3.368
21	8.017	5.780	4.874	4.369	4.042	3.812	3.640	3.506	3.398	3.310
22	7.945	5.719	4.817	4.313	3.988	3.758	3.587	3.453	3.346	3.258
23	7.881	5.664	4.765	4.264	3.939	3.710	3.539	3.406	3.299	3.211
24	7.823	5.614	4.718	4.218	3.895	3.667	3.496	3.363	3.256	3.168
25	7.770	5.568	4.675	4.177	3.855	3.627	3.457	3.324	3.217	3.129
26	7.721	5.526	4.637	4.140	3.818	3.591	3.421	3.288	3.182	3.094
27	7.677	5.488	4.601	4.106	3.785	3.558	3.388	3.256	3.149	3.062
28	7.636	5.453	4.568	4.074	3.754	3.528	3.358	3.226	3.120	3.032
29	7.598	5.420	4.538	4.045	3.725	3.499	3.330	3.198	3.092	3.005
30	7.562	5.390	4.510	4.018	3.699	3.473	3.304	3.173	3.067	2.979
31	7.530	5.362	4.484	3.993	3.675	3.449	3.281	3.149	3.043	2.955
32	7.499	5.336	4.459	3.969	3.652	3.427	3.258	3.127	3.021	2.934
33	7.471	5.312	4.437	3.948	3.630	3.406	3.238	3.106	3.000	2.913
34	7.444	5.289	4.416	3.927	3.611	3.386	3.218	3.087	2.981	2.894
35	7.419	5.268	4.396	3.908	3.592	3.368	3.200	3.069	2.963	2.876
36	7.396	5.248	4.377	3.890	3.574	3.351	3.183	3.052	2.946	2.859
37	7.373	5.229	4.360	3.873	3.558	3.334	3.167	3.036	2.930	2.843
38	7.353	5.211	4.343	3.858	3.542	3.319	3.152	3.021	2.915	2.828
39	7.333	5.194	4.327	3.843	3.528	3.305	3.137	3.006	2.901	2.814
40	7.314	5.179	4.313	3.828	3.514	3.291	3.124	2.993	2.888	2.801
50	7.171	5.057	4.199	3.720	3.408	3.186	3.020	2.890	2.785	2.698
60	7.077	4.977	4.126	3.649	3.339	3.119	2.953	2.823	2.718	2.632
70	7.011	4.922	4.074	3.600	3.291	3.071	2.906	2.777	2.672	2.585
80	6.963	4.881	4.036	3.563	3.255	3.036	2.871	2.742	2.637	2.551
90	6.925	4.849	4.007	3.535	3.228	3.009	2.845	2.715	2.611	2.524
100	6.895	4.824	3.984	3.513	3.206	2.988	2.823	2.694	2.590	2.503